CHRONIQUES DE LOUIS XII

PAR

JEAN D'AUTON

IMPRIMERIE DAUPELEY-GOUVERNEUR

A NOGENT-LE-ROTROU.

CHRONIQUES
DE LOUIS XII

PAR

JEAN D'AUTON

ÉDITION PUBLIÉE POUR LA SOCIÉTÉ DE L'HISTOIRE DE FRANCE

PAR R. DE MAULDE LA CLAVIÈRE

TOME PREMIER

A PARIS
LIBRAIRIE RENOUARD
H. LAURENS, SUCCESSEUR
LIBRAIRE DE LA SOCIÉTÉ DE L'HISTOIRE DE FRANCE
RUE DE TOURNON, N° 6

M DCCC LXXXIX

EXTRAIT DU RÈGLEMENT.

Art. 14. — Le Conseil désigne les ouvrages à publier, et choisit les personnes les plus capables d'en préparer et d'en suivre la publication.

Il nomme, pour chaque ouvrage à publier, un Commissaire responsable, chargé d'en surveiller l'exécution.

Le nom de l'éditeur sera placé à la tête de chaque volume.

Aucun volume ne pourra paraître sous le nom de la Société sans l'autorisation du Conseil, et s'il n'est accompagné d'une déclaration du Commissaire responsable, portant que le travail lui a paru mériter d'être publié.

Le Commissaire responsable soussigné déclare que le tome Ier de l'édition des Chroniques de Louis XII par Jean d'Auton, *préparé par M. R. de Maulde, lui a paru digne d'être publié par la* Société de l'Histoire de France.

Fait à Paris, le 20 octobre 1889.

Signé : BAGUENAULT DE PUCHESSE.

Certifié :

Le Secrétaire de la Société de l'Histoire de France,

A. DE BOISLISLE.

CHRONIQUES
DE LOUIS XII

LA CONQUESTE DE MILAN[1].

L'exceltacion et gloire des humains anticques au noble excercice des armes consideranl avoir heu commancement et moyen et perpetué leur fin et, en la riche myne de vertueuse proesse, les imcomparables

[1]. D'après le manuscrit original, coté *fonds français* n° 5089, à la Bibliothèque nationale, registre de parchemin (avec reliure de la Bibliothèque du roi au xvii° siècle), de 0,194 millim. sur 0,30 centim.; d'une même écriture gothique, haute, à marges; de 53 feuillets, plus 4 de garde au commencement et 1 à la fin. Les titres, en lettres de couleur, ont été intercalés dans le texte après coup et d'une manière factice. — Ce ms. paraît n'avoir jamais quitté la Bibliothèque nationale. Au verso du premier feuillet de garde, une main moderne a écrit : *Rithme. Le voiage de Millan et la conqueste d'icelle;* le recto du deuxième porte ces mots, d'une écriture du commencement du xvi° siècle : *Cest livre appartient au roy Loys XII°,* avec un paraphe qui peut être celui de G. de Sanzay, *libraire* du roi Louis XII; au recto du troisième feuillet, on lit, en lettres rouges, le titre : *Les Alarmes de Mars sur le voyage de Millan, avecques la conqueste et entrée d'icelle,* puis les chiffres des inventaires successifs. Le revers du quatrième feuillet

tresors d'honneur immortel et heureuse renommée emcherchés et trouvez, et les faictz commemorables d'iceulx par les escriptz des historiographes et croni-

est entièrement occupé par une grande miniature emblématique : le triomphe de Mars. Mars, armé à l'antique, un fléau dans la main droite, une rêne dans la main gauche, est assis sur un char très élevé et de dessin fantaisiste. Devant lui est assis un loup (un chien d'après M. Hennin, *Monuments de l'histoire de France*, VII, 101). Ce char est traîné de gauche à droite par une paire de chevaux de moyenne allure, l'un bai, l'autre blanc, simplement harnachés d'un collier, de traits et d'un très léger filet rouge. Un détachement de piquiers, à la livrée du roi (mi-partie rouge et jaune), marche près des chevaux, un détachement de gens d'armes de l'ordonnance près du char. Parmi eux, un guidon, près du char, porte le fanion de Louis XII (une flamme en pointe mi-partie rouge et jaune, chargée d'un porc-épic d'or). Dans le fond apparait une perspective de paysage, du genre italien. L'encadrement se compose de deux colonnes de fantaisie, portant un fronton en forme de vaste coquille. La tête de Mars est énergique et bien dessinée ; elle parait d'une main étrangère et ses dimensions sont un peu fortes pour le reste de la peinture. Le manuscrit ne possède point d'autre enluminure. A la fin, sur le recto du feuillet 53, il porte les lignes suivantes, d'une écriture analogue à celle du manuscrit, mais plus forte :

« Ora per duces consors ter regens et posses Syon
« Ludo vicia fui demilana germanie
« En male fortune laxa vie preter ira
« Par miles deducas ne sera jam es remissus
« De celere gyon fert ille tante suberant
« Ave que est radios galias es femine fuit
« Nostre Lysya cum quis domi nacione terne
« Quem dira morte legent vi vel ovis tres christi en. »

Les 25 premiers feuillets du texte sont remplis par un poème des *Alarmes de Mars*, dépourvu d'intérêt historique et littéraire.

La Bibliothèque de l'Institut (fonds Godefroy ccxxxviii) possède une copie de cette chronique, sur papier, de 25 feuillets, d'une écriture de la fin du xvie siècle. La Bibliothèque nationale en possède aussi une copie ancienne (ms. fr. 5090), grand in-4° de

queurs aux yeulx des vivans clerement demonstrés, et ausi au service de l'affaire commun le glayve m'estre interdit et mys hors de la main, pour toutesfoys a vye oyseuse vouloir tourner le doz[1] et faire quelque recueil et amas du relief et remanant du loz victorieux que par les Italles les Françoiz auroient semé, veu que par effort de main armée favorizer ne les peulz : d'encre et de papier ay, scelon mon pouvoir, deliberé leur donner quelque secours, sachant, scelon la teneur des histoires grecques et romaines, la plume des poetes disers et elegans orateurs d'Athenes et de Romme moings d'ayde n'avoir faict a la chose publicque que la lance des hardys combateurs. A celle fin, doncques, que la memoire des faictz louhables et gestes reluy- sans des homes vertueux par longue succession de temps ou deffault de mectre main a la plume ne soit obscurcie ou du tout estaincte, tant que clerement a la cognoissance des humains futurs apparestre ne puisse, je, tres loingtain imitateur de l'art oratoire, ay ozé presumer d'escripre et rediger par lectre partye des actes florissans et œuvres recomandables des victorieux Françoiz, par eux faictes en la conqueste de la duché de Millan.

En l'an de grace mil quatre cens quatre vingtz dix neuf, tout ainsi comme a l'ueil j'ay peu veoir et cognoistre une partye des choses et l'autre entendre et

---

papier de 80 feuillets, sans dessins ni miniatures, — c'est le texte original, librement transcrit ; — une copie moderne dans le fonds Dupuy, ms. 122.

1. Jean d'Auton n'avait encore aucun caractère officiel. C'était un simple moine libre et non résidant.

savoir par le rapport des conducteurs et acteurs des
œuvres millitaires[1], pour icelles descouvrir aux vivans,
qui ne les sauront, et aux futurs, qui ne les auront
veu, les exclarcir, tant que l'exaltacion du royaume tres
chrestien et triumphe du ceptre liligerent de France
soit en commemoracion eterne, et ausi pour perpetuer
ung spectacle apparant des collaudables labeurs de
ceulx qui de tiltres d'honneur sont dignes, affin que
leurs bienfaictz puissent a eulx prosficter et exemplis-
fier aux autres (car louhanges honorables se doivent
seullement actribuer a ceulx deuement les meritent),
et ouvrir le passage d'honneur a ceulx qui les chemins
de vertus vouldront enssuyvre, et aussi la memoire
de ceulx qui en sillence passent leur temps, avecques
sons de cloches faire depperir...

Or, affin que continuation de parolles empruntées
tant ne m'escarte ou transporte le sens que sincopper
me face le recit de la conqueste par cy devant emcommancé, mais, pour rentrer au propos afferant a la
matiere sur ce requise et demontrer clercment le droict
et tiltre que ceulx de la maison d'Orleans sur la duché
de Millan demandent, quelque peu de la genealogye
d'iceulx toucher est requis, combien que la chose soit
tant esclarcye que de preuve n'aict nul besoing. Sans
plus alonger le compte de motz perdus, ne plus bas
emchercher la tige ou les seppes et rays des anticques
lignes des preteritz ont priz origine, ains pour acce-

---

[1]. D'Auton expose à plusieurs reprises qu'il écrit après une
enquête minutieuse auprès des principaux capitaines. Il semblerait aussi qu'il se transporta en Italie en 1499, puisqu'il a *vu* une
partie des choses.

lerer mon œuvre et pour suyvre le propos de mon intencion a brief parler, chascun doit savoir que feu monseigneur le duc Louys duc d'Orleans, frerre du roy Charles sixiesmes, ayeul du roy Louys douzieme, qui a present est, dame Valentine, fille du duc Jehan Galeaz, premier[1] duc de Millan, espousa ; a laquelle, par contract de mariage, donna celuy Galeaz quatre cens mille ducatz et la compté d'Ast, et, avecquez ce, voulut et ordonna que, s'il decedoit sans hoirs masles de luy procréés, que, de la duché de Millan, a cause d'iceluy maryage, a monseigneur le duc d'Orleans et aux siens fust faict domaine proprietaire. Toutesfoys, eut celuy duc Galeaz ung filz nommé Philippes Marye[2] ; lequel, par decez paternel, a la duché succedda, et sans aucuns hoirs legitimes ne aultres, fors une seulle fille degenerée dessendus de luy infeconde, deceda ; apres la mort duquel, les Venissiens, comme ambicieux de seigneurir, cuydant la duché de prince desnuée, voulurent sur elle prendre tout le droict que force leur y pourroit donner, supposé que a la maison d'Orleans deuement en appartint le jouyr. Or advint, apres le decez du duc Philippes, ainsi que Venize voulut gaigner pays sur Millan, que, par suptile usurpacion et voye hostille, ung nommé Francisque Sforce, du vil

---

1. Le duché de Milan fut érigé en duché par diplôme impérial du 11 mai 1375 et le comté de Pavie en comté par diplôme du 3 octobre 1396.

2. Jean d'Auton omet le règne de Giovanni Maria Visconti, fils ainé du *duc Galeaz*. Il se trompe également en attribuant à Fr. Sforza la qualité d'ancien muletier et en représentant son mariage avec Bianca Visconti comme postérieur à la mort de Filippo Maria.

mestier de toucher le haras de mulleterye, soubz le potestat des Venissians, monte au degré de general cappitaneat (de la lignye duquel soy dit estre venu le seigneur Ludovic); soubz ombre de vouloir subjuguer la duché de Millan a la seigneurie de Venize, partye des villes et chasteaux a son prosfict conquist et a poste mist gens d'armes et garnisons dedans; et le remanant des places et pays de la duché a luy se rendit, moyennant ce qu'il esposat Blanque, fille bastarde du duc Philippes Marye; laquelle ne devoit, scelon tout droict, a la duché de Millan succeder, mais seullement appartenoit a monseigneur le duc d'Orleans, a cause de madame Valentine, fille du duc Jehan Galeaz, duc de Millan, comme dessus est recité : toutesfois Francisque Sforze et les siens, par l'espace de soixante ans ou plus, en faulces enseignes ont la duché possedée et maintenue; mais, n'eussent estés les cruentes et lutueuses guerres que les Angloys, ennemys encyens de France, faysoyent lors en Normandie, en Guyenne et par toute la Gaulle[1], et ausi l'empeschement de la longue prison en quoy fut par hostage en Engleterre detenu monseigneur le duc Charles, duc d'Orleans derrenier mort, pere du roy vivant, par les predecesseurs du seigneur Ludovic si longz jours n'eust esté la duché de Millan en paix occuppée. Mais Fortune parverse, qui tousjours decheville l'aixil de sa roue mobile contre l'eur des plus vertueux, voulut les ans florissans du tant noble et excellant prince en captivité

---

1. Par *Gaule,* on entendait, sous Louis XII, tous les peuples de race gallique, du Rhin aux Alpes. V. notre livre sur la *Veille de la Réforme.*

preterir; par quoy les usurpateurs, durant ce temps, heurent le don de transquille repos, et jusques a ce que le roy moderne, qui de la maison d'Orleans est issu, vint, par la mort de son feu pere, a icelle succeder, lequel, depuys, moult vigoureusement, et luy estant seullement simple duc, a souventes foys bonne guerre faicte a ses ennemys et, comme ung preux Hannibal, nonobstant les assaulx de fortune, les mons passés et repassés.

Apres que l'ordonnance divine eut par les Fatales mandé son vouloir irrevocable sur l'interit decessif du fu roy Charles Magnanime executer, et que le ceptre royal de France en la main du roy Loys le Triumphant fut mys, comme de celuy qui directement porter le devoit et a la couronne succeder, les Estaz tenus et arrestés[1], l'Esglize unye et pacifyée, Noblece exaulcée et magnifyée, Labeur sublegé et soustenu et, en somme, tous les impetueulx vens de guerre en France transquillizez et adoulciz par le vouloir et commandement du roy et l'advys et conseil des saiges, pour la conqueste de Millan finir et terminer fut transmys et envoyé outre les mons le tres noble excercite de France; et, pour icelluy conduyre et mener, soubz la charge du compte de Ligny[2], du seigneur Jehan Jacques[3]

---

1. Cet éloge a intrigué plus d'un commentateur. Il s'agit des états provinciaux, que Louis XII fit exactement tenir dès la première année de son règne.

2. Louis de Luxembourg, comte de Ligny, avait, en France et en Italie, une situation telle qu'elle ne pouvait manquer de lui inspirer le désir d'être le premier dans l'armée et de dominer Trivulce. De là une rivalité fâcheuse que la sagesse de Stuart d'Aubigny aurait certainement conjurée.

Son père, le fameux Louis de Luxembourg, connétable de

Saint-Pol, épousa en premières noces Jeanne de Bar, comtesse de Marle, morte en 1462, dont il eut :

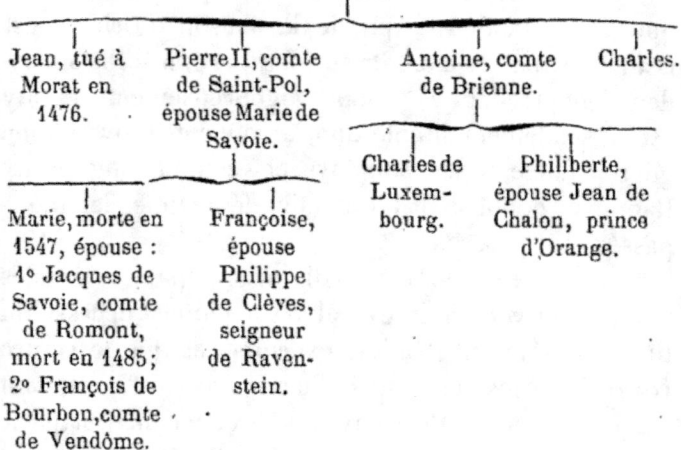

Jean, tué à Morat en 1476.	Pierre II, comte de Saint-Pol, épouse Marie de Savoie.	Antoine, comte de Brienne.	Charles.
		Charles de Luxembourg.	Philiberte, épouse Jean de Chalon, prince d'Orange.
Marie, morte en 1547, épouse : 1° Jacques de Savoie, comte de Romont, mort en 1485 ; 2° François de Bourbon, comte de Vendôme.	Françoise, épouse Philippe de Clèves, seigneur de Ravenstein.		

Le connétable de Saint-Pol épousa, en secondes noces, Marie de Savoie, dont il eut un fils unique, Louis, comte de Ligny. Le comte de Ligny, parent du roi par son père, était donc cousin germain du duc de Savoie et de Ludovic Sforza, oncle du comte de Vendôme, du sire de Ravenstein et du prince d'Orange. Agé de dix ans lors de la mort dramatique de son père, il vit tous les biens de sa famille, confisqués par Louis XI, passer à divers courtisans, au maréchal de Gié, au sire du Bouchage, à Guyot Pot, aux d'Amboise. Sous Charles VIII, les Luxembourg rentrèrent peu à peu en possession de leur patrimoine, et Louis de Ligny parut à la cour, où sa grâce, sa beauté, sa générosité, sa vaillance en firent l'idole des femmes et de la jeune noblesse. Charles VIII, son cousin germain par sa mère, se prit d'affection pour lui : le comte de Ligny l'accompagna dans l'expédition d'Italie, qu'il fit tout entière à ses côtés. A Naples, Charles VIII lui fit épouser une très grande dame, proche parente des rois de Naples, Leonor des Baux, princesse d'Altamura, princesse fort belle, fort riche et veuve, fille de Pierre de Guevarra, marquis de Vasto-Ammone, comte d'Ariano et d'Apice, grand sénéchal de Naples, et d'Yseult de Baux. La fortune de la princesse d'Altamura, quoique comprenant encore les villes de Venouse, Canossa et autres, était cependant moins grande que ne le dit Brantôme, car Charles VIII lui en avait confisqué les principaux fleurons, le marquisat de Vasto-

Ammone, les comtés d'Ariano et d'Apice, qu'il donna au maréchal de Gié. Après le départ des Français, la princesse, compromise par son mariage, fit de vains efforts pour rentrer dans ses vastes domaines; le roi de Naples les considéra comme tombés dans le domaine royal et donna Ariano et Apice aux Caraffa. Le *Loyal serviteur* et, après lui, Brantôme racontent que, restée à Naples, la princesse éprouva un tel chagrin du départ de son jeune et brillant capitaine qu'elle en mourut. Cependant une miniature du manuscrit de la *Déploration du trespas de feu monseigneur Loys de Luxembourg......*, par Le Maire de Belges, nous représente la mort du comte de Ligny et une dame, éplorée, devant sa couche funèbre (ms. fr. 23988). Sous Louis XII, le comte de Ligny, chambellan du roi, jouissait d'une pension de 12,000 livres (y compris 4,000 livres comme gouverneur de Picardie et le revenu du domaine de Mortagne à lui abandonné par le roi). Il portait les titres de « prince d'Altemore, duc d'André et de Venouze, comte de Ligny, etc. » La compagnie que lui avait confiée Charles VIII était de 100 lances et tenait, en 1501, garnison à Parme (ms. Clair. 240, p. 557); elle a été illustrée par son lieutenant, Louis d'Ars, et par Bayard, qu'il y accueillit comme simple homme d'armes (*Le Loyal serviteur*; Brantôme; *Histoire de Charles VIII*; Du Chesne, *Histoire de la maison de Luxembourg*; J. Le Maire de Belges, *la Plainte du desire...*, publiée en 1509 à la suite de la *Légende des Vénitiens*; ms. fr. 1683; fr. 16772, fol. 26; fr. 19602, fol. 18 v°; Entrée de Charles VIII à Florence, Archives de la Loire-Inférieure, E 235, et plaquette gothique de 1495; c^{te} de 1499, portefeuille Fontanieu; Vitale, *Storia d'Ariano*, in-4°, 1794; *Procéd. politiques du règne de Louis XII*, introduction et p. 631, 684; Bréquigny; le P. Anselme, t. III, p. 728; Bernier, *Registre du conseil de régence de Charles VIII*, p. 65, 113, 179, 191, 207, 217; ms. de Dom Morice, coté 1809 à la Bibliothèque de Nantes, p. 110, etc., etc.).

Les Italiens reprochaient au comte de Ligny de n'être pas Français; on sait que le comté de Ligny, toutefois, faisait partie de la France (ms. fr. 3882, fol. 58, etc.).

Le comte de Ligny mourut fort jeune, en 1503, du dépit (selon Brantôme) de n'avoir pas eu la charge de vice-roi de Naples; mais c'est Brantôme qui le dit. On le pleura, comme un capitaine entraînant et intrépide. C'était un homme résolu, mais extrême et sans mesure. Toute sa vie, la fougue l'emporta. En 1495, il avait conseillé à Charles VIII les mesures les plus chevaleresques et les plus impolitiques. Au retour de Naples, lorsque l'armée française courait les plus grands dangers, il s'opposa à ce que

Charles VIII rendit aux Florentins les places qu'il devait leur rendre; il favorisa la demande formulée par les Siennois de conserver une garnison française et en accepta la capitainerie; il favorisa une demande analogue des Pisans. Arrivé en Lombardie, il aurait voulu qu'on partit en guerre contre Ludovic le More et proférait tout haut contre lui de telles menaces qu'après la paix de Verceil Ludovic en prit prétexte pour refuser de venir voir Charles VIII. Un tel caractère ne pouvait manquer de se heurter au caractère violent et entier de Trivulce (Commines, II, 529). Ajoutons que le comte de Ligny nourrissait sans doute, comme Trivulce, le secret désir de se créer une principauté à Pise, nouvelle source de rivalités. On l'accusait même de prétendre au royaume de Naples (Marino Sanuto, II, 1264). Louis XII lui donna, en 1499, Voghera, Tortone et plusieurs autres places en Milanais. Outre sa compagnie, il commandait aussi la compagnie du duc de Valentinois, confiée par la suite à Aubert du Roussèt (Marino Sanuto, II, 832, 883).

3. Jean-Jacques Trivulce, Milanais d'origine, et du parti guelfe, appartenait à une antique maison de Milan. C'était le plus illustre des trois capitaines français, et il est trop connu pour que nous ayons besoin d'esquisser sa vie. Rappelons seulement que, rompu dès sa jeunesse à la vie du *condottiere*, il avait quitté de bonne heure sa patrie. Il fit ses premières armes au siège de Sienne et il y montra sa bravoure et son caractère d'inflexible loyauté, en défendant bravement les jeunes filles et les femmes contre la violence de la soldatesque et en les renvoyant *integras*. A la suite de ces premiers exploits, le pape lui offrit le chapeau de cardinal, qu'il refusa pour garder le casque de fer. Il vint en France avec Galéas Sforza et déploya la même bravoure au service de Louis XI. Il se maria à Naples avec Béatrice d'Avaloz. Capitaine du roi de Naples en 1495, il passa avec sa compagnie au service de Charles VIII; sa vigueur contribua beaucoup au succès de la bataille de Fornoue, en même temps que sa connaissance du pays, ses relations en Italie, sa prudence, son adresse valurent à l'armée française d'effectuer facilement une retraite périlleuse. Il mourut, le 5 décembre 1498, à quatre-vingt-cinq ans selon les uns, à soixante et onze ans selon d'autres. En 1499, malgré son âge, quoique criblé de blessures, et atteint jadis d'une maladie jugée incurable, dont il se guérit pourtant, il avait encore toute sa vigueur. Soldat dans l'âme, solide, dur pour lui-même, sobre, insensible à la chaleur et au froid, toujours le premier levé au camp et le dernier couché, son activité était proverbiale. Jusque dans son extrême

et du seigneur d'Aubigny[1], lieutenans generaulx du

vieillesse, il aimait les chevaux les plus fougueux ; en guerre, il se couchait où il se trouvait, souvent sur la terre nue ; en temps de paix, on le voyait partout : il courait la route de Paris à Milan comme pour une promenade, traversant les Alpes en plein hiver aussi bien qu'en été, sans souci des années. Il aimait le labeur et le péril et il s'y précipitait ; il lui fallait, pour dormir bien, le brouhaha d'un camp ou le bruit des clairons : « Hæ erant citharæ, hæ lyræ, » dit un panégyriste. Fidèle à sa cause, bon et équitable pour les vaincus, son caractère droit et inflexible le faisait redouter du soldat : les viols, les incendies, les vols le trouvaient inexorable (Ant[us] Thylesius, Consentinus, *Oratio quam habuit in funere ill[mi] Joannis Jacobi Trivulcii*, plaquette de 8 feuillets in-4°, imprimée à Milan en 1519). On écrivit sur sa tombe : « Jac. Trivultius, hostium terror, qui in vita nunquam quievit, hic quiescit. Tace. » (Gohori, *Vie m[te] de Louis XII*, Bibl. nat., ms. lat. 5971, fol. 33.)

Au physique, Trivulce était gros, court, d'apparence robuste. Il avait le nez gros et large, la figure commune. (P. Jove.) La passion de sa vie était la haine de Ludovic. Dépouillé par lui de ses biens, il s'expatria. C'est cette haine qui le fit passer dans les rangs français et lui inspira ses exploits. Nul, en 1495, ne poussa plus opiniâtrément à la guerre contre Ludovic ; c'est lui qui, à Fornoue, voulut qu'on se frayât un passage les armes à la main. (*Oratio Jacobi Trivultii ad Carolum octavum regem Galliæ, de educendo exercitu ex Italia per adversos hostes Italiæ conjuratos*, in-4°, Paris, 1601 ; amplification attribuée à Trivulce.) Par l'article 7 du traité de Verceil, Ludovic s'engagea à lui restituer nommément tous ses biens (*Histoire de Charles VIII*, p. 723), mais il ne les restitua pas. Ce n'est qu'en 1499 qu'il offrit de le faire ; il était trop tard. M. Rosmini a écrit l'histoire de J.-J. Trivulce. Sa famille occupait à Milan une place considérable à la tête du parti guelfe. Un Trivulce était des meurtriers de Giovanni M[a] Visconti, un autre des principaux serviteurs de Filippo M[a], un autre des fondateurs de la république ambrosienne.

Trivulce recevait en 1499 une pension de 10,000 livres (compte de 1499, portefeuille Fontanieu), son fils une pension de 2,000. Il avait aussi obtenu une pension pour son fils bâtard, en attendant un évêché (ms. fr. 2928, fol. 12 ; fr. 22275, reçus de 1497 et 1502 ; compte de 1503, ms. fr. 2927). Un de ses neveux recevait 400 livres (ms. Clair. 224, n° 395).

1. Berauld Stuart, sire d'Aubigny, appelé à jouer sous Louis XII

un rôle fort important, a été l'objet d'une foule d'erreurs de la part des historiens et notamment de Brantôme, dans la notice qu'il lui a consacrée (II, 369-371). On le confond habituellement avec Robert Stuart, son gendre, qui prit le nom de d'Aubigny après la mort de son beau-père. Berold ou Berauld Stuart (que Jean d'Auton, plus loin, appelle aussi Bernard) appartenait à une branche de la famille royale d'Écosse, qui paraissait séparée depuis au moins deux siècles du rameau principal. Les Stuarts étaient fort nombreux et couvraient l'Écosse. Son père, Jean Stewart, s'engagea comme Écossais au service de la France; il s'intitulait « connétable des Escossois estans en France » (Tit. orig., Stuart, n°s 2-4); il reçut de Charles VII la terre d'Aubigny en Berry, le 26 mars 1422 (Bibl. de l'Institut, fonds Godefroy, t. CXXXVII, n° 13; La Thaumassière), et, en 1429, le privilège de porter les armes de France en quartier (ms. fr. 3910, fol. 185). En 1482, Louis XI donna à Berauld Stuart les gabelles de La Flèche et de Château-Gonthier (ms. Clair. 222, fol. 207). En 1483, Stuart était chambellan, capitaine de 100 lances de la grande ordonnance, capitaine du château du bois de Vincennes, garde, de par le roi, de la personne de René d'Alençon, comte du Perche. En 1491, 1492 et 1493, il recevait une pension de 3,000 livres. En 1494 et 1495, capitaine d'Harfleur et de Montivilliers, seigneur d'Aubigny et de Saint-Quentin, chevalier de l'ordre, gouverneur de Berry, capitaine de la garde du corps du roi, il accompagnait en cette dernière qualité Charles VIII en Italie. Le roi l'envoya en Calabre, à Florence, et lui donna les terres du comte d'Acri et du marquis de Squillace, à Naples (Commines, t. II, *passim*). Plus chevalier que capitaine, Charles VIII, avant son départ, fit habiller les archers écossais de sa garde comme pour une parade; il leur donna de beaux *corps* blancs, avec les bras et les jambes aux bandes rouges et blanches; il fit remettre à neuf toutes leurs armes et leur plaça sur la tête des *plumaux* tout neufs. Il donna à Berauld Stuart un costume analogue couvert de riches broderies; Berauld portait un *plumail* fait de dix-huit plumes blanches et violettes en forme d'énorme houppe (ms. fr. 2927, fol. 111). Au retour de l'expédition, il reçut, pour ses services, une gratification de 12,000 livres. Stuart d'Aubigny avait 1,800 livres de pension en 1497 (ms. fr. 22275), 4,000 en 1500. Investi de toute la confiance de Louis XII, il aurait, sans la maladie qui le retint à Asti, exercé sur la campagne de 1499 une fort heureuse influence et neutralisé les inconvénients de la dualité du commandement. En 1500, il se flatta de recevoir le commandement supérieur du

roy[1], furent ordonnés plusieurs bons capitaines, lieutenans, commissaires, airaulx d'armes et aultres officiers tres excellans et bien instruyz et excercités aux armes; et ausi pour la conduyte de l'artillerie et aultres charroys, tant d'aultres maistres, chiefz, prevostz, contrerolleurs et gouverneurs suffizans a ce que le voyage par deffault de bonnes guydes ne povoit en arriere demeurer. Moult estoit belle chose a veoir et merveilleuse a ymaginer, la puissance de France, ou tant de jeunes gentilshommes et aultres fors et adroictz, voullant leur valleur amplisfyer et a qui myeulx, pour honneur acquerir, au service du roy leur pouhoir esvertuer comme il n'y avoit nul qui en cest affaire

Milanais, et, même le 30 juin, écrivant de Lyon à Nicolo Michiel pour le féliciter de son élection comme procureur de Saint-Marc à Venise, il lui annonçait son prochain départ (Rawdon Brown, *Calendar of State papers...*, p. 288); on sait qu'il n'eut pas ce commandement, mais que Louis XII l'institua grand connétable de Naples et lieutenant général de son armée pour la conquète de Naples. En 1505, comme commandant de la garde écossaise du roi, il prêta serment de défendre Claude de France et de faire exécuter le testament du roi (ms. Clair. 224, n° 424; ms. fr. 15536, fol. 5). Il mourut vers 1507, car, en cette année, son gendre prend le titre de s[r] d'Aubigny (Tit. orig., Stuart d'Aubigny, n°s 2-12, 14, 17, 18; ms. fr. 25783, n° 62). Sa sœur, Martine Stuart, dame de Saint-Quentin, avait épousé un Écossais, nommé Codeber Carre; sa fille un Écossais, Robert Stuart. Nous parlerons plus loin de ces deux personnages. Lui-même avait épousé Anne de Maumont. Il avait pour lieutenant de sa compagnie Jean Stuart (ms. fr. 15536, fol. 6). Sa compagnie fut confiée à son frère, le sire d'Auzon, que nous retrouverons plus loin.

1. Tous trois de nationalité étrangère. Les Milanais ne manquaient pas de le faire remarquer; mais Ludovic le More avait, lui, une armée de mercenaires bien autrement cosmopolite. Louis XII avait, comme dit Brantôme, le plus bel état-major d'officiers que la France ait connu depuis Charlemagne.

n'eust parfaicte envye de soy bien monstrer, et pencent avoir la bataille, chascun s'estoit mys a l'avantaige en point ce que faire devoyent; car, aux homes armés, a fortes places et cautelleux ennemy avoyent a besongner[1].

Description plus ample devroye bien faire de la quantité de l'armée, mais non feray, doubtant, par trop eslargir le compte, les oyans a ennuy provoquer. Mais, que quessoit, seze cens homes d'armes d'ordonnance y avoit, tous les pencionnaires gentishomes et archiers de la garde du roy, et ceulx de l'oustel de la royne, en moult triumphant arroy; et y estoit en some toute la fleur de la chevalerye et noblesse de France, avecques telle bende de Normans, Picquars, Suyces, Gascons, Savoysyens et autres nacions de Gaule, que, qui a jung les heust voulu tous nombrer, plustost heust trouvé commancement d'ennuy que fin de compte[2]; et qui au roiz du souleil heust veuz les

---

1. Nous avons établi, dans la *Veille de la Réforme,* quel était alors le budget de la France. Celui de Ludovic était estimé 600,000 ducats par Jacq. Signot, 800,000 par Nic. Gilles. M. Cantù l'a fixé à 700,000 ducats, soit au moins 2 millions de livres (le ducat valant de 50 sous à 5 livres, d'après M. Repossi).

2. D'après Corio, l'armée française ne comprenait que 1,200 hommes d'armes, 7,600 fantassins suisses, picards, gascons, 4,058 hommes de pied de médiocre ressource, et de l'artillerie. Ghilini (*Annali di Alessandria,* p. 117) et Guichardin disent 1,600 lances, 5,000 Suisses, 4,000 Gascons, 4,000 Français; Cavitelli (*Annales Cremonenses*) 1,600 chevaux, 9,000 fantassins. Marino Sanuto donne une évaluation détaillée qui va à 1,750 lances, 300 arbalétriers à cheval, 200 archers à cheval, 9,700 fantassins suisses, picards, gascons, normands, et une artillerie assez faible. Mais cette évaluation est loin d'être exacte dans le détail; elle omet plusieurs compagnies et donne pour les autres des chiffres inexacts; elle porte à 50 lances au lieu de 30 la compagnie du sire de Châtillon, à 30 au lieu de

armes reluyre, les estandars au vent bransler, les groz chevaulx aux champs bondir et faire carriere a toutes mains, tant de lances, picques, hallebardes et autres enseignes de guerre par chemin, tant de gens d'armes, pietons, artillerye et charroys en avant marcher, bien eust peu dire seurement que assez de force y avoit pour tout le monde conquerir.

Le roy, voullant veoir passer ses gens d'armes et mectre l'armée aux champs, sur la fin du moys de jung, entra dedans sa ville de Lyon sur le Rosne[1], ou illecques vist l'ordre et police de son ost, la monstre de ses souldars et nombre d'iceulx ; et, premier qu'il despartist de la ville, tout son arroy fut a chemin, et puys, sur la fin du moys de juillet, s'en retourna en poste a Romorantin pour veoir la royne qui la estoit[2].

Ores, s'en va la bruyant gendarmée de France, les dangereux destroictz des haultz mons de Savoye traversant, fasant des lieux inaccessibles chemins errans[3],

---

25 celle du sénéchal d'Armagnac, à 70 au lieu de 50 celle du comte de Foix, etc. (Cf. les *monstres* de ces compagnies, not. ms. Clair. 240, fol. 501 et suiv.) Le même M. Sanuto prétend ailleurs que Trivulce avait sous ses ordres 30,000 hommes... (II, 1112.)

1. Le roi quitta, en effet, Romorantin le 26 juin (*Diarii di Sanuto*, II, 889), mais son désir d'éviter Bourges, où se trouvait sa première femme Jeanne de France, retarda un peu son voyage. Il était le 29 au château de Meillant, chez Charles d'Amboise, sire de Chaumont (*ibid.*), et il entra à Moulins le 2 juillet (*ibid.*, 910). Il arriva à Lyon le 10 juillet seulement et fit une entrée solennelle. (Lettre de Buonaccorsi, publiée par Villari, *N. Macchiavelli e i suoi tempi*, I, 544 ; Nicole Gilles, *le Loyal Serviteur*, Jean Bouchet.)

2. Et qui était enceinte. Le roi se trouvait encore à Lyon le 5 août et il y était revenu le 31 (Marino Sanuto).

3. Par des motifs politiques, le roi préférait le passage par la

les fins et mectes de la duché de Millan tousjours approchant, en tel arroy que desordre n'y avoit lieu; et bien fut une chose prochaine de merveilles le charroy de tant et si grosses pieces d'artillerie, qui par dessus la cruppe des montaignes si sainement fut conduyt que, par deffault de marcher, l'ost ung tout seul jour n'en retarda. Que diray je de plus? si n'est que le voyage fut si brief qu'en moings de quinze jours de Lyon en Ast fut l'armée, avecques tout son arroy[1].

I.

LA PRINSE DE LA ROQUE.

Long temps d'avant que les Françoiz fussent aux champs, bien estoit le seigneur Ludovic adverty de la venue d'iceulx, et bonne paine avoit mise a bien fortiffier, remparer et avitailler ses villes et places[2],

---

Savoie, avec laquelle il venait de traiter, au passage habituel du mont Genèvre, plus facile pour l'artillerie.

1. L'armée était au grand complet, quoi qu'en dise Rosmini, qui affirme que Trivulce, informé par ses amis de Milan des desseins de Ludovic, les déjoua en marchant tout d'un coup, sans attendre les énormes forces qui arrivaient. Il n'avait plus rien à attendre, comme le remarque Guichardin; mais, dès le mois de juin, Trivulce pressait Louis XII d'agir et avait commencé lui-même les escarmouches (Marino Sanuto, II, 832, 905). Trivulce avait même passé la frontière le 18 juillet, à la tête de 600 lances et 1,500 hommes de pied (id., 957), et s'était établi dans quelques villages du Milanais et à Felizzano (id., 967). Les Vénitiens ne rompirent officiellement avec Ludovic que le 27 juillet (id., 978).

2. Il les avait inspectées lui-même avec grand soin et munies de tout le nécessaire (Rosmini). Da Paullo prétend qu'il ne commença à s'en préoccuper que le 25 juillet, mais cela n'est guère probable.

et mesmement La Roque, Non, Valance, Tourtonne, Alexandrie[1] et aultres de frontiere, ou grosses garnisons de souldartz avoit mys, avecques force traict et bonne artillerie, et tant de boulouars, tours, fousses, paliz et aultres deffences necessaires pour actandre et soustenir sieges et assaux, que bien pençoit Ludovic les places et fors a tous humains estre inexpugnables ; et, avecques ce, telle puissance de Lombars, Albanoys, Bourguignons, Allemans et autres nacions estranges avoit a sa poye, que bien se vantoit toute l'armée de France aux champs actendre, a la force d'icelle resister.

Ores mectz je le compte du Moure et ses Estradiotz a part, et m'en reviens a l'armée des Françoiz, qui en la ville d'Ast tenoit consistoire sur l'affaire de la guerre, ou mainct different propos est mys sur le bureau. Toutesfoys, par conclusions fut dit et advisé que, premier que mectre le glayve en œuvre, on envoyeroit semmer La Roque[2], assez bonne ville et chasteau moult fort[3], laquelle ville estoit d'Ast la plus prochaine ; et, de faict, y fut transmys ung airault d'armes[4], lequel tres bien fist son messaige, scelon ce

1. Alexandrie, place forte de premier ordre, était la clef de tout le système de défense, et de sa possession dépendait la possession de tout le Milanais ; les autres places s'y reliaient étroitement et formaient un quadrilatère difficile à entamer. Annone (*Non*), sur la rive gauche du Tanaro, commandait les approches d'Alexandrie du côté d'Asti, base d'opération de l'armée française : Valenza, le Pô, Tortona, la route de Plaisance.

2. Le chroniqueur Ciprian Manente da Orvieto l'appelle Arrazzo (Venise, 1561, in-4°, p. 150) ; Corió, Ghilini, la Rocca d'Arazzo.

3. Elle avait une garnison de 300 hommes de pied, qu'était venu renforcer un détachement de 500 hommes commandé par Agostino Maneria, de Gênes (Corio, Ghilini).

4. D'après Da Paullo, cette proposition fut faite, le 28 juillet,

que en charge luy estoit : auquel, par toute responce, fut dit par ceulx du dedans que bien se garderoyent de la fureur des Françoiz et que, si nulz d'eulx estoyent si ozés les guerroyer, que tellement pençoyent soy gouverner et en maniere garder leur place, que les assaillans y auroient honte et domage et les deffendeurs honneur et prouffict. Ainsi s'en revint le airault vers les lieutenans du roy et capitaines de l'armée pour iceulx advertir de la responce; laquelle faicte et ouye, fut par le conseil ordonné que, le jour ensuyvant, on se mectroit aux champs et que La Roque seroit assiegée[1]. Le sire d'Aulbigny, qui l'un des chiefz de l'armée etoit, tant grief et mal de sa personne pour lors se trouvoit, que, sans grant hazart sur sa vye adventurer, ne pouhoit a cheval monter, ne suyvre l'ost; par quoy, malgré luy et contre son vouloir, entre les mains des medecins en Ast fut contrainct demeurer, et la prya Charles d'Amboise, grand maistre de France, que durant sa maladye du faiz de la guerre le voulsist descharger ; ce que voulontiers voulut faire, voyant la charge plus honorable que pondeureuse[2].

---

par un certain Starioto, réfugié milanais. Rocca d'Arazzo fut investie le 5 août et prise le 9.

1. D'après Rosmini, Trivulce occupait déjà Cormenta, Solario, Spigno en Montferrat et le pays environnant, auquel il avait fait prêter le serment de fidélité (cf. Marino Sanuto, id.).

2. A cause de son âge; car Jean d'Auton va faire un grand éloge de Charles d'Amboise. Charles était fils de Charles de Chaumont, frère aîné du cardinal d'Amboise; né vers 1473, il épousa en 1491 Jeanne Malet de Graville, fille de l'amiral de France (*Histoire de Charles VIII*). Dès le 3 février 1493, il obtint le gouvernement de Paris; mais, en 1496, on le lui fit résigner en faveur du sire de Clérieu, et le roi lui assigna à ce sujet une somme de 1,000 liv. (Tit. orig., Amboise, n° 174). Dès 1493, il figure parmi les pen-

Or, revenons a l'armée, qui n'actendoit que la nuyt a passer pour ouvrir l'uys a la guerre et l'envoyer au

sionnaires du roi pour 800 livres par an (id., n° 151), et en 1494, à l'époque de l'expédition de Naples, il commande une compagnie de 30 lances (id., n°ˢ 161, 166). En 1499, il n'était donc plus un débutant. Louis XII, dès son avènement, le créa grand maître de France. C'est à tort que Godefroy (dans son *Histoire des connestables, chanceliers,*..... œuvre peu exacte) dit qu'il succéda seulement à Georges de la Trémoïlle, en 1502, dans cette haute dignité. Le témoignage de Jean d'Auton est corroboré par une quittance du 25 janvier 1499-1500, où Charles d'Amboise prend le titre de grand maître de France (Tit. orig., Amboise, n° 121). La même pièce nous montre qu'à cette époque il commandait seulement une compagnie de 20 lances fournies; au mois de mars, il en commandait 50 (id., n° 183) et, en 1501, 70 lances (id., n°ˢ 107, 189), et encore en 1504 (id., n°ˢ 109, 231, 232). En 1504, il hérita de 30 lances, sur les 40 que commandait P. de Choiseul, sire de Lanque (ms. fr. 25784, n°ˢ 76 et 76 *bis*), et se constitua une compagnie de 100 lances. Il était, en outre, capitaine de Dieppe (id., n° 86). Les dignités, du reste, pleuvaient sur sa tête; son oncle, le cardinal, en quittant le Milanais, l'y laissa avec le titre de lieutenant général du roi, titre qu'il garda jusqu'à sa mort. Chevalier de l'ordre, la disgrâce du maréchal de Gié lui valut, en 1504, le titre de maréchal de France, et la résignation de son beau-père, l'amiral de Graville, le titre de grand amiral (Tit. orig., Amboise, n°ˢ 175, 188, 189, 233, 240 et suiv.). Seigneur, par sa famille, de Chaumont-sur-Loire, Meillant, Vendœuvre, Sagonne en Bourbonnais, baron de Charenton et de Revel (id., n°ˢ 107, 162), ajoutons, de suite, que son administration de Lombardie, traversée par de fréquents accès de fièvres paludéennes qui lui coûtèrent la vie, lui rapporta d'immenses richesses. Il fit somptueusement rebâtir son château de Meillant en Berry tel qu'il existe encore, et le cardinal Bibbiena rapporte le dicton qui avait cours à ce propos : *Milan a fait Meyan,* dicton qu'il applique à tort au cardinal d'Amboise (*Epistres des princes,* rec. par Ruscelli, trad. par Belleforest, 1572, in-4°). Son portrait, par Léonard de Vinci (*Magasin pittoresque,* année 1847, p. 400), se trouve au Louvre. Quant à son rôle, il a été diversement apprécié : J. d'Auton, le *Loyal serviteur*..... l'exaltent; Brantôme, au contraire, l'apprécie peu. Mais Brantôme se trompe lorsqu'il dit que Charles de Chaumont avait

champs. Sitost que tenebre nocturne heut donné lieu a clarté matutine et le jour parut, trompettes sonnerent, artillerye et autre charroy se mist a chemin et, sur le point de huyt heures, estendartz furent despliez et mys au vent, gens d'armes montés a cheval, et l'armée print la voye droict a La Roque ; et, entour onze ou douze heures de jour, fut le camp si pres logé de la ville que ung archier d'illecques tout a l'aise heust tiré dedans une fleche.

Ceulx de la place, voyant la maniere des Françoiz, qui tant pres de leur fort si souldain avoyent planté leurs estandartz et assi leur camp, trouverent la façon bien estrange et moult differente a la coustume des sieges des Italles, qui grandes admiracions et longues cerimonyes ont pour telles choses faire, et ne furent pas bien du tout asseurés. Toutesfoys, tindrent bon semblant et tirerent quelques faulcons a la volée par dessus le camp et au travers, sans faire que bien peu de mal ; et aussi tirerent les canonnyers françoiz quelques moyennes pieces, en actendant la nuyt a venir pour le surplus approcher et asseoir. Ainsi se passa le jour, tant que le souleil retira ses roiz en la region d'Occidant[1] ; et, sur l'eure du premier gallicante, que toutes choses tiennent sillence, furent faictes les approches et assize l'artillerye si pres des fossés

---

seulement vingt-cinq ans quand il devint gouverneur du Milanais; il en avait vingt-sept. Les ambassadeurs vénitiens le représentent, à cette époque, comme un homme à qui l'on donnerait trente-deux à trente-quatre ans, parlant facilement et jouissant auprès du roi d'un grand crédit.

1. Tout cet été fut pluvieux et tempétueux (*Cronaca di Cremona*, dans la *Biblioth. hist. italiana*, t. II), et ce temps contraria fort les opérations des Français.

de la ville qu'on heust peu de la, avecques la main, gecter une pierre dedans et, avecques ce, bonnes tranchées et fors tauldis furent faictz pour la seurté de l'artillerie. Si tost qu'il fut jour eclarcy, canonners commencerent a descharger canons et faulcons contre murs et boulouars, et ceulx de la place a tirer aussi moult aigrement au travers du camp et par dessus les tranchés. Somme, d'ung costé et d'autre, y heut bonne baterye, mais non pas d'une esgalle force; car en moings de cincq heures, plus de soixante brasses de leurs murailles furent ruhées par terre, et leurs fors et deffences percées en tous endroictz. Veoyans ceulx de la ville que plus ne pouhoyent soustenir ne porter les grans coups qu'on leur donnoit, doubtant aussi que la place d'assault on n'emportast, sur les deux heures apres mydy[1] parlamenterent; et, ainsi qu'on traictoit de l'entrée, souldaynement les gens de pyé se gecterent a la breche et tous a la foulle entrerent dedans; et, eulx ainsi entrés, prindrent le chasteau[2] d'assault et tuherent tous les souldartz de Ludovic et grant partie de ceulx de la ville[3]; et, après ce, pillerent tout, puys firent courir le feu par les maisons, et s'en retournerent au camp avecques leur butin.

Et de ce lieu, pour ce jour, ne deslogerent les gens d'armes.

1. 3 août. (Marino Sanuto, II, 1104.)
2. Où s'était réfugiée la garnison (Corio). On répandit, dans toute l'Italie, le bruit d'une trahison; on prétendit que le capitaine avait été acheté 800 ducats. Mais rien ne l'indique, et la conduite des Français prouve le contraire. On prétendait aussi qu'ils avaient fait la garnison prisonnière, ce qui n'est pas exact (Marino Sanuto, II, 1102, 1105, 1107).
3. Cet horrible massacre faisait partie de la tactique d'une entrée

II.

Comment Non fut prinse.

Après la prinse de La Roque, fut pareillement envoyé sommer Non, une autre tres bonne ville et forte et chasteau mout advantageux[1], pres de deux mille, ou entour, de La Roque. Laquelle ne se voulut pareillement rendre ne submectre en l'obeissance du roy, mais, avecques moult fiere contenance, distrent, ceulx qui la place gardoyent, que riens ne doubtoyent le pouhoir des Françoiz et que, qui les assauldroict, telle dilligence mectroient a eulx si bien deffendre et garder que la force leur en demeureroit. Ainsi doncques ouy le dire affectueulx et cogneue l'obstinacion de leur propos, la droict a chemin se mist l'armée; et passa une petite riviere[2], qui a demy mille de la ville estoit, et la sejourna jusques au lendemain, qui estoit la vigile de l'Assumption Nostre Dame; et, ce jour[3], fut assix le camp au plain d'une petite vallée, dedans ung marais presque a touchant de la ville; et, la nuyt apres, furent faictes les approches et affustée l'artillerye

en campagne, et cela explique pourquoi, après une ou deux exécutions de ce genre, les autres places se rendaient si facilement.

1. De plus, ses fortifications venaient d'être refaites (Guichardin). La garnison était de 700 hommes (id.).

2. Le Tanaro. D'après Ghilini, on y jeta un pont. D'après Rosmini, on le passa à gué en partie ; le reste de l'armée dut demeurer en arrière à cause de la crue inopinée des eaux, et, dans cette situation critique, une sortie des assiégés serait devenue très dangereuse.

3. Le 13 août. Cf. Schiavina.

si pres des murailles, qu'on povoit tout a cler ouyr ce que les guectz du dedans disoyent l'ung a l'autre.

Le jour enssuyvant, qui estoit la feste sollempnelle de Nostre Dame, pour l'onneur d'icelle ne fut oncques tiré, ou, que quessoit, bien peu.

Le lendemain, au plus matin, le tonnerre de l'artillerye commença a bruyre et tempester par la region de l'air et, comme ung tourbillon voragineux, a soubmarcher et mectre par terre tout ce qui au davant se treuve, et tellement que tours, boulouards, murailles et creneaux a force de coups de tous costés trebuchoyent, et si menu qu'entour troys heures apres mydi fut la baterye tant avancée que chascun se mist a porter fagotz pour combler les foussés et donner l'assault; car l'ouverture estoit si grande et la muraille batue si pres de terre, qu'on pouhoit clerement du dehors voir aller et venir les gens par les ruhes. Tousjours tiroyent ceulx du chasteau, et faisoyent bonne deffence, ce que de leger pouvoyent bien faire; car leur fort estoit assix sur ung hault mont et tant adventaigeux que a bien de tous costés l'adviser, a malaisée place a prendre resembloit. Grant force artillerye et vivres et plus de quatre cens souldartz dedans y avoit et, avecques ce, l'advenue et entrée d'icelluy si tres penible, que, avecques cordes et autres aydes, ou, que quessoit, seul a seul, par ung chemin estroict et droict comme une muraille, monter y failloit. Somme, c'estoit l'une des plus fortes places de la duché de Millan.

Pour enssuyvre mon propos, a l'eure qu'on voulut donner l'assault, voyans ceulx de la ville que plus n'en povoient, comme gens qui veullent deffyer fortune et desesperés, soufflerent le feu par leurs maisons, puys se cuyderent retirer au chasteau pour eulx sauver. Mais la bende dû seigneur de Normanville[1] et aucuns Piquards, avecques les cent Allemans du roy, les

1. C'était une compagnie de 2,000 hommes de pied, *mis sus* en Normandie en 1498 d'après les ordres de Charles VIII. Jean Basset, s^r de Normanville, qui la commandait, était petit-fils d'un capitaine normand au service des Anglais, Nicolas Basset ou de Basset, créé par les Anglais seigneur de Malaunay, et capitaine de Valmont pour le chancelier de Bretagne, à qui les Anglais avaient donné cette place. Fait prisonnier avec le comte d'Arundel à Gerberoy, Nicolas Basset fut interné à Beauvais et y mourut bientôt, laissant son fils Jean orphelin, à l'âge de dix ans. Jean Basset fut recueilli par un oncle, également nommé Jean, chantre et chanoine de Notre-Dame de Rouen, vicaire général de l'archevêque, puis il alla suivre l'école à Gournay. Il obtint du roi mainlevée du fief de Malaunay et devint chambellan avec une pension de 200 livres (1486). Cette même année, il mourut, car son fils Jean hérita de sa pension à partir de 1486. Jean Basset fut élu en l'élection de Bayeux pour les aides de la guerre en 1488, 1498. Il épousa Isabeau Roussel, devint capitaine des levées normandes en 1498; en 1512 et 1515, il était capitaine des nobles du bailliage de Caux et en 1516 chambellan. Il est probable que c'est lui qui, sous le nom de *Philippe* Basset, s^r de Normanville, fut confirmé dans les fonctions de vicomte de Gisors par patentes du 7 juin 1498 (Clair. 782); en tout cas, il devint bailli de Gisors et on le voit assister en cette qualité aux états de Normandie (Tit. orig., Basset de Normanville, n°s 2-3, 4-10; 16-26). Sa pension en 1499 était de 400 livres (compte de 1499, Portefeuilles Fontanieu). Il avait, sous sa charge, trois pensionnaires du roi comme capitaines en second des 2,000 hommes de pied normands : Antoine de Haucourt, et les sires de Dompierre et Bonnetot de Saint-Léger. Chacun de ces capitaines était inscrit pour une pension de 160 livres (id.). Ces capitaines étaient, en outre, pensionnaires personnels du roi. Colin de Silly, seigneur de Dompierre, recevait 200 liv. (id.); Jacques de Ossencourt, ou Ochencourt, seigneur de Bonnetot, commandait 400 hommes (Tit. orig., Ochencourt, n° 7). Marino Sanuto se trompe donc quand il parle de 2,400 Normands et quand il les désigne comme chargés seulement de garder les charrettes de l'armée.

archiers d'Aulbert du Rousset et autres armés legierement, par la breche entrerent en la ville et sitost poursuyvirent ceulx qui vers le fort s'enfuyoyent, que, a l'entrée du premier pont, les actaindirent : touteffois, gaignerent ceulx de la ville la place et fermerent les portes. Les Françoiz qui, de si pres qu'avez ouy, les chassoyent avecques lances, picques, haches, hallebardes et autre force de guerre, commancerent a rompre portes et fenestres, coper chaines et barieres et faire grans effors contre la place ; ceulx de l'autre part a ruer grosses pierres et tirer force traict et artillerie contre ceulx qui ainsi les assailloyent. Le maistre de l'artillerie de France[1], qui l'assault regardoit, voyant que ceulx du dedans deffendoient ainsi l'entrée, vint affuter quatre ou cinc faulcons contre leurs deffences, et la commancer a tirer de telle sorte que nul d'eux n'osoit l'ueil monstrer qui ne fust emporté. Ainsi furent contrainctz habandonner leurs repaires et le demeurant de leur affaire mectre entre les mains de maleureuse destinée. Somme, eulx voyans deffiez et assailliz de danger tant mortel, ne sceurent que faire, si n'est soy gecter par les fenestres et avecques cordes et eschelles descendre et cryer : *France, France*, pour

1. Guy ou Guinot de Lauzières, ou Louzières, seigneur de Montreuil et autres lieux, ancien sénéchal d'Armagnac, ancien maitre d'hôtel de Louis XI et de Charles VIII, chargé en cette qualité d'aller chercher saint François de Paule en Calabre (Commines, II, 229; *Procès de canonisation de saint François de Paule*), puis grand maitre de l'artillerie (P. Desrey). Il succéda, en cette charge, au sire de Torcy; il mourut en 1504 et fut lui-même remplacé par Paul de Berserade (ms. fr. 6690, fol. 5, 7-8; 6691, fol. 2). C'était le huitième fils de Raymond de Lauzières; il épousa : 1º Souveraine d'Ebrard de Saint-Sulpice ; 2º Jeanne de la Roche.

cuyder la dureté du glayve amollir et leurs vyes respiter. Mais le chasteau fut priz d'assault, et tous ceulx qui dedans estoyent decoppés et tranchés, sans ce que ung tout seul vif en rechappast, hors le cappitaine de la place[1], qui fut priz par ceulx d'Aulbert Rousset et envoyé en Ast prisonnier[2]. Apres la prise de la ville et chasteau et occision faicte, fut dit, par commune extimation, que de huyt a neuf cens hommes lombars avoyent ce jour esté mis a l'espée. Ainsi fut la ville de Non prise d'assault, pillée, destruicte et mise en cendre[3].

A six ou sept mille de Non estoit une autre bonne ville, nommée Vallence, grande et bien peuplée, de groz boulouars de terre massiz et bien percés, de bonnes groces tours et fortes murailles, de grans fossés proffondz, d'artillerye, vivres, souldars et toute deffence de guerre moult bien fortifyée[4], qui en troys ou quatre heures povoit d'Alixandrye avoir secours.

Et, presque a my voye des deux villes de Vallence et Alixendrye, ung asses fort chasteau et grosse bourgade y avoit, sur une petite riviere, ou la garnison d'Alexandrye pouhoit faire embuches et retrectes, et souvant aux Françoiz donner allarmes et escarmouches. Par quoy, fut advisé que celuy chasteau, premier que aller en avant, seroit assiegié, ce que fut fait; et, sitost que le camp fut logé davant la place, Estradiotz[5] com-

1. Il s'appelait Alfonso Spagnuolo; c'était un soldat très vigoureux, qui avait fait une belle défense (Corio).
2. 17 août (Marino Sanuto).
3. Annone et Rocca d'Arazzo furent, dit Gaguin, rasées à fleur de terre, excepté le château de Rocca d'Arazzo, qu'on se borna à brûler.
4. *Assai secura,* dit Corio.
5. Cavalerie légère irrégulière, composée surtout d'Albanais.

mancerent a buffeter autour de l'ost, mais tantost
furent si rudement envoyez, que bien mestier leur fut
que leurs chevaulx hussent bon esperon et que point
ne fussent retifz. Ceulx de la place, voyans le siege si
pres d'eux et le hazart de leurs vyes entre les mains
de parverse Fortune bransler, doubtans ausi qu'on ne
les trectast comme ceulx de La Roque et de Non,
apporterent les clefz du chasteau et furent pour l'eure
bons Françoiz. La sejourna l'ost pour la nuyt[1], et le
lendemain vers Vallance print la voye.

Ce jour, sur les neuf ou dix heures, ainsi que l'armée marchoit en avant et approchoit Vallance, sept
ou huyt cens chevaulx, Estradiotz et autres, qui
d'Alexandrie estoyent sortiz, se vindrent presenter
davant la bataille que le conte de Ligny conduysoit,
pres de la longueur deux foys de une picque, en bon
ordre et faisant myne bien asseurée, et prestz de ceulx
adresser qui desordre vouldroyent tenir. Toutesfoys,
voyant le compte de Ligny, qui chief de l'armée estoit,
la maniere de ses Albanoys et que, sans escarmouche,

C'étaient des batteurs d'estrade. M. Lalanne fait dériver leur nom
du mot grec στρατιώτης. Quoi qu'il en soit, ce nom était devenu
courant pour désigner les éclaireurs et la cavalerie irrégulière.
Dans une lettre à Machiavel, Biagio Buonnaccorsi appelle plaisamment les employés inférieurs des bureaux publics *li Stradiotti
di cancellaria* (Villari, *Machiavelli ed i suoi tempi*, I, 555). Les
Estradiots étaient généralement braves, mais indisciplinés et sauvages. Dans la campagne de 1495, on racontait que les provéditeurs vénitiens leur payaient une prime par tête d'ennemis qu'ils
rapportaient.

1. Cependant une forte partie de l'armée était restée en arrière,
car, le 17 août, la compagnie de 100 lances du sire d'Auzon fut
passée en revue au camp devant Annone, et, le 19, la compagnie
de 50 lances du comte de Foix (ms. Clair. 240, n⁰ˢ 517, 519).

ne les failloit laisser, ordonna que le seigneur de La
Palixe[1], avecques cinquante hommes d'armes des
siens et ceulx du seigneur de Myolant[2], donneroit
dedans; et, tout en l'eure, fut faicte la charge si rude
qu'Estradiotz prindrent chemin et, pour tirer au loingz

1. Le célèbre La Palisse, Jacques de Chabannes, fils de Geoffroy de Chabannes, s^r de Charlus, gouverneur de Pont-Saint-Esprit, et de Charlotte de Prie. Il épousa en 1493 Jeanne de Montberon, et en 1514 Marie de Melun d'Épinoy, veuve du sire de la Gruthuze. Cet illustre capitaine était un homme de belle et forte stature, de grandes manières; il avait une large figure, un peu fatiguée sur la fin de sa vie, un grand nez et large, des yeux bleus et bons, un peu *étonnés* (ms. fr. 13429, fol. XLII v°, portrait de 1519; *François Ier chez Mme de Boisy*, par M. Rouard, planche X; Recueil de Niel...). Louis XII l'aimait infiniment et les Espagnols le nommèrent *le Gran mareschal* (Brantôme). Il prit part, avec éclat, à toutes les guerres, à toutes les expéditions de Louis XII, de François Ier. Il commandait 40 lances en 1498 (ms. fr. 26106, n° 10) et 1501 (ms. Clair. 240, p. 545), 50 en 1510. Chambellan dès le début, il devint chevalier de l'ordre en 1510, maréchal en 1515. En 1525, il blâma la bataille de Pavie; on parut mettre cette prudence sur le compte de son âge (il avait soixante-trois ans); il s'y fit tuer (Tit. orig., Chabannes, n°s 40-45; Brantôme), après avoir été pendant près de quarante ans un infatigable capitaine; il commandait déjà une compagnie en 1491 et fut de ceux qui accueillirent Bayard. Il était grand maître des eaux et forêts de Languedoc (fr. 26106, n° 82).

2. Louis de Miolans, seigneur de Serve, baron d'Anjou en Dauphiné, comte de Montmahu ou Montmayeur, maréchal de Savoie; il jouit d'une grande faveur près de Charles VIII et se fit battre à la bataille navale de Rapallo. De 1494 à 1503, il était chambellan et capitaine de 40 lances; en 1503, sa compagnie, en garnison à Plaisance, fut répartie dans diverses garnisons du Milanais entre le sire de Sandricourt et Louis de la Trémoille (Tit. orig., Miolans, n°s 11, 13 à 17; ms. Clair. 240, p. 567, 579; ms. fr. 25783, n° 54; Commines, II, 350, 446; ms. fr. 26106, n° 32).

D'autre part, le bâtard de Miolans était, en 1503, pensionnaire du roi pour une somme de 400 livres (Compte de 1503, ms. fr. 2927).

ceulx qui les suyvoyent, fyrent longtemps maniere de fuyte; et, eulx voyans leur adventaige, tous ensemble tournerent sur queuhe et bientost retournerent ceulx qui les avoyent chassés, et fut illecques le lieutenant du seigneur de Myolant[1] de deux Estradiotz tellement pressé que, si tost n'eust esté secouru, en grant hasart estoit de faire ung voyage en Albanye. Tousjours escarmouchoyent Estradiotz a force avecques les Françoiz, lesquelz ausy a la poincte de la lance et de si pres les cherchoyent que, pour fuyr le choc, ne savoyent de quel costé tourner le pavoys. Toutesfoys, si bien savoyent iceulx Albanoys leurs fuytes et recharges conduyre et mener (supposé que vestuz fussent legierement) que a la foys aux myeux armés monstroyent le chemin de la retraicte; et, veue leur façon de faire, fut par le compte de Ligny avisé qu'on leur donneroit bien estroict, et luy, avecques le surplus de la bataille, la se vient adraisser; mais, sitost qu'Estradiotz virent donner des esperons et baisser lances, sans coup actendre, tournerent le doz et prindrent la fuyte, comme on leur donna la chace, mout tost, et furent suyviz plus d'ung mille et demy, et faysant tousjours fuyte de loup; car, a leur retraicte, donnoyent souvant sur quelqun et, au fuyr, si legerement jouhoient du pié leurs chevaulx que grant exès estoit a ceulx de France d'entreprendre leur copper chemin. Toutesfois aucuns Estradiotz y demeurerent, et quelqu'uns des nostres furent blecez. Ainsi se departirent Françoiz et Albanoys, sans gueres de perte et moings de gaing y avoir.

1. Ce lieutenant du sire de Miolans était Sébastien de Gouffier, pensionnaire du roi pour 400 livres (Compte de 1503, ms. fr. 2927).

Tousjours marchoit l'armée et Vallance approchoit et tant que, bientost apres mydy, gens d'armes et artillerye a ung gect d'arc de la ville arriverent; et la furent assix et affutés cinc ou six canons et faulcons[1] et tirés contre la place quelque coups; mais ceux du dedans ne voulurent actendre que autres assaux on leur fist et, doubtans plus grant domage encourir, sur le soir parlamenterent; et, au matin[2], se rendirent les souldartz a la voulunté des lieutenans du roy, lesquelz, ung baston blanc au poing, les envoyerent[3], et ceulx de la ville baillerent les clefz et, leurs bagues sauves, se soubmirent sans nulle autre deffense faire[4].

Pour tousjours a la conqueste de Millan briefvement proceder et ensuyvre le comancement d'icelle (a qui assez doulce et favorable avoit esté dame Fortune), apres la reduction de Vallance, l'armée prist les champs en adroissant son arroy vers la cité de Tortonne[5];

---

1. Les faucons étaient des pièces de trois pouces, pour les boulets d'une livre.

2. 25 août (Marino Sanuto, II, 1164), 25 d'après la *Cronaca di Cremona*, 19 août d'après Schiavina et Da.Paullo. Ce dernier prétend que le siège dura quatre jours. Erasmo Trivulzio fut nommé gouverneur.

3. Senarega prétend que les Français mirent tout à feu et à sang à Valenza!

4. Valenza avait pour capitaine Rafagnino Donato, fort suspect de trahison. Corio prétend que Galeazzo di San Severino lui avait envoyé d'Alexandrie, sous la conduite de son frère bâtard, Octavien, et de Badino de Pavie, des troupes qui portaient l'effectif à 1,500 combattants, sans compter les habitants; qu'on était prêt à se défendre, mais que les Français furent introduits subrepticement. Ce récit nous parait bien suspect. Le renfort ne put pas arriver jusqu'à Valenza. Trivulce rendit la liberté à toute la garnison et ne garda que les chefs.

5. Tortona, place forte qui commande le cours de la Scrivia,

laquelle trouva, par saine oppinion, que, actendre le siege des Françoiz et l'assault d'iceulx, plus dommageable axes lui seroit que, pour soy rendre a eulx, reproche diffamable. Ainsi doncques, comme ceulx qui sur toutes choses ont leur proffict pour recomandé, querans avoir leur robe en seureté et vies sauves, les plus sollempnelz misseres de la ville envoyerent faire l'obeissance et rendre les clefz [1].

Apres que Tourtonne fut submise, plusieurs autres bonnes villes et chasteaux, comme Encize [2], Solere [3], Fulgurose [4], Monte Castel [5], Voguere [6], Nove [7] et autres fortes places de la duché [8], sans autrement actendre d'eulx approcher l'armée, au roy se rendirent et, de la en avant, grant force vivres apporterent en l'ost.

---

sur la route d'Alexandrie à Plaisance. Ant⁰ M⁰ Pallavicini était capitaine.

1. Trivulce s'empressa de rassurer les habitants par une lettre que publie Corio.

2. Incisa, sur la Stura, dans la direction de Cherasco. On l'appelait aussi Incisa d'Asti. Incisa ne faisait pas partie du duché de Milan. C'était le chef-lieu d'un marquisat indépendant, alors régi par plusieurs princes associés sous la direction du marquis Oddone, prince pacifique et excellent. Oddone gouverna de 1471 à 1514. A partir de 1512, des difficultés éclatèrent et le marquisat d'Incisa finit par être absorbé, non par le duché de Milan, mais par le marquisat de Montferrat. V. Molinari, *Storia d'Incisa d'Asti*.

3. Solero, près d'Alexandrie.

4. Piopera (actuellement Piovera, près Tortona), d'après Corio. En prononçant *Fiogera*, Jean d'Auton a fait *Folgera, Fulgurose*.

5. Monte-Castello, sur la rive gauche de la Bormida, à peu de distance d'Alexandrie.

6. Voghera, sur la rive gauche de la Staffora, sur la route d'Alexandrie à Plaisance.

7. Novi, sur la route d'Alexandrie à Gênes.

8. D'après Schiavina, Tortone et toutes ces villes se rendirent le 27 août. Solero s'était rendue le 15.

Souventesfoys firent nos gens cources et algarades[1] devant la cité d'Alixandrye, pour veoir et cognoistre la maniere et puissance de ceulx qui dedans estoyent[2]; lesquelz sortoyent souvant, mais gueres n'esloignoyent l'ombre de leurs barrieres, pour doubte d'embuche, et ausi que par soing laborieux a la garde et fortiffication de leur place avoyent a entendre, comme de celle qui, apres Millan, estreme reffuge et actente singuliere du seigneur Ludovic estoit. De jour en jour marchoit l'ost en avant et par le marquissat de Montferrat bransloit son charroy[3], ou aucunes des villes firent reffus de l'entrée et differance de bailler vivres; par quoy fut parler au marquis le conte de Ligny, qui en telle sorte luy bailla son deffault pour entendre, que de la en avant hut plus de crainte de desplaire aux Françoiz que volunté d'ennuy leur prochacer[4].

Ainsi passa l'excercite de Gaule par le pays du marquissat, tirant a cartier d'Alixandrye, et oultre cincq ou six mille, ou illecques aucunes places, qui entre Pavye et Alixandrie estoient, se rendirent et apporterent les clefz.

1. *Algarade*, mot nouveau, d'importation espagnole; *algarada*, cris de gens qui se battent.
2. Dès le 19 août, des coureurs français apparurent sous les murs d'Alexandrie (Marino Sanuto, II, 945).
3. Les terres du marquis de Montferrat, dont Casale était la capitale, se trouvaient situées entre Verceil et Alexandrie et couvraient de ce côté le duché de Milan.
4. Depuis l'entrée en campagne, Constantin Arniti, soi-disant collaborateur de l'armée française, opposait une grande force d'inertie et une neutralité plutôt malveillante. Cela n'empêcha pas les Français d'occuper le marquisat selon leurs besoins et notamment Felizzano, qu'ils n'évacuèrent plus. Nous avons une montre de la garnison française de Felizzano « au duché de Milan, » en 1501.

Affin que les vivres[1], qui de Valence, Tourtonne et autres villes conquises alloyent a l'ost, et les passages des environs par les gens d'armes d'Alexandrie ne fussent empeschés, dedans une ville du marquissat, nomée Felissant[2], furent lessés le grant escuyer[3], le seigneur de Chatillon[4], le seneschal d'Arma-

1. Une gelée tardive avait endommagé les récoltes au mois de mars (*Cron. di Cremona*) et rendu les approvisionnements difficiles.
2. Felizzano, entre Asti et Alexandrie, dans le marquisat de Montferrat.
3. Pierre d'Urfé, seigneur d'Urfé, entra au service sous Louis XI, qui, en 1465, le commit au paiement des gens d'armes pour la guerre du Bien Public. L'année suivante, 1466, il était chambellan, avec une forte pension, et, en 1485, grand écuyer, charge qu'il garda toute sa vie, avec 1,200 livres de gages. Il s'intitulait également à cette époque « chambellan, premier écuyer de corps, maitre de la grant écurie du roi ». En 1485, il était aussi sénéchal de Beaucaire et Nimes, châtelain de Gallargues. Il recevait une pension de 2,000 livres. En 1486, le roi lui donne une gratification de 1,200 livres, comme indemnité des dépenses de la guerre de l'année précédente. On le voit assister aux États de Languedoc comme commissaire du roi. En 1494, il commandait une compagnie de 40 lances. Il existait encore en 1507 (Tit. orig., Urfé, n°s 2-32; compte de 1503, ms. fr. 2927; ms. fr. 26107, n° 249). Il nous reste un bon nombre de pièces relatives à sa charge de grand écuyer.
4. Jean de Coligny, d'une famille de chevaliers bacheliers, seigneur de Coligny, d'Andelot et de Châtillon-sur-Loing, recevait encore en 1481 une pension de 1,500 livres de Louis XI. Il dut mourir vers 1481, car il laissa sa veuve, Éléonor de Courcelles, tutrice de tous ses enfants, encore mineurs.
Jacques de Coligny, seigneur de Châtillon et d'Andelot, l'ainé de ses enfants, fit ses premières armes au *Pas* de Sandricourt en 1493; sa bravoure et son entrain chevaleresque enthousiasmèrent Charles VIII, dont il devint de suite le favori; dès 1494, il reçut une compagnie de 100 lances, avec laquelle il fit la campagne et combattit à Fornoue. Sa pension fut élevée, en 1496, à 3,000 liv. Il avait épousé Anne de Chabannes, fille du célèbre comte de

gnac¹, avecques leurs bandes, ou par ung temps sejournerent ; et n'estoit jour qu'on ne fist saillies et escar-

Dammartin et de Marguerite de Calabre, fille naturelle de Nicolas d'Anjou. En 1500, quoique veuf, il réclama une rente de 800 liv. que le roi Charles d'Anjou avait jadis léguée à sa belle-mère. En 1505, il épousa, en secondes noces, Blanche de Tournon.

Sous Louis XII, sa compagnie de 50 lances, à partir de 1503, fut placée, après la guerre, en garnison à Brives-la-Gaillarde. En 1509, il devint prévôt de Paris et concierge de l'hôtel Saint-Paul. Deux ans après, la veille de la bataille de Ravenne, il fut tué d'un coup d'arquebusade, qui lui brisa les os; il avait fait toutes les campagnes de Mételin, d'Agnadel, etc.

Bien qu'il ne soit guère connu que sous le nom de sire de Châtillon, il signait : « Decoulligny. »

Nous parlerons plus loin de son frère, connu sous le nom de sire de Fromentes. Sa sœur, Marie, avait épousé Georges de Menthon, seigneur de « Duesme, » qui devint de ce chef seigneur d'une partie de Coligny, dite Coligny-le-Neuf, et qui obtint, avec beaucoup de peine, en 1490, le versement de la dot de sa femme, fixée à 3,000 livres.

Il eut pour neveu le fameux amiral Gaspard de Coligny (Tit. orig., Coligny, nos 5, 8-19; Menthon, n° 4; fr. 25783, n° 69; Clair. 782; Brantôme, etc.).

Marino Sanuto dit qu'il menait, en 1499, une compagnie de 50 lances; c'est une erreur, il n'en commandait plus que 30, qui furent passées en revue dans le comté d'Asti, le 19 mai 1499, et en 1501 à « Villefranche-en-Piémont. » En 1503, cette compagnie alla se reformer à Châtillon (ms. Clair. 240, p. 507, 537, 581).

1. Jacques Galiot de Genoilhac, sénéchal d'Armagnac, fut élevé par un oncle des mêmes noms et prénoms, chambellan de Louis XI, valet de chambre de Charles VIII, en 1493 sénéchal de Beaucaire et maître de l'artillerie. Seigneur d'Assier, Reillanet, baron de Capdenac, écuyer d'écurie du roi en 1495 et les années suivantes (Comptes de l'écurie, ms. fr. 2927), il se distingua par sa bravoure à Fornoue, aux côtés de Charles VIII; maître de l'artillerie en 1512, grand écuyer après Pavie en 1525, capitaine de 80 lances, chevalier de l'ordre, capitaine général de l'artillerie de France, capitaine de Najac, gouverneur du Languedoc en 1545, il mourut en 1546, à près de quatre-vingts ans, laissant une fortune énorme et un grand renom de sagesse,

mouches, et a toutes heures estoyent Estradiotz sur les champs, qui nuyt et jour, comme corps fantastiques, bransloyent en l'air et prenoyent parfoys quelque gens de pié ou autres mal accompaignés.

Au desloger de Felissant, ne furent gens d'armes si tost a chemin, que cincq ou six cens Albanoys ne

---

d'honneur et de courage. C'est lui qui, âgé de soixante-dix-huit ans, à la nouvelle qu'une bataille décisive allait se livrer en Italie (la bataille de Cérisoles), disait à son fils unique, François : « Allez, mon fils, quérir la mort en poste. » François prit la poste, arriva à temps et se fit tuer (Brantôme, t. III, p. 72-76).

Cet homme d'un si mâle caractère était, en 1500, chambellan, sénéchal d'Armagnac aux gages de 366 livres, et pensionnaire du roi (2,000 livres); en 1501, il commandait une compagnie de 25 lances.

Il épousa successivement deux femmes fort riches, Catherine d'Archiac et Françoise de la Quéuille.

Son nom varie beaucoup dans les actes. Brantôme dit qu'il s'appelait d'abord *de Genoilhac* et que le surnom de *Galiot* lui vint plus tard. En effet en 1500, en 1541, il s'intitule : « Jaques de Janoilhac, dit Galiot » (ms. fr. 26107, n° 182; Tit. orig., Galiot, n° 8); souvent il s'intitule : « Jacques Galliot de Genoilhac, » ou « Jacques de Genoilhac. » Mais on ne trouve jamais le nom de *Ricard*, que lui attribuent la plupart des critiques et des historiens. Le bibliophile Jacob et d'autres auteurs pensent que ce surnom de *Galiot* devait dériver de *galère* (*galée*, ou *galion*); un acte de 1480 nous fixe à cet égard. Les Galiot étaient des Italiens, venus en France à la suite du dauphin; le premier Jacques Galiot, capitaine de francs-archers de Dauphiné, Valentinois et Diois, en 1480, signait encore de son nom italien : *Jacobo Galiota*. En réalité, la plupart des actes du sénéchal d'Armagnac portent l'en-tête « Jacques Galiot, ou Galyot, sénéchal....., etc., » et la signature *J. Galiot*. Ginoilhac ou Genouilhac est un nom de fief (Tit. orig., Galiot, n°s 2-10; fragment de compte, ms. fr. 26107, fol. 317; compte de 1501, ms. fr. 2960, fol. 14).

Sa compagnie de 25 lances fut passée en revue à Asti, le 11 juin 1498 (ms. Clair. 239, p. 473). Après la guerre, elle revint tenir garnison en Bourgogne (ms. fr. 25783, n°s 63, 72).

fussent sur les champs et voulurent adresser vers le bagage; mais on leur envoya au devant cent ou six vingtz hommes d'armes, lesquelz ne leur firent rien : car, sans coup donner, s'en allerent Albanois tout le couvert, et gens d'armes prindrent la voye droict au camp, qui a cincq ou six mille loings d'Alixandrye estoit logé. Et la fut mys en conseil, par messeigneurs les lieutenans du roy et autres cappitaines, l'affaire de la fin de la conqueste; sur laquelle fut l'oppinion et advys du seigneur Jehan Jacques et par luy proposé que, selon ce qu'il pouhoit savoir et entendre du faict de la guerre, que, premier que assaillir Alixandrie, Millan devoit estre assiegée, disant que, tant que Millan tiendroit, nulle des autres villes et places pour estre subvertyes se rendroyent, mais, en esperant de jour en jour de Ludovic secours avoir[1], jusques au derrenier assault tiendroyent et que, si Alexandrie estoit premier assiegée, que de Millan et Pavye d'heure en heure auroyent les assiegés ranffors et secours et que, qui tost ne les prendroit (qui malaysée chose estoit a faire), les autres villes tenans se ranforceroyent, et les rendues a l'aventure se rebelleroient, par quoy l'entreprise de la conqueste se pourroit moult desavancer, les gens d'armes du faix de la guerre a la longue ennuyer, les tresors et finances despendre et dymynuer, les vivres encherir et appetisser, voire et la froide saison de hyver, qui ja approchoit[2], sur ce intervenir, qui moult griefveroit l'armée et charroy d'icelle detourberoit; et aussi, sy Millan estoit unes foys sub-

1. Ludovic espérait toujours des secours de l'empereur.
2. On était au mois d'août.

mise et domptée, que, sans aucune deffence, toutes les autres places et villes de la duché seroient en ung moment reduytes et mises en l'obeissance du roy. Et, sur ce, mist le seigneur Jehan Jacques fin a son oraison[1].

Mais autre pencée, longtaine de ce propos, heut le compte de Ligny, disant telz motz, ou parolles semblables, que, puysque la conqueste de la duché de Millan avoit esté si bien ecomancée, conduyte et poursuyvye et que, depuys La Roque, premiere ville assiegée et prise par les Françoiz, jusques au lieu ou lors estoit le camp, et oultre plus de six mille, place nulle estoit demeurée en resté qui vendue et prise ne fust, et ausi que, par ce moyen, tousjours on avoit les passaiges au delivre, vivres en habondance et de jour en jour nouvelles du roy, tenuz en crainte les ennemys, reposés en bonne surté et, en somme, heureuse et prospere fortune en toutes affaires heue et trouvée, que, scelon son advis et oppinion, ne devoit en arriere demeurer la cyté de Alexandrie, car les passaiges et chemins pouhoit detenir et empescher, les vivres diminuer et encherir, les postes et courriers prendre et arester, donner ayde et secours aux ennemys, garder souvant de dormir ceulx qui bon mestier en auroyent, courir, prendre et piller sur les villes et places reduytes et randues; et que, sans grosses et bonnes garnisons mettre autour de la place d'Alixandrie (qui sans desnuer et par trop amaindrir l'armée ne se pouhoit faire), cent mille autres empes-

---

1. Cf. Marino Sanuto, II, 1097. Trivulce disait qu'il aurait Alexandrie quand il le voudrait.

chemens et ennuytz de jour en jour aux gens d'armes pouhoyent donner : par quelles raisons et causes et autres oppinions afferens au propos de l'affaire du bien publicque d'ung coté et d'autre allegués et mys en avant, fut arresté et dit par conclusion que la cyté d'Alexandrie seroit premier que Millan assiegée.

III.

LA PRINSE D'ALEXANDRIE.

Pour mectre a excution l'ordonnance arrestée du conseil sur le siege d'Alexandrye, ung dimenche matin[1], sur les neuf ou dix heures, fut l'armée a ung mille, ou pres, de la ville approchée, et le camp logé sur une riviere[2], laquelle parfoys pouhoit a gué se passer et puys en ung moment soubdain tant impetueuse et enflée devenoit, que nul, sans bateau ou grant peril de sa vie, pouhoit aller outre, dont au passer et rapasser furent beaucop de gens noyés et perdus. Au desloger du camp se partirent trois gentilzhommes, nommez Citran[3], Aubi-

---

1. 25 août.
2. La Bormida, alors grossie par les pluies.
3. Le nom de Cytain est orthographié, dans les textes de l'époque, de mille manières différentes : Chitain, Chitin, Sytain, Oitin, etc. Jean d'Auton dira ailleurs « Cytain; » ici, il dit « Citran; » Commines dit Citain (lettre de 1495, éd. de Mlle Dupont, III, 409). En réalité, il s'agit de Chatain (Vienne), et de Gilbert ou Guilbert des Serpens, seigneur de Chatain, valet de chambre de la reine (*Mémoires de Bretagne,* III, 877; dans ce texte il est dit seigneur de Chitam). Fils de Jean des Serpens, pensionnaire du roi, il épousa Anne de Coligny, sœur des sires de Coligny et d'Andelot, avec la promesse d'une dot de 5,000 livres qui

gny[1] et Chavanes[2], et dix homes d'armes, et prindrent le chemin du Castellat[3], assez forte place, prochaine d'Alixandrie de deux mille, ou entour, laquelle n'estoit encores rendue ; et, a l'entrée d'icelle, heurent quelque legiere escarmouche : toutesfoys, prindrent la ville et chasteau et quatre ou cincq des meilleurs prisonniers, par ung nommé le Bastard de Loudieres[4], accompaigné de cincq ou six archiers, devers le seigneur Jehan Jacques en envoyerent ; et, ce faict, demourerent aucuns Françoiz dedans la place et les autres s'en retournerent ou estoit le camp.

Ouy avez, par cy davant, comme l'ost pres de la ville d'Alixandrie ja estoit approché ; a la venue duquel

lui fut versée par acomptes. En 1528, il était grand maréchal des logis du roi, et mourut en 1529 (Tit. orig., Des Serpens, nos 5-9). Ce qui ajoute encore à la confusion, c'est que le titre de « sr de Chastain » appartenait aussi à Guill. de Bonneval, qui parait être le Chastain dont il est parlé dans Brantôme (t. VII, p. 319). Nous trouvons, parmi les pages de Charles VIII, un Antoine de Chetain (ms. fr. 2927, fol. 124 v°).

1. Regnauld d'Aubigny, écuyer, que Jean d'Auton appelle plus loin *le petit Aubigny*. Il appartenait à une famille du Languedoc et n'a rien de commun avec Stuart d'Aubigny, avec lequel on le confond trop souvent. Il recevait du roi, en 1498, 1499, 1506, une pension de 300 livres (Compte de 1499, Portefeuilles Fontanieu ; Tit. orig., Aubigny, nos 17, 18, 19. *Nota :* la plupart des pièces de ce dossier se rapportent à Stuart d'Aubigny).

2. Comme son capitaine le sire de Chandée, Antoine de Chavanes, seigneur de Saint-Nizier et de Malaval, était Bressan. Il épousa Claudine de Montjouvent et devint bailli de Bresse. Il vivait encore en 1516.

3. Castellazzo Bormida, place située dans une position avantageuse, dans l'angle formé par le confluent de la Bormida et de l'Orba, au sud d'Alexandrie.

4. Nous n'avons pas trouvé trace de ce bâtard ; ne serait-ce pas un bâtard de *Louzières* (de la famille du grand maitre de l'artillerie) ?

fut par les souldartz de la place faicte une saillye de
soixante ou quatre vingtz Estradiotz et cincquante ou
soixante homes d'armes avecques une grosse embusche
de gens de pié, qui, tout au couvert, aupres d'une
chappelle, entre la ville et une sausoye, estoyent, si
qu'on ne les pouhoit de l'ost adviser ne veoir. Les
gens de cheval avoyent oultrepassé le boys et dedans
une belle et grande prayrie, viz a viz de l'armée, la
rivere entre deux, tenoyent ordre de bataille. Les
Françoiz, qui en ores n'estoyent descendus de cheval,
voyans la maniere d'iceulx Albanoys et autres gens
d'armes, qui si pres du camp faysoyent leurs montres,
conclurent leur donner une legiere escarmouche; et se
mirent a passer le gué aucuns de ceulx du baron de
Beart[1] et autres, jusques au nombre de trante et cincq

1. Roger de Béarn, chevalier, baron de Béarn au diocèse de
Mirepoix, sr de la Bastide, est l'objet de bien des erreurs de la
part des historiens. Il appartenait à la famille de Béarn, qui avait
pour auteur Bernard de Béarn, appelé tantôt bâtard de Foix et tantôt bâtard de Comminges, que Louis XI protégea (comme tous les
bâtards). Louis XI appelait Bernard « son cousin; » il le fit
chambellan et, le 23 juillet 1468, capitaine de la Tour du Pont
d'Avignon, et, en même temps, visiteur général des gabelles de
Languedoc, maitre général des ports et passages du Languedoc
(1437-1483. Tit. orig., Béarn, nos 3 à 12).

De même, Roger occupait le poste fiscal de vicomte et receveur
ordinaire d'Orbec, près Lisieux. Du reste, on le trouve partout,
sauf à Orbec. Brave soldat, brillant, toujours en selle, infatigable
à harceler l'ennemi sans aucune considération de force numérique,
sa valeur lui mérita le poste de lieutenant de la compagnie de
Gaston de Foix; en réalité, il commandait alors la compagnie;
c'est dans ce sens que J. d'Auton parle sans cesse de la compagnie
que mène le baron de Béarn. R. de Béarn se distingua partout;
Bayard lui sauva une fois la vie. Le roi honora sa valeur en lui
décernant la conduite personnelle de 50 lances de la compagnie
de Foix (id., nos 31, 32, 33; Brantôme, *le Loyal serviteur*, p. 148,

ou quarante chevaulx, lesquelz, a l'issue de la riviere, commancerent a donner sur Estradiotz et les presser bien rudement; mais furent bien recueilliz et tost reboutés jusques sur le bort du gué; et puis, Albanoys rechargés et chacés plus d'ung gect d'arc, de rechief recommance la meslée bien a point, et la fut tuhé ung archier de ceulx du baron, nommé Le Commandire; ung homme d'armes françoiz, nommé le Basque, si a droit un Estradiot assenna, que plus d'une toyse au travers du corps luy mist le fer de la lance; toutesfoys, ne desbransla oncques de cheval l'Albanoys, mais jusques a la ville tout blecé se retira. L'escarmouche de tous coustés se ranfforce, et font merveilles Albanoys de Françoiz charger, lesquelz ausi a coups de lances et espées souvant percent leurs jacques embourrés. Somme, chascun, a ceste venue, avoit envye de monstrer ce qu'il savoit faire; et bien mestier le fust aux Françoiz, car il n'y avoit nulz d'eulx qui, seul, contre troys Estradiotz n'eust a besoigner. Le Bastard de Lan[1] illecques fut blecé bien estroict, lequel tres bien se monstra. Ausi firent Pierre de la Boucherye[2],

---

306; ms. fr. 26107, n° 345; lettre patente du 7 juin 1498, ment. Clair. 782...). En 1512, dès que le sire de Montoison tomba malade, Gaston de Foix sollicita vivement sa compagnie pour Roger qui, dit-il, « depuis longtemps a charge de ma compagnie et a rendu de grands services au roi » (ms. fr. 2928, fol. 17). En effet, à partir de 1512, Roger de Béarn commanda 50 lances (Tit. orig., Béarn, n° 17); il devint, la même année, gouverneur et capitaine de Mauléon de Soulle, et chambellan en 1515 (Tit. orig., Foix, n°s 17, 371, 372, 377, 378).

Son sceau ne porte aucune mention de bâtardise.

1. Bâtard, sans doute, de la famille de Louan ou Louvain, dont nous trouvons un membre mentionné page 46.

2. Ce Pierre de la Boucherie, sur lequel nous n'avons point de

de Luppé[1], Arnault de Vidache, les Masparrotes[2] et tous les autres, dont s'en trouverent bien. Illecques fut au Basque tuhé ung tres bon cheval, et puys sur ung Estradiot en reconquist ung autre. Ainsi duroit tousjours l'escarmouche, ou a l'une foys Françoiz chassoyent, a l'autre estoyent rechassés. Le compte de Ligny, qui sur le bort de la riviere estoit, voyant l'escarmouche pour les Françoiz dangereuse, pour iceulx secourir, cincq ou six faulcons fist illecques affuster et transmist Loys d'Ars[3] oultre la riviere, avecques

renseignements, était sans doute le père d'un certain Jean de la Boucherie, sr du Guy, qui, le 25 août 1510, épousa Louise de la Roche et en eut Gilles de la Boucherie, écuyer, sr du Guy, qui épousa en 1530 Françoise Theronneau (Tit. orig., La Boucherie). Un Georges de la Boucherie figure dans le compte du *Béguin* ou Deuil du duc François II de Bretagne, en 1488.

1. Carbon ou Carbonnel de Lupé, fils ainé des huit fils de Jean de Lupé, dont deux autres portaient le même prénom de Carbon ou Carbonnel. Maitre d'hôtel du roi, il vivait encore en 1521; il épousa Jeanne de Beaumont et en eut Jean de Lupé. Il est, en outre, père du célèbre Noé-Michel, bâtard de Lupé, chevalier, maitre d'hôtel du roi, capitaine de Janville en Beauce, et, en 1522, grand prévôt de l'hôtel, qui s'illustra dans les guerres d'Italie. C'était, au xvie siècle, un proverbe que « Brave comme le bâtard de Lupé. » Ce bâtard était déjà, en 1499, un des gentilshommes ordinaires de l'hôtel du roi, ét, par lettres-patentes du 5 avril de cette année, Louis XII lui abandonna un droit de 13º dans la sergenterie de Saint-Jeoire en Normandie (Brantôme, Tit. orig., Lupé, nº 4).

2. Nous ne voyons pas très bien qui J. d'Auton appelle les *Masparrottes*; est-ce les seigneurs de Masparrante ou de Masparant? Il y avait, au xviie siècle, une famille de Masparault, seigneurs de Chennevières-sur-Marne.

3. Plusieurs personnes portaient ce nom de famille : en Dauphiné, Philibert d'Arces, seigneur de la Batie (U. Chevallier et Lacroix, *Inventaire des archives dauphinoises de M. Morin-Pons*, p. 136); en Gascogne, les d'Arse ou d'Ars, d'origine espagnole,

dix homes d'armes, pour a la rectrette les recueillir. Ainsi se mirent iceulx a passer l'eau, et des premiers ung des cent gentilzhommes du roy, estant soubz la charge du seigneur d'Alègre[1], nomé le

représentés au xve siècle par Ferrando et Consalo d'Ars (Clair. 6, fol. 301, 307). Le célèbre Louis d'Ars était originaire du Berry et lieutenant de la compagnie du sire de Ligny; c'est lui qui reçut Bayard dans sa compagnie. Pensionnaire du roi dès 1496 (Clair. 6, fol. 301), il déploya toute sa vie une bravoure admirable. A la fin de sa carrière, on le soupçonnait d'une affection trop fidèle au connétable de Bourbon; il se fit tuer à Pavie. Il resta longtemps lieutenant du sire de Ligny, puis il devint chambellan et capitaine de 50 lances (ms. fr. 25784, n° 136). A l'époque de sa mort, il était duc de Termes, marquis d'Ars, comte de Voghera et de la Girolle, capitaine de 60 lances (Clair. 6, fol. 303). Il se distingua surtout dans la campagne de Naples et à Ravenne.

1. Yves d'Alègre, seigneur d'Alègre, de Rioux et de Milhau, était l'ainé des fils de Jacques de Tourzel, baron d'Alègre, chambellan du roi, qui vivait encore en 1508; il avait deux frères, Guillaume, protonotaire apostolique, et François, comte de Joigny, s[r] de Précy, capitaine de Montargis, beau-frère de l'amiral de Graville, qui fit avec Charles VIII la campagne de Naples, et devint sous Louis XII grand maître des eaux et forêts, vicomte d'Arques, etc. Yves d'Alègre avait épousé, en 1474, Jeanne de Chabannes et laissa un seul fils : Gabriel, chambellan du roi, maître des requêtes, puis prévôt de Paris, bailli de Caen, capitaine de 40 lances. C'est Gabriel d'Alègre qui reçut le testament de Bayard.

Yves d'Alègre était un capitaine *notable,* comme dit Brantôme, et expérimenté. Capitaine de Domfront, chambellan et pensionnaire du roi depuis longtemps, il commandait une compagnie de 40 lances lors de la première expédition de Naples. Sa pension, de 1,200 livres en 1488, de 2,000 en 1491 et 1495, fut élevée à 4,000 livres en 1498 (Tit. orig., Alègre, n[cs] 27, 29, 30, 32, 33, 34, 35, 37, 95, 108, etc.; Clair. 782; Portefeuilles Fontanieu). Il fut tué à la bataille de Ravenne en 1512. Son fils ainé, Jacques, s'y fit tuer également, « jeune et hardi gentilhomme, » comme dit Paradin.

En 1498, il commandait, avec le vidame de Chartres, l'élite de

Basque[1]; et, ainsi qu'il sortoit le gué, Françoiz estoyent

la France, les cent gentilshommes du roi (Marino Sanuto, II, 850, 1059), comme le dit ici Jean d'Auton. Le vidame garda le commandement d'une bande ordinaire de 100 lances. Ajoutons dès maintenant que le roi lui donna, au mois d'octobre 1499, la châtellenie de Pozzoli, en Milanais (Portefeuilles Fontanieu) et le fit capitaine de Savone.

1. Le surnom de Le Basque, Le Vascon, Le Visque, Le Viste, etc., était fort répandu et s'appliquait à des personnes très différentes. Lorsque J. d'Auton nous parle de Le Basque, un des cent gentilshommes de la maison du roi, il s'agit évidemment de Jean de Tardes.

Jean ou Jeannot de Tardes, gascon de Bordeaux, dit *Le Basque*, viguier de Carcassonne dès 1469, écuyer et panetier du roi en 1470, valet de chambre et panetier ordinaire en 1472, fut marié en 1482 par Louis XI avec « la fille de Bayrs, » c'est-à-dire avec la fille et héritière du baron de Byars ou des Biars.

Jean de Tardes, baron des Biars, châtelain de Sundespina en 1491, est, en 1499, maître d'hôtel du roi, viguier de Carcassonne, et inscrit pour une pension de 400 livres (Tit. orig., Tardes, n°s 3-16; Portefeuilles Fontanieu, compte de 1499; ms. fr. 26107, fol. 317). Il était écuyer d'écurie du duc d'Orléans avant son avènement (ms. fr. 2927). En 1492, il se distingua par son courage lors d'une descente des Anglais en Cotentin (De la Borderie, *Complot breton de MCCCCXCII*, page 58). Mais il est probable que l'homme d'armes dont parle précédemment J. d'Auton ne doit pas être le même que J. de Tardes, pensionnaire du roi. Dans l'*Histoire de Bayard*, on trouve également deux *Basque* qu'il convient de distinguer. L'homme d'armes en question peut être Pierre de Tardes, dit le Basque, qui vend, en 1494, à Louis d'Orléans, un grand cheval de bataille rouan pour 350 écus d'or, ou même Tristan de Tardes, archer de la garde en 1503 dans la compagnie de Gab. de la Chastre (Tit. orig., Tardes, n°s 11 et 15); ni l'un ni l'autre n'étaient pensionnaires du roi. La famille du Alda, en Gascogne, portait aussi le sobriquet de Le Gascon ou Le Vascon (ms. Clair. 3). Jean Le Viste, ancien conseiller au Parlement, pensionnaire du roi, mort vers 1508, était beau-père de Geoffroy de Balsac, s[r] de Montmorillon (*Catal. d'une importante collection de curiosités autographiques...., le mercredi 27 mai 1885, Gabriel Charavay*, 1885,

rechacés moult tost ; mais, nonobstant, gaigna celuy
Basque ung pas estroit sur les Estradiotz, et la, seul,
soustint tout le faix jusques les autres de la suyte fussent
passés, lesquelz firent le moings de sejour qu'ilz peurent,
et, a leur venue, furent tout court Albanoys et Lombars arrestés ; et, voyant le conte de Ligny qu'il estoit
heure de les renvoyer, fist sur eulx descharger cinc ou
six pieces d'artillerie, et tout en l'eure Louys d'Ars, le
Basque et ceulx qui derreniers estoyent venus avecques
les autres, tous ensemble, recommancerent la charge
et sy a droict donnerent sur Estradiotz que contrainctz
furent prendre chemin tout le cours vers Alexandrie ;
lesquelz furent convoyés et poursuyviz a bride abatue
jusques a leurs embusches, et, a la chace, plusieurs
d'eulx occiz et bleciez ; et, apres ce, chascun se mist
a la retraicte, avecques le gaing et perte qu'avés ouy.

Ce mesme jour, entour l'eure de vespres, le grant
maistre de France, qui l'avangarde conduysoit, pour
commancer a faire les approches, le capitaine Audet[1],

n° 140 ; toutefois la date de cette pièce n'est pas exacte). La
duchesse mère de Louis XII avait comme écuyer tranchant et
capitaine de Montils-les-Blois en 1478 un Ernol ou Arnould le
Visque. Un autre écuyer de la duchesse, Jean Bertin, dit Lancement (*Procéd. polit. du règne de Louis XII*), portait encore le surnom de Le Bisque (Tit. orig., Le Visque, n°s 2-8).

1. Le capitaine Odet d'Aydie ou, selon quelques-uns, Gallet
d'Aydie, sénéchal de Carcassonne, capitaine de Gascons, était le
troisième fils du sire d'Aydie en Béarn, bâtard de la maison de
Foix. Il commandait 2,000 arbalétriers gascons, que le roi l'avait
chargé de lever en 1499 (Marino Sanuto ; *Histoire de Bayard*). Il
avait épousé Anne de Pons, dont il eut François d'Aydie, vicomte
de Ribérac, souche des vicomtes de Ribérac. Ses deux frères,
appelés tous deux Odet d'Aydie, étaient, l'un, le célèbre sire de
Lescun, qui, sous Louis XI auprès du duc de Guyenne, sous
Charles-VIII auprès du duc de Bretagne, joua un rôle de premier

le chevalier de Louvain[1], Louys de Sainct Symon[2],
avecques leurs bandes et les Alemans du roy, outre la
riviere transmist; et estoit avecques iceulx le viconte

ordre; l'autre Odet, comte de Comminges, dit le *Cadet d'Aydie*,
gouverneur de Guyenne, battu par Charles VIII au début de la
guerre de Bretagne, et devenu ensuite pensionnaire du roi (voy.
not. mss. fr. 4055, fol. 67-68; 20604, fol. 159 v°). Le capitaine Odet
d'Aydie, dans les comptes de 1503, reçoit 2,700 livres pour gages
(ms. fr. 2927, fol. 12).

1. Le chevalier de Louvain appartenait à une famille de Vermandois, d'origine flamande, qu'on appelle indifféremment Louvain, de Louvain, de Louan, de Lan, de Lobin. Il s'agit ici de Nicolas de Louvain, capitaine de 50 hommes d'armes bourguignons, capitaine du château de Novare, et dont la compagnie occupait, en juillet 1506, le château de Milan (ms. fr. 25784, n°s 78, 90). Nicolas de Louvain, chevalier, seigneur de Nesle et de Vierzy, déjà chambellan du duc d'Orléans en 1491, reçut, le 2 juillet de cette année, les fonctions de garde et concierge du lieu et parc de Villers-Cotterets. Il commandait encore 50 lances de l'ordonnance, en 1515 et 1516.

Cette famille fournit, du reste, aux ducs d'Orléans plusieurs actifs serviteurs; Pierre Louvain, capitaine de gens d'armes, joua de 1447 à 1461 un rôle important; Jean de Louvain ou de Louan, conseiller de Louis d'Orléans, prit part à tous les événements qui agitèrent la régence d'Anne de Beaujeu; il était encore vicomte de Valognes en 1498 (ms. Clair. 782).

L'ainé de la famille, « Antoine de Louvain, l'aisnel, » resta dans ses terres de Vermandois et dut y mourir fort âgé, si c'est à lui que François Ier, en 1543 et 1548, prêta six hallebardiers pour sa garde (Tit. orig., Louvain, n°s 11-14, 3-10, 15-17; *Histoire de Charles VIII*, p. 576; *Procéd. polit. du règne de Louis XII*, p. 997, 1006).

Le chevalier de Louvain commandait une bande de 500 lansquenets (Marino Sanuto).

2. Louis de Saint-Simon, originaire de Gascogne, ancien écuyer d'écurie de Louis XI, qui lui donnait une pension de 500 livres (Tit. orig., Saint-Simon, n°s 6, 7, 9). En 1481, Jean de Saint-Simon, seigneur de Saint-Simon, chambellan, recevait une pension de 1,200 livres au diocèse de Montauban (id., n° 8). Louis de Saint-Simon commandait la bande de 2,000 gens de pied gascons (Marino Sanuto).

de Rouhan[1] et plusieurs autres gentishomes. A la venue desquelz fut par ceulx de la place tirez maintz coups d'artillerie, et aucuns blecés, entre autres le chevalier de Louvain, qui se retira a sa tante : le cappitaine Audet et Louys de Sainct Symon, nonobstant l'artillerie de la ville qui fort les batoit, aprocherent et gaignerent une chappelle pres de demy gect d'arc de la muralle et, avecques les bendes desusdictes, au doz d'icelle chappelle, actendirent la nuyt a venir pour approcher de plus. Tantost apres souleil couchant, le grant maistre de France, le seigneur d'Aubijou[2], le seigneur d'Auzon[3], Aulbert du Ros-

---

1. J. d'Auton parle à tort ici (et plus loin) du *vicomte* de Rohan. Jean II, vicomte de Rohan, fils d'Alain IX, célèbre par sa vie aventureuse et misérable, n'était plus jeune; il soutenait, en ce moment même, contre la reine un procès prolongé et fort considérable (*Procéd. polit. du règne de Louis XII*, avant-propos). Son fils aîné fut tué en 1488, à la bataille de Saint-Aubin du Cormier. Son second fils, Jean, dont il s'agit ici, mourut en 1502, sans avoir joué de rôle.

2. Hugues ou Huet d'Amboise, seigneur d'Aubijoux, frère cadet du cardinal d'Amboise, chambellan de Charles VIII à partir de 1492 (Tit. orig., Amboise, n°s 146 à 151) et pensionnaire du roi, à raison de 300 livres par an d'abord (id., n° 110), puis de 1200 (id., n°s 129, 136, 131, 141), et même de 2,000 livres en 1489 (id., n° 130); dès l'avènement de Louis XII, il devint capitaine des cent gentilshommes de l'hôtel, ou, selon une autre expression, des cent *nobles ordinaires de l'hôtel*, chevalier de l'ordre, sénéchal de Beaucaire et de Nimes, baron de Châteauneuf (1499-1501, id., n°s 190, 191, 367, 368; ms. fr. 26107, n° 292, etc.). Sa pension était, en 1501, de 3,600 livres (ms. fr. 22275).

3. Guillaume Stuart, seigneur d'Auzon ou *Oison*, frère de Stuart d'Aubigny, commandait une compagnie de 100 lances écossaises (Robert Stuart, lieutenant), que Jean d'Auton mentionne souvent. Cette compagnie tenait, avant la campagne, garnison à Dijon; elle y est passée en revue le 29 octobre 1498. Les 200 archers étaient alors au complet, mais il manquait deux hommes d'armes (ms.

set¹, le cappitaine Ymbault², avecques leurs gens d'armes, passerent la riviere; et y furent ausi des pencionnaires et gentishomes du roy, Saint Valier³, Ravel⁴,

Clair. 239, p. 491). C'était une compagnie d'élite; après avoir défendu la Bourgogne contre Maximilien, elle fut des premières à passer la frontière.

1. Aubert du Rousset, dauphinois. Aymar de Rivail l'appelle aussi Rosset, *Rossetus* (A. Rivalii, *De Allobrogibus*, publié par M. de Terrebasse, p. 540). Il commandait la compagnie du duc de Valentinois.

2. Ymbault Ryvoire, seigneur de la Batye, dauphinois; il recevait une pension de 600 livres (compte de 1503, ms. fr. 2927). Il existait encore en 1520, année où il reçut, le 4 juillet, cette même pension (Tit. orig., Rivoire, n° 4).

3. Aymar de Poitiers, sʳ de Saint-Vallier, vicomte d'Estoille, chambellan, frère ainé du baron de Clérieu, dont il sera parlé plus loin. Il épousa Marie de France, fille bâtarde de Louis XI, et reçut du roi une pension de 1,000 livres, pension réduite, sous Louis XII, à 600 livres. Il mourut vers 1511. Frère unique du baron de Clérieu, il hérita de lui en 1503 et prit dès lors le titre de marquis de Cotron et baron de Clérieu. Aymar de Poitiers prétendait à la possession du comté de Valentinois, concurremment avec les papes. On sait que Louis XII donna le Valentinois à César Borgia; il attribua à Aymar de Poitiers, à titre de transaction, une rente de 949 livres 4 sols 9 deniers sur le grenier à sel du Pont Saint-Esprit. Aymar se tint pour satisfait, mais Jean, son fils, protesta énergiquement et reprit ses prétentions. C'est pourquoi François Iᵉʳ donna à Diane de Poitiers l'usufruit du Valentinois (Tit. orig., Poitiers, nᵒˢ 173, 178, 180, 181; ms. fr. 26106, n° 106; compte de 1503, ms. fr. 2927; Chorier, *Hist. du Dauphiné*, II, 499).

4. J. d'Auton parle plus loin du sire de Ravel, dit *Poquedenare*. Ce surnom caractéristique (*Pochi denari*) était attribué aussi à l'empereur Maximilien et porté encore par un écuyer du roi, Aymé d'Aurilhac (ms. fr. 2927, fol. 27). D'autre part, le titre de Ravel, Reyvel ou Revel était porté par les Villars, de Bresse, et par les d'Amboise, notamment par le sire de Chaumont, par son oncle Jean de Bussy d'Amboise et par le fils de celui-ci, Jacques d'Amboise, capitaine de 25 lances, pensionnaire du roi. Mais on désignait plus habituellement par ce titre Guy d'Amboise, pen-

Mortemar[1], Stissac[2], Boisi[3], les deux Tournons et le

sionnaire du roi, quatrième fils de Charles de Chaumont, neveu du cardinal d'Amboise. Guy devint bailli de Montferrand le 19 août 1502. Il épousa Catherine Daufin, dite Mlle de Combronde (ms. Clair. 782; Tit. orig., Amboise, n°s 107, 371, 372, 401 et suiv.; compte de 1503, ms. fr. 2927).

1. Aymery ou Méry de Rochechouart, seigneur de Mortemart et de Tonnay-Charente, pensionnaire du roi (Tit. orig., Rochechouart, n° 28), sénéchal de Saintonge, capitaine de Saint-Jean-d'Angély, puis viguier de Toulouse en 1519; il avait épousé en 1494 Jeanne de Pontville.

2. Les sires d'Estissac, originaires du Périgord, s'étaient établis en Aunis, dans la personne d'Amaury d'Estissac, seigneur de la Gort, près de La Rochelle, en 1440 et 1453. Jean d'Estissac devint chambellan du duc de Guyenne, frère de Louis XI; il épousa Catherine de Champdeniers et mourut en 1481 ou 1482, laissant deux fils, Bertrand d'Estissac, et Geoffroy, sire de Bois-Pouvreau. Bertrand d'Estissac, dont il est question ici, ancien écuyer d'écurie de Charles VIII, était, en 1504, capitaine de Penne, en Agenais; sous François Ier, il prit le titre de s[r] de Montclar, de Cahusac, de Coullonges-les-Royaulx, devint chambellan et lieutenant général de Guyenne sous le gouvernement du sire de Lautrec (Tit. orig., Estissac, n°s 20 à 26; Richard, *Archives seigneuriales du Poitou, Inventaire du château de la Barre*, t. II, p. 44; Commines, I, 269; *Histoire de Charles VIII*, p. 704).

3. Guillaume Gouffier, s[r] de Boisy en Poitou, épousa Philippe de Montmorency et eut trois fils, Artus, Adrien, Guillaume, et deux filles, Charlotte, qui épousa René de Cossé, et Anne, qui épousa Raoul de Vernon.

Artus Gouffier, panetier et écuyer de Charles VIII, fut, comme René de Cossé, un des jeunes gens qui plurent au jeune prince et à la reine, et qui durent à la faveur de la cour une carrière étonnante. Pensionnaire du roi sous Louis XII, il conserva, comme René de Cossé, les bonnes grâces du nouveau roi et entra au service de la comtesse d'Angoulême. Le 23 novembre 1503 (ms. Clair. 782), il devint bailli de Vermandois; à la suite du procès criminel intenté au maréchal de Gié, Louise de Savoie le choisit pour gouverneur du comte d'Angoulême. René de Cossé, son beau-frère, s'était, en effet, trouvé, en 1502, l'adversaire du maréchal de Gié pour la terre de Brissac; Anne de Bretagne avait arraché cette terre au maréchal qui la convoitait et avait obtenu

seigneur du Fou[1] ; et, eulx passez, commancerent pie-

du roi son attribution à René de Cossé (*Procéd. polit. du règne de Louis XII*, p. lxviij); Louis XII abandonna même au favori de la reine le droit de lods et ventes s'élevant à 3,333 livres (ms. fr. 2927, compte de 1503). Cette intrigue de cour jeta Artus dans le parti opposé au maréchal et la rancune de la reine le servit puissamment.

Ce fut là l'origine de ses hautes dignités; à mesure que son royal élève grandit, la fortune d'Artus Gouffier et de toute sa famille grandit également. Artus, en 1515, est chevalier de l'ordre, comte d'Étampes et de Carnas, duc de Roanne, baron de Maulevrier, seigneur de Boisy, d'Oyron, de Villedieu-sur-Indre, etc., capitaine de 50 lances, gouverneur du Dauphiné, pair et grand maître de France (Titr. orig., Gouffier, n°s 35, 36; *Histoire de Charles VIII*; M. Galantino a publié à Milan, en 1880 et 1881, deux dissertations sur les Gouffier de Boisy). Il mourut en 1519.

En 1499, il épousa Hélène de Hangest, dame de Magny, fille du sire de Genlis; il était alors pensionnaire du roi et n'avait pour lui que son ambition et son courage.

Un de ses portraits a été reproduit (pl. XI, *François I*er *chez M*me *de Boisy*) par M. Rouard; il en existe un autre, merveilleux, au ms. fr. 13429, fol. xxv, v°. Artus Gouffier était un bel homme, de superbe prestance, à la figure mâle et pleine de résolution; on comprend la séduction qu'il inspirait.

1. Jacques de Tournon, chambellan sous Louis XI, sénéchal d'Auvergne, eut de Jeanne de Polignac cinq fils et quatre filles; trois de ses fils obtinrent des évêchés et l'un d'eux fut le célèbre cardinal de Tournon; les deux pensionnaires dont parle Jean d'Auton étaient donc les deux autres, Just de Tournon, l'ainé, et Christofle, le dernier. Celui-ci, échanson de Charles VIII, épousa Catherine d'Amboise, et mourut sans enfants. Quant à Just, il eut de Jeanne de Vissac six filles et six fils, dont aucun ne laissa d'héritiers directs. Maître d'hôtel de Charles VIII, puis chambellan, bailli du Vivarais, Just de Tournon prit part avec éclat à la campagne de Fornoue (*Catal. Joursanvault*, n° 483); il commandait 50 lances en 1524. Il fut tué à la bataille de Pavie, à trente-six ans. C'était un homme robuste, à la figure bonne, grosse, pleine, un peu matérielle, et d'une expression mélancolique (ms. fr. 13429, fol. lxxxvi). Nous le trouvons seul inscrit au compte des pensionnaires de 1503 pour une somme de 500 liv. (ms. fr. 2927).

La famille du Fou était une famille bretonne et poitevine qui

tons a faire tranchées et mectre charroy en avant; et, ainsi que chascun faisoit son deu, sur les dix ou onze heures de nuyt commança la pluye si forte, qu'en moings

prit une grande importance sous Louis XI en la personne de Jean du Fou, vicomte du Fou, premier échanson du roi en 1461, grand échanson en 1475, capitaine de Cherbourg en 1465, amiral de Bretagne en 1466, bailli et gouverneur de Touraine de 1485 à 1491, et, enfin, institué par Louis XI titulaire d'une pension de 1,900 livres dès 1461.

Guillaume du Fou, à la même époque, également pensionnaire du roi en 1473, écuyer d'écurie de Louis XI, homme d'armes de la compagnie de Jean du Fou, seigneur du Mesnil au Vair, succéda à Jean comme capitaine de Cherbourg; il occupait ce poste en 1480.

Raoul du Fou devint évêque d'Angoulême, puis d'Évreux.

Enfin son frère, Yves ou Yvon, joua dans l'entourage intime de Louis XI un rôle très considérable. Sorte de *missus dominicus* du maitre, il reçut de lui les missions qui nécessitaient le plus d'énergie et de décision et ne cessa d'être en grande faveur jusqu'en 1481, année où il mourut, encore jeune. Yves du Fou, chevalier, seigneur du Fou, était chambellan, capitaine de Lusignan, maitre des eaux et forêts (*alias* général réformateur) de Poitou. Il acquit en Poitou la terre de « Ramenteresse » et Louis XI lui abandonna un ancien étang qui'y confinait.

Il laissa deux enfants mineurs, Jacques et Philippe. Jacques du Fou, chevalier, seigneur du Fou, hérita de sa charge de maitre des eaux et forêts de Poitou. Dès le 9 juin 1498, Louis XII lui confirma cette charge, et, les patentes de 1498 n'ayant pas été enregistrées, il la lui confirma de nouveau en 1500. François du Fou, seigneur du Vigean en Poitou, fils aîné d'Yves, ne joua pas de rôle important sous Louis XII, qui n'aimait pas les souvenirs du règne de Louis XI; mais, sous François Ier, comme chambellan, il brilla dans la personne de Mme du Vigean, sa femme, une des personnes les plus belles, partant les plus considérables, de la cour. C'est de lui qu'il s'agit ici. Jean Bouchet lui a consacré une épitaphe en vers (Tit. orig., Du Fou, Du Fou en Bretagne, Du Fou en Normandie, Du Fou du Vigean; sous ces divers titres, on trouve des pièces se rapportant aux mêmes personnages; Jean Bouchet, *les Généalogies, effigies et épitaphes des rois de France*, édition de 1545, fol. 84; sur Yves du Fou, *Histoire du Berry*, par Raynal, etc., etc.).

de deux heures les tranchées furent tant plaines d'eau
que nul ne pouhoit dedans faire retraicte, et dura la
pluye jusquez au matin; qui moult griefva les gens
d'armes, car plusieurs avoyent renvoyés leurs chevaulx dela l'eau et toute nuyt demeurerent, armés et
a pié, par les champs, qui tant estoyent fangeux et
amolliz que nul, fors a toute peine, d'illec pouhoit
sortir; et, si a l'eure fussent ceulx de la place sortiz,
long temps a que de Françoiz et d'artillerie ne trouverent si bon marché. Toutesfoys, nonobstant tous les
ennuytz, chascun mist si a point la main a l'œuvre,
que, avant le jour, l'artillerye a moings de quatre
vingtz pas des foussés de la ville fut tauldissée, chargée, assize et affutée. Le conte de Ligny et le seigneur
Jehan Jacques, quelque ennuyeulx temps qu'il fist,
toute la nuyt, avecques les canonniers et pietons
furent sur bout; et n'y avoit nul des autres capitaines
et gentilzhomes qui ne fist tel devoir que la peine des
moindres n'en deust estre allegée.

Le lundy, peu appres souleil levant, le surplus de
l'armée passa la riviere[1], et le plus pres qu'on peust
loger le camp de la ville fut trouvé le meilleur advis.
Le compte de Ligny, avecques les cappitaines qui soubz
luy estoyent, ung peu a cartier, et pres d'ung gect d'arc
de la ville, prist son logis. Le seigneur de Chaumont,
grant maistre de France, avecques ceulx qu'il conduy-

1. Sur un pont (Marino Sanuto), le mardi (id., II, 1150). Alexandrie, comme on sait, est sur le Tanaro, qui, au milieu d'une vaste
plaine marécageuse, y reçoit la Bormida. C'est cette dernière
rivière que passèrent les Français. C'était une marche hardie, car
le Tanaro et la Bormida, grossis par de fortes pluies, formaient
une barrière (Ghilini). On a vu plus haut que déjà ce danger
s'était fait sentir. Da Paullo prétend que, deux jours de plus, et
l'inondation les obligeait à lever le siège.

soit, ung autre logis pres de la place avoit priz. Le seigneur Jehan Jacques, avecques les siens, viz a viz de la cytadelle, dedans une saulsoye avoit son cartier : une partie des gens de pié dedans les tranchées, l'autre au doz d'une chappelle, pres de l'artillerie, et le surplus d'iceulx tout autour du camp et de la place. Et si appoinct fut le siege ordonné et assix que nul du fort pouhoit sortir qui tost ne fust aperceu par ceulx du dehors, comme presque de tous coustés estoit le camp, en maniere que tantes, pavillons et loges, en plusieurs lieux, estoient au descouvert. Ainsi qu'on asseoyt le siege, artillerie de tous costés envoyoyt messaiges de domageux rapport ; les cannonnyers françoiz, sans autrement prendre terme d'avys, fors a tout instant executer leur ruineuse commission, autre œuvre ne donnoyent a passe temps que charger artillerie et descharger contre tours et murailles, et le plus contre ung boulvard qui pres du chasteau de la cytadelle estoit, et si rondement qu'en moings de quatre heures fut mys par terre et les murailles endommagées en plusieurs lieux. Ceulx de la place, qui tel prochas d'artillerie avoyent faict qu'a l'aventage en estoyent proveus, sans repos, au travers du camp, de tous costés, tant impetueusement deschargeoyent, qu'il n'y avoit homme si asseuré qui hors de danger se cuydast ; car leurs coups alloyent si pres de terre, que nulle fois ou byen tard tumboyent a bas que quelqu'un ne sentist le choc ou le vent. Ung home d'armes, lieutenant de la compaignye du seigneur de Chandée, nommé Chastellart[1], tant prochain de celuy danger se trouva qu'a la descente du cheval l'arçon de la scelle d'ung cop de

---

1. Jacques de Lay, seigneur du Chastellart, gentilhomme dau-

faulcon luy fut emporté. Ung autre gentilhome, nommé Grantmont[1], estant dedans sa tente, d'une autre piece d'artillerie hut tout le mou de la cuysse mys au vent. De rechief a ung autre, nommé Collomat, furent d'ung cop tuhés deux chevaulx de priz. A l'une foys deux ou troys homes, a l'autre troys ou quatre chevaulx estoient mors ou affollés, et a l'autre foys les gros arbres errachiez et fouldroyés, tentes et pavillons parmy le camp percés et abbatus, et tellement qu'en tout ce cartier n'estoit question que de faire le chien couchant et soy garder, sur la vye, de ne tenir par les chemins parlement. Quoy plus, si n'est que moult grant eschec y hut sur l'armée, et le plus sur le cartier du seigneur Jehan Jacques, qui au front et a la visée de l'artillerye de la ville estoit logé.

phinois. Il reçut une compagnie de 40 lances, qu'il commandait en 1505 (Tit. orig., Lay, nos 7, 8).

D'après *le Loyal serviteur* (p. 139), il serait mort en mars 1509, avant la campagne de cette année contre les Vénitiens; cependant, le 3 juin 1509, nous le trouvons au camp près de Peschiera, à la tête de sa compagnie au grand complet (ms. fr. 25784, n° 119).

Le nom de Chastellard est du reste fort répandu en Dauphiné et dans le sud-est. Un autre fief de Chastelard appartenait en 1507 à André de Saint-Ouen (Guichenon, *Hist. de Bresse*, p. 36).

1. Roger de Grantmont ou Gramont, seigneur de Maugiron et de Bidache, déjà chambellan du duc de Guyenne en 1471 et 1472, devint ensuite chambellan de Charles VIII, de Louis XII et de François Ier; nous le trouvons sénéchal des Laumes pendant le règne de Charles VIII à partir de 1488, et, depuis 1496, capitaine et maire de Bayonne, où il commandait 30 mortes-payes (ms. fr. 25783, n° 48). Il se distingua à Ravenne, où il commandait 1,000 hommes de pied; il fut aussi ambassadeur à Rome. Il avait épousé Léonore de Béarn, fille unique de Bernard, seigneur de Gerdères, et d'Isabeau de Gramont (Tit. orig., Gramont, nos 24, 25, 37-39, 42, 46-49; Brantôme). Il était pensionnaire du roi (pour 2,000 livres; compte de 1503, ms. fr. 2927).

Le mardy enssuyvant, une heure ou deux avant le jour, toute la grosse artillerye fut assise, chargée et taudissée davant les foussés de la ville; et, sitost que l'aube parut, commancerent cannonnyers a descharger gros canons, faulcons, aultre artillerye advantageuse, contre les murailles et au travers de la ville et faire ung bruyt comme si les Furyes Infernales fussent hors de leurs Stigies, voire et de telle sorte que, au reveil, fut a chascun advys que, soubz leurs tantes et pavillons et plus d'une lieue autour, y hust terremote impetueulx. Chascun lessoit loges et repaires pour aller veoir la baterye, qui estoit de telle condiction que, tour a tour de la cytadelle, a riens ne vouloit pardonner; car, ou passoit l'artillerie, tout aux envyrons on ne veoyt d'embas que feu sortir et fumée, pouldre et cyment voler amont, tours et creneaux ruez par terre, et en l'air tonner et tempester, comme si Vulcan hust mys en besoigne tous les marteaux de sa forge[1]; et pourtant ne laissoyent a tirer ceulx de la ville au travers du camp, ou a toutes mains tuhoyent gens et chevaulx. Mais gueres n'eurent durés leur effors que de leurs deffences ne fussent tost deslogés; car, sitost que par une canonnyere ou passée avoyent une piece d'artillerie deschargée, par la mesmes tout en l'heure on les alloit chercher, et de si pres que nul d'eux aux repaires se ozoit monstrer ou tenir qui de peine mortelle ecourir ne fust asseuré. Toute jour, sans œuvre donner a repos, dura le tonnerre, tant epoventable et turbineux, que plus d'ung gect d'arc au dedans de la ville du costé de la baterye homme ne

---

1. Quoique religieux de l'ordre de Saint-Benoit, J. d'Auton est de la nouvelle école littéraire.

femme ozoyent habiter. Ce jour, apres disner, fut le grant maistre de France veoir tirer l'artillerye et, en regardant vers la ville, vit ung des canonnyers du dedans, lequel affutoit ung faulcon pour tirer contre le camp; dont il advertit le maistre de l'artillerye, qui, tout en l'eure, ung canon vers ce cartier vint descharger, et si a droit, que muralle, artillerie et canonnier en envoya par terre tout en ung mont, dont furent moult ceulx du dedans affoiblĳz, car tant estoit just et au mestier bien apris que jamais n'esloignoit son coup de luy que le domage de quelqun n'approchast. Sur l'eure de vespres, ainsi que chascun pensoit du soupper, firent ceulx de la garnison une saillye et se misrent aux champs sept ou huyt vingtz Estradiotz et cent ou six vingtz homes armés; et, tout a coup, fut faict l'alarme sur le cartier du seigneur Jehan Jacques, qui tout a la veuhe de la ville estoit, et tout souldain furent plus de deux cens chevaulx hors du camp, et ceulx qui les premiers furent en point donnerent des esperons et tirerent celle part. Ceulx de la ville, voyant sortir Françoiz de tous costés, commancerent contre iceulx descharger artillerye, si menu que l'ung coup n'actendoit l'autre, et bien fut de merveilles que plusieurs n'y demourerent, car a la plus populeuse turbe adroissoyent tousjours leurs visée; touteffois, pour ce, s'ensuyvit peu de perte. Ung jeune gentilhome, nommé Chavanes, de la compaignye du seigneur de Chandée, et aucuns de ceulx du baron de Beart[1] comança l'escarmouche, mais bien fut luy et les siens recueilly et rebouté. Et, a celle charge, ung home d'armes, nommé Francequin, fut d'une lance

---

1. V. p. 40.

blecé en l'espaule. Ung Estradiot, nommé Le Chevalier, de ceulx du seigneur de Chandée, longtemps avecques ung sien compaignon contre les Albanoys de la place, sur le bort d'un foussé, a coups de lance soustint l'escarmouche ; touteffoys, a la parfin, fut mys par terre et enmené prisonnier, et le cheval de son compaignon tué. Le senechal d'Armaignac des premiers se trouva au champs, lequel donna bien a point sur Albanoys, et furent aucuns des siens bleciés.

Le seigneur de Chastillyon, avecques sept ou huyt homes d'armes, jusques a l'entrée de la ville fut aucun d'iceulx rembarrer, et si rudement que ung des siens, nommé Castelbayart[1], a touchant des murailles, a poz de lance ung Albanoys dedans ung fossé renversa. Ung gendarme françoiz, nommé Jehan Duboys, fut mys par terre et secouru par ung archer, nommé Libourne, de ceulx de Chastillon, auquel fut d'ung coup de traict tuhé ung cheval ; ung autre, nommé Bertrand de Bayonne, perdit pareillement a la meslée ung cheval et fut fort blecé. Le hutin asses bien

---

1. Castelbayard ou Castelbajac. Ce nom, dans les textes des xive et xve siècles, présente une infinité de variantes : le plus souvent *Chasteau Baiac*, puis *Castel Bayac*, *Chastel Baiart*, *Castelbeac*, *Castelbayac*, etc., etc. Bertrand de Castelbayart, écuyer, soi-disant capitaine de la Réole, était redouté pour la violence de son caractère. La capitainerie de la Réole avait été donnée à Louis des Barres (dont nous parlons ailleurs) par le duc Pierre de Bourbon, gouverneur du Languedoc. Castelbayard, en 1497, alla trouver à Tours le comptable de Bordeaux et réclama ses gages de capitaine. Sur le refus de celui-ci, il s'emporta, jurant, blasphémant, menaçant ; enfin il partit en proférant des menaces si violentes que, le lendemain matin, le comptable courut au logis du Gascon, rue de la Cellerie, à l'enseigne du Cerf, pour lui porter cent livres, objet du débat (Tit. orig., Castelbayac, n° 18).

sentoit a la fumée de la guerre; et ainsi, comme
les premiers assemblés entre eulx exercitoyent le
mestier gladiatoire, le demeurerent des gens d'armes
en bon ordre et tost marchoyent vers ou le bruyt
se faisoit; et conduysoyent iceulx le seigneur de
Chandée[1], le compte de Misot[2], Robinet de Freme-

1. Philibert de Chandée, chevalier, seigneur de Chandée, chambellan, originaire de Bresse, commandait une compagnie de 30 lances en 1494; en septembre 1498, sa compagnie, portée à 50 lances, tenait garnison dans le comté d'Asti (ms. Clair. 239, p. 483). C'est par erreur que Marino Sanuto, après lui avoir attribué d'abord 50 lances, ne porte plus ensuite le chiffre de sa compagnie qu'à 40 (*Diarii*, t. II; Tit. orig., Chandée, n°s 3, 8, 9; ms. fr. 25783, n° 9). On verra plus loin qu'il commandait l'avant-garde et qu'à ce titre on lui attribua même le commandement d'Albanais.

Il ne faut pas le confondre, comme on le fait souvent, avec le sire de Chandieu en Dauphiné, ni avec les sires de Chandio, ou Chandiou, dont l'un, Jean de Chandio, fut maître d'hôtel de Charles VIII, et l'autre, Louis de Chandio, capitaine de la porte du roi en 1515 (Tit. orig., Chandio, n°s 3, 4; Clair. 811, fol. 1, etc.). Sur les Chandée, v. l'*Histoire de Bresse*, de Guichenon.

Le sire de Chandée fut tué à la bataille de Cérignoles.

2. Giov. Nicoló di Gian Giacomo Triulzio, comte de Mesocco (*aliàs* Miscocho, Musocco), fils de Jean-Jacques Trivulce. Il était pensionnaire du roi pour une somme de 2,000 livres (compte de 1499, Portefeuilles Fontanieu; Tit. orig., Misocho, n° 2); il ne s'appelait et ne signait que « le comte de Misocho ».

Mesocco était un fief, voisin des frontières de Suisse, acquis par les Trivulce en 1481. D'après M. Calvi (*Il patriziato Milanese*, p. 298), Jean-Jacques Trivulce avait reçu, en 1496, le droit d'y battre monnaie, au titre de France et d'Asti, mais cette date de 1496 n'est certainement pas exacte. M. Calvi cite quatre types de monnaies qui y auraient été battues.

Ce qui est plus grave, c'est que Trivulce profita de la situation du comté de Mesocco pour nouer avec les cantons helvétiques des rapports qu'on lui reprocha vivement. En février 1513, il reçut la bourgeoisie d'honneur de Lucerne (D^r von Liebenau, *Bollettino storico della Svizzera italiana*, III, 288), et, au mois d'octobre de

zelles[1], le baron de Béart, St Prest[2], Lalande[3], le comis-

la même année, il écrit à la ville de Lucerne une lettre qui témoignait du dévouement avec lequel il représentait auprès de Louis XII les intérêts des Suisses (id., t. IV).

1. Robert ou Robinet de Framezelles (il prend indifféremment l'un ou l'autre prénom), seigneur de Framezelles, de Frane, du Vergy (ou de Verchocq), était l'homme de confiance du roi. Depuis longtemps chambellan du duc d'Orléans, nous voyons, en 1485, Louis d'Orléans l'envoyer près de sa mère en mission; en 1488, Robinet est condamné comme complice du duc qui, dès sa sortie de prison en 1491, l'institue bailli de Sezanne. Il est choisi par le duc d'Orléans comme lieutenant de sa propre compagnie et fait, en cette qualité, la campagne de Naples; il se distingue à Fornoue, près du roi qu'il couvre de son corps. Dès l'avènement de Louis XII, il devint capitaine de l'ancienne compagnie de 100 lances dont il était lieutenant, et chambellan du roi. Il parait être mort vers 1511; du moins, il reçoit une pension de 2,000 liv. jusqu'à 1510 et nous n'en avons pas trouvé de reçus postérieurs (Belleforêt; *Histoire de Charles VIII*, p. 576; Commines, II, 473; Tit. orig., Framezelles, n°s 2, 4-21; Compte de 1499, Portefeuilles Fontanieu, etc.). La compagnie de Robert de Framezelles tenait garnison à Asti le 7 juin 1498 (ms. fr. 25783, n° 1), et elle revint faire au mois d'août campagne en Bourgogne contre l'archiduc (ms. Clair. 239, fol. 479), puis elle revint à Asti. En 1498, R. de Framezelles entra au conseil du roi. En mars 1499 (anc. st.), le roi lui fit présent d'un hôtel à Paris, près de Saint-Eustache (ms. Clair. 782).

2. Jean de Saint-Prest, seigneur de Saint-Prest près de Gallardon, dans le pays Chartrain, fils ainé de Bernard de Saint-Prest, qui vivait encore en 1484. En 1491, nous le voyons passer des fermages de terres à blé. En 1499 et 1500, il commande une compagnie de 40 lances, en garnison à Asti dès le mois de février 1499; sa compagnie, portée à 50 lances, fait la campagne de Naples en 1501 (mss. Clair. 239, 240, fol. 553, 497). En 1514, nous le retrouvons près de Chartres, dans ses fonctions de propriétaire. Il ne faut pas le confondre avec d'autres Saint-Priet ou Saint-Priest de Dauphiné, avec lequel il n'a rien de commun (Tit. orig., Saint-Prest, n°s 8-12, 14, 16-17; Saint-Priest, n° 13; compte de 1501, ms. fr. 2960, fol. 14 et suiv.).

3. « Un vieux brave adventurier de guerre, » comme dit Bran-

saire Chastellart, Chasteauvillain[1], Quicquempoys[2],

tôme, « vaillant et expérimenté, » dit Paradin. Toute sa vie, quelles que fussent ses fonctions, on ne l'appela que *le capitaine Lalande*, dit encore Brantôme, qui lui consacre une notice (VI, 167) sans indiquer son nom véritable. Louis de Bigars, écuyer, seigneur de la Lande, de Commin et de Tourville-la-Campagne, dans la mouvance de Pont-de-l'Arche (vicomté de Pont-Audemer), était en effet un soldat de fortune. Guillaume de Bigars, son père, était simple homme d'armes de l'ordonnance, dans la compagnie du comte de Dunois, en 1456 et en 1460. Écuyer du roi en 1456, commis à passer une monstre en 1459, écuyer et échanson du roi en 1470, il mourut en novembre 1487 (Tit. orig., Bigars, n°s 2-10, 19, 23). Il jouissait d'une pension de 200 livres, élevée en 1459 à 300 (id., 16).

Louis de Bigars prit donc, à partir de 1487, le nom de La Londe, et, en 1498, il devint capitaine de 2,000 hommes de pied normands *mis sus* par ordre de Charles VIII, avec une pension de 600 livres. Cette brusque élévation fut suivie d'une existence non moins aventureuse. Le capitaine Lalande fut nommé maître d'hôtel du roi; en 1507, il est envoyé à Fécamp, en mission administrative; en 1513, il est commissaire à Dieppe pour la levée et le ravitaillement d'une armée de mer. En 1517, il commande le vaisseau de guerre *François d'Orléans*, de la marine royale. Puis il déploie une grande vaillance au siège de Landrecies, et il est tué à Saint-Dizier (id., n°s 22, 25, 36, 38, 40-45 ; Brantôme ; compte de 1499, Portefeuilles Fontanieu).

Il avait sous ses ordres, en 1499, les capitaines Jean Lebrun, seigneur de « Sallevelles, » Simon de Richebourg, Guion de Boutteville, Jean Martel.

Guion de Boutteville recevait du roi une pension de 120 livres (ms. fr. 26107, n° 196).

1. Jean VI de Châteauvillain ou Chastelvillain, seigneur de Montrevel, Châteauvillain, Grancey, Marigny, Milly et du Theil en Champagne, seigneur bourguignon important.

2. Jean de Gamaches, fils de Guillaume de Gamaches, qui existait encore en 1479, fut marié, comme beaucoup d'autres, par Louis XI ; Louis XI lui fit épouser, le 19 juin 1470, Marguerite, dame de Saint-Quintin de Blet, de Quinquempoix, de Sury-aux-Bois et autres lieux. Il portait le plus souvent le titre de *sire de Sury-es-Bois*. Maître d'hôtel du roi, il accompagna le duc d'Or-

Bernard de Mons[1] et autres chiefz et lieutenans de la bende. Et, ainsi qu'on approchoit, les Albanoys et Lombars et aucuns Françoiz faisoyent entre eulx bonne meslée et de si pres se cherchoyent que chascun de sa part avoit asses affaire ; car il n'y avoit nul qui, pour son ennemy mater, a toute force ne mist le glaive en besoigne. Sytost que ceulx qui en bataille se tenoyent furent approchés, chascun comance a donner des esperons et vers Estradiotz a dresser le fer de la lance ; a ceste charge estoient des pencionnaires du roy, Fromente[2], Castelferrus[3] et Estinville[4], en sorte de vouloir

léans dans la campagne d'Italie, resta avec lui à Asti, soutint avec lui le siège de Novare. En 1505 et 1506, il est commis à passer des revues de troupes en Champagne.

L'aîné de ses fils, Adrien, se fit remarquer en 1514 au tournoi donné en l'honneur de Marie d'Angleterre et épousa, en 1525, Jeanne Pellourde, dame d'Ourouer ou Ouzouer (Tit. orig., Gamaches; ms. fr. 25718, n° 103; La Thaumassière, *Histoire du Berry*).

1. La famille de Mons était nombreuse à la fin du XVe siècle ; mais nous manquons de renseignements originaux sur la personne de Bernard de Mons.

2. Gaspard de Coligny, seigneur de Fromentes ou Frementes, frère cadet du sire de Châtillon, se distingua à Fornoue et devint pensionnaire du roi et lieutenant de la compagnie de Jacques d'Armagnac, duc de Nemours. Revenu en France après la mort de son capitaine, il fit la campagne de 1507, combattit à l'avant-garde à Agnadel. Il fit toutes les campagnes de François Ier et mourut sous le harnais en 1522, dans la marche contre Fontarabie. François Ier le créa maréchal de France, lieutenant général de Guyenne, et lui donna la principauté d'Orange en dédommagement des terres d'Andelot, confisquées par l'empereur.

3. Antoine de Haucourt, seigneur de Castelferrus, pensionnaire du roi en 1499 (compte de 1499, portefeuille Fontanieu). J. d'Auton racontera plus loin ses exploits. Il était échanson de la reine (*Mémoires de Bretagne*, III, 878).

4. Les sires d'Estainville, quoique attachés à la cour, ont laissé

ayant au service de leur prince et leur honneur pour recommandé. Ainsi chascun commance a son ennemy monstrer par effect ce que le couraige avoit en pencée. Les Françoiz de tous costés chargent Estradiotz, lesquelz, a leur desavantaige voyant la chance tourner, vers la ville prennent leur adresse et si rudement jusques dedans leurs barrieres furent chacés et poursuyviz que ceulx de la garde de la place, qui sur les muralles estoyent pour leurs gens au besoing recueillir, cuydant que les Françoiz, qui sitost poursuyvoyent Estradiotz et Lombars, voulussent avecques entrer en la ville, comme efeminés et refroidiz, ung seul coup d'artillerie ne de trect ne sceurent a droict contre leurs ennemys descharger, et n'avoyent deffence que de pierres que, a cloz yeux et a la vollée, gectoyent par dessus les murailles. Somme, si pres de leur rettrette furent ramenés et conduytz que, au dedans du boulouard de la ville, par ung nommé Gaspar, de la compaignie du baron de Beart, et ung autre, appellé Jehan Duboys, de ceulx du seigneur de Chandée, ung home d'armes Millannoys fut sur le bort du pont, home et cheval, tout en ung mont renversé, dont pouhoyent ceulx de la place pencer que, puysque si mortellement au dedans de leur fort et en leurs dangiers estoyent par les Françoiz assailliz, que a la mercy d'iceulx ne seroient en bonne surté. Apres que Albanoys et autres gens d'armes Mauryens furent ainsi retournés en leur

peu de traces. Louis d'Estainville, valet tranchant de Charles VIII, était seigneur d'Estainville (*Procéd. polit. du règne de Louis XII,* p. 298 note, 351). Il était sans doute fils de Philibert d'Estainville, maître d'hôtel de Louis XI (id., p. 649), et père de Jean d'Estainville, écuyer d'écurie de François Ier et grand prévôt de l'armée en 1536 (Tit. orig., Estainville, n° 2).

garnison, Françoiz se mectent en chemin et, au plus court de la retraicte, chascun en avant mect la marche.

Le mercredy enssuyvant, sur le point de six heures au matin ou peu apres, de plus en plus fort de chascun costé recommança la baterye : et, entre le chasteau de la cytadelle et ung boulouard rompu, qui a my gect d'arc l'ung de l'autre estoyent, quelque partye de la muraile et ung portal estoyent encores sur bout, et par la pouhoyent ceulx de la place tirer contre le camp ; ce jour, furent jusques a terre razés et abbatus. Souvant alloyent veoir l'artillerie et tranchées le compte de Ligny, le seigneur Jehan Jacques et le grant maistre de France, qui voluntiers donnoyent le vin aux compaignies pour tousjours myeulx affuster leurs engins et amorcer leurs coullevrines. Les canonniers de la ville, comme ceulx qui de hayne mortelle aux nostres en vouloyent, contre leurs tauldiz et tranchées presque tousjours tenoyent la visée, dont extreme besoing avoyent Françoiz de bonne seurté ; car de tous costés de la place contre leurs repaires venoyent patacz[1], tant que si a point couvrir ne taudisser ne se peurent que deux ou troys des plus hardys mors et blecés ne demeurassent aux tranchées. Ung des cent Allemans du roy, nommé Pietre, fut, ce jour, d'ung coup d'artillerie tué ; ung des archiers de la garde et plusieurs autres y demeurerent : si n'elargiray je plus de ceste perte la marge de mon papier, mais reviendray a l'effort de nostre artillerye, qui ruoit tout par terre et sans cesser donnoit coups, et tant que ceulx

---

1. *Patac*, mot singulier qu'affectionne Jean d'Auton et que lui seul emploie. Il lui donne le sens de *bruit*, de notre mot *patatras*. Le mot *patac*, employé dans le Midi, signifiait une monnaie.

de la ville ne les pouhoyent plus porter; car bien souvant a l'eschappée des muralles au travers des maisons de la ville passoit et, comme tempeste affamée, tout cé qu'elle attaignoit estoit fouldroyé et emporté. Ja, presque sur le point de troys heures apres mydy estoit, qu'on commança a batre le hault du chasteau de la cytadelle, et si grant breche dedans les murailles y avoit que troys cens homes de front y heussent peu passer. Au rempar mectoyent ceulx de la ville souvant la main; mais tout ce que ung jour pouhoyent mectre sus, a ung seul traic d'artillerye estoit anyenty.

La baterie ainsi advancée qu'avez ouy, qui lors heust vu a cens et a milliers dedans les foussez porter rames et fagotz, heust bien peu cuyder la chose pour une merveilles; car, pour coups d'artillerye ne de traict qui de la ville fussent contre noz gens tirés, nul pourtant son chemin destournoit ne sa charge laissoit a porter, voire et plusieurs serviteurs et laquays sur le bort des foussez faysoyent saux et gambades, et a coups de main gectoyent pierres en la ville, supposé que tousjours tirassent ceulx du dedans qui blessoyent et tuhoyent gens a force.

Oyant le peuple de la ville et les souldars de Ludovic l'asseurée maniere des Françoiz qui de volunté deliberée mectoyent main a l'œuvre, et que l'eure de leur destruction tant prochaine leur estoit[1] que de

---

1. La crainte qu'inspiraient les Français les servit d'une manière extraordinaire. Au même moment où Alexandrie décidait de se rendre, 2,500 hommes de pied génois, qui avaient quitté Gênes le jour de l'investissement, approchaient pour secourir la place sous le commandement de Jean Adorno. Ayant appris ce qui se passait, ils rebroussèrent chemin. Assurément, ils auraient pu sauver Alexandrie (Senarega).

moment en autre n'atendoyent que le cry de l'assault
et fureur de la guerre sur eulx par glayve a la rigueur
executer, par toute la ville commancerent a bransler
cloches et baffroiz, faire criz et huées, trasser et courir de ruhe en ruhe, remuher et oster le plus portatif
de leurs bagues, et tout bellement dedans ung des
fors de la ville, nommé La Roque, de bonne heure se
retirer; et les souldars, tout autour des murailles
abbatues, grant force enseignes desplyer et monstrer
tenir bon semblant et maniere asseurée, comme pour
vouloir actendre et bien deffendre l'assault[1]. Mais bien
autre pencée avoit missire Galyas[2], qui n'actendoit

1. Alexandrie était une des villes les plus antifrançaises de la
Lombardie; cela tenait, selon Gaguin, à sa situation d'avant-
garde, qui l'exposait aux premiers coups. Sous Charles d'Orléans,
R. du Dresnay et ses troupes, faites prisonnières, y avaient été
traités avec une « cruauté moult sauvage, » dit Gaguin; en 1500,
« la hayne ancienne du nom françoys leur augmentoit les cou-
raiges; car, depuis la course que firent ceux de Sens (*Brennus*) en
Italie, le nom des Françoys a tousjours esté hay fermement de
tous les Italiens, aians horreur de leur legiere cruaulté, avarice
et luxure, comme si principallement envers eulx mesmes ne
regnoient iceulx vices. » Les habitants vouloient faire une sortie
contre les Français.
2. Galeazzo di San Severino était le chef d'une des trois branches
de la famille San Severino, famille considérable du royaume de
Naples, qui faisait remonter son origine à un Français établi à
Naples en 940 (*Mémoires de Ribier,* I, 201), et qui se subdivisait en
princes de Bisignano, en princes de Salerne et en comtes de
Caiazzo. Roberto, comte de Caiazzo, commandant de l'armée
d'Innocent VIII, obtint pour son second fils, Federico, le chapeau
de cardinal en 1489 (Basilica, *Novaria,* p. 538). Son troisième fils,
Galeazzo, entré au service de Ludovic le More, gagna ses bonnes
grâces en l'aidant à s'emparer de son neveu; il commanda l'armée
de Milan en 1495 contre le duc d'Orléans, et Ludovic lui donna en
mariage sa fille bâtarde, Bianca.
Plus tard, il entra au service de la France, reçut une compagnie

que l'obscure tenebre pour, plus au couvert, vuyder la place[1] et prendre chemin, ce qu'il fist ; car, pour

---

de 50 lances, et succéda à Pierre d'Urfé dans la charge de grand écuyer. Il périt sur le champ de bataille de Pavie en 1525 (Commines; Tit. orig., Saint-Séverin, nos 8-10, 12-15), à la tête d'une compagnie de 100 lances.

Il avait pour frère ainé Giov. Francesco, comte de Caiazzo, et pour frères cadets Annibale, marié en France, Gaspare, dit le capitaine Fracasso, à cause de sa vigueur corporelle, Alessandro, archevêque de Vienne en France, Antonio Maria, mari de Margherita da Carpi, capitaine de 50 lances de France (Tit. orig., id., n° 11).

1. Son frère, rappelé en hâte par Ludovic de la Ghiara d'Adda, était venu occuper Pavie en force, avec Bernardino Visconti ; mais, malgré l'ordre de Ludovic, ils tardèrent à jeter un pont sur le Pô, pour marcher au secours d'Alexandrie.

Ce fut un bruit général que ce retard venait d'une entente de Giov. Francesco San Severino avec les Français. Jean Fr. San Severino était depuis longtemps (dit Guichardin) d'accord avec eux.

Da Paullo raconte que Galeazzo, craignant une trahison, n'osa point faire sortir ses troupes. De plus, le comte de Caiazzo lui aurait fait passer une lettre fausse de Ludovic le More, lui enjoignant de se rendre à Milan. Galeazzo s'enfuit; le matin même, les Français surviennent, s'emparent des portes, arborent partout l'écu de France..... Guichardin lui-même repousse cette version. Galeazzo a toujours montré cette lettre pour sa défense, dit-il; mais cela n'explique pas que, capitaine de 1,200 hommes d'armes, de 1,200 chevaux-légers, de 3,000 hommes de pied, et soutenu par une forteresse de premier ordre, il se soit enfui la nuit comme un voleur, au lieu de se frayer un passage l'épée à la main parmi des assaillants en nombre égal, fort mal servis par le terrain, entourés de toutes parts par des rivières débordées. Galeazzo était inexpugnable!

D'après Corio, Galeazzo s'enfuit parce qu'il se crut trahi par son frère. D'après les renseignements de Marino Sanuto, la minorité guelfe s'agitait à Alexandrie. Galeazzo, craignant qu'elle ne traitât avec les Français, et s'étant vu refuser, le 23, l'entrée de la ville de Pavie, eut peur et s'enfuit (II, 1159, 1160, 1083, etc.).

executer l'intencion de son propos, sur l'eure de la
mynuyt ou peu plus tost, avecques une guyde et
quelques autres ses privez[1], par voyes obliques et
chemins escartés, vers Millan print son adroisse. Les
Estradiotz et aultres soudars, qui, par compte, estoyent
douze cens homes d'armes, quatorze cens chevalx
legiers et quatre mille homes de pié[2], voyans Galyas,
qui leur chief estoit, a la fuyte, tous a la foulle se
mirent a sortir hors la ville. Le capitaine Fontrailles,
qui en ce cartier estoit logé, ouyt le bruyt des chevaulx qui ja estoient hors la porte et, avecques sa
bende, ou pouhoyent estre cinc ou six cens laquays
gascons, vint donner dessus et, a grans coups de trect,

1. Il n'était accompagné dans sa fuite que de Ermes Sforza, fils
légitime de Galeazzo, de Galeazzo, comte de Melzo, et d'Alessandro
Sforza, ces deux derniers fils bâtards du même Galeazzo; Lucio
Malvezzo et quelques personnes formaient toute la troupe (Corio).

2. Il y avait à Alexandrie un état-major considérable, mais tous
ces chefs n'étaient pas d'accord (Marino Sanuto, II, 1085). Saint-
Gelais dit qu'il y avait presque autant « d'hommes d'armes et
autres gens » dans la ville que parmi les assiégeants. Au compte
de Jean d'Auton, il y avait 1,200 hommes d'armes, 1,400 chevaux-
légers, 4,000 hommes de pied, plus 1,000 à 1,200 Allemands res-
tés dans la ville. Ludovic le More avouait officiellement 1,000 hommes d'armes, 1,000 chevaux-légers et 400 fantassins; il attribuait
tout le succès des Français à leur artillerie (Instructions à Ambrogio Bugiardo et à Martino da Casale, envoyés au grand Turc,
publiées par Corio). Or les Français n'en avaient guère. Selon
Senarega, Galeazzo aurait eu seulement 1,000 lances, 1,000 chevaux-
légers et 3,000 hommes de pied, et il demandait à Ludovic un
secours supplémentaire de 1,000 hommes de pied; mais cela n'est
pas probable. Ghilini lui donne 1,200 lances, 1,200 chevaux-légers
et 4,000 hommes de pied; d'autres, 400 lances, 3,000 Albanais,
4 à 5,000 hommes de pied et 250 canons (Marino Sanuto, II, 1150,
1209), d'autres, 10,000 hommes (id., II, 1387).

les rebouter jusques au portal de la ville[1], ou long temps fut escarmouché d'ung costé et d'autre; mais Estradiotz et Lombars, qui ne demandoyent que les champs, doubtant d'ostille poursuyte par chemin estre rancontrés, tous ensemble donnerent des esperons et au travers des Gascons passerent, et sur eulx firent quelque eschec; touteffoys, amporterent iceulx Lombars leur part de la perte. Dedans Alixandrie estoient encores mille ou doze cens Alemans, demourez avecques le Bastard de Nensot[2], leur capitaine, qui, celle nuyt, avecques ung cordellier et deux cytoyens de la ville, sortit dehors et trouverent le seigneur de La Palice sur bout, qui pour l'eure estoit du guet, et, avecques luy, ung nommé Compty[3], des gentishomes de cheuz

---

1. Il sera plus d'une fois question du capitaine Fontrailles, dont cet incident peint le caractère. Jean, comte d'Astarac, sire de Fontrailles, appartenait à une famille de grands seigneurs gascons, illustrés par leur bravoure depuis le fameux sire de Barbazan (Arnauld-Guilhem d'Astarac), si connu sous Charles VI et Charles VII. Chambellan de Charles VIII, il avait fait la campagne de 1495 à la tête d'une compagnie de cinquante lances, et, le 26 décembre 1495, il reçut pour sa compagnie une gratification de 1,550 livres comme gage de la satisfaction du roi (Tit. orig., Astarac, n°s 16 et 17). C'était un capitaine de cavalerie hardi et entrainant : Louis XII l'aimait beaucoup, dit Brantôme, et il s'était fait une grande réputation dans l'armée. Ami de Bayard, il lui servit de témoin dans son duel contre Soto-Mayor; Bayard et Fontrailles *couraient* souvent ensemble et accomplirent ensemble plus d'un exploit. Louis XII donna à ce brave capitaine le commandement des Estradiots (V. *le Loyal serviteur*, p. 105, 211, 238, 249).

2. Le bâtard de Nassau (ou Nanzau).

3. Frédéric ou Ferry de Mailly, seigneur ou baron de Conti, en Picardie, bourguignon, célèbre dans l'armée par sa bravoure, et grand ami de Bayard. Par un acte du 1er juillet 1501, Louis XII

le roy, et plusieurs autres, ausquelz le cordelier et ceulx de la ville disrent que, suppozé que force les submist, n'eussent estez les souldars de Ludovic qui tenoyent le peuple soubz main, long temps avoit, heussent estés Françoiz, et qu'a eulx ne tenoit que la place plus tost n'estoit rendue; par quoy, demandoyent leur cyté, comancée a desvaster, a du tout n'estre desolée. Les Allemans, bagues sauves, demanderent chemin, lesquelz ainsi furent envoyez : touteffois, les Normans et Gascons en destrousserent plusieurs et le plus legierement qu'ilz peurent les mirent au champs. Tantost furent parmy l'ost nouvelles semées que Galyas et les souldartz d'Alixandrie avoyent la ville habandonnée et prins pays, dont le seigneur Jehan Jacques envoya ses gens au dedans pour prendre garde a la place. Le seigneur d'Alegre, qui ja avecques sa bende estoit sur les champs pour donner la chace a Galyas, fut par les lieutenans du roy mandé venir a la ville et icelle garder; le vidame de Chartres[1], Jacques

lui donna 1,100 livres de rente; il est qualifié, dans cet acte, de sire de Sailly (ms. Clair. 782). Il recevait 400 livres de pension en 1505 et 600 en 1507; il était, en 1509, chambellan, capitaine d'Arques, sénéchal d'Anjou. Après la disgrâce du maréchal de Gié, le roi lui donna la compagnie de cent lances que commandait le maréchal, et qu'il avait mise sur un pied de grand luxe. La fortune de Ferry de Mailly lui permettait de la maintenir sur le même pied. Ferry fit campagne en 1512 et 1513; malheureusement, en 1513, dans une descente des Suisses près de Milan, n'écoutant que son courage, il se fit tuer dans une charge contre des forces supérieures, et sa belle compagnie fut ruinée et décimée (Tit. orig., Mailly en Bourgogne, n°s 41, 42; ms. Clair. 224, n° 425; Brantôme, le Loyal serviteur; Procéd. politiq. du règne de Louis XII, p. 121, n° 7).

1. Jacques de Bourbon, vidame de Chartres, prince de Chabanais, mort en 1507.

Guibé[1], Sainct Amadour[2] et plusieurs autres capitaines

1. Jacques Guibé, chevalier, seigneur du Chesnay, capitaine de quarante lances de petite paye ordonnées par Charles VIII en Bretagne, était un breton, de souche bretonne; il figure dans la maison de la duchesse de Bretagne, dans le *Béguin* de François II (publié par M. de la Borderie, *Complot breton de MCCCCXCII*); en 1489, Anne de Bretagne lui donne une mission particulière, il passe des revues en Bretagne; en 1491, il est lieutenant du prince d'Orange et ne cesse d'appartenir à la maison de la reine. En 1508, il était capitaine de cinquante gentilshommes de la reine (Dom Morice, *Mémoires de Bretagne,* t. III, p. 820, 889, 605, 724-725). On sait que Robert Guibé fut le bras droit d'Anne de Bretagne en Bretagne, et successivement évêque de Rennes, évêque de Nantes et ambassadeur à Rome (ms. fr. 20978, fol. 131 : *Diarium* de Burchard). La famille Guibé était de Vitré.

2. La famille de Saint-Amador ou Saint-Amadour, établie en Bretagne, y joua un rôle considérable. Claude de Saint-Amadour eut deux filles dont l'une épousa Charles de Bretagne, sire d'Avaugour, comte de Vertus.

François de Saint-Amador, chevalier, seigneur de Saint-Amador et Delize, épousa une riche héritière, Matheline Le Léonnays, ou, selon Du Paz, Marguerite de Léonnais. Leur fille, Anne, épousa François de Malestroit (Du Paz, p. 195). C'est sans doute lui qui figure au compte du *Béguin* de François II, duc de Bretagne, sous le nom de « Saint-Amador. » « M. de Saint-Amadour » reçoit du duc d'Orléans, en 1494, un cheval *de poil* (Tit. orig., Saint-Amadour, n°s 2, 3), et il offre au roi, en 1496, une haquenée de prix (ms. fr. 2927, fol. 122). Il se distingue à Fornoue (Récit de P[re] Sala, publié par Mlle Dupont, III, 420).

Jean de Saint-Amadour, seigneur de Launay, qui doit être son frère, valet de chambre de Charles VIII, épousa, le 20 avril 1494, Marguerite de Ville, fille d'Antoine de Ville; son contrat de mariage (Tit. orig., Saint-Amadour, n°s 6 et suiv.) ne mentionne point ses ascendants.

En 1501, « M. de Saint-Amadour » reçoit de la reine une pension de 480 livres.

Jean de Saint-Amadour, dont il s'agit ici, était capitaine des archers de Languedoc de la reine et recevait de ce chef 2,400 liv.; il avait pour lieutenant Jacques de Curzay. Le 14 octobre 1502, il fut nommé bailli de Meaux (ms. Clair. 782); en 1508, il occupait

entrerent dedans et, pour garder que les gens de pié, qui ne demandoyent que le pillage, ne fissent violence, se mirent aux portes. Touteffoys, voyans iceulx pietons qui pres de la breche estoyent, que les premiers entrés avoyent mys la main aux bouticques et que de bourdons, lances, harnoys, bardes, chevaux en main, malles, boytes et autres bagues legieres sortoyent chargés, tous ensemble se mutinerent et, par l'ouverture des murailles, sept ou huyt mille, a la foule, au dedans entrerent, disans qu'ilz auroyent du butin comme les autres. Voyant le compte de Ligny iceulx en chemin de desroy et que en propos dissollu estoyent ahurtés, leur vint au devant, l'espée au poing, sur eux chargent a tour de bras, en leur faisant deffence, sur ce que plus chier devoyent avoir, que oultre ne missent la marche et que, si nulle force ou pillage fasoyent, que la corde telle raison en feroit que nouvelles partout en seroient semées. Mais tant mal fut la deffence octorizée et la menasse de Loys de Sainct Symon, qui d'une fenestre a eulx parloit, peu estimée, que pour tant ne cesserent, mais lascherent ung trect ou deux contre le compte de Ligny et ceulx qui leur desordre vouloyent empescher. Ainsi, les arbalestres bendées, les picques et halbardes au poing, passerent outre et partout commancerent a rompre et briser portes et prendre bagues et marchandises a tel pris qu'ilz les pouhoyent avoir. La chose estoit bien de peu d'estime, pesante ou chaude, qui apres eulx fut mise en reste;

encore ce poste, avec une pension de la reine de 1,200 livres. La même année, la reine avait pour grand veneur Jean de Saint-Amadour (qui doit être le même), avec une pension de 1,300 livres (*Mémoires de Bretagne*, III, 856, 889).

et fault croire que, si les reliques de leurs predecesseurs, qui jadis en Alexandrie furent occiz, heussent en argent esté enchassées, que en grant hasart estoyent les charniers de demeurer vuydes. Somme, tout ce qu'ilz peurent par force prendre et emporter, leur sembla loyal aquest; et, pour mieulx la sollempnité de guerre celebrer, apres le pillage faict, par les maisons soufflerent le feu. Touteffoys, affin que du tout ne demourast justice irritée, les principaulx acteurs du mutin furent pendus[1].

A la poursuyte de Galyas et de ses Estradiotz, furent le grant maistre de France, le seigneur d'Aubijou, le seigneur de Chandée, La Palixe, le comte de Misoc, le seigneur de Chastilhon, le senechal d'Armaignac, le baron de Beart, Robinet de Fremezelles, Louis d'Ars, le commissaire Saint Prest, Robert Stuart, Aubert du Rousset, le capitaine Ymbault, avecques leurs bendes, et tant d'autres cappitaines et lieutenans, que assez gens de bien y avoit pour mectre une meilleure besoigne a fin. Ainsi chascun se mist sur le tracz des fuyans et prist chemin par ou myeulx pensoit trouver adventure; mais, ja, avoient la pluspart des Lombars passée la riviere du Pau, qui grant avantaige sur la poursuyte leur fut. Touteffoiz, tant furent hastez et tenuz de pres que, par les chemins, leurs lances et

---

[1]. Jeudi, 29 août 1499 (Marino Sanuto). Le siège avait commencé le lundi. Claude de Seyssel n'est donc pas fort exact quand il dit, dans ses *Louanges du Bon Roy de France Louys douziesme de ce nom,* que le roi « ha acquis la seigneurie de Lombardie et le duché de Milan, qui luy appartenoit par succession paternelle, par un seul siège de la cité d'Alexandrie, qui ne dura fors dix ou douze jours, sans effusion de sang et sans faire tort à personne » (édit. Godefroy, p. 42).

bourdons, coffres, malles, harnoys et plus de cent chevaulx arrecreuz et hors d'alaine demeurerent ; et n'entendoyent a autre chose que, au plus brief, finir leur course, qui si longue leur fut que, premier que seure retraicte heussent trouvée, les ungz estoyent par les sentiers et voyes actaintz et priz, les autres a compaignyes comme perdriaux mussés par les boys, et les autres par les champs, comme poureux et tranciz, demeurez et arestés. Fin de compte, tant estoyent esperduz et affollés qu'ilz ne tenoyent chemin ne voye et, comme amoliz et effemynés, prendre et enmener plus doulcement que brebiz se laissoyent. Tel home d'armes françoiz y avoit, qui cinc ou six Lombars a sa mercy tenoit prinsonniers ; tel archier, quatre ou cinc ; telz coustilleurs et varletz, deux ou troys : a celle chace, qui plus de vingt et quatre mille heut de cours, maintz prisonniers et chevaulx furent conquys et gaignés, et plusieurs villes et places prises et soubmises.

Le seigneur de Sainct Valier et le viconte de Rouhan, avecques vingt cinc ou trente homes d'armes, prindrent Vigesve [1], bonne ville et forte. Robert Stuart [2], lieute-

1. Vigevano, où les ducs de Milan avaient leur grand château, entouré d'un parc splendide. Ludovic le More y était né le 3 août 1451. Il avait beaucoup fait pour cette ville, reconstruit son marché, assaini ses rues : suivant une inscription de 1492, rapportée par Egidio Sacchetti (*Vigevano illustrato*, Milano, in-4°, 1648, p. 9), il répara le château : « Veteres principum ædes reformavit. » Ce château était très fort, et, en 1500, Ludovic le More le fit démanteler pour qu'il ne pût point servir aux Français (id., p. 8). Louis XII érigea Vigevano en marquisat et en fit don à J.-J. Trivulce, qui, dès lors, porta ce titre et signa souvent *Vigevano* (*Catalogue des manuscrits de la collection Lajarriette*, n° 2817) ; il signait aussi *Comes regius*.

2. Robert Stuart, cousin fort éloigné de la famille royale

nant de la compaignie du seigneur d'Auzon, acompagné de dix homes d'armes, prist Galiole[1] et Byogras[2], deux assez bonnes villes, avecques grant force prisonniers. Mainctes autres choses dignes de memoire par les Françoiz furent a ceste course faictes, lesquelles, par deffault de toutes ne les avoir au repertoire de memoire enregistrées, au bout de ma pleume et hors mon papyer sont en leur estre demourées : mais toutesfoys j'en laisse le recueil au rapport de ceulx qui myeulx les sauront a la verité commemorer.

IV.

LA MORT DE L'ARGENTIER.

Durant le siege d'Alixandrie, le seigneur Ludovic, cognoissant mieulx a l'ueil que par augure l'advenue de son exterminacion, voulant pourvoir au besoing

d'Écosse, était le deuxième des neuf enfants de Jean Stuart, comte de Lennox, mort en Écosse en 1494, et de Marguerite Montgommery. Son frère aîné, Mathieu, comte de Lennox, resté en Écosse et tué à Flodden en 1513, était le grand-père de lord Darnley, époux de Marie Stuart, et, par conséquent, l'aïeul des derniers Stuarts et de Charles Ier. Robert vint en France, où il épousa la fille de Bérauld Stuart d'Aubigny et d'Anne de Maulmònt; il devint ainsi comte de Beaumont-le-Roger et s[r] d'Aubigny, chambellan, et bientôt (en 1504) capitaine de cent lances écossaises des ordonnances et de la garde, chevalier de l'ordre, maréchal de France en 1515; plusieurs fois vainqueur des Espagnols en 1536, il mourut en 1543 (Tit. orig., Stuart d'Aubigny, n°s 18, 19, 21, 22; ms. Clair. 225, n° 477, etc.).

1. Gravellona, entre Vespolate et Vigevano.
2. Abbiate grasso.

futur, delibera, pour sa derreniere main, sur la ville de Millan faire tout l'emprunt que possible pourroit porter et, pour ce, transmist querir tous les plus suffisans de la cité, lesquelz, entrés ou chasteau, furent par luy avertiz de son intention, en leur remonstrant que, de deux costés, d'ennemys estoit environné : des Françoiz, qui, ja, la pluspart des villes et places de la duché avoyent conquizes, des Venissiens, qui ausi par force tenoyent la comté de Cremonne, ausquelz impossible estoit resister sans grant fynence pour souldoyer et mettre sus grosse armée; par quoy, requist iceulx de telle somme de ducatz en l'heure luy fournir que de la payer leur estoit, pour l'eure, chose trop difficile. Toutesfoiz, pour esloigner sa presence, luy demanderent deux heures de terme, en luy promectant tout ce qu'il demandoit, et sur ceste condicion les en envoya; lesquelz, estant hors de ses dangers, en lieu de luy faire prochas d'argent, contre luy firent insulte civile et embusche de gens armés. L'argentier de Ludovic, ayant la ruyneuse comission de demander les deniers, voulut icelle excercer ; dont par tant luy mesadvint que par aucuns gentishomes et autres de la ville, lesquelz de tous succides soy disoyent francz, fut souldainement occiz et ses compaignons chacés et suyviz jusques pres du chasteau. Voyant le Maure la mort de son serviteur, l'empeschement de la denare et le tumulte du peuple, et que pour l'eure autre chose n'en pouhoit, ne sceut que faire[1], fors, en accumullant doubte sur doubte, soy plus deffyer et

1. Corio, Da Paullo racontent ces événements d'une manière un peu différente.

garder d'ennemys familiers que de ceulx qui luy faysoyent guerre ouverte[1].

Apres que la cyté d'Alixandrie fut, comme j'ay descript, au ceptre de France subjuguée, les cytoyens de
Pavye[2], de Palme, de Plaisance, de Gennes[3] et de
toutes les autres places et villes de la duché, hors la
ville[4] et chasteau de Millan et une autre seule place sur
les fins d'Allemaigne, nommée Tyzan[5], apporterent
les clefz aux lieutenans du roy et firent l'obbeissance.

V.

La fuite de Ludovic.

Le seigneur Ludovic, qui sur les champs grant puissance de gens d'armes pour aller secourir ceulx qui

1. Il avait dépêché de nouveau à l'empereur pour lui offrir la
Valteline que Maximilien paraissait convoiter; il alla jusqu'à lui
offrir la ville de Côme, à condition d'un appui immédiat. Il faisait aussi de pressantes démarches auprès de la cour de Naples.
 2. Pavie, le 23 août, refusa de recevoir Galeazzo di S. Severino
(Marino Sanuto, II, 1159, 1160).
 3. La ville de Gênes était, à l'égard de la France, dans une
situation toute particulière, sur laquelle nous aurons occasion de
revenir avec J. d'Auton. On peut voir, du reste, à ce sujet le
commentaire de T. L. Belgrano, *Sulla dedizione dei Genovesi*, dans
les *Miscellanea di storia italiana*, t. I. Le roi lui donna comme
gouverneur le sire de Ravenstein (N. Gilles, J. Bouchet) et nomma
Yves d'Alègre gouverneur de Savone.
 4. La ville de Milan elle-même *cominciò molto a trepidare*, dit
Corio. Les gens riches, craignant des troubles, faisaient garder
leurs maisons (Da Paullo).
 5. Tirano, dans la Valteline, près des sources de l'Adda, à la
frontière nord du duché. Cette place forte commande l'entrée de
l'Engadine et de la vallée du haut Adige par le Stilfser Joch; elle
ferme la vallée de l'Adda.

soustenoyent le siege avoit mys, voyant la fuyte de ses
souldartz et par eulx sachant la prise d'Alexandrye,
s'il heut dueil extreme, a nul devoit sembler cas de
nouvelleté; car, si a l'humain fault, pour perte avoir
a courroux, estre provoqué, aysant de doulleur ne
vuyde de soucy ne devoit cestuy estre : ausi n'estoit il,
car, les nouvelles ouyes, comme en dueil amer trans-
porté et de fureur esprins, par grant reprouche dist
a Galyas qu'il estoit cause de la perte de son pays et
moyen de l'exil de luy et ses enfans; auquel fist missire Galyas responce que, si en Alexandrie assiegé en
son lieu hust esté, pour la force des murailles et puissance des gens d'armes de la ville n'eust esté tant
asseuré que, plus de quatre foys le jour, au plus fort
chasteau d'Allemaigne ne se fust souhaidye, et que plus
besoing ne luy estoit, pour avoir libere franchise, ville
ne place en Lombardye chercher, car au pouhoir des
Françoiz nulle deffence avoit lieu, mais les choses, aux
autres impossibles, du tout a eux estoient faciles, et
que, s'ilz vouloyent d'assault prendre la tenebreuse
cyté d'Enffer et aller querir Proserpine et Erudice[1],
que Cerberus ne Pluton ne leur feroyent resistance, et
que, le plus tot que, ses bagues saufves, pourroit le
pays vuyder, luy sembloit estre le meilleur advys; car,
ja, estoyent aux champs les Françoiz et a chemyn pour
aller mettre le siege a Millan. Oyant le seigneur Ludovic a son desavantaige ainsi parler Galyas, comme
espriz de somme litargieux, encline le chief vers la
terre et, sans ung seul mot dire, ainsi pencif moult
long temps demeura[2]; toutesfois, ne fut de dueil tant

1. Eurydice, allusion à l'histoire d'Orphée.
2. Son abattement fut extrême; il écrivit à l'empereur une lettre

perturbé que, ce jour, ne fist trousser son bagaige, charger son charroy, bien ferrer ses chevaulx, encoffrer ses ducatz, dont il avoit plus de trente mulletz chargés, et, en somme, son train aprester, pour le lendemain au plus matin desloger; et, soy voyant des fleaux de fortune tant aigrement persecuté que du pays, ou toute mondaine Felicité florist, estoit exillé et proffugue, comme moings doubtant le pouhoir de ses ennemys que l'aguect hayneulx de ses subgects[1], sur lesquelz, comme patrycide tirant, avoit mainctes exactions imposées[2], a son extreme affaire et derreniere necessité n'oza la clef de la duché de Millan (qui est le chasteau de la ville) lesser entre les mains de ses plus proches et cognuz, mais en bailla la garde a ung chevalier de Pavye, nommé messire Bertrand de Court[3] et, pour la deffence de la place, plus de troys

---

publiée par Rosmini (*Storia di G. Jacopo Trivulzio*, I, 322), qui restera comme un monument de la faiblesse de ce malheureux. Dès le début de la campagne, il avait perdu courage et était malade de chagrin (Marino Sanuto, *passim*, not. II, 1102).

1. Les notables de Milan firent même une démarche auprès de lui pour l'inviter à quitter Milan (Marino Sanuto, II, 1209). Fr° Bernardino Visconti l'y décida (id., 1228).

2. D'après Cavitelli, Ludovic laissait dans le château de Milan 12,000 fantassins et 240,000 ducats d'or (*Annales Cremonenses*; p. 225) qu'il aurait voulu livrer à Maximilien (Marino Sanuto, II, 1209). D'après Corio, au contraire, il emportait 240,000 ducats.

La démoralisation profonde de l'Italie à cette époque, cause de sa perte, se trahit largement dans la manière de ses chroniqueurs. Rien n'est plus fantaisiste que des textes comme le *Diario Ferrarese* ou la chronique de *Senarega*. Dans d'autres, comme Da Paullo, la passion fausse singulièrement les jugements. La probité de Jean d'Auton n'en est que plus estimable.

3. Il la lui maintint, malgré l'avis du cardinal Ascanio et de ses autres serviteurs, qui insistaient pour qu'il donnât à Bernardino

mille souldartz[1], payés pour six moys, luy laissa, avecques force vivres et bonne artillerie[2], en luy priant, sur toutes choses, que aux François ne autres ses ennemys, pour riens du monde, ne rendist la place et que, sans point de faulte, ung moys ne resteroit que, avecques plus de trente mille Allemans, ne vint a son secours[3]. Ainsi donna ordre a la garde du chasteau et

della ou da Corte un collègue. Il lui laissa pour l'aider un certain nombre d'hommes de confiance, notamment Filippino Flisco, génois, Bianchino di Palude, de Vigevano, et autres (Corio, Schiavina, etc.). Bernardino da Corte était un courtisan. Il avait plu à Ludovic en faisant plaquer sur le château, en 1497, les armoiries du duc, en lui suggérant des idées d'impôts (Smagliati, cité par M. Ceruti, *Chron. de Da Paullo*...). Ludovic lui laissa 2,000 hommes et les instructions les plus détaillées : une note de signaux pour correspondre avec la ville, pour informer de son état, de ses besoins...

Après ces instructions, da Corte l'embrassa et lui dit adieu (Corio; Marino Sanuto, II, 1221).

1. 2,800, dit Corio.

2. 1,800 pièces d'artillerie, d'après Corio, 2,000 selon d'autres.

Le 16 août 1498, il avait écrit aux maîtres des impôts (*delle entrate*) pour leur exposer que, malgré les dépenses infinies faites au château, il y avait encore des réparations nécessaires à opérer aux fossés et aux souterrains qui le mettaient en communication avec la campagne; il fallait en outre le fournir de vivres. Ludovic n'avait plus, disait-il, rien dans son trésor. Il ordonna de vendre des biens confisqués jusqu'à concurrence de 26,000 ducats, prix estimatif des travaux et fournitures (C° Casati, *Vicende edilizie del castello di Milano*).

Il requit tous les moulins, à quatre milles à la ronde, et remplit le château de farines et provisions de toute espèce (Da Paullo; Marino Sanuto, II, 1151).

3. Suivant Ciprian Manente da Orvieto et Corio, il avait au contraire autorisé Bernardino da Corte à se rendre au bout de trois mois, si d'ici là le siège n'était pas levé. Da Paullo parle de trois mois, mais son récit se rapproche fort de celui de J. d'Auton; Marino Sanuto, d'un mois.

au demeurant de son affaire[1], au myeulx qu'il peut[2].

Apres que la nuyt heut son cours revolu et donné place a la solaire lumiere[3], le seigneur Ludovic, avecques deux petiz enfans[4] qu'il avoit et le surplus de son arroy, ou pouhoient estre deux mille chevaulx[5],

---

1. Suivant Ciprian Manente da Orvieto (liv. V), il confia le gouvernement de Milan à huit citoyens, Giov. Francesco Marliano, Giberto Bonromeo, Battista Visconte, Ambrogio del Maino, Aléssandro Crivello, Girolamo Cusano, Pietro Galarato et Baldassar Posterla. Il fit solidement munir de provisions et d'argent le château de Trezzo, et en confia la garde à Lodovico Visconti avec 2,800 hommes.

2. Soit à Milan, soit même à Côme, il se montra fort généreux; il restitua aux comtes Borromée Angleria et la forteresse d'Arona, qu'il leur avait prises; à Aless. Crivello, Galliate; à Francesco Bernardino Visconti, la villa de la Sforzesca (près de Vigevano); à Giov. Francesco Marliano, Mortara; à Ambr. del Maino, Piopera; à Ant° Triulzio, Sartirana; à Battista Visconti, Villa Nuova; à Pietro Gallarato, Casolo; à Isabelle, veuve de Giov. Galeazzo Sforza, le duché de Bari qu'il lui retenait indûment, etc., etc. (Corio). Par décret de Côme, du 3 septembre, il confirma ses dons précédents au couvent des Grâces (*Arch° storico Lombardo*, 1879, p. 49-51; Corio). C'était une pluie de bienfaits et d'actes de justice. Les bénéficiaires n'en furent pas touchés. Béatrix d'Aragon refusa de confier son fils à Ludovic, les Borromée se montrèrent les plus chauds amis des Français.

Senarega prétend que Ludovic abdiqua en faveur de son neveu, le fils d'Isabelle; cela n'est pas exact.

3. 2 septembre 1499 (Da Paullo, etc.). Tout le monde le croyait déjà parti; il avait été faire une dernière visite au couvent des Grâces (Corio), pleurer sur le tombeau de sa femme, puis il avait passé le reste de la nuit au château.

4. Ses deux enfants étaient partis la veille avec le cardinal Ascanio Sforza, son frère, et avec Lucrezia Crivelli (Gohori, fol. 17), qui fut prise par les Français (Marino Sanuto).

5. Avec Galeazzo di San Severino, Galeazzo, Alessandro et Ermes Sforza, et autres. Senarega dit que 500 chevaux et 4,000 fantassins accompagnaient Ludovic. Cela est bien peu probable.

se mist en voye et prist son adresse vers Coni[1], bonne ville et forte estant sur le passage d'Allemaigne, ou illecques ung jour seullement demeura, et tout son charroy le plus tost qu'il peut davant en envoya. A son deppart, fut par les plus estimés misseres de la ville jusques dehors convoyé[2]; et luy, soy voyant a l'issue du pays ou naiscence, nourriture et felicitante vye avoit heues, et a l'entrée de l'exil douloureux ou ennuyeuse fin luy failloit prendre, comme tourmenté de peine mentale, a voix desolée et regard esploré, dist a ceulx qui acompaigner l'estoyent venus que, puysqu'aux embusches de fortune ne pouhoit plus fuyr et que par malheur contingent estoit du tout desherité, myeulx luy venoit a gré par le glayve des Françoiz estre vaincu et chacé que par la force des Venissians perdre ung seul pié de terre, et que, si les gens d'armes de Venize leur fasoyent la guerre, que, pour mourir, a eulx ne se rendissent et que aux Françoiz sans faire deffence de bon vouloir se soubmissent; veu que le demeurant de la duché estoit entre leurs mains et que a la puissance d'iceulx longuement ne pourroyent durer. Et, tout ce dit, avecques autres parolles lamentables et extremes regretz, prist congé de la gent et du pays, tout le long du lac, tirant vers les fins des Allemaignes.

<blockquote>
Or, a vuydé le seigneur Ludovic,
Apres avoir fait et plyé son pac,
Et priz pays, par ung chemin oblic,
</blockquote>

---

1. *Como,* et non pas Coni. Corio raconte avec détail ce qu'il y fit.
2. En revanche la populace se précipita sur les maisons de plusieurs de ses serviteurs, notamment sur les écuries de G. di S. Severino, les pilla, les démolit (Corio).

Aux Allemaignes, outre les fins du lac ;
Et, pour doubte qu'on ne suyvist le trac
De son charroy, voulant sauver son bloc,
Ung bien matin, avant le chant du coq,
Voulut brouer le terrant a pied sec,
Comme fuytif suyvant l'ombre d'ung roc :
Puisqu'il est mat, il pert le jeu d'eschec.

Duc de Millan fut par hec et par hic,
Dont il est hors, qu'est ung mauvais redac ;
Car exillé l'ont Françoiz ric a ric,
Sans luy lesser de terre ung plain bissac.
L'eaue et le feu vouloit porter a rac,
Disant avoir tout de hanche ou de croc ;
Mais Fortune, voulant vuyder son broc
Et feu estaindre, l'a du tout mys a sec,
Sans resister pouhoir contre le choc :
Puysqu'il est mat, il pert le jeu d'eschec.

S'il en devient triste et merencolic,
Contre luy mesmes a lasché le destrac ;
Car aux siens fut tant rude et colleric
Que a son besoing l'ont lessé tout a trac,
Et, que piz est, tant foible d'estommac
Que soustenir n'a peu taille n'estoc ;
Dont conviendra qu'il en demeure au croc,
Soubz main estrange asservy comme ung Grec ;
Plus n'a pyon, chevalier, roy ne roc :
Puysqu'il est mat, il pert le jeu d'eschec.

Prince, on luy a donné si grant patac,
Qu'on l'a mys jus a l'envers comme ung sac,
Sans luy lesser puissance que de bec,
Tant qu'il n'y a regime d'almanac
Qui relever le puisse de ce flac :
Puisqu'il est mat, il pert le jeu d'eschec[1].

1. Cet événement inspira plus d'un poète. V. not. Trucchi, *Poesie italiane inedite*, Canti di guerra, p. 104-106.

Bientost apres le depart du seigneur Ludovic, par toute l'armée en furent nouvelles espandues : dont furent apres envoyés le compte de Misoc, le grant escuyer, Chastillon, le senechal d'Armaignac et Sainct Prest, avecques leurs gens d'armes, qui plus de vingt et cin mille le long du lac luy donnerent la chace. Mais si tost et de si bonne heure deslogea que a temps gaigna les Allemaignes; toutesfoys, fut si de pres poursuyvy que plusieurs des siens furent par les chemins priz et enmenez; et, voyant les Françoiz que autre chose ne pouhoyent faire, se mirent au retour avec leur butin.

Apres que Alexandrye fut submise et domptée et que Ludovic a ses ennemys hut tourné le doz, droict a Pavye se mist l'armée, et fut logé sur la riviere du Pau, laquelle avoit de lez demy mille ou plus, et moult parfonde et impetueuse estoit : dont falut, a tout grans bateaux foncés et unys et bien seurement ancrez et atachez, icelle planchoyer et ponter.

Les lieutenans du Roy, ayans la charge et manyement de tout l'affaire de la guerre, firent la chose si a point qu'en moings d'un jour et demy gens d'armes, artillerye et tout le charroy a bonne seurté passerent outre; ainsi, tout alloit de tel poiz, mesure et ordre que deffaut de chose, qui a l'affaire publicque hust besoing, n'y avoit. Discipline de chevallerye si bien estoit menée et conduyte que murmure, contemps ne autre desordre entre les gens d'armes n'avoyent place auctorizée; justice severe si bien executée qu'il n'y y avoit nul, tant influé fust il de sidere parvers, qui contre sa complexion ne soy gardast de mesprendre; et tant estoit la corde preste a pugnir les malfaicteurs que, pour avoir, contre l'esdit general, deux ou troys poules et quelque autre menu fouraige priz et raviz, deux gens d'armes lombars et ung varlet par la mort du meffaict porterent les peines.

Ouy avez comme la riviere du Pau fut pontée, et, durant ce, l'armée faisoit sejour, et illecques vint a l'ost l'ambaxade de Millan apporter les clefz, lesquelles, par les plus suffisans de la ville, furent mises entre les mains des lieutenans du Roy, et firent l'obeissance avecques les serments sur ce requis; et, ce fait, gens d'armes delogerent, droict a Pavye prenant la voye; toutes foys, nulz des pietons entrerent dedans, mais avecques la pluspart de l'armée passerent outre. Le seigneur Jehan Jacques, le vidame de Chartres, le seigneur d'Aubijou et quelques autres capitaines et gentishomes de la maison du Roy furent en la ville, et hurent le chasteau et le surplus de la place entre les mains.

Le compte de Ligny estoit logé hors la ville, a la Chartreuse, l'ung des plus beaulx et excellans colliege du monde, que fonda jadis Jehan Galeaz, duc de Millan, duquel est faicte mention[1]. Le surplus de l'ost estoit au parc de Pavye, ouquel furent par les Françoiz plus de cinquante bestes fauves et rouces, a course de

---

1. La Chartreuse de Pavie, fondée en 1396 par Giov. Galeazzo, en expiation de ses crimes, et érigée sur les dessins de Bernardo da Venezia, était, en effet, dans toute sa splendeur. Pérugin l'avait déjà ornée des belles peintures qui ont sans doute rendu son nom si populaire parmi les Français de cette époque. Le mausolée de Giov. Galeazzo, dessiné en 1490 par Gal. Pellegrini, ne fut érigé qu'en 1562 : en 1499, une simple *mention* (dans l'obituaire ou dans l'église) rappelait le souvenir du fondateur. (Cf. C. Magenta, *I Visconti e gli Sforza nel Castello di Pavia e le loro attinenze...*)

cheval, prinses et tuhées; et tant y en avoit que, a grant compaignyes et trouppes, comme brebiz, en tous les lieux du parc on les voyoit marcher et courir. De tant de boys de haulte fustaye, de champs floriz, de prés verdoyans, de courans ruisseaux, de cleires fontaines, de maisons et jardrins de plaisance estoit celuy parc paré et embelly, que mieulx sembloit ung Edem Paradisique[1] que ung domaine terrestre. Le jour enssuyvant, droict a Millan fut l'ost achemyné et a my voye de Pavye et de la cyté populoze, une nuyt seullement, demeura l'armée, et au matin deslogerent gens d'armes, et tous en arroy se mirent au chemin de la ville, et sur l'eure de mydy[2] furent les ungs logés a ung mille pres, les autres a demy, et les autres a touchant du parc et entour des fausbourgs; tant que toute la place estoit de Françoiz environnée. Sachant ceulx de la ville la venue de l'armée françoize, le compte Gayas[3], le compte Bernardin[4], le seigneur

1. D'Auton, qui peint l'Enfer avec Proserpine et Pluton, conserve au Ciel une couleur de Paradis.

2. Le 4 septembre (*Rozier historial*).

3. Giovanni Francesco di San Severino, comte de Caiazzo, frère ainé de Galeazzo di San Severino, capitaine au service de Ludovic. Il était fort mécontent de Ludovic qui lui avait préféré son cadet pour le commandement de l'armée. Il abandonna définitivement, avec sa compagnie, le parti de Ludovic, lors de la fuite de celui-ci, et passa au service de la France qu'il ne quitta plus. Il reçut immédiatement de Louis XII le titre de chambellan et une compagnie de cent lances (Tit. orig., Saint-Séverin, nos 4, 5). Plus tard, le roi lui donna la ville de Valenza avec le titre de marquisat (id., n° 17). Il signait : *Le conte de Cayace*.

4. Francesco Bernardino Visconte, dont il est question ici, était le citoyen le plus considérable et le plus considéré de Milan. Plénipotentiaire de Ludovic en 1495 pour la conclusion du traité de Verceil (Marino Sanuto, *la Spedizione di Carlo VIII in Italia*,

Frocasse[1] et plus de troys cens chevaulx de la ville des
myeulx en point, a ung mille ou pres furent au devant,
et au logis du compte de Ligny et du seigneur Jehan
Jacques allerent, pour parler et trecter de la façon
d'entrer en la ville ; et fut, par ceulx qui de Millan
estoyent venus, proposé que les marchans, bancquiers
et autres plus riches doubtoyent que, quant l'armée
seroit entrée que les gens de pié ne leur fissent quelque
force ou vyolant exès : par quoy supplyerent les lieutenans du Roy que, pour evitter insurrection populaire,
iceulx pietons et partye des gens d'armes pour l'eure
n'entrassent et que vivres assés et autres choses neccessaires leur envoyroyent, ce qui leur fut voulontiers
accordé, et, avecques ce, l'armée a cinc ou a six mille
de la ville esloignée. Le seigneur Jehan Jacques, accompaigné de plusieurs des gentilzhomes de cheulz le Roy
et d'autres gens d'armes, entra ce jour en la ville[1] ;
et la fut de ses parens et autres ses cogneuz honnou-
rablement receu. Autour de Millan quatre ou cinc jours
sejournerent les Françoiz et, ce pendant, on livroit
les garnisons; gens d'armes et pietons entroyent en
la ville; on charryoit l'artillerye; on faisoit tranchées
et approches autour du chasteau; on parlementoit
avecques ceulx qui estoyent dedans, lesquelz, tousjours, pour Ludovic tenoyent bon et souvant contre

p. 626), son capitaine en 1499, et néanmoins ami secret de Trivulce, toujours dévoué aux mesures pacifiques et conciliantes, son
influence modératrice sur Trivulce et sur la population rendit
d'inappréciables services en 1500, où il joua, en toute circonstance,
un rôle prépondérant. Au moment de ces négociations, il signait
Vice-re. (Marino Sanuto, II, 1301.)

1. Prato raconte cette entrée en détail. Cf. Saint-Gelais, Marino
Sanuto.

les Françoiz deschargeoyent artillerye, disans que bien garderoyent la place et que vivant, sans leur mercy, n'y entreroit ; et de vray, si leurs estomacz effemynés hussent estés enflés de cueurs virilles, bien pouhoyent executer de fait ce qu'ilz disoyent de bouche et contre le pouhoir de tous humains avoir longue tenue, car ilz tenoyent bien soubz main l'une de plus avantaigeuses places du monde, dont la forteresse, des larges foussés, des tours, boulouars, murs, avant murs, fors, contre fors, saillyes, retraictes, contre mynes, posternes et autres deffences et repaires[1], avecques le fort de la Roquete, je remetz au dire de ceulx qui myeulx[2] les lieux auront visités ; mais, que quessoit, plus de doze cens pieces d'artillerye[3] et plus de troys mille souldars avecques vivres pour plus de deux ans y avoit[4]. Davant la place, estoyent les tranchées commancées et assise l'artillerye pour batre le premier fort, et ja estoyent logés dedans la ville les lieutenans du Roy, plusieurs autres capitaines et plus de doze cens homes d'armes avecques quinze ou seze mille pietons, lesquelz tousjours la place approchoyent. Et bonne maniere de deffence tenoyent le souldartz du seigneur Ludovic ; toutesfoys, tant furent, a la parfin, de divers coups assailliz qu'on leur fist envye de rendre ce que par force garder pouhoyent et prendre ce que

1. Sur le château de Milan, on peut voir P. Jove, da Paullo, Bouchet, Nic. Gilles, l'*Ystore Anthonine* (manuscrits), mais surtout Gohori (manuscrit), et C. Casati, *Vicente edilizie del castello di Milano*.

2. Mieux que l'auteur. Il résulte de cette indication que Jean d'Auton, dans cette campagne, avait été à Milan, mais qu'il ne put visiter le château en détail.

3. Deux mille, d'après Nicolle Gilles.

4. V. p. 79.

pour honneur lesser devoyent; et ainsi, par ung beau matin[1], le chastellain et ses souldartz vuyderent la place et dedans entrerent le compte de Ligny, le seigneur Jehan Jacques, le chevalier de Louvain, Poque dennare avecques leurs bendes et tant d'autres gens d'armes de France que trop plus difficille seroit a Ludovic la reconquerir qu'elle n'a esté aux Françoiz facille a prendre; et fault croire qu'en telle garde est ores ladicte place et en si forte main que, malgré tous les vens, en tous les angletz de son jardrin, pour ung james le noble lys florira.

Toutes ses choses mises a fin et terminées, furent les garnisons ordonnées estre mises au passages limitrophes et places de frontiere de la duché de Millan[2].

La ville et chasteau et tout le pays ainsi renduz et submys en l'obeissance du Roy, par toutes les rues et places chascun cryoit: *France, France*, et de l'enseigne de la croys blanche[3] grans et petiz estoyent parés, et

---

1. Le 17 septembre 1499. Cette reddition a été racontée de la manière la plus inexacte. Bernardino da Corte reçut de vastes domaines, d'importants offices. On a dit à tort qu'il était mort de honte peu après.

2. Le 22 septembre, les provéditeurs de Venise firent leur entrée à Crémone, où on leur fit grand honneur (*Cronaca di Cremona*).

3. On sait que la bannière de France était alors bleue, chargée de trois fleurs de lis d'or, à bordure et hampe d'or (ms. lat. 8132, 2e et 3e miniatures; *Album des arts du moyen âge*, 4e série, pl. XXV); mais les couleurs du roi étaient jaune et rouge (voy. not. ms. fr. 26106, n° 123), ainsi que son étendard. Dans les miniatures du ms. de Jean d'Auton (ms. 5089), on trouve généralement l'étendard jaune et rouge, chargé d'un porc-épic. L'infanterie porte également la livrée jaune et rouge. Dans les miniatures du manuscrit de la chronique de 1506-1507 (ms. 5083), l'étendard français est partout l'étendard jaune et rouge, chargé d'une petite croix noire, assez semblable à celui des hussards de Chamborant, au

des armes du Roy la pluspart des maisons ornées et decorées ; et n'y avoit ne Guelphe ne Vibelin qui, pour l'eure, ne fussent bons François ; mais si, par crainte

xviii⁰ siècle. Dans les troupes françaises, on voit, du reste, une grande variété d'étendards, la bannière rouge au soleil d'or de Charles VI, l'étendard rouge au saint Michel d'or de Charles VII, l'étendard rouge et jaune à croix blanche (Desjardins, *Recherches historiques sur les drapeaux français*, p. 62 ; Marbot et de Noirmont, *Costumes militaires français*, pl. XII). Les pensionnaires du roi portaient un étendard jaune et rouge, chargé à la fois d'un saint Michel, d'un soleil et d'un porc-épic couronné (comte de Bouillé, *les Drapeaux français*, p. 121, pl. II). C'est cet étendard que Jean Perréal adopta pour les obsèques de Louis XII ; il y ajouta même la rose de Charles VII ; dans l'étendard destiné au service de l'Hôtel, il remplaça la rose par une branche de houx. La garde du roi portait une bannière rouge, carrée, avec un soleil à vastes rayons d'or (comte de Bouillé, pl. VI). Néanmoins, on voit par le récit de Jean d'Auton que la croix blanche était considérée en Italie comme le signe français. M. Gustave Desjardins a noté un grand nombre d'étendards de l'époque marqués de ces croix blanches ; mais la couleur de l'étendard varie extrêmement. Dans un magnifique manuscrit fait à Gênes en 1510 pour Louis XII, le peintre attribue partout aux Français un étendard rond ou carré à croix blanche, sur champ la plupart du temps rouge, souvent bleu, parfois jaune, une fois rouge et jaune. L'étendard rouge à croix blanche figure encore dans les mains des Français sur une tapisserie de 1513, dans une miniature de 1508 (*Ouvr. cité*, p. 39 à 41). Rarement, il s'y ajoute une réduction de l'écu de France, aux trois fleurs de lis sur champ d'azur.

Dans les miniatures de 1507 du ms. fr. 5091, attribuées à Jean Perréal, nous retrouvons ces couleurs et ces divers étendards, notamment l'étendard rouge à croix d'or (6⁰ miniature). Dans la quatrième miniature, les gens d'armes français se reconnaissent à une croix rouge. Quelques francs-archers portaient la croix blanche (Marbot et de Noirmont), quelques Suisses la croix rouge, armoirie des Grisons. Mais cela n'avait rien de spécial à la France ; avant la campagne, on voit Ludovic le More faire présent au marquis de Mantoue de deux étendards, l'un aux armes de Milan, l'autre à croix blanche (Marino Sanuto, II, 223). La livrée du duc

qu'ilz avoyent de perdre leur robe[1], ou par amour que de nouveau vouloyent avoir aux Françoiz, ou bien pour hayne qu'il avoyent a Ludovic, le fasoyent, j'en lesse le determiner a ceulx qui la fin en verront[2].

Le Roy, par ung temps ayant avecques la Royne en France pris joyeulx sejour[3], voulant au plus vray savoir de l'estat de la conqueste de sa duché de Millan, heut de passer les mons propos deliberé et, sur la fin du moys d'aoust, se mist en voye avecques son arroy, et tant advença ses erres que, plus de huyt jour davant la Sainct Michel[4], en la ville de Novaire fut a sejour[5], et, de la, peu apres, s'en alla a Vigesve, ou voulut quelques jours faire demeure. Pour vouloir commancer a seigneurie possessive de ses pays conquis prendre, dedans la cyté de Pavye ou l'excercice

---

d'Orléans avant son avènement à la couronne était jaune (*Condition forestière de l'Orléanais au moyen âge*, p. 476; *Catal. Joursanvault*, nos 647 et suiv.), son emblème le porc-épic. A son avènement, il adopta aussi le *soleil* traditionnel, car au mois de juillet 1498 on marque son bagage d'un soleil de laiton doré (compte de l'écurie de juillet 1498, ms. fr. 2927).

1. Le chroniqueur Gianmarco Burigozzo, qui n'avait alors que six ou sept ans, avait conservé de ces événements un vif souvenir. Il constate que les Milanais s'attendaient à être pillés; tout était sens dessus dessous « per modo che non tel posso dire; » les rues étaient barricadées...

2. On voit par cette phrase que Jean d'Auton n'écrivit sa chronique de 1499 que dans le courant de 1500.

3. Il partit le 11 septembre de Grenoble pour l'Italie.

4. 28 septembre. Cependant il semble résulter du rapport des ambassadeurs vénitiens qui l'accompagnaient qu'il ne put pas y arriver avant le 21 ou le 22 (*Diarii* di Marino Sanuto, II, 1352). Il y était le 23 et il était le 26 à Vigevano, d'après Prato.

5. Le 23 septembre, une proclamation annonça à Milan l'entrée du roi et prescrivit diverses mesures d'ordre (Da Paullo, publ. par Ceruti, p. 126, note).

studieux de toutes les Italles florist, ung mardy, premier jour du moys d'octobre, fist son entrée tant triumphalle et sollempnelle que a tousjours est digne de commemoracion. Les docteurs regens et escoliers de l'université, gouverneurs et potestatz, avecques toute la comune de la ville, a telle festivité et recueil honorable le receurent que la marge de mon papier, pour au long la chose descripre, ne seroit suffisante[1].

Outre le lac, a l'entrée des Allemaignes, avoit une moult forte place, nomée Tirant[2], de la duché de Millan, qui encores tenoit pour le seigneur Ludovic, et estoit icelle bien garnye d'artillerie et de souldartz, avecques vivres pour bien long temps; pour laquelle soubmectre, le Roy envoya le grant maistre de France[3] avecques cinc cens homes d'armes et dix mille Suyces et grant charroy d'artillerie[4]. Le siege fut mys davant et coups d'artillerie ruhés encontre; et, apres que par aucun temps se furent ceulx de dedans deffendus, rendirent la place et prindrent chemin[5].

1. Prato en donne un récit détaillé.
2. V. ci-dessus, p. 76.
3. Le comte de Caiazzo (Marino Sanuto, III, 44).
4. D'après Prato, le roi n'y envoya pas la moitié des forces indiquées par Jean d'Auton (200 lances, 5,000 Gascons, deux grosses bombardes et de l'artillerie). La soumission de la Valteline fut complète le 23 octobre et Stuart d'Aubigny en fut nommé gouverneur.

D'après Sanuto, on y envoya seulement 100 lances, 2,000 fantassins, 15 pièces d'artillerie. Jean-Jacques licencia à ce moment 6,000 Allemands (II, 1351). Les Français avaient, par leur conquête, doublé leur artillerie (id., 1209).

5. La garde de cette importante place fut confiée, par la suite, à Philippe et Antoine de Bessey, avec cinquante morte-paies (ms. fr. 25784, nos 100, 106). Guichardin dit à tort que les Suisses s'en emparèrent de suite.

VI.

L'ENTRÉE DE MILLAN[1].

Le dimenche, sixiesme jour d'octobre, entour les troys heures apres mydy, dedans la populoze ville de Millan, avecques arroy triumphant et honorable recession fist le Roy son entrée magnifique[2], et au devant de luy furent les cardinaulx legat[3] et Petri ad Vincula[4], avecques huyt ou dix evesques; le general des Humiliés[5] et tous les collieges de la cyté en procession sollempnelle; le duc de Ferrare[6],

---

1. Prato a donné aussi un récit détaillé de cette entrée.
2. Le roi, selon le rapport des ambassadeurs vénitiens, avait revêtu le costume ducal, manteau et béret blancs, fourrés de vair gris. Il portait un justaucorps d'or, et son cheval était caraçonné d'or.
3. Le cardinal Jean Borgia, neveu et légat d'Alexandre VI dans les Marches et l'Ombrie et son envoyé près de Louis XII à titre extraordinaire. Il périt en 1500 de la manière la plus tragique, encore très jeune.
4. Le cardinal Julien de la Rovère, cardinal-légat en France depuis de longues années, chargé l'année précédente d'amener César à la cour de France et d'accompagner Louis XII dans son voyage à Nantes. On sait qu'il devint Jules II.
5. Girolamo Landriano, chef du gouvernement provisoire, dont faisaient partie plusieurs membres du cortège : Francesco Bernardino Visconte, *le comte Bernardin;* Giberto Borromeo, *le comte Guybert...* Les *Humiliés* étaient un ordre fondé en 1180 à Milan : ils étaient connus à Milan sous le nom populaire de *frati bianchi di Brera*. Ils avaient construit, vers la fin du xiiie siècle, l'église du Saint-Esprit, près de la porta Giovia et du château. Girolamo Landriano, tout dévoué aux Sforza, fut un des chefs de la révolte de 1500.
6. Ercole d'Este, duc de Ferrare, prince relativement juste et

le marquis de Mantoue [1], le marquis de Coubon, beau-père de Ludovic, à qui il avait donné sa fille Béatrix (morte en 1497). Son fils, Alfonso, avait épousé, en 1490, Anna-Maria Sforza (Venturi, *Anna-Maria Sforza, sposa ad Alf. d'Este*. Firenze, 1880) et figurait, en 1494, dans le cortège de Charles VIII à son entrée à Florence (Arch. de la Loire-Inférieure, E. 235). Son autre fils, Hippolite, était archevêque de Milan et le plus intime appui de Ludovic, dont il partageait, en ce moment même, l'exil en Allemagne. Ercole avait cherché à s'entendre avec les Vénitiens et avait même été à Venise au mois de mars 1499; il ne crut pas pouvoir secourir son gendre. A l'annonce de l'arrivée de Louis XII, il envoya au-devant de lui l'ambassadeur Niccolò Bianchi, avec deux de ses fils, Alfonso et Ferrando; lui-même s'y rendit ensuite de sa personne, avec une escorte d'honneur de 500 cavaliers. Louis XII le reçut très affectueusement, lui et le duc de Mantoue, son gendre; il affecta de le bien traiter en présence des ambassadeurs vénitiens, lui confia, dit-on, les instances des Vénitiens pour s'emparer de Ferrare, lui promit sa protection, autorisa le retour d'Hippolite d'Este à Milan. Ercole fit prendre à Ferrare, dès le 10 octobre, son équipage de faucons et ses léopards, et donna au roi de grandes chasses. Son fils Alfonso revint à Ferrare le 22 octobre, le duc lui-même le 6 novembre; son second fils Ferrando resta au service de Louis XII (Prizzi, *Memorie de la storia di Ferrara*, t. IV; Guasp. Sardi, *Historie Ferraresi; Diario Ferrarese*). Ercole revint enchanté du roi et, dès le 14 novembre, son fils, le cardinal Hippolite, rentra à Ferrare.

Les Vénitiens, ses adversaires et les alliés jaloux de Louis XII, prétendaient que, de Milan même, Ercole nouait une ligue avec l'Angleterre, l'Espagne et l'Allemagne contre la France (Marino Sanuto, III, 36); ils durent reconnaître sa soumission.

1. Giovanni Francesco Gonzaga, marquis de Mantoue, était beau-frère de Ludovic. Né le 10 août 1466, fils aîné de Frédéric Ier et de Marguerite de Bavière, il avait épousé, en 1490, Élisabeth d'Este, fille d'Hercule. Son père, gonfalonier de l'église romaine, était un prince ami des lettres. Élisabeth d'Este apporta à Mantoue la même tradition; elle était l'inspiratrice et le conseil littéraire de Gal. de Carretto (*Miscellanea di storia italiana*, XI, 364, lettre de del Carretto). Quant à lui, *condottiere* au service des Vénitiens, il se fit battre par les Français à Fornoue de la manière la

tronne[1], le compte Gayas, le compte Bernardin[2], le

plus éclatante; ce qui n'empêcha pas la gratitude des Vénitiens, « per la detta *vittoria,* » de lui allouer 10,000 ducats, une pension de 2,000 ducats pour lui et de 1,000 pour sa femme, et le titre de capitaine général (Gionta, *Fior. delle chroniche di Mantova,* p. 74; Maffei, *Annali di Mantova;* Aimé Ferraris, *Histoire généalogique de la maison impériale et royale de Gonzaga*); Mantegna peignit même à ce propos la célèbre *Madonna della Vittoria (Archivio storico lombardo,* 1883, p. 455).

Tout d'abord capitaine de Ludovic, son beau-frère, il abandonna, dit-on, sa cause par jalousie pour Galeazzo di San Severino; quoi qu'il en soit, comme descendant de Charlemagne, il n'hésita pas à se rapprocher, plus tard, intimement des *vaincus* de Fornoue : Louis XII lui donna, à Milan, une pension considérable (compte de 1502, ms. fr. 2927) et une compagnie de 50 lances (ms. fr. 25784, n° 126; Belleforest et autres disent à tort 100 lances).

Il avait deux frères (Sigismond, cardinal, évêque de Mantoue, et Jean, que nous retrouverons plus tard) et trois sœurs : Claire Gonzaga, mariée en 1481 à Gilbert de Bourbon, comte de Montpensier, espèce de folle dépensière, le désespoir de la famille de Bourbon; Élisabeth, mariée en 1486 au duc d'Urbin; Madeleine, mariée en 1489 à Jean Sforza, seigneur de Pesaro. Il mourut en 1519.

1. Guillaume de Poitiers, baron de Clérieu, sire d'Aramon, Valabrègue, etc., marquis de Cotrone en Calabre (par suite des prétentions sur cette terre apportées dans la maison de Poitiers par Polyxène Ruffo, seconde femme de son grand-père, Louis de Poitiers). Chambellan et capitaine de Montlhéry sous Louis XI, en 1496 il obtint le gouvernement de Paris et reçut du roi 6,000 l. comme appoint pour dédommager le sire de Chaumont; en 1497, il fut ambassadeur en Espagne (ms. fr. 10237, fol. 110), puis en Écosse. Louis XII le fit chevalier de l'ordre à son sacre et, le 11 juin 1498, lui donna 600 livres pour faire faire un collier de l'ordre. Il mourut le 2 mai 1503. Dès 1478, il recevait une pension de 1,600 florins dauphinois; cette pension s'éleva successivement, et, au moment de sa mort, il recevait 4,000 livres, sans compter ses gages et émoluments (Tit. orig., Poitiers, n°s 143-144, 156-157, 159, 163-165, 168, 172, 178; A. de Gallier, *Essai sur la baronnie de Clérieu*).

2. Visconte.

compte Guybert, le compte Philipes, le compte Ludovic[1], le compte Lancelot[2], le seigneur Forcasse[3], le seigneur Guybert da Carpy[4], le seigneur Nicolas de Corese[5], le seigneur Lunel[6] et tous les magnates et principaulx gubernateurs, avecques toute la noblesse du pays, en ordonnance embellie de pompeuse magnificence[7]; lesquelz, a ung mille ou pres, hors la ville, rencontrerent le Roy, si bien acompaigné que le pouhoir de ma plume plye soubz la descripcion de ce; mais, que quessoit,

1. Les comtes Philippe, Ludovic, Guybert sont les comtes Filippo ou Filippone Borromeo, Lodovico Borromeo, Giberto Borromeo, chefs du parti français à Milan. Les Borromei et les Pallavicini étaient, à cette époque, considérés comme les deux plus grands feudataires du Milanais (*Historia della famiglia Borromea*, manuscrite, par le P. Gius. de Guastalla, ms. ital. 814, fol. 44). Le bruit courait qu'il y avait un mariage conclu entre le comte de Misoccho, fils de Trivulce, et la fille de Giov. Borromeo, le chef de la famille (Marino Sanuto, II, 1229).

2. Le comte Lanzilcto, personnage marquant de Milan, en dernier lieu commissaire de Ludovic à Lecco (Marino Sanuto).

3. Malgré ce zèle, Louis XII le renvoya à Ferrare. Fracassa y arriva le 22 octobre (*Diario Ferrarese*).

4. Le célèbre Gilberto Pio, seigneur de Carpi, gendre de Jean Bentivoglio.

5. Le célèbre poète Niccolò da Correggio, fils de Niccolò da Correggio et de Béatrix, sœur naturelle du duc Ercole de Ferrare. Béatrix avait épousé, en secondes noces, Tristano Sforza et mourut en novembre 1497, à Milan (Frizzi, *Memorie de la storia di Ferrara*, t. IV, p. 184).

6. Jean d'Auton, probablement, entend parler de Michele Remolino, conseiller intime du duc de Valentinois et son ambassadeur habituel.

7. Prato énumère leurs pompeuses et formidables suites. Le moindre ambassadeur était escorté de 25 chevaux; le duc de Ferrare en avait 500, la plupart 100 ou 150.

illecques estoyent le cardinal d'Amboise [1], l'evesque
de Bayeux [2] et de Paluau [3] et plusieurs autres prelatz

1. On n'attend pas ici une notice sur le cardinal Georges d'Amboise, mais comme, à partir de l'avènement de Louis XII, tous les membres de la famille d'Amboise ont joué un rôle très important, il est nécessaire d'indiquer la composition de cette famille. Georges d'Amboise, *cousin et grant amy* du roi (ms. fr. 25718, lettre de Louis XII du 13 juin 1504), appartenait à la branche cadette de la famille d'Amboise, la branche aînée s'étant éteinte en 1469 dans la personne de Louis, vicomte de Thouars, qui n'avait laissé que trois filles. La troisième de ces filles, Marguerite d'Amboise, était mère de Louis de la Trémoille. Pierre d'Amboise de Chaumont, chef de la branche cadette, épousa Anne de Bueil et il en eut neuf filles et sept fils. Trois de ses filles furent religieuses; les six autres épousèrent : Catherine, Tristan de Castelnau, seigneur de Clermont-Lodève; Marie, Georges de Hangest, seigneur de Genlis; Anne, Jacques de Chazeron; Marguerite, Jean Crespin, baron du Bec, maréchal de Normandie; Louise, Guillaume Gouffier, seigneur de Boissy. Les sept fils furent : Charles de Chaumont, si célèbre par ses démêlés avec Louis XI et dont la mort en 1482 fut un si grand événement; Jean, évêque de Maillezais, puis de Luçon; Émery, devenu grand maître de Rhodes en 1503; Louis, évêque d'Albi depuis 1473, le conseiller intime de Louis XI et de Louis XII et dont le rôle fut également très important sous Charles VIII; Jean, seigneur de Bussy, gouverneur de Chaumont en Champagne; Pierre, évêque de Poitiers, qui mourut en 1505 extrêmement riche; Jacques, abbé de Jumièges et évêque de Clermont; le cardinal Georges et enfin Hugues ou Huet d'Amboise, seigneur d'Aubijoux, tige de la famille d'Aubijoux.

2. René de Prie, fils d'Antoine de Prie et de Madeleine d'Amboise; il fut successivement et simultanément, à partir de 1473, abbé de Notre-Dame de Landais, du bourg de Déols, de Sainte-Marie de Levroux, grand archidiacre de Bourges, protonotaire, doyen de Saint-Hilaire de Poitiers, abbé de Saint-Mesmin de Micy, évêque de Lectoure, de Bayeux, de Limoges, abbé de Lyre, grand aumônier du roi, cardinal (en 1506) du titre de Sainte-Sabine; il fut le grand organisateur du concile de Pise (ms. fr. 2928, fol. 14). Il mourut en 1519. Il était inscrit parmi les pensionnaires du roi pour une somme de 1,000 livres (compte de 1503, ms. fr. 2927).

3. Les mots *et de Paluau* ont été ajoutés, après coup, en inter-

Oct. 1499] L'ENTRÉE DE MILLAN. 97

et pesonnages dignes de tres reverendz salus ; le duc
de Savoye¹, le duc de Valentinoys², le duc d'Alba-

ligne, dans le texte, et mal placés. Il s'agit, non de l'évêque de
Palluau (où il n'y avait pas d'évêché), mais d'un jeune homme,
Jean Brachet, sire de Palluau, fils de Gilles Brachet, baron de
Meignat, etc., et de Charlotte Tranchelion, dame de Palluau. Il
épousa Jeanne de Blanchefort (l'abbé de Marolles, *Les Histoires des
anciens comtes d'Anjou...*, II° partie, p. 48); fille de Jean de Blanchefort, maire de Bordeaux. Leur contrat est du 30 janvier 1502-1503 (ms. Clair. 224, n. 421). Charles Tranchelion, panetier du roi,
gardait aussi le surnom de Paluau (ms. fr. 2927, fol. 27).

1. Philibert de Savoie montrait un grand empressement auprès
du roi ; il ne le quitta pas et, à son retour, il l'escorta même jusqu'à Grenoble (*Epitomæ historicæ* Dominici Machanei).

2. Le roi venait d'ériger en duché le comté de Valentinois, qu'il
avait donné à César Borgia l'année précédente. Les papes prétendaient au comté de Valentinois, par suite de leurs possessions
d'Avignon ; c'est sans doute ce motif qui fit choisir le fief du Valentinois par Louis XII, comme don à faire à César ; il éteignait ainsi
une vieille réclamation. Aymar de Poitiers, seigneur de Saint-Vallier, élevait également des prétentions à la possession du Valentinois ; le roi lui donna en échange le grenier à sel du Pont-Saint-Esprit (fr. 26106, n° 106), ce qui n'empêcha pas le fils d'Aymar de
tenter une revendication en justice du comté de Valentinois.

Nous avons une quittance de César Borgia de ses gages de capitaine de 100 lances (300 livres par an), datée du 25 de ce même
mois d'octobre 1499. La date est même écrite de sa main, et Borgia,
qui précédemment signait : « *Cesar de Borgia, duch de Valeñ* » (Tit.
orig., Borgia, n° 2), signe celle-ci : « *Cesar* ». Il est intitulé dans
l'acte : « Cezar Borgia de France, duc de Vallentinois, conte de
Diez, seigneur d'Issodun et cappitaine de cent lances de l'ordonnance. » (Id., n° 3).

On sait que César Borgia venait d'épouser Charlotte d'Albret, fille
d'Alain d'Albret, l'une des personnes les plus belles et les plus accomplies de la cour. Il avait laissé en France sa femme enceinte, et vraisemblablement il ne la revit que bien plus tard. Charlotte d'Albret
se réfugia dans la piété et dans le goût des arts. Affectueusement
attachée à Jeanne de France, elle acheta près de Bourges, le 20 juin
1504, le château de la Motte-Feuilly, qu'elle remplit de tapisseries
et de beaux objets. Elle y menait un train princier, plus princier

I 7

nye[1], messeigneurs Phelipes de Ravestain[2], le compte

que celui de la duchesse de Berry (v. Bonaffé, *Inventaire des biens de Charlotte d'Albret*). Elle eut une fille qui épousa, par la suite, Louis de la Trémoille.

1. Jean Stuart, duc d'Albany. Alexandre Stuart, deuxième fils de Jacques II, roi d'Écosse, créé en 1452 duc d'Albany, se révolta contre son frère Jacques III ; repoussé, il se réfugia en France, s'y maria et y mourut. La France lui faisait une pension de 2,400 liv. Son fils Jean, régent d'Écosse sous Jacques V, servit activement la France ; il mourut gouverneur du Bourbonnais en 1536. Il épousa Anne de Boulogne ; en 1498, il reçoit 1,500 liv. de pension, 2,000 en 1506 ; après 1508, il ajoute à son titre celui de comte de la Marche, puis de comte de Lisleman. En 1502, il commandait une compagnie de 100 lances, en garnison à Bordeaux (ms. Clair. 240, p. 559 ; Tit. orig., Stuart, nos 2-11, 15 ; Stuart d'Aubigny, 15). Il fut envoyé à Rome, et l'on possède encore sa correspondance (ms. fr. 3075). C'était un homme blond, à la barbe courte, aux lèvres minces et serrées, aux yeux perçants, à la figure hardie, intelligente, d'une expression opiniâtre et un peu dure (Rouard, *François Ier chez Mme de Boisy*, pl. XII).

Le roi faisait à son ancien gouverneur, Antoine « Contour, » une pension de 120 livres (compte de 1499, Portefeuilles Fontanieu). Le duc d'Albanie recevait 1,500 liv. (*Id.*)

2. Philippe de Clèves et de la Marck, seigneur de Ravenstein, fils d'Adolphe de Clèves et de Béatrix de Portugal, mort en 1528. Il épousa Françoise de Luxembourg, dame d'Enghien ; d'abord gouverneur des Pays-Bas, il commanda ensuite la cavalerie de Maximilien contre les Français à Guinegate. Cousin de Louis XII (fils, comme on sait, de Marie de Clèves), il avait déjà ressenti les bons offices de Charles VIII, qui en 1491 lui fit à l'Écluse d'importants envois d'argent. Louis XII, dès son avènement, lui assigna une pension de 14,000 liv. et lui fit, en outre, un présent de 4,000 liv. On voit que le premier commandement important fut, pour le sire de Ravenstein, le présage d'un rôle considérable (Tit. orig., Clèves, nos 14-18, 22-31 ; compte de 1499, Portefeuilles Fontanieu).

Les Clèves n'étaient pas riches ; selon un usage assez fréquent à l'époque, Jean, Philippe et Marie de Clèves renoncèrent, le 6 février 1488-1489, à leur part dans l'héritage de leur aïeul, le duc de Brabant, en faveur de leur frère aîné, Engilbert de Clèves. En 1486,

de Guyse[1], le compte de Ligny, l'infent de Fouez[2], le compte de Dunoys[3], le sire de la Trimoille[4], le seigneur

ils avaient renoncé pareillement aux biens de leur mère, pour aider leur frère à soutenir son rang (fr. 4730, fol. 72; fr. 4789, fol. 1-4; fr. 2894, fol. 112). Il est vrai que cette renonciation a été, plus tard, révoquée en doute (*Inventaire de la maison de Nevers,* ms. fr. 11876-77).

Malgré tout, ce n'est pas sans un certain étonnement qu'on voit ensuite le sire de Ravenstein se mettre à la solde du duc de Savoie (ms. fr. 2812, fol. 2).

1. Jacques d'Armagnac, comte de Guise, puis duc de Nemours. Nous en parlerons plus loin.

2. L'infant de Foix était le célèbre Gaston de Foix, depuis duc de Nemours et *Folgore di guerra* (*Annali di Fermo,* publiées par G. de Minicis), tué à la bataille de Ravenne le 11 avril 1512, à vingt-trois ans. Il était fils, comme on sait, de Jean de Foix, vicomte de Narbonne, et de Marie d'Orléans, demi-sœur du roi. Le roi l'aimait comme un fils. En 1499, ce n'était encore qu'un enfant.

3. François d'Orléans, comte de Dunois, petit-fils du célèbre Dunois, et, par conséquent, cousin du roi.

4. La personne de Louis II de la Trémoille est assez connue pour que nous n'ayons pas à en parler ici. A la tête d'une grande fortune personnelle, il avait épousé, en 1484, Gabrielle de Bourbon; il gagna la bataille de Saint-Aubin-du-Cormier, assista au mariage de Charles VIII, fit la campagne de 1495, brilla à Fornoue. Le soldat aimait sa bonne grâce et sa libéralité; on l'appelait *Vraye-Corps-Dieu,* à cause de son juron habituel. La Trémoille avait pris pour fanion une flamme jaune à bordure noire à deux liserés blancs, avec une roue comme emblème et la devise : « Sans sortir de l'ornière » (comte de Bouillé, *les Drapeaux français,* p. 133). On voit ce fanion dans les miniatures du ms. de Jean d'Auton. La Trémoille avait un fils, le prince de Talmont, fidèle image de sa bravoure et de son entrain. Ce jeune homme périt à la bataille de Marignan (ms. Moreau 774, n° 7).

Au point de vue militaire, La Trémoille, en 1498, commandait 50 lances. Sa compagnie grossit peu à peu ; après la campagne, elle tint garnison au village de Candia, près de Verceil. En 1501, la compagnie de 50 lances (compte de 1501, ms. fr. 2960) devint de 80 lances (ms. fr. 25733, n°s 31, 35), et même elle hérita, en 1503, d'une partie de la compagnie du sire de Miolans, dissémi-

d'Avanes[1], le marquis de Routelin[2], le mareschal de
Gyé, le seigneur de Lautrec[3], les bastartz Matieu et

née dans les garnisons du duché de Milan (id., n° 54). Avant la
guerre, la compagnie du sire de la Trémoille tenait garnison à
Beaune, en Bourgogne (id., n° 14) ; elle revint plus tard à Auxonne
où 50 lances de la Trémoille tenaient garnison en 1509 (ms.
fr. 25784, n° 121). Louis de la Trémoille était alors gouverneur et
lieutenant général du roi en Bourgogne, premier chambellan, capitaine de 80 lances. On sait son rôle au siège de Dijon ; il fut ambassadeur en Suisse en 1513 (ms. fr. 20979, fol. 74). En 1517, il épousa
en secondes noces Louise Borgia, fille de César Borgia (ms. fr. 23986),
à laquelle il reconnut un douaire de 2,734 liv. de rente. La Trémoille portait les titres de « comte de Guynes et de Benon, vicomte
de Thouars, prince de Talmont, baron de Craon et de Seuly. »
(Tit. orig., La Trémoille, n°s 71, 72 ; Jean Bouchet ; Commines ;
ms. fr. 26107, n° 296, etc. — Nous avons parlé de lui en détail
dans la *Veille de la Réforme*.)

1. Gabriel d'Albret, sire d'Avesnes et de Lesparre, pensionnaire
du roi (compte de 1499, portefeuille Fontanieu), avait d'abord porté
le nom de sire de Lesparre. La seigneurie d'Avesnes était d'ailleurs une des nombreuses seigneuries contestées à Alain d'Albret.
Gabriel, son fils aîné, recevait, dès 1486, une pension de 600 liv.
Chambellan, il devint, en 1492, grand sénéchal de Guyenne avec
une pension de 3,000 liv. et des gages de 1,200 liv. Sous Louis XII,
il conserva ces diverses fonctions, avec une pension réduite à
2,000 liv. Il mourut fort jeune en 1503, sur le point d'épouser Charlotte d'Armagnac, héritière des grands biens de la maison d'Armagnac (Tit. orig., Albret, n°s 207, 208, 213, 214, 217, 347, 348 ;
Procédures politiques du règne de Louis XII ; ms. fr. 20604, fol. 159 v°,
etc. Cf. Kervyn de Lettenhove, *Lettres et négociations de Philippe
de Commines*, II, 19 et 87, n. 2).

2. Désigné plus loin sous le nom de *Maréchal de Bourgogne*.

3. Jean de Foix, sire de Lautrec, était pensionnaire du roi pour
4,000 liv. (compte de 1503, ms. fr. 2926). Le célèbre Odet de Foix,
seigneur de Lautrec, vicomte de Lesparre, maréchal de France,
gouverneur de Guyenne et du Milanais, mort au siège de Naples
le 15 août 1528, frère de la belle madame de Châteaubriant. On
sait combien il est devenu célèbre ; mais il ne commença à jouer
un rôle important qu'à partir de 1512. En 1499, il était fort jeune.
C'était un homme de belle apparence, à la figure pleine, régu-

Charles de Bourbon[1] et tant d'autres comptes, barons, chevaliers, gens d'armes et souldartz que la noblece et nombre d'iceulx toute admiracion d'excellant extime donnoit aux yeulx qui le triumphe vouloyent regarder[2].

Les fausbourgs et ruhes de la ville, par ou le Roy devoit passer, estoyent honnorablement tendues et parées[3], et, entre autres choses dignes de veuhe, de

lière, un peu dépourvue d'expression toutefois ; sans barbe, aux cheveux châtains, aux yeux bleus en olive (voir son portrait, ms. fr. 13429, fol. xxxvi). Il épousa en 1520 Charlotte d'Albret, fille du sire d'Orval (ms. fr. 11877, p. 3578).

1. Le bâtard Mathieu de Bourbon, seigneur de Bothéon en Forez, dit *le grant bastard Mathieu,* fils naturel du duc Jean II de Bourbon. Il se distingua par sa vigueur et sa bravoure, à Fornoue, il fut fait prisonnier ; il devint gouverneur de Guyenne et de Picardie, amiral de Guyenne ; il commandait, en 1499, une compagnie de 50 lances en garnison à Reims (ms. Clair. 240, fol. 501 ; fr. 2960, compte de 1501) et non de 500 comme l'imprime le P. Anselme. Il fut exécuteur testamentaire du duc Pierre de Bourbon en 1503, maréchal de Bourbonnais la même année ; il mourut en 1505.

Il était, en outre, capitaine de Château-Trompette, à Bordeaux, aux gages de 100 livres (compte de 1503, ms. fr. 2927).

Le bâtard Charles de Bourbon, seigneur de Lavedan, de la Chaussée et de Malause, baron de Chaudesaigues, fils naturel du duc Jean II de Bourbon. Il était sénéchal de Toulouse dès 1493 et fit, en cette année, une distribution de soupe aux pauvres de Toulouse en l'honneur de la Saint-Louis (ms. fr. 26106, n° 14) ; il fut sénéchal de Toulouse et d'Albigeois, capitaine de Busset, puis sénéchal de Bourbonnais en 1499 (id., n°s 108, 4 ; le P. Anselme, etc.).

2. Les ambassadeurs de Venise accompagnaient aussi le roi et figuraient, d'après leur rapport, au rang d'honneur dans le cortège formé à l'entrée de la ville : à la fin du cortège, on voyait les ambassadeurs de Gênes, Florence, Sienne, Lucques et Pise ; « deinde turba magna, quam nemo dinumerare poterat. » En tête marchaient 500 hommes d'armes divers et 300 hommes des ordonnances de la plus belle tenue.

3. *Tute coverte de pani de lana de diversi colori.*

deux singulieres aornées : l'une, du lys verdoyant, qui de l'entrée de la cyté jusques a la grant eglize de Nostre Dame du Domme par toutes les places florissoit[1] ; l'autre, d'une legyon de dames, de beauté tant excessive emrichyes, qui, de la haulteur des fenestres et ouvertures des maisons, gectoient regard tant lucifferent que aux yeulx d'iceulx estoit obgect plus delectable que le royz du souleil qui a l'ueure matutine resplendist. De leurs curres triumphans[2] et habillemens de draps d'or et de soye partout decopés, et plains passées[3] et chemins accessibles de leurs chevellures, artifficiellement sur le visage semées et esparses, de leurs manteaux, de riches bordures et ouvraiges de varyans coulleurs tissus et decorés, et, en some, du surplus de leurs diverses pareures et accoustremens nouveaux autre description par moy n'en sera faicte, sachant la chose par l'advys de plusieurs autres en memoire etre myeulx enregistrée[4].

1. Léonard de Vinci avait fait un lion automate, qui s'ouvrait le cœur et en faisait sortir des lis.

2. *Curres triomphants,* expression francisée par Jean d'Auton, comme il dit *exercite, Stigie,* etc.

3. *Plains-passées,* chemin facile. Ce passage a excité la sagacité des linguistes et des commentateurs (M. Godefroy, le bibliophile Jacob) qui se sont demandé quels ornements Jean d'Auton appelait *curres, plains-passées.* Il nous semble que Jean d'Auton explique et complète sa pensée par le mot *chemins accessibles ;* il compare l'habillement des Milanaises à un char de triomphe, et il croit pouvoir comparer les alentours de leur visage à une grande route, d'accès facile : les labyrinthes de leur chevelure ne formaient que des méandres, selon lui, *accessibles.*

4. Saint-Gelais, dans son rapide récit, mentionne aussi « la pompe... tant des hommes que des femmes. Et faut entendre, dit-il, qu'il n'est aucune nation qui sçaiche tant ny vueille complaire à

A la porte de la ville, par ou le Roy devoit entrer, estoyent les fleurs de lys partout semées et, a la summité du portal, l'ymage de sainct Ambroise, patron et deffenseur du pays, haultement eslevée. Au dessoubz, les armes de France et de Bretaigne my parties, de grans homes sauvages et monstrueux armées et gardées. Au travers de l'escu, en lectre rommaine, y avoit en escript : *Loys, roy des Françoiz, duc de Millan.* Le dedans du portal tout paré desdictes armes ; toutes les ruhes tappissées et couvertes de blanche drapperye, a laquelle de tous costés pendoyent grans escuz, environnés de chappeletz de verdure et semés de fleurs de lys et hermynes.

Pour tenir maniere d'ordre triumphal, furent a l'entrer les seigneurs et cytoyens de la ville mys devant, lesquelz en moult grant nombre et honorablement arroyés estoyent. Les cent Allemans du Roy[1], armés de leurs alcrets, les picques au poing, marchoyent apres, en bon ordre et fyere contenance[2]. Les quatre cens archiers de la garde et ceulx de la Royne[3],

ceulx qui sont les plus forts que font les Italiens, car naturelement ils craignent de perdre leurs biens. »

1. Les cent *Allemands* du roi étaient commandés par Louis de Menthon, seigneur de Lornay, d'abord commandant de la garde suisse des ducs de Bretagne. A son mariage, Charles VIII congédia cette garde. Le sire de Lornay resta pensionnaire et grand écuyer de la reine et devint « chef et capitaine de cent hommes de guerre suisses de la nation des anciennes ligues des haultes Almaignes de la garde du roi » (Tit. orig., Menthon, n° 6 ; dom Morice ; ms. fr. 25783, n°s 23, 24, etc.).

2. La garde produisit à Milan un effet extraordinaire. On crut voir, non pas 100, mais 1,200 cavaliers, « et questi erano de statura piu che huomini, » dit Prato.

3. De la compagnie de 50 lances, de la garde de la reine, com-

avecques leurs hocquetons de livrée et habillemens de
guerre, a pié marchoyent ausi. Le seigneur de Cre-
sol[1], Glaude de La Chastre[2], Sainct Amadour et Gòrge

mandée par le sire de Maillé (*Mém. de l'hist. de Bretagne*, III, 804;
ms. fr. 10188, fol. 173).

1. Jacques de Crussol, seigneur de Crussol, Beaudiner, Lévis,
Florensac, Thoiny, Sezanne, fils ainé de Louis de Crussol et de
Jeanne de Lévis, dame de Florensac. Jeanne de Lévis était une
fille unique que Louis XI maria, toute jeune, le 22 juillet 1452, à
Louis de Crussol. Louis mourut le 20 août 1473.

Jacques devint, sous Louis XI, chambellan et grand panetier de
France, avec 1,200 livres de pension (1481); le 23 juin 1491, il
reçut le commandement de 200 archers de la garde du roi et accompagna Charles VIII en Italie; il épousa en 1486 Simone d'Uzès,
qui lui apporta la vicomté d'Uzès.

Sous Louis XII, sa pension fut réduite à 1,000 livres, mais il
garda le commandement de ses gens de pied. En 1504, il prit le
titre de vicomte d'Uzès. En 1503, il reçut l'ordre, avec ses archers,
de se rendre à Rome et à Gaëte pour protéger la retraite de l'armée. L'année suivante, il devint capitaine de Nimes et sénéchal
de Beaucaire. La Chesnaye des Bois rapporte qu'il acquit, en 1500,
par voie d'engagement la châtellenie de Sezanne en Brie et qu'en
1503 il acheta à Louis de Joyeuse d'importantes seigneuries. Le
même auteur le fait mourir en 1505, mais il est certain qu'il vivait
encore en 1524 (Tit. orig., Crussol, nos 18-54; ms. fr. 25718, n° 90;
fr. 25784, nos 88, 89, 142; compte de 1503, fr. 2927; fr. 26107,
n° 300, etc.).

2. Sans l'exactitude habituelle de Jean d'Auton, nous croirions
qu'il se trompe. Claude de la Châtre, seigneur de Nansay et de
Besigny, capitaine des archers français de la garde du roi, avait
soixante-dix-neuf ans; on admirait sa verte vieillesse et la vigueur
avec laquelle il avait fait, à soixante-quatorze ans, la campagne
de Naples et de Fornoue. Attaché d'abord au duc de Guyenne, il
épousa, en 1460, Catherine de Menou. Son attachement au duc de
Guyenne le rendit suspect à Louis XI qui le fit arrêter par Tristan l'Ermite; mais la loyauté du prisonnier plut tellement au roi
que non seulement il lui rendit la liberté, mais qu'il créa une
compagnie d'archers de la garde, dont il lui donna le comman-

Coquebourne[1], capitaines a pié, conduysoient les archiers. Les trompettes, roys et hayraulx d'armes apres, en ensuyvant deux cens gentishomes de la maison du Roy et ceulx de la Royne, qui, sur groz chevaulx, le long des ruhes, faisoyent carriere a toutes mains. Le compte de Guyse, sur un coursier griz, qui a droict marchoit le pavé, suyvoit apres. Le compte de Ligny, sur ung roncin bayart, qui a tous destours avoit corps a main, avecques ung riche accoustrement de veloux cramoisy et ousseure pareille, suyvoit. Le duc de Valentinoys, en estat moult seignourieux, avecques les autres princes, accompaignoit le Roy. Le

---

dement (1473). Claude de la Châtre devint chambellan en 1475 et garda jusqu'à son dernier soupir ces deux fonctions.

Il obtint la survivance de sa charge pour son fils ainé, Abel, puis, après la mort de celui-ci en 1496, pour son fils cadet, Gabriel.

Il est extraordinaire de lui voir faire encore la campagne de 1499. Il mourut la même année (La Thaumassière, *Hist. du Berry*, édition in-fol., p. 353).

1. Georges Coquebourne ou Cockburn, que J. d'Auton range parmi les capitaines de gens de pied, était un archer écossais, porte-enseigne (ms. fr. 2927, fol. 111), d'abord lieutenant de la compagnie écossaise de Stuart d'Aubigny. C'est lui que Brantôme appelle « le sire de la Conquebourne » (II, 303) et qui fit, avec sa compagnie, la campagne de Naples en 1495. Il y avait, du reste, une foule de Coquebourne aux gages de la France. Signalons Guillaume Coquebourne, domestique du duc d'Orléans en 1410; Jean Coqueborne, écuyer du pays d'Écosse, qui reçoit du Régent une gratification en 1419; au XVI° siècle, Tom ou Thommes Coquebourne, archer de la garde écossaise en 1518; Georges Coukebourne en 1513 (ms. fr. 26431), Jaimes Coquebourne de la compagnie Stuart d'Aubigny en 1529 (Tit. orig., Coqueborne, n°s 2, 3, 6, 12). En 1507, Louis XII envoie en mission en Écosse Robert Coqueborne, son conseiller et aumônier (fr. 20436, fol. 39). La Thaumassière, dans son *Histoire du Berry*, a donné une généalogie de Coqueborne, qui ne remonte pas à Georges.

seigneur infent de Fouez, le compte de Dunoys, le
sire de la Trimoille, les mareschaulx de Gyé et de
Bourgoigne[1] aloyent apres. Messire Jehan Guybé[2],
apres, portoit l'espée royale[3]. Les vingts quatre archiers
de la garde du corps

Et puis le Roy, couvert d'ung poisle blant tout semé
de fleurs de lys[4], vestu d'une robe blanche avecques

---

1. Le maréchal (ou sénéchal) de Bourgogne était Philippe de Hochberg, marquis de Rothelin, cousin du marquis de Bade, qui avait déjà ce titre en 1481 (ms. Clair. 10, fol. 633); capitaine de 50 lances (compte de 1501, ms. fr. 2960), il eut pour successeur François de Vienne, sire de Listenois. Il était pensionnaire du roi pour 8,000 liv. (compte de 1503, ms. fr. 2927) et sa fille épousa Louis d'Orléans-Dunois. Il commandait 50 lances (mss. Clair. 239, 240, p. 481, 503).

D'un autre côté, Guillaume de Vergy, ancien capitaine de Charles de Bourgogne, s'étant retiré vers l'empereur Maximilien, reçut de lui le titre de maréchal de Bourgogne à la fin de 1498, après la mort de Jean de Neufchatel, et fit, cette même année, campagne contre la France. Remarquons, en passant, que, le 17 juin 1498, le sire de Vergy commandait encore 50 lances pour le compte de Louis XII à Dijon; cette compagnie était en fort mauvais état et réduite à un tiers de son effectif (ms. fr. 25783, n° 3).

Le maréchal de Bourgogne passait immédiatement après le maréchal de Gié; la question de préséance, un instant fort aiguë, avait été tranchée en faveur de ce dernier par le Conseil de régence de Charles VIII.

2. Nous avons parlé plus haut (p. 70) de Jacques Guibé. Jean Guibé fut attaché au service personnel du duc d'Orléans dès ses premiers voyages en Bretagne; il était déjà écuyer d'écurie du duc en 1485 et, depuis lors, figure constamment avec cette qualité (Tit. orig., Guibé, n°ˢ 2-5).

3. D'après les ambassadeurs vénitiens, le roi portait lui-même son épée nue.

4. Ce baldaquin était fourré de vair, comme le costume du roi lui-même, et porté par huit cavaliers, chefs de la noblesse de Milan. Le collège des docteurs de la ville, vêtus d'écarlate, l'en-

une tocque royale de mesme, monté sur ung cheval d'Espaigne moult aventaigeux, en triumphe sumptueux marchoit le long de la ville.

Le cardinal legat Petri ad Vincula, le cardinal d'Amboise, le duc de Savoye, le duc d'Albanye, le sire de Ravestain, avecques plusieurs autres grans seigneurs et prelatz, aloient après le Roy. Les autres deux cens gentishomes et penoionnaires faisoyent l'arriere garde, avecques telle suyte d'autre gens de feste et peuple innumerable que mon sens ymaginatif default a deuement sollempniser le triumphe.

Et, ainsi que par les ruhes passoit le Roy, grans et petiz a haulte voix crioyent : *France, France*, en faisant feste si grande et tant joyeuse chere[1] qu'il n'y avoit cueur si endurcy qui en estat de doulce nature n'en fust reduyt. Ainsi chevaucha le Roy le long de la ville jusques a l'entrée de l'eglise de Nostre Dame du Dome, ou illecques pour faire orason a Dieu et autres ceremonies deues descendit; puys, vers le chasteau, pour prendre entiere pocession de sa duché de Millan, prist son chemin, et, ainsi accompaigné avecques sons et clangueurs de trompettes, bucynes, cors et tabourins, dedans la forte place de La Roque s'en entra, ou

---

tourait. Simone Rigoni marchait près du baldaquin, avec Fr° B[ino] Visconte et autres seigneurs du parti français.

1. *Monstrando tutti gran jubilo et alegreza*. Selon un rapport secret adressé à la seigneurie de Venise, au contraire, on cria peu *France* et l'on invectivait les Vénitiens. On traîna publiquement dans la boue un *San Marco;* on répandait sur les désastres de Venise les bruits les plus fâcheux. Le peuple criait aux Vénitiens : « Habiamo dato da disnar al re, vui lui dareti da cena. » Les Vénitiens n'osaient se montrer. Les femmes mêmes leur disaient : « Possiati andar ramengi ! »

par les siens a moult grant triumphe fut conduyt et a telle reverence par ceulx de la ville receu ; lesquelz de tantes honorables services et dons d'aceptable munificence luy firent presens et entremetz que, qui d'autant ne se contenteroit, peu d'autres mondains obgects a son appetit donneroyent parfaicte reffection. Si metz je en reste les bancquetz sumptueulx qui cheux les comptes Bourrommes, a la maison du Dome[1] et au logiz du seigneur Jehan Jacques furent faictz au Roy, qui tant en excellence furent excessifz que le plus n'est au pouhoir humain possible.

Toutesfois ne voulut le Roy, a conviz epulaires et feminins blandisses[2], comme Sardanapalus, prester l'oreille, mais seullement donner œuvre a l'ordre pollitique[3] et faire arest sur le nombre des deniers deuz a luy a cause de sa duché de Millan, et icelle mectre en garde soubz le pouhoir de main armée. Et toutes ses choses deuement executées[4], desir de veoir la Royne et vouloir d'approcher son tres heureux royaume de France le misrent hastivement au retour, et tant que, de Millan a Romoraintin, ou la Royne estoit, heurent de chemin le postes sur luy peu d'avantaige[5].

---

1. Le palais municipal, sur la place du Dôme.
2. V. à ce sujet Prato, Claude de Seyssel, etc.
3. Il régla, avant de partir, toute l'administration du duché (Ordonnance du 11 novembre 1499) et distribua d'immenses domaines à ses serviteurs et partisans. Il assista déjà à Milan à des scènes violentes de rébellion.
4. Les princes et ambassadeurs ne commencèrent à quitter Milan qu'à partir du 23 octobre.
5. Le roi, d'après Prato et Burchard, quitta Milan le 7 novembre, après y avoir passé juste un mois. Contrairement à ce que dit Jean d'Auton, il s'arrêta à Vigevano et y fit de nouveau un séjour de

Et a tant feray periode.

Toutesfois, si les œuvres meritoires de ceulx qui de labeurs recommandables doyvent estre celebrés, je n'ay, par mes escriptz, scelon deu, sollempnizées, ou que des noms et gestes d'iceulx ostencion particuliere en mon papier ne soit faicte, je prye humaine condicion que entre mon deffault ignorant et le motif irascible des interessés daigne moyenner, car je n'ay heu tant le courage noircy de vicieux vouloir que j'aye les biens faictz des moindres, par nonchalloir desdaigneux, voulu taire et arriere lesser, ne les gestes des plus grans, par acteption favorable, eslargir et magnifier; et, supposé que, par les sincopes de mon langaige maternel, j'aye les termes et stragenyes de la guerre divertiz et degenerés, si ay je, scelon mon pouhoir, au plus pres de la verité, des merites de chascun faicte descripcion; toutesfoys, si le deffault exedoit le surplus, pour tant ne veulx je avoir lessé tumber ce peu que j'en ay peu recueillir, et, sy mon escript entre les autres devoit estre colloqué par ung chiffre de nul extime, si l'amé je myeux en vain que nul, sachant ausi l'omission et le surplus de ce par la plume du croniqueur en myeulx estre redigé[1].

---

plusieurs jours. Il en repartit seulement le 13 (Diarii di Sanuto). Pour aller plus vite, il prit le coche à Roanne, puis il courut en poste de la Loire à Romorantin (Saint-Gelais).

1. Ces protestations modestes et honnêtes rendent a la chronique de Jean d'Auton une justice qu'elle mérite : la probité la plus parfaite, l'impartialité la plus consciencieuse y règnent d'un bout à l'autre.

La rapide conquête du duché de Milan avait excité en France un grand enthousiasme. Le voyage du roi en France et notamment à Lyon fut un triomphe (Saint-Gelais). C'est à ce propos que

⁂

Si les astres veullent favorizer
Souvant aux ungs et les auctorizer,
Sur les autres, en axes et recueil,
Ne pence nul pour ce thesorizer,
Car en veoyant les ans temporizer
Chascun au tour a reffuz et accueil,
Dont n'est mestier faire amas et recueil
De la chose qui n'est seure et estable
Ung sumptueux palais devient estalle,
Ung simple serf presumptueux et fier.
Condition mondaine est variable,
Nulx se doit en fortune fyer.

Cirus cuydant luy tout seul maistriser
Par une femme vist sa force brizer,
Monstrant a tous combien proffite orgueil.
Pompée ausi qui moult fut a priser
Et Hanibal nous peuhent advizer
Que humaine gloire souvant retourne en dueil,
Julle Cesar dont forment je me dueil
A qui fut heur tant amy et trectable
Qu'entre les preux le voulut mectre a table,
Puys tout soubdain a mort le deffyer
Trop est le sort de ce monde mutable
Nul y se doit en fortune fyer.

O vous, mondains, voulans seignorizer,
Quant vous aurez les moindres desprizer,

deux orfèvres français exécutèrent à Lyon une célèbre médaille dessinée par Jean Perréal et souvent reproduite ou décrite comme un des plus beaux produits de l'art. Elle porte le buste de Louis XII, sur un champ de fleurs de lis, avec la légende : « Felice Lodovico regnante duodecimo, Cesare altero, gaudet omnis nacio; » au revers, le buste d'Anne de Bretagne, sur champ de fleurs de lis et hermine, avec la légende : « Lugdun. republica gaudente, bis Anna regnante, benigne sic fui conflata. 1499. » (V. not. Jul. Friedlænder, *Die italienischen Schaumünzen des fünfzehnten Jahrhunderts*, pl. XLI; ms. fr. 10442.)

D'une chose advertir je vous vueil,
C'est que scelon le vray mondanizer
Qui tout a gré cuyde sollempnizer,
Il en advient autrement que a son vueil.
Ayez donques souvenir au reveil,
Que luy qui peult du tresor proffitable
A qui luy plest faire don acceptable,
Oster le peult apres magnifier :
Dangereux est tel hazart et doubtable.
Nul y se doit en fortune fyer.

   Prince, on ne peult la mer toute espuyser,
Mais toutesfoys qui veult forpayser
Pour la voye d'honneur amplifyer,
Affin que a temps on viegne au raviser
Suffize a l'ueil sa portée viser.
Nul y se doit en fortune fyer.

   Princes et roys, et terriens seigneurs,
Furent jadis de vertus enseigneurs
Pour demonstrer a tous autres humains
Le droict chemin par ou maintes et maincts
Sont parvenus aux souverrains honneurs.
   Guerres civilles entre grans et mineurs
Et les desrois des foulz entrepreneurs
Ont exillez persans, grez et rommains.
         PRINCES.
Estre envers tous des bienfaictz guerdonneurs,
Et des vices chastiz et repreneurs,
Privez aux bons, aux parvers inhumains,
Et a justice sur tout lever les mains,
Est ce qui faict prosperer les grigneurs.
         PRINCES.

LA CRONICQUE

DU ROY TRES CHRESTIEN, LOUYS, DOZIESME DE CE NOM,
DE L'AN MILLE CINCQ CENS,
AVECQUES LE REMANANT DE L'ANNÉE PRECEDENTE,
Contenant les ultransmontaines gestes des Françoys[1].

Considerant par les escriptz anticques,
Des dignes faictz et œuvres autenticques
Des preteritz triumphateurs humains
Assyriens, Persans, Grecz et Rommains,
Lesquelz jadis soubmirent et dompterent
Princes et roys et leur ceptre augmenterent,

[1]. D'après le manuscrit original, coté *fonds français n° 5081*, à la Bibliothèque nationale : registre de parchemin à reliure moderne de cuir jaune, de 0m193 sur 0m293, d'une même écriture gothique, haute et soignée, à marges; ms. de 67 feuillets, plus six de garde et de couverture au commencement et quatre à la fin. Les titres sont écrits en lettres rouges et forment des rubriques bien détachées du texte. Les alinéas se terminent par des bouts de ligne enluminés. Les lettres initiales sont en couleur.

Ce volume a toujours appartenu à la Bibliothèque. Il ne porte aucune mention particulière : la formule finale *Cy finist la cronicque du Roy très cristien, Louys douziesme de ce nom, de l'an mille cincq cens*, figure seule sur le feuillet 67e et dernier du texte. Au verso du cinquième feuillet de garde du commencement est le titre *La cronicque...*, etc. Le verso du feuillet suivant (fol. 6) est entièrement occupé par une grande miniature. L'intérieur du texte comprend quatorze miniatures intercalaires qui occupent généralement une demi-page, soit en haut, soit en bas du feuillet. Ces miniatures paraissent toutes de la même main : leur exécution est ordinaire, leur dessin un peu lourd. Elles nous donnent en détail les fanions des diverses troupes; l'armée française, dans ces quatorze miniatures, ne présente pas moins de vingt-trois fanions dif-

> Tant que sur tous furent les souverains,
> Imperateurs, monarques, primerains,
> Dont les clers gestes et reluysans exemples
> Sont descouvers, apparans et tres amples

férents; on en compte huit pour l'armée de Ludovic le More; la quatorzième miniature reproduit les deux étendards pisans, plus les étendards de France et de Bretagne arborés sur les murs de Pise par les assiégés. Le fanion des Suisses de Ludovic à Novare (noir à croix d'or, miniature 10e) est le même que celui des Suisses de France (miniatures 8e et 14e); fait important, par lequel on a expliqué la désertion des Suisses de Ludovic.

Voici l'indication sommaire de ces miniatures :

1º (fol. 10 vº). 0m11 sur 0m123. *L'armée de La Trémoille franchissant les monts.* Des gens d'armes de l'ordonnance descendent une route de montagne, à l'entrée d'une plaine.

2º (fol. 15 rº). 0m144 sur 0m13. *Les gens d'armes de Ludovic entrant à Côme.*

3º (fol. 17 rº). 0m14 sur 0m105. *Ligny et Jean-Jacques sortant de Milan.*

4º (fol. 19 rº). 0m13 sur 0m10. *Louis d'Ars traversant la Lombardie.*

5º (fol. 25 rº). 0m13 sur 0m10. *Rencontre devant Vigevano.*

6º (fol. 29 rº). 0m139 sur 0m103. *Le cardinal d'Amboise se rendant en Milanais.* Le cardinal, sur une mule menée à la main et escorté d'une troupe de gentilshommes à cheval, traverse une plaine.

7º (fol. 32 vº). 0m11 sur 0m13. *Assaut de Ludovic le More à Novare.* Les combattants se font face sur la brèche.

8º (fol. 36 vº). 0m135 sur 0m103. *Combat entre Mortara et Vigevano.* Les Allemands sont massacrés.

9º (fol. 43 vº). 0m128 sur 0m103. *Les Français sortant de Mortara, le 5 avril.*

10º (fol. 46 rº). 0m11 sur 0m136. *Capitulation des Suisses de Ludovic.* Les Suisses de Ludovic s'avancent, les Suisses de France s'en vont.

11º (fol. 49 rº). 0m136 sur 0m104. *Sortie de Novare* des Allemands et Bourguignons de Ludovic.

12º (fol. 55 rº). 0m137 sur 0m101. *Départ de l'armée française pour Pise.*

13º (fol. 56 vº). 0m137 sur 0m10. *Tournoi d'Ainay.* Les tribunes du roi et de la reine sur le devant; dans le fond, l'abbaye d'Ainay.

14º (fol. 62 rº). 0m137 sur 0m10. *Assaut à la brèche de Pise.* De

Par elegyes, tiltres et epitaphes
Et les volumes des hystoriographes,
Soubz les fables des poëtes acteurs
Et les ditez des fluens orateurs,
Qui tant en ont mys au long et au large
Que deuement ont remplye la marge,
Dont aucun d'eulx vraye hystoire en racompte,
Et les autres ont enrichy le compte
Et embelly d'impossibles merveilles,
Si que, a l'ouyz des plus sourdes oreilles,
Causent propos de pencée admirable;
Quoy plus ? le sort de Fortune muable,
Qui les plus grans a bas faict trebucher
Et les moindres haultement emcrucher,

grands canons, braques sur la place, ont ouvert une large brèche où l'on combat corps à corps. Les Pisans sont souriants, malgré le sang qui ruisselle sur eux ; presque tous sont en costumes bourgeois et dépourvus d'armure.

La Bibliothèque nationale possède, sous la cote *fonds français*, n° 17522, une copie ancienne du même texte, registre de papier, à reliure moderne élégante, de 0^{m}186 sur 0^{m}296, d'une écriture du xvie siècle, de 71 feuillets, plus deux de garde au commencement et deux à la fin. Les titres sont tracés en lettres d'or, en caractères romains ; les lettres initiales sont peintes en bleu et chargées d'une petite branche de fleur, le tout sur un petit carré d'or, pointillé de couleur. Ces lettres sont nombreuses, mais d'exécution médiocre.

Ce volume a pour titre : « *Cronicque des faictz et gestes du roy Loys douzeiesme, faictes dela les mons en l'an mil cinq cens.* » Le prologue versifié n'y est pas reproduit. Le ms. provient de l'ancien fonds Saint-Germain ; antérieurement, il avait appartenu aux bibliothèques Coislin et Séguier. Au verso du deuxième des premiers feuillets de garde est peint, en grand format, le blason de Claude II de Lorraine, duc d'Aumale, mort en 1573. Cette copie a donc été faite au milieu du xvie siècle.

Le ms. 238 du fonds Godefroy, à la Bibliothèque de l'Institut, contient aussi une copie du xvie siècle du même texte, faisant suite à la copie de la Chronique de 1499 (voir ci-dessus, p. 2, note) et dans les mêmes conditions, du fol. 26 au 129e.

Apres avoir ceulx tant favorizez
Que devant tous furent auctorisez
Et sublimez en haultece supreme,
A la parfin, soubz ung tribut extreme
Les asservit, et tant voulut oultrer
Qu'ilz se veirent de leur regne frustrer,
Et leur puissance soubmarchée et flechye,
De main en main passer la monarchye
Par trect de temps et terme devolu,
Ainsi que Dieu l'a permys et voulu,
Jucques a ce que les Romains decheurent
Et que aux Françoys les tiltres en escheurent,
Qui a leur rang ont au droict succedé
Et ja long temps tenu et possedé
Comme leur chose deue et proprietaire,
Sans que nul autre aict, par sort millitaire,
Leur excellant seigneurye occupée,
Au fer de lance et tranchant de l'espée,
Par les climatz et angletz de la terre
Ont semée la fureur de la guerre,
Et faict sentir leur povoir et leur stille
A tous venans a coups de main hostille,
Tant que partout, de ça de la la mer
Se sont a cler faict cognoistre et nommer
Par leurs conquestes, triumphes et victoyres,
Et haultz labeurs dignes et meritoires,
Comme il appert par histoire et cronicque :
Or, a la fin que partye ou relicque
Des faictz louhables de noz Françoys modernes
Puissent durer immortels et eternes,
Par vrays ecriptz, en convient mencion
Faire aux futurs et clere ostencion,
Et tant a plain leurs biensfaictz publier
Que on ne puisse jamais les oublyer,
Comme jadis ont esté plus d'ung cent
D'hommes dignes de regnom florissent,
Voyre de telz qui, de fresche memoire,
Ont a la mort perdu louange et gloire,

Pour n'avoir mys pour eulx main a la plume.
Affin doncques que mon propos resume,
En ensuyvant ma Cronicque premiere,
Par laquelle j'ay laissée en lumiere
La conqueste de Millan et la prise,
Par cy dessoubz sera dit de l'emprise,
Que sur le Roy, par ung chemin oblic,
Voulut poursuyvre le seigneur Ludovic,
Et de plusieurs pays priz et conquys
Sur les Italles et autres droictz acquis
Par les prochas des Françoys et effors
Des armées, des secours, des ramfors,
Des rancontres, des courses, des saillyes
Et des places durement assaillyes,
Des victoires, des vertueuses gestes
Et, en somme, de tous faictz manifestes
Qui ne doyvent en reste demourer,
Mais amplement sont a commemorer.

Jaçoit ce que plusieurs historiograffes et croniqueurs, a plain volume, ayent ample descripcion faicte des louables œuvres du triumphant Roy tres chrestien Louys, doziesme de ce nom, et que, par le trect de leur dorée plume, les reluysans gestes des Françoiz soyent a compte aourné commémorées, ce neantmoins, affin que le fruyt de leurs labeurs ne puisse de mon costé tumber a terre, ou, par longue revolucion de jours, de la cognoissance des humains estre frustré, de ce que j'en ay peu ouyr et savoir par le dire des aucteurs de court et le rapport des ducteurs des armes, a la verité ou au plus pres d'icelle, en ay voulu faire ung abregé recueil ; non presumant, sur ceulx a quy par raison l'office en apartient [1], entre-

---

1. On voit que cette seconde chronique est la suite de la pre-

prendre, mais sachant que œuvre taillé assez y a pour eulx et pour moy, et que de plus riches ecriptz ne peulz decorer la marge de mon papier. Aucuns jours, d'autres affaires substraictz, a celuy passe temps ay voulu employer, et aussi, en ensuyvant la Cronicque par moy faicte sur la premiere conqueste de la duché de Millan, monstrer aux Françoys, par lectre, les actes recommandables que a la poincte du glaive par leurs mains ont estez mys, en estre pardurable, pour leur mectre en veue apparante la souvenance de leurs bienfaictz et donner vouloir de perseverer de bien en mieulx; tant que la louange de leurs vertuz puisse de tous tiltres d'honneur eulx enrichir et aux autres estre exemple de glorieuse renommée. Doncques me fault passer oultre et dire plus, tant pour la doubte que l'abille memoire, tournant soubdain souvenance en oubly, a temps ne s'esloigne de la verité de ce, que aussi pour l'exaltacion des hommes collaudables magnifyer. Toutesfoys, si, en donnant porcion de louange a chascun scelon deue desserte, mes ecriptz n'estoyent, a l'intencion de tous, imprimez, a pencer est que le vice d'ambicion ne doibt posseder le loyer de vertus; ne l'appetit insaciable, de gloire mondaine affamé, engorger tous les fruytz de laborieux merite : vueillent doncques les plus grans, sans appetisser leur priz, suffrir les maindres vertueux avoir part congrue au relief d'honneur, et les maindres, en accroissant leur valleur, des plus haultz dignes de gloire publyer le bruyt heureux et a eulx desirer

mière, conçue et exécutée dans les mêmes conditions, comme *passe-temps* et sans que l'office en appartint à J. d'Auton.

prosperité de loz; et ainsi chascun, eslevant soy et autruy, sera du sien content et sans deceptcion party.

Plus ne veulx de ce compte ennuyer les oyans, mais donner œuvre a la continuacion de mon premier propos et revenir a la sequence des hystoires ultrammontaines, auxquelles, l'an precedant, au chief de la reduction de Millan, je mys une paille jucques a temps. Et, pour donner face de ordonnée forme a mon escript, pour ce que la conqueste de la conté d'Ymolle en Itallye doit ycy tenir son rang et avoir lieu en cest endroit, a ce faire ma main garnye de plume et d'encre luy prestera son ayde.

I.

DE LA CONQUESTE DE LA CONTÉ D'YMOLLE.

Pour entrer doncques en matiere, apres que, au trenchant de l'espée, par la force des Françoys, fut soubmise et conquestée la duché de Millan et le seigneur Ludovic, usurpateur d'icelle, chacé et debouté jusques aux Allemaignes, voulant le Roy, premier que retourner de Lombardye en France, par les Italles faire flamboyer les armes et fleurir le lys[1], quatre cens hommes d'armes, troys mille cinc cens Allemans,

---

1. Louis XII, par lettre de Milan du 5 novembre 1499, informa la seigneurie de Bologne de ses vues sur Imola, « comme protecteur de l'Église, » et de la nomination du duc de Valentinois comme son lieutenant pour opérer la restitution de ce comté au pape. Cette lettre a été publiée dans le livre de M. Alvisi, *Cesare Borgia, duca di Romagna,* qui contient tout le récit critique de cette campagne.

doze cens Gascons et Normans et vingt et une piece d'artillerie mist en avant ; et au duc de Vallentinoys bailla ledit excercite pour aller conquester la conté d'Ymolle et la soubmectre au pape, a qui de droict elle appartenoit, a cause des clefz apostolicques. Et tenoit icelle conté dame Katherine Sforce, seur bastarde [1] du seigneur Ludovic et vefve du conte Heronime, auquel avoit le feu pape Sixte, derrenier mort, donnée ladicte conté. Et estoit dedans une moult forte place, nommée Fourly, icelle contesse et, avecques elle, estoyent le conte Alexandre, le conte de Merse, ses freres [2], et ung jeune gentilhomme, nommé Jean du Cazal [3], son bien familyer [4], lesqueulx avoyent si a point proveues aux villes et places de celuy pays de

1. Nièce et non sœur ; elle était fille bâtarde de Galeazzo Maria. Mariée en 1477 à Girolamo Riario, neveu de Sixte IV, elle fit la fortune d'Ascanio Sforza, que Sixte nomma, en 1481, évêque de Pavie et légat à Bologne, et, en 1484, cardinal. Elle était toute dévouée à Ludovic (Spelta, *Historia delle vite di tutti i vescovi di Pavia*, p. 431).
2. Alessandro Sforza, Galeazzo Sforza, comte de Melzo, tous deux fils naturels, comme Catherine, de Galeazzo Maria Sforza.
3. Giov. da Casal appartenait à une famille notable du Milanais. C'est Frédéric de Casal qui, en 1495, avait été chargé par Ludovic le More de déclarer la guerre à Louis d'Orléans (La Ferrière, *Deux années de mission à Saint-Pétersbourg*, p. 11). Un Jacques de Casal figure comme trompette dans les comptes d'écurie de Charles VIII et de Louis XII (ms. fr. 2927).
4. Catherine Riario-Sforza était une sorte de *virago*, disait l'ambassadeur vénitien : Veuve en 1488, elle avait eu d'abord pour amant Jacomo Feo, qui mourut, puis Giov. de' Medici, puis Achiles Tyberti, auquel elle donna pour successeur Giov. da Casal. Il nous reste d'elle des médailles frappées en son honneur : on y lit : *Tibi et virtuti*, — *Diva Catherina Sfortia*, — *Victoriam fama sequetur* (Armand, *les Médailleurs italiens*, I, 87 ; II, 49, 58). Ratti cite une vie manuscrite de Cath. Sforza.

souldartz, vivres et artillerie que des assaulx de la main armée du pape avoyent peu de craincte. Toutesfoys, sachans entre le pape et le Roy estre amytié fermée, au moyen de ce doubtoyent la venue des Françoys, dont a l'avantaige tous les lieux deffensables de la conté avoyent remparez et fortiffiez.

Pour la conduyte des gens d'armes et adresse du charroy de l'artillerye de France, ordonna le Roy le seigneur d'Allegre pour estre en ceste besoigne son lieutenant, le seigneur de Champdée, le capitaine seigneur de Saint Prest, messire Anthoine de Bessé, baillif de Disjon [1], le seigneur de Montoison [2], le pannetier, filz

1. Antoine de Bessey, baron de Trichastel, seigneur de Longicourt, bailli de Dijon, capitaine des Suisses, était fils de Jean de Bessey et de Jeanne de Saulx ; il avait épousé Jeanne de Lenoncourt. Il avait joué sous Charles VIII un rôle important ; il accompagnait le roi dans l'expédition de Naples, notamment à son entrée à Florence le 17 novembre 1494. (Récit ms., Arch. de la Loire-Inférieure, E. 235 ; Philippe de Commines.)

Son frère Philippe de Bessey était *gruyer* de Bourgogne ou bailli de Bourgogne ; il reçut une compagnie de 45 lances et la garde du château de Tirano, au nord du Milanais, sur les confins suisses (ms. fr. 25784, n°s 79, 100, 106).

Plusieurs fois ambassadeur en Suisse, Antoine de Bessey jouissait d'un crédit particulier auprès des Suisses ; le *Loyal serviteur* l'affirme, et son histoire le démontre amplement. Il commandait 20 lances, portées à 40 à la mort du sire de Polignac (ms. fr. 2960, fol. 14).

2. Cette appellation pourrait prêter à la confusion, car, en 1500, il y avait deux notables *sires de Montoison* : Artus de la Forest, seigneur de Beauregard et Montoison, chambellan, bailli de Gévaudan (ms. fr. 26107, n° 192), et Philibert de Clermont, seigneur de Montoison, dauphinois, connu sous le nom de Monteson, Montoison, Monthoison, ou capitaine Montoyson, et qui signait : « Ph. Clermont » ou « Ph. Clermon. » Il s'agit évidemment de ce dernier. C'était un vieux capitaine, pensionnaire du roi pour 1,200 l. (U. Chevallier et Lacroix, *Inventaire des archives dauphinoises*,

du maistre de l'artillerye¹, le maistre d'ostel Concressault². Et, avecques iceulx, furent troys gentishommes penncionnaires du Roy, nommez Adrien de Brymeu³,

I, 288), placé dès 1491 à la tête d'une compagnie de 30 hommes d'armes, presque tous dauphinois (A. du Rivail, *De Allobrogibus*, p. 548). Chambellan de Charles VIII et de Louis XII, il devint en 1507 sénéchal du Valentinois et Diois (Tit. orig., Clermont-Tonnerre, nᵒˢ 44, 48). Sa compagnie, néanmoins, ne cessa pas de tenir garnison en Milanais (fr. 25784, nᵒˢ 94, 97). En 1503, Louis XII lui abandonne une aubaine d'une valeur de 1,500 liv. (fr. 2927, compte de 1503). On l'appelait *émerillon de guerre* (Brantôme), parce qu'on le voyait toujours, dit le *Loyal serviteur*, « le c... sur la selle. » Il ne dormait pas en campagne; à chaque instant, il était debout, vigilant et consciencieux. A Fornoue, il secourut efficacement Charles VIII. Vieux et cassé, il reçut en 1511 le commandement de Ferrare, avec la mission de réconforter le duc; il prit la fièvre, et on le jugea aussitôt perdu (ms. fr. 2928, fol. 17); il fut enterré à Ferrare.

En 1499, Clermont reçut la garde du château de Lodi, qu'il conserva jusqu'à sa mort. Lors de l'insurrection de 1500, il tint bon et, au mois de mars, il appuya le mouvement des Vénitiens. Au mois d'avril, le roi le délégua en ambassade à Venise avec le sénéchal de Beaucaire, pour réclamer Ascanio Sforza (Marino Sanuto).

1. André de « *Lizières* »? (ms. fr. 2927, fol. 157). Le maître de l'artillerie était, comme nous l'avons dit, Guinot de Lauzières.

2. Alexandre de Menipeny, seigneur de Varennes, d'une famille écossaise, devenue française sous Charles VII; il épousa Marguerite de Foucard, fille de Patrick Foucard, sénéchal de Saintonge. Il acheta à Beraud Stuart d'Aubigny la seigneurie de Concorsault en Berry (ou Concressault) et porta dès lors le titre de sire de Concressault. Il devint maître d'hôtel, puis chambellan. Son frère Guillaume de Menipeny fut élu archevêque de Bourges en 1512 (La Thaumassière).

En 1514, Alexandre de Menipeny devint chevalier d'honneur de Marie d'Angleterre.

3. Adrien de Brimeu, seigneur d'Imbercourt ou d'Humbercourt, pensionnaire du roi, appartenait à une nombreuse famille, qui avait tenu le premier rang à la cour des ducs de Bourgogne. On verra se déployer sa bouillante ardeur; il figure dans toutes les batailles et y reçoit plus d'une blessure; en 1511, un astrologue de Carpi lui prédit pourtant qu'il vivrait encore dix ou douze ans (*Le Loyal*

Anthoyne de Castelferrus et Louys de Malestroict[1], lesquelz avoyent voué le voyage de Romme [2], et se voulurent trouver a cest affaire, et avecques tant

serviteur), ce qui ne fut pas exact. Capitaine de 40 lances sous Louis XII, il est partout à la fois : il se distingue à Ravenne, il fait les campagnes de Guyenne, de Navarre, de Picardie, portant partout ses « grant couraige, fervente affection et bonne loyauté » pour son roi. François Ier, le 14 janvier 1515, lui donne 4,000 écus d'or, avec une lettre qui rend le plus brillant hommage à ses services; il le fait, en outre, chambellan, capitaine de 80 lances, capitaine d'Arques (Tit. orig., Brimeu, n°s 24-29).

D'Imbercourt était légendaire dans l'armée française et au dehors; il paraissait, à cheval, ne pas sentir le soleil; voulait-on parler, au XVIe siècle, d'une chaleur excessive, on disait *la frescheur de M. d'Imbercourt;* c'était un proverbe. Détail bizarre : ce capitaine, qui fut capitaine toute sa vie et qui aimait avec passion la fumée des combats, éprouvait toujours, au commencement d'une action, une impression vive et matérielle sur les entrailles; du moins, Brantôme le raconte.

Il fut tué en 1515, à Marignan; d'après le même Brantôme, on voulut l'ensevelir là où il était mort, au champ d'honneur, et l'on écrivit sur sa tombe : *Ubi honos partus, ibi tumulus erectus.* Cependant, d'après le récit d'un témoin oculaire, on aurait au contraire embaumé son corps pour le rapporter en France (voir ms. Moreau 774, n° 7, une lettre, du 10 septembre 1515, faussement datée de 1494. Cf. *Origine e vicende della Cappella espiatoria francese,* in Zivido, par le chan. Inganni).

1. Louis de Malestroit était un breton; il tenait de très près à la famille de Rohan et, par suite, la reine le traitait de cousin. Louis II de Rohan-Guéménée et le maréchal de Gié, son frère, avaient une sœur qui épousa le sire de Pont-l'Abbé; Jean de Malestroit, seigneur de Kaer, épousa Hélène du Pont, issue de ce mariage, et il eut Jean de Malestroit qui aurait épousé, d'après Du Paz, sa cousine germaine, fille de Louis II de Guéménée, et qui serait mort en 1524. Il est souvent question de Jean de Malestroit dans les textes bretons contemporains. Louis de Malestroit, seigneur de Kaer, son fils cadet, vivait sous François Ier. Bien certainement, ce n'est pas le Louis de Malestroit dont parle J. d'Auton. J. d'Auton doit s'être trompé : il veut parler de Jean de Malestroit.

2. A cause du jubilé promulgué pour l'année 1500.

d'autres asseurez hommes contre l'effort de la guerre
que, pour le destour de la froide saison, qui pour lors
estoit en vigueur, ne doubte des ennemys, ne retar-
derent leur voyage. Mais, le doziesme jour de novembre,
en l'an mille quatre cens quatre vingtz dix neuf,
prindrent leur chemin droict a Parme, au bourg
Sainct Denys [1], a Furnoue [2] et a Bouloigne la Grasse [3],
et tant marcherent que, sur la fin du moys de
novembre, davant la ville d'Ymolle ariverent : ausquelz furent sans contredit les portes de la ville
ouvertes et logis offert [4]; et la dedans gens d'armes et
artillerie firent demeure. Le chasteau estoit moult
adventageux ; car, avecques ce qu'il estoit de fortes
murailles et larges fossez enceint, de troys cens Allemans et deux cens Bourguignons, bons souldartz,
estoit garny, avecques force vivres, bonne artillerye
et cannonnieres au mestier tant apriz que peu de meilleurs en estoit. Mais, ce neantmoings, pour ce ne resta
que, toute nuyt, les pionniers ne meissent les mains

1. Borgo S. Dionisio, indiqué sous ce nom avec la plus grande
précision dans tous les itinéraires de l'époque comme gite d'étape ;
ce gite correspond au village actuel de Collecchio.
2. Fornovo sur le Taro, au pied des Apennins, sur la route de
Pise, célèbre par la victoire des Français en 1495.
3. Une grande partie de ces troupes descendirent le Pô par eau
et gagnèrent Bologne par Ferrare ou par Bondena, où elles com-
mirent de regrettables excès (*Diario Ferrarese;* Frizzi, *Memorie
della storia di Ferrara,* IV, 197). L'itinéraire indiqué par J. d'Auton est bien invraisemblable.
4. La ville se rendit le 24 novembre ; César Borgia y entra solen-
nellement le 27 (Alvisi). Les habitants se hâtèrent d'envoyer un
ambassadeur porter à Alexandre VI l'expression de leur soumission et d'un chaleureux dévouement (*Jacobi Mezamici, juriscon-
sulti, reip. Immolensis ad Alex. VI pontificem max. Oratio,* in-4°,
de 6 feuillets, s. l. n. d.).

aux tranchées et que, le lendemain, au plus matin, devant la place ne fust l'artillerie chargée et affustée et de toutes pars mys le siege. Sur les six heures au matin, commença la baterye, tant desmesurée qu'il sembloit que vens et tonnerres fussent deslyez. Quatre jours, sans cesser, dura la tempeste, tant impetueuse que tout autour terre trambloit. Deffences et repaires demeuroyent souvant au desproveu, car nul les habitoit qui a danger mortel ne se soubmist. Ainsi estoyent a la rigueur trectez les souldartz de la place. Mais tant y a que, si rigoureusement on les assailloit, vigoureusement se deffendoyent; car, au dedans du fort, estoyent plus de vingt cinc bons cannonniers, qui aux Françoys donnoyent si a droict que nul osoit l'ueil descouvrir qui ne fust actaint, tant que plusieurs davant la place leur mansion perpetuerent. Ung gentilhomme, nommé Adryain de Brymeu, estant au derriere d'une chappelle, avecques grant nombre d'autres, d'une pierre d'artillerye eut sur luy tout le derriere de sa brigandine emporté, et fut moult foullé et estonné du coup; toutesfoys, ne fut gueres blecyé. Mais, a touchant de luy, ung sien varlet du mesme coup heut la teste emportée, et ung jeune page, serviteur du maistre d'ostel Concressault, fut de ce coup pareillement occiz. Pour abregier, tel eschec fut faict sur les Françoys que du sang d'iceulx au devant de la place en plusieurs lieux fut la terre taincte et enrougye. Quoy plus, si n'est que tant fut mortelle la baterie du dedans que chascum coup d'artillerie qu'ilz deschargeoyent portoit la mort d'ung ou de plusieurs Françoys. Mais pourtant ne cessoyent noz cannonnyers de donner coups et patacz contre murailles et boulouars et ruer tout par terre; et, apres que la baterye fut si grande que sufizante breche leur sembla pour donner l'assault, en advisant le moyen pour ce faire, virent que les fossez estoient moult profondz, larges et plains d'eau, et, du lez de la place, la montée si hault et tant malaisée que impossible chose sembloit a prendre par celuy costé; dont fut advisé, entre les capitaines et maistres de l'artillerie, qu'on bastroit un boulouard qui estoit a l'entrée de la place et que, par la, pourroit on plus a gré donner l'assault.

II.

Comment le chasteau d'Ymolle fut prins.

La nuyt emsuyvant, fut la grosse artillerie chargée et atiltrée devant celuy boulouart et, au plus matin, donné au travers; mais non de premiere advenue, car tant estoit ouvré de forte matiere et artificieuse que troys pierres des plus grosses pieces, quand vint au donner, demeurerent plantées moytié dedans la muraille et moytié dehors. Entre ce boulouart et le chasteau, avoit ung pont levys a mont, par ou l'on entroit de l'ung a l'autre; et adviserent cannonniers que, si celuy pont povoit estre mys a bas, que par la pourroient Françoys avoir entrée; et grans coups d'artillerye celle part envoyerent, et si a droict que tost fut une des chaynes qui tenoit le pont froissée et mise en pieces. Ainsi ne tenoit plus la force de la place, ne la vye des souldartz qui dedans estoient, que au pouvoir d'ung seul crampon, qui de tous costés de coups d'artillerie estoit assailly. A celle heure, les laquays et pionniers qui estoient aux tranchées, voyans que d'approcher estoit temps, sans demander a nulz obeissance que a leurs premiers motifz, saillirent des tranchées et, a banyere desplyée, donnerent sur le boulouart. Ceux de la place, voyans que deffence leur estoit necessaire, nulz coups d'artillerie et de traict par eulx furent mys en espargne, mais deschargez si menu sur les assaillans que plus de trente a l'entrée y demeurerent. Celuy qui portoit l'enseigne aprocha de tant que, joignant du boulouart, se mist a pied ferme et, nonobstant coups d'artillerie et de pierres dont il estoit batu de toutes pars, ne voulut desmarcher ne reculer ung seul pas par craincte de mort, dont a la fin ne fut exempt, car il mourut sur le champ, avecques d'autres assez. Mais, pour ce, ne cessa l'assault, car ung autre, nommé Jannot, gascon, reprinst l'enseigne, et, aseuré contre mortelle menace, de tout ce qu'il montoit remplist la perilleuse place, et, la, de plus en plus fort iceulx pionniers et laquays assaillirent le fort, et si chauldement poursuyvirent leur emprise que, en moings d'une heure, heurent le boulouart entre mains et coucherent la nuyt dedans; mais leur fallut avecques tables, portes et autre couverture, le jour durant, fermer le dessus de leur fort, pour eulx asseurer contre le dangier des pierres; ce que ne peut estre faict que plusieurs n'en eussent a besoigner, car nul d'eulx povoit sortir au descouvert pour faire prochas de ce que leur fasoit mestier, que du trect du chasteau ne fussent actainctz, ou faillis de bien pres; toutesfoys, leur demeura le logis. Les souldartz de la place heurent a celle heure la meilleur part de leur seureté perdue; et, voyans que de ceulx dont ilz avoyent le povoir en estime de rien et que moings redoubtoyent, estoyent les plus assailliz, heurent si grant doubte du surplus que les plus hardys n'estoyent asseurez ; la nuyt, voulurent mectre la main au rempar et eulx rainforcer de plus ; mais la lune, qui celle nuyt avoit mys ses raidz aux champs, descouvrit leur embusche ; tellement que, par la guyde de sa lumiere, cannonniers françoys a coups d'artillerie leur imposerent sillence ; et voyans, iceulx Sforciains, que plus n'en povoyent, sur la mynuyt parlamenterent et baillerent pour hostaige le frere du capitaine de la place et, le lendemain au matin, leurs bagues sauves, se rendirent[1]. Les Françoys, entrez, sejournerent la, depuys celuy jour, qui estoit ung dimenche, premier jour de decembre[2], jusques au vendredi ensuyvant, que l'ost prinst son chemin vers Fourly, ou estoit dame Katherine Sforce avecques ses gens ; et, ainsi que l'armée de France marchoit, les potestatz et seigneurs des villes et places des environs apporterent les clefz et se soubmirent a obbeissance. Ainsi marcherent gens d'armes en avant, en approchant la ville de Fourly, et logerent deux jours en la terre de Sainct Marc[3].

III.

Du siege de Fourly.

Le lundi, neufiesme jour de decembre, sur les dix

---

[1]. Il n'y eut aucune trahison, quoi qu'on ait dit (Alvisi).

[2]. Burchard, dans son *Diarium,* prétend que la nouvelle de la prise d'Imola parvint à Rome le 11 décembre seulement. Cela est bien difficile à croire (t. II, p. 581).

[3]. Territoire de l'ancienne Marche de Ravenne, récemment conquis par les Vénitiens.

heures du matin, arriverent les Françoys devant la
ville de Fourly, laquelle n'eut semblant de deffence,
mais, a portes ouvertes et maniere transquille, receut
l'excercite françoys[1]. Apres que chascun fut au couvert, par les capitaines de l'armée et les maistres de
l'artillerie fut le chasteau de toutes pars mis en advys;
et, apres que tout fut en veue, fut trouvé que par le
dehors de la ville seroit le siege plus a main et que,
par la, estoit le chasteau plus foible. Toutesfoys, les
ennuys de la froidure et empeschemens de la pluye,
qui pour l'eure avoient cours, deffendirent par celuy
costé ladicte place aux Françoys n'assaillir, mais du
lez de la ville, supposé que ce fust le plus fort; car
plus a plaisir se pourroyent faire les tranchées et plus
a seureté conduyre et affuster l'artillerie, et ausi que
les gens d'armes seroyent tousjours a couvert, eulx et
leurs chevaulx, qui en tel affaire est ung avantaige,
lequel se faict moult a louer. Et, tout ce consideré, fut
l'advis mys a effect. Et la nuyt commaincerent pionniers a faire fossez et tranchées, cannonnyeres a taul-
dir et charger leurs menues pieces, pour batre les
creneaulx et deffences de la place, affin que le charroy

1. Les habitants de Forli avaient cherché à se défendre par des
moyens plus détournés. Le 18 novembre, on arrêta à Rome un
certain Thomas de Forli, musicien de la cour pontificale, venu à
Rome, disait-on, avec des lettres cachées dans une canne. Il devait
présenter au pape, comme une supplique des habitants de Forli,
ces lettres qui contenaient un poison subtil et violent. A leur lec-
ture, le pape devait tomber mort. Thomas fut trahi par des confi-
dents. Il avoua son dessein avec courage et déclara qu'il était tout
dévoué à Catherine Sforza qui l'avait élevé (*Diarium* de Burchard,
t. II, p. 579). Alexandre VI raconte cet attentat dans un bref
adressé à la seigneurie de Florence le 21 novembre 1499 (publié
par M. Thuasne, *Ibid.*; cf. Alvisi, p. 74).

de la grosse artillerie ne fust par ceulx de dedans empesché (car, de l'entrée d'une plaine, qui estoit entre la ville et le chasteau, laquelle avoit de large plus d'ung gect d'arc, jusque pres des fossez de la place, failloit aller au descouvert), et aussi que les pyonniers, a l'affaire des tranchées, qui plus de demy mille avoyent de œuvre, ne fussent destourbez : ainsi batirent creneaulx et deffences, jusques trenchées fussent faictes et toute l'artillerie mise a point. Tant de coups venoyent de la place que homme n'osoit monstrer le doy qui ne fust rancontré, tant que moult de Françoys y demeurerent : mais, sitost que les plus grosses pieces furent assises et chargées, le bruyt commança, tant impetueulx et espouventable que du terremote voragineulx les verrieres et tuilles des maisons prochaines alloyent a bas ; et avoient les cannonniers françoys tant approchée la place que la bouche de leur artillerie au dedans des fossez plus d'une brace apparoissoit. Et, voyans ceulx du fort qu'ilz estoient ainsi malmenez, adroisserent leurs canons vers l'artillerie, qui du dedans des fossez leur tiroit, et donnerent tant pres d'icelle que, sur le bort de la bouche d'une grosse coullevrine, assennerent ung coup tel que, tout le long du dos de la piece, fist une passée suffisante a coucher le bras d'ung homme. Les aultres pieces, estans au descouvert, se trouverent a telle presse que a leur doz apparoissoit clerement que a rancontre de coups s'estoyent trouvées ; et ne furent tant au couvert ceulx qui estoient aux tranchées enterrez que plusieurs ne fussent, a plus de six piedz de profond, par les coups de ceulx de la place raincontrez et actainctz. Somme, la baterye des deulx partiz estoit si chaudement menée que l'ung coup n'actendoit l'autre, et est a pencer que, ou tant de gens avoit, qu'a feste funeralle estoyent plusieurs souvant conviez[1]. Que diray je? L'orage turbineux dura plus de dix huyt heures, que nuyt, que jour; si que, par la continuation de la jacture, les murales furent tant batues que l'assault se povoit donner. Donc chascun se mist a gecter fagotz, tables, portes, charrectes et autres aydes dedans les fossez, qui estoient plains d'eau et moult profondz; et ne furent iceulx de beaucoup pres que d'assez comblez et rempliz, que on ne se mist au travers. Ung More, serviteur du duc de Vallentinoys, entra le premier; apres, le seigneur d'Allegre, Louys de Malestroit, ung archer gascon de ceulx du conte de Ligny, nommé Fortune. A celle entrée se monstrerent ceulx qui plus avoyent leur honneur pour recommandé que craincte de leur vie.

Le duc de Vallentinoys[2], voyant les capitaines et hommes plus extimez des premiers a la charge, ne voulut tant son honneur lesser escarter que a l'affaire ne se preuvast, tant que a la foulle se mist au travers des fossez. Mais deux pas 'n'eust cheminé en avant que en l'eau ne se trouvast jusques au dessus des genoilz; qui moult le refroidist. Aupres de luy, estoit ung des gentishommes de la maison du Roy, nommé Castelferrus, qui a ce besoing luy fut si propice que, tout le travers de l'eau, a son coul l'en emporta. Chascun fasoit tel devoir, que nul de reproche de lascheté povoit estre actainct.

1. Il y eut 400 morts.
2. Selon Burchard (t. II, p. 578), César Borgia, rentré « secrètement » à Rome le 18 novembre, était reparti le 21 pour présider au siège d'Imola.

Les cannonnyers de la place, voyans que necessité leur aprenoit a deffendre leurs vies, nulle piece d'artillerye heurent en reserve; mais a tel affaire mirent tout leur povoir en œuvre, tant que, pour la peste de leurs coups, plus de vingt cinc Françoys furent a l'entrée ensepvelliz. Ung archier gascon, nommé Fortune, qui des premiers s'estoit mys au fossez, au travers de sa brigandine heut deux coups de hacquebute, telz que les deux pierres luy demeurèrent dedans le corps; lequel, pour l'angoisse des coups mortels, estant en butte et visée des ennemys, apres grande effusion de sang, se trouva debilité du povoir et offusqué de la veue; et, labourant en ce doulloureux travail, ainsi que je luy ay ouy dire, se voua a Nostre Dame de Haulte Faye[1], et tout soubdain reprist lumiere occulaire et force corporelle recouvra, tant que a la fin de l'assault se trouva, et depuis, sain et hectyé, fut a son voyage.

Pour rentrer, l'assault fut moult dur et la deffence vigoureuse; mais tant se monstrerent Françoys gens de bien a ceste besoigne que, pour les coups d'artillerie du dedans, ne l'empesche des fossez (lesquelz, nonobstant les planches, failloit a plusieurs, pour passer, oultrenager), ne toute la deffence des souldartz du chasteau, ne demeura que a vive force d'assault ne fust emporté. Je ne veulx au long descripre le merite de tous ceulx qui a cest affaire firent chose digne de loz, car par trop en seroit la marge de mon papier eslargie; toutesfoys, l'assault fut tel que la place, qui sembloit inexpugnable, fut gaigné en peu de temps.

1. En Périgord.

IV.

Commant dame Katherine Sforce fut prize.

Entre les perilleux dangiers de tant durs assaulx, dame Katherine Sforce, comme une preuse Thamaris[1], vigoureusement se maintenoit et, aux plus desvoyez ennuys de sa perverse fortune, d'une joyeuse chere couvrant le dueil de son infelicité, donnoit a ses gens cueur et hardement par audacieux langage. Et, voyant les Françoys par force gaigner le chasteau, de riens ne se mist en effroy ; mais, avecques les siens, contre ses ennemys, jusques a ce que povoir desfaillist a la volunté, tinst illecques le fort[2].

Les cannonniers de France, en tous les lieux ou gens de deffence povoient adviser, adroissoyent la leurs coups, sans espargner le repaire ou estoit icelle dame. Deux ou troys foys, donnerent encontre d'elle, au travers des creneaulx ; dont la pluspart de ses

---

1. D'après Hérodote, Cyrus, maître de l'Asie, ayant attaqué les Massagètes, tomba entre les mains de Thomyris, reine de ce petit peuple. Thomyris le fit décapiter et plongea sa tête dans un bassin rempli de sang, en disant : « Tiens, monstre, abreuve-toi de sang, puisque tu l'aimes ! » Cette scène énergique (contredite par le récit de Xénophon) fut fort admirée au xvie siècle ; Rubens l'a reproduite dans un tableau célèbre (Musée du Louvre), et les poètes du temps de J. d'Auton, pour célébrer la mâle vertu dont les femmes sont capables, rappelaient volontiers

<blockquote>la bonne dame
De Thanaris, qui fist Cirus occire.</blockquote>

(V. A. de Montaiglon, *Recueil d'anciennes poésies françaises*, X, 252.)

2. Le fort ou *rocca* était séparé du *castello* par un nouveau fossé.

aydes, comme lasches et arrecruz¹, habandonnerent leurs deffences; et elle, soubz corps feminin, montra cueur virille et vertueulx; car oncques, pour nul dangier, tant luy fust il proche, ne mist en arriere la marche. Mais elle, soy voyant des siens habbandonnée et assaillye des ennemys, sans esperence de recœuvre, avecques ses plus privez, gaigna ung revelin, estant derriere la citadelle, et la, soy voyant sur le bort de la fosse de son exil et le prochain interit sanglant de ses souldartz cognoissant, monstrant avoir moings de regret de la perte de son pays que doulleur de la mort de ses gens, sur la muraille se mist toute en veue, et la vint resumer constance et dire aux Françoys, en langaige itallyen : « O vous, bellicqueulx Françoys, qui, a la secousse de vostre dure main, toute la terre des Italles faictes plyer et trambler, puisque Fortune incertaine m'a, par vostre povoir, au joug de captivité submise et dombtée, suffize vous a tant, et ne vueillez la pauvre desheritée et tant desollée vefve a mort persecuter; car ce seroit œuvre contre la proprieté recommandée de vostre noble nature; et, si vous avez la gent supperbe de ce pays mactée, pardonnez aux humbles; et si rigueur de guerre vous apprend estre cruelz aux rebelles, humain remort vous commande estre piteux aux vaincus, car tout povoir est instabille, qui est vuyde de clemence! Ne semmez doncques le sang de ceulx dont la mort ne vous peult donner tiltre de louanges ne la voye empescher le moyen de votre proufit!..... » Mainctes aultres

---

1. *Arrecrus*, du mot français *recru* (rendu, harassé, n'en pouvant plus), renforcé du préfixe *ar*, comme en Béarn.

doulces parolles heut aux Françoys[1]. Lesquelz pour ce ne cesserent, mais entendoyent a mectre du tout le chasteau et la cytadelle entre leurs mains et trecter les soubdartz scelon la costume de prise d'assault. Ung capitaine de laquays, gascon, nommé Bertrand, avoit esté des premiers a la prinse du chasteau, et, voyant que ou fort, ou estoit la contesse Sforce, devoit avoir quelques gens de bonne prise, avecques doze laquays[2] gascons et huit allemans, entra dedans et prist la foy de la dame. Les Allemans eurent la foy de ses frères et de Jehan du Cazal, et tuherent doze ou treze Italliens qui la se trouverent. Ce durant, le duc de Vallentinoys, le seigneur d'Allegre, le seigneur de Castelferus et ung nommé le petit Aulbigny entrerent dedans le ravelin ou estoit la contesse, et la print le duc de Vallentinoys.

Le conte de Merse, le conte Alexandre et Jehan du Cazal[3] furent mys entre les mains du baillif de Disjon, capitaine de Allemans. Le duc de Vallentinoys en enmena la contesse Sforce au chasteau, avecques une sienne dame d'honneur, nommée Argentine, et sept ou huyt autres damoiselles. Le capitaine Bernard[4],

1. Catherine, du haut des remparts, avait déjà conversé avec César Borgia, qui l'engageait vainement à se rendre.
2. Les *laquais,* appelés à servir les hommes d'armes, ne se battaient généralement pas: mais ils intervenaient toujours au moment des bénéfices ou du pillage.
3. Les Colonna les enlevèrent à leur escorte sur la route de Rome; on les retrouve, un peu plus loin, à Novare.
4. D'après les relations vénitiennes (fort suspectes toujours), ce capitaine était bourguignon et non gascon, comme le dit Jean d'Auton plus haut, en l'appelant *Bertrand.* Les Vénitiens prétendent aussi que ce capitaine, mécontent de ce que Valentinois lui donnait pour la rançon de Catherine, pour laquelle on avait pro-

qui la foy de la dame avoit premier heue, fut par le duc de Vallentinoys contenté. Tous les Allemans, Bourguignons et aultres souldartz de la place furent au tranchant du glaive habbandonnez, qui tant cruel leur fut que ung tout seul d'iceulx n'eust respit de mort, si n'est autant que fuyte de cloz pourpriz devant leurs ennemys leur en peult donner. Et fut le chappliz[1] si sanglant que plus de sept cens hommes furent illecques mys a l'espée.

Tout ce faict, le duc de Vallentinoys, lequel estoit las, pour se vouloir desarmer et prendre repos, dedans une chambre haulte se retira. Mais bon besoing luy fut de tost desloger de ce lieu; car, au dessoubz de luy, dedans une salle basse, plaine de pouldre de canon et d'artillerie, estoient entrez vingt cinc ou trente Allemans, avecques du feu, pour visiter le logis, et, ainsi qu'ilz fasoyent leur recherche, trouverent du vin, et la se misrent a dringuer, tant que la doulceur du brevaige leur fist oublier le danger du feu et de la pouldre. Ung des gens du duc de Vallentinoys, voyant ce peril eminant, promptement l'en advertist; lequel ne sejourna plus a mont, mais tost se retira autre part loing d'illecques. Bientost apres ce qu'il se fut

mis 10,000 ducats, s'emporta, séance tenante, et voulut couper le cou de la prisonnière. La présence de Catherine donna lieu à de vifs débats entre César Borgia et Yves d'Alègre, qui regardait comme déshonorant pour un Français de faire une femme prisonnière. Catherine fut conduite à Rome, où Yves d'Alègre lui fit rendre la liberté. Munie même d'une lettre de recommandation chaleureuse du pape, elle se rendit à Florence, en annonçant qu'elle allait entrer en religion. Elle ne tarda pas à y déclarer qu'elle avait épousé Giov. de' Medici (Alvisi, etc.).

1. *Chaple, chapleiz*, combat à l'épée (vieux mot que Jean d'Auton affectionne).

osté du chemin, les Allemans firent si bon feu que la pouldre qui dedans la salle estoit fut soubdainement toute en flamme, et la chambre dont estoit sorty le duc de Vallentinoys toute abbrazée. Une partye de ceulx qui les plus pres furent de la porte, de feu et de soulphre les visaiges et les mains tout enfumez, teinctz et noirciz, se sauverent; les autres furent, sans secours, estainctz et brullez.

Celle nuyt, coucherent les Françoys dedans le chasteau; et, le lendemain, a ceulx qui voulurent sortir fallut faire pons et planches, car tant estoit forte la place qu'au lieu mesme ou avoit esté donné l'assault, sembloit la passée tant doubteuse que nul sans ayde osoit par la repasser. Apres celle deffaicte et prise, sejourna l'armée dedans Fourly quinze jours[1]. Et, premier que partir, bonne garde fut lessée pour la seurté de la place; et puis se mist l'ost au chemin droit a Pesre, une forte ville sur le chemin de Romme, laquelle estoit du Papat, a cause d'Ymolle[2]. Et, lorsque les gens du pays seurent la venue des Françoys, par une nuyt, tous les blez des environs, vins, fains, boys, maisons, loges et toutes autres choses necessaires pour soustenir ost, par les montaignes et autres lieux prochains de la ville, misrent au dangier du feu, qui tellement sur ce mist son povoir en œuvre que, depuis le temps que, scelon les poetes, Pheton versa le curre

1. Un des premiers actes de César Borgia fut d'exempter de toute charge civique l'historien A. Bernardi de Forli, pour qu'il pût vaquer entièrement aux études historiques (ms. ital. 250, fol. IV v°).

2. En fait, Pesaro appartenait à Giov. Sforza, seigneur de Pesaro, gendre d'Alexandre VI.

de Phebus sur la terre, n'apparut si grande flamme ; et, de vray, si nul de ceulx qui veyoit le spectacle au mont Ethna avoit esté a l'eure, luy en povoit souvenir, car, a val, a mont et sur la cruppe des montaignes, plus de quatre mille de pays autour de Pesre, n'apparoissoit que feu et fumée. Et tout ce avoyent faict les paysans pour mectre l'ost en disecte de vivres et descœuvre de logis.

Ainsi que l'armée marchoit pour aller assieger Pesre, au seigneur d'Allegre vindrent lectres du Roy[1], par lesquelles luy estoit mandé a toute diligence vers la duché de Millan faire retourner les gens d'armes, et que besoing en estoit tel que, sans brief secours, estoit icelle duché par le seigneur Ludovic en voye d'estre reconquestée. Et, a ce mandement, sans marcher oultre, se misrent Françoys au retour. Le duc de Vallentinoys, avecques les troys gentishommes pencionnaires dessus dis[2], prinst le chemin de Romme et, avecques luy, en enmena prisonniere dame Katherine Sforce.

V.

Du commancement de la rebellion de Millan.

Icy est a dire que le Roy estoit ja de retour en France, lequel n'eust sitost la duché de Millan desemparé que segrete mutinerie et rebellion cellée, de jour

1. Le 26 décembre, à Montefiore.
2. Adrien de Brimeu, Antoine de Castelferrus et Louis de Malestroit qui se rendaient à Rome au jubilé, par suite d'un vœu, et qui avaient seulement fait une pointe, en passant, pour prendre part au siège d'Imola.

en autre, en Lombardye ne se forgeast. Et, comme chose difficile est entre les humains povoir assouvir commun appetit, tant n'avoit sceu le Roy adherer au vouloir de tous que plusieurs ne se cuydassent mal partis; et, entre autres, ung nommé messire Jacome Andrée, varlet de chambre du seigneur Ludovic (duquel avoit donné le Roy la confiscation a maistre Theodore, son medecin), et ung autre, nommé Nicholas, barbier et cirurgien de la ville de Millan[1]. Lesquelz s'en allerent en Allemaigne, devers le seigneur Ludovic, auquel dirent et promirent maintes belles choses : et luy promist, celuy Jacome Andrée, que quinze jours ne seroyent revolus que sa main n'eust premier baignée ou sang du seigneur Jehan Jacques et que mort ne l'eust rendu; Nycholas le cirurgien se fist fort, envers le seigneur Ludovic, de faire insuler la commune de Millan contre les Françoys qui dedans estoyent logez, et de aller de maison en maison suader et induyre chascun Millannoys de tuher son oste et de occire tous ceulx qui au despourveu se pourroient trouver, sans en prendre ung tout seul a mercy. Le seigneur Ludovic de ce remercya tres amplement iceulx transfuges, et plus affectueusement leur recomanda le prodicieux affaire; ausquelz dist que hardyment missent la main a ceste besoigne et que, pour les secourir, tost, avecques grosse armée, se mectroit sus et que,

1. Jacobo Andrea da Ferrara, Nicolo della Bussola. D'après Prato, ils cherchèrent à corrompre la garnison française du château, avec laquelle ils étaient en rapports fréquents. Maître Théodore, Théodore Gaynier, Teodoro da Pavia, était un médecin de Pavie, engagé jadis au service de Charles VIII (Godefroy). Il accompagna Louis XII à Milan et y fit partie de son conseil (Gozzadini, *Memorie di Bentivoglio*, p. LXXI).

pour ce faire, avoit ja toute Lombardie et la pluspart
des Italles a poste. Et, tout ce faict et dit, droict a
Millan s'en retournerent les compaignons. Sur le cueur,
tristes et pensiz, gardoyent ceste crimineuse entreprise, en actendant l'eure opportune pour icelle executer. Mais Celuy qui des choses mal proposées deuement dispose autrement en ordonna; car ceulx qui la
machinée promesse devoyent pour leur proffict mectre
soubz la clef a leur damps, le vingt deusiesme jour de
decembre, dedans l'eglize des Cordelliers de Millan, a
ung nommé Anthoine de Visconte[1], compere dudit
Jacome Andrée, leur affaire communicquerent, pencent
qu'il fust des malcontans et que des conjurez de la
rebelle insurrection vousist estre. Toutesfoys, comme
celuy qui de tache de traison ne vouloit sa ronommée
noircir, le fist autrement; car, apres que les ungs des
autres furent separez, au chasteau de Millan segretement s'en alla et de la machinacion susdicte les cappitaines de la place deuement en advertit. Et tout en
l'eure furent iceulx traistres envoyez prendre; lesquelz
furent mys dedans la Roquete et bien gardez, jusquez
a temps que telle pugnicion d'eulx seroit faicte que
leur desmerite requeroit[2].

[1]. Ant° Vesconte appartenait, en effet, à une famille toute
dévouée à Ludovic, mais on le savait enclin au parti français; il
ne quitta pas Milan, malgré l'arrivée de Ludovic, et il fut ensuite,
avec Giberto Borromeo, le chef du parti français, un des plénipotentiaires délégués au camp français par la ville pour traiter de sa
reddition.

[2]. Il se produisit à Milan des événements dont on trouve le
récit détaillé dans Prato et Da Paullo (cf. Verri, Ripamonti, etc.).

VI.

Comment le seigneur Ludovic se mist au champs.

Par messaigiers segretz et lectres closes avoit le seigneur Ludovic, envers le peuple de Lombardie et aucunes villes des Italles, si bien ouvré que de la faveur et ayde d'iceulx se tenoit pour asseuré; dont avoit faict tel amas de soubdartz que assez fort se cuydoit pour la duché de Millan reconquester. Et, voulant mectre en lumiere son propos et executer son vouloir, sur la fin du moys de janvier, avecques son ost prist les champs et commança bien a point a mectre main a l'œuvre et assieger aucunes villes et places limitrophes et confines des Allemaignes; et, voyant, les garnisons qui dedans estoient pour le Roy, que longuement ne pourroyent tenir et secours leur estre en arriere main, par composicion se rendirent et, leurs bagues sauves, vuyderent les places. Ainsi comaiçoit bel et bien le seigneur Ludovic de recouvrer pays et bien cuydoit, premier que finy fust l'yver, avoir toute Lombardye et les pays des environs reconquestez et a son obbeissance reduytz; et, pencent du tout la chose au vray future a son advantage, de nouvelle divise voulut user, et, l'eau et le feu de sa premiere divise veoyant assechez et estainctz, prist ung tabourin, disant : « *Je sonneray l'yver pour danser l'esté.* » Mais par Celuy qui victoires et triumphes donne a qui luy plest autrement en fut disposé, et de plus de moytyé a chief de l'emprise fut celuy Ludovic deceu de son propos, comme cy dessoubz apperra par escript.

Le Roy, estant lors a Loches, en l'entrant du moys de feuvrier[1], sceut au vray que le seigneur Ludovic, avecques grosse gensdarmée, s'estoit mys au champs, plain de deliberé vouloir de par force reconquester la duché de Millan ou a la poursuyte demeurer, et, pour son emprise perfinir, la vye de mainctz souldartz aux perilz de la guerre du tout habbandonner ; et que, pour ce deduyre, comme a l'estremme besoing et derreniere necessité de son plus urgent affaire, le priz des tresors, le secours des amys, le povoir de la force, le savoir des espriz et tous les moyens de remede, dont ayder se povoit, avoit mis en avant, et faict tel prochas de gens d'armes que de plus de vingt mille souldartz Allemans, Bourguignons, Suyces, Albanoys, Lombars et Romains[2], prestz d'exposer leurs corps a effusion de sang pour son vouloir executer, se trouvoit acompaigné, avecques le secours des nobles et la faveur populaire de toute Lombardye[3], et l'appuy des principales villes des Italles, ausquelles avoit, par soubtilz moyens, sur ce intelligence fermée et confederée alyence : ce qui, au champs et a la maison, au pencer du Roy fist continuellement subcieuse compaignye, jusques si deuement y heust proveu que, par la force

---

1. Il y avait passé le mois de janvier.
2. D'après Saint-Gelais, Ludovic avait emporté *force ducats*. Son armée, d'après lui, était de 7 ou 8,000 lansquenets, autant de Suisses, 4 ou 500 hommes d'armes bourguignons, autant d'Italiens, ce qui revient à peu près au chiffre donné par Jean d'Auton. Ludovic comptait beaucoup sur l'appui de Bajazet et du roi de Naples, auxquels il avait envoyé d'Allemagne deux émissaires. Corio reproduit ses instructions à ses émissaires.
3. J. d'Auton exagère. Plaisance, Novare, Lodi, notamment, se déclarèrent pour les Français.

des siens, luy semblast le povoir de ses ennemys savoir domter ; ce qu'il fist, ainsi que par apres en escript sera redigé.

VII.

Comment le Roy transmist de la les mons le seigneur de la Trimoille, avecques cinq cens hommes d'armes.

A l'affaire de Millan me fault revenir et a l'armée de France, qui dedans estoit, mais tant affoiblie, pour la separacion susdicte, que bon mestier avoit de rainfort ; et pencoit bien le seigneur Ludovic en briefz jours venir a chef de son emprise ; et est a croire que ainsi fust il si le Roy, par secours dilligent, n'y heust proveu, ainsi qu'il fist. Car, sachant le besoing extresme des siens, voulant mectre barre de seurté entre le povoir de son excercite ultrammontain et les assaulx de ses ennemys, hastivement transmit oultre les mons le sire de la Trimoille, avecques cinc cens homes d'armes[1], et furent soubz sa charge les capitaines qui s'ensuyvent, avecques leurs compaignies : Le seigneur de Mauleon[2], le seigneur de Beau-

1. 600 ou 700, d'après Saint-Gelais. En même temps, le roi expédiait en toute hâte Antoine de Bessey en Suisse, où il leva 10,000 hommes, avant même que L. de la Trémoille eût réuni ses gens d'armes d'ordonnance (Saint-Gelais).
2. Jacques de la Trémoille, seigneur de Mauléon et de Bommiers, frère de Louis II de la Trémoille. Il épousa Avoye de Chabannes. En 1498, il était capitaine de 40 lances (ms. fr. 26106, n° 56), et recevait en 1499 une pension de 2,000 livres (Compte de 1499, Portefeuilles Fontanieu). Sa compagnie était encore à

mont[1], le seigneur de Xandricourt[2], le seigneur de

Lyon le 19 février 1500 ; elle resta en Italie jusqu'en 1501, revint
se reformer à La Charité et fit ensuite la campagne de Naples
(ms. Clair. 240, fol. 525, 535, 547, 551).

1. Jean de Polignac, seigneur de Beaumont en Auvergne et de
Randan, qui va jouer un rôle important, était un capitaine vieilli
sous le harnois, mais plus brave soldat que bon capitaine. Commandant de 25 lances en 1489, il se distingua par sa bravoure
dans les campagnes de Picardie; en 1490, chambellan, il est commis, avec deux autres chambellans, à passer la revue des Suisses.
Dans sa propre compagnie, passée en revue par Pierre du Puy du
Fou, seigneur de Bourneau, chambellan, on trouvait des hommes
d'armes de choix : le bâtard de Tournon, le bâtard de Genoilhac,
Antoine de Ravel, Jean de Genoilhac. Il prit une part fort active
à l'expédition d'Italie. Gouverneur de Livourne et de Pietra-Santa,
il y laissa de bons souvenirs et seconda efficacement la politique
des Florentins. Charles VIII l'envoya à Gênes pour faire pronon-
cer cette ville en faveur des Français. Depuis 1495, Jean de Polignac commandait une compagnie de 40 lances. Il avait épousé, en
1493, Jeanne de Jambes, dame d'honneur d'Anne de Bretagne,
fille de Jean de Montsoreau et de la *dame de Montsoreau*, Jeanne
Chabot. Il fut un des témoins du mariage de Louis XII, à Nantes.
Il était en procès avec le sire de Chaumont, à propos d'une
rente assise à Chaumont; sa veuve perdit ce procès en 1503.
Polignac mourut l'année même de la campagne de Pise, qui
avait un peu terni sa réputation (Tit. orig., Polignac, n°s 28-35,
37, 38; ms. fr. 26106, n°s 90, 172; ms. de Dom Morice, n° 1809 à
la bibliothèque de Nantes, p. 132; Commines, Dom Morice, Jaligny, etc.).

La moitié de sa compagnie passa à Antoine de Bessey (ms.
fr. 2960, compte de 1501, fol. 14-25).

Par sa femme, Jean de Polignac était beau-frère de Philippe de
Commines.

2. Louis de Hédouville, seigneur de Sandricourt, dont J. d'Auton parlera souvent, appartenait à l'ancienne intimité du roi.

Philippe de Hédouville, son père, mari de Huguete de Brilhac,
dame d'honneur de Marie de Clèves, fut successivement écuyer
tranchant et premier maître d'hôtel de Charles d'Orléans; à la
mort de Charles, il cessa son service, comme beaucoup d'autres
officiers attachés à la maison d'Orléans; mais, aussitôt après la

mort de Louis XI, il redevint chambellan de Louis d'Orléans et son actif auxiliaire dans les événements de 1484. Depuis 1451, il était maître des eaux et forêts du duché de Valois (Tit. orig., Hédouville, n°s 4-39, 43). Il paraît être mort en 1486.

Louis de Hédouville, dès 1484 et 1485, est employé par le duc aux missions de confiance de sa maison ; le duc l'envoie au roi, à Mme de Beaujeu ; il l'envoie aussi chercher ses oiseaux de chasse, laissés à Paris en 1485. Écuyer d'écurie en 1492, il reçoit du duc 10 écus d'or pour acheter une mule, dont le prince le charge de faire don à saint François de Paule. En 1493, il s'illustre par le tournoi qu'il donne, tournoi connu dans l'histoire sous le nom de *Pas de Sandricourt*, et qui le ruine. Le duc d'Orléans fit faire à cette occasion trois grandes cornettes de soie de diverses couleurs, mi-parties soie et or, ornées de deux grandes houppes avec deux gros boutons, comme objets de prix à distribuer. Le duc expédie alors Sandricourt à Asti, refuge ordinaire de tous les serviteurs de la maison d'Orléans à qui le séjour en France était devenu difficile ou impossible. Là, un incident grave se produisit ; Sandricourt commit un faux, pour la punition duquel la justice d'Asti consentit à transiger moyennant une amende de 100 écus d'or. Le duc remboursa de ses deniers cette amende à Sandricourt, le fit revenir près de lui, et, le 29 avril 1495, le nomma bailli et capitaine de Blois, en remplacement de Guyot Pot qui venait de mourir ; de plus, il augmenta d'une *crue* de 200 livres les gages habituels (160 livres) de la capitainerie de Blois, malgré la résistance de la Chambre des comptes. Entre temps, Sandricourt était devenu écuyer d'écurie et maître d'hôtel de Charles VIII, qui, comme Louis d'Orléans, aimait ces tempéraments aventureux.

Dès l'avènement de Louis XII, Sandricourt est bailli du pays de Caux, capitaine d'Arques et à la tête d'une compagnie de 40 lances. Il reçoit une pension de 1,500 livres. Sa compagnie tenait toujours garnison à Asti (ms. Clair. 239, p. 475).

Sandricourt était brave, fastueux et élégant. En retournant à Asti en 1496, il y emmena deux *coursiers* si beaux que le duc d'Orléans voulut se les faire amener, pour les voir avant qu'ils ne passassent les monts (Tit. orig., Guibé, n° 5 ; Sandricourt, 40-42, 44-58 ; compte de 1503, ms. fr. 2927 ; compte de 1499, Portefeuilles Fontanieu ; compte de 1501, ms. fr. 2960, fol. 14 ; ms. fr. 26106, n° 16).

Après la guerre, sa compagnie conserva sa garnison en Italie ; le 27 mai 1501, elle se trouvait incomplète à Robbio, près de Mortara ; elle revint en 1502 se compléter à Asti, où Jean-Jacques

Lanque[1], le bailli de la Montigne[2], le seigneur de la Fayete[3], lieutenant de la compaignie de l'admiral de

Trivulce la passa en revue le 27 février (ms. fr. 25783, nos 29 et 40). En 1503, elle se grossit de 10 lances de la compagnie du sire de Miolans (ms. Clair. 240, fol. 579).

1. Philibert de Choiseul, seigneur de Lanques, deuxième fils de Guillaume de Choiseul, baron de Clémont, et de Jeanne du Châtelet; chambellan de Charles VIII et de Louis XII, capitaine de Noyers en 1486, gouverneur d'Arras, lieutenant général de Bourgogne en 1493, gouverneur de Langres, capitaine de 40 lances en 1499, de 100 lances depuis 1501, il mourut le 4 août 1504 et fut enterré à Lanques.

Il avait épousé Louise de Seuly, dont il laissa dix enfants (Tit. orig., Choiseul, nos 12, 343, 347; ms. fr. 2960, fol. 14; compte de 1500).

2. Josselin du Bois, bailli des Montagnes d'Auvergne, confirmé dans ses fonctions le 27 juin 1498, fut remplacé le 12 janvier suivant par Poncet de Lespinasse, serviteur personnel du maréchal de Gié. Il avait pour lieutenant Pierre Gouffier, qui devint conseiller au grand conseil le 28 décembre 1501 (ms. fr. 21104). Lespinasse fut destitué le 2 septembre 1503 et remplacé par Jean de Brilhac (ms. Clair. 782; *Procéd. polit. du règne de Louis XII*).

3. Le célèbre Gilbert de la Fayette avait eu plusieurs enfants, notamment Charles de la Fayette, gouverneur de Boulogne, l'aîné des fils, et Gilbert, le troisième, dont il est question ici. Gilbert de la Fayette, lieutenant de la compagnie de l'amiral de Graville, était un cadet, d'une ambition effrénée et peu délicat sur le choix des moyens. Nous avons raconté, dans notre livre *Jeanne de France, duchesse d'Orléans et de Berry*, son étrange mariage; il se présenta, à la tête d'une troupe d'archers, un beau soir, au château de Polignac en Auvergne, se fit ouvrir au nom du roi (Louis XI), maltraita Mme de Polignac au point qu'elle accoucha dans la nuit, arrêta le sire de Polignac, et enleva leur fille Isabeau; le lendemain seulement, fit bénir son union par un prêtre de passage. Puis il emmena à Clermont son beau-père, avec une escorte d'archers, comme un malfaiteur. Mme de Polignac était née Amédée de Saluces; elle eut beau envoyer sa fille au pays de Saluces et réclamer près du roi, Louis XI refusa toute justice et fit revenir Isabeau en France; le sire de Polignac en mourut de chagrin. Gilbert de la Fayette eut, du reste, seize

France[1], le seigneur de Mauvoisin[2], lieutenant des gens

enfants, parmi lesquels Antoine, gouverneur de Boulogne en 1515, chambellan et lieutenant du roi en Provence en 1529, qui épousa Marguerite de Rouville, fille de Guillaume de Rouville et de Louise Malet de Graville.

1. Louis Malet de Graville, amiral de France, chambellan, capitaine de 60 lances, seigneur de Marcoussis, Milly, Séez, Bernay, etc., ne prit pas part personnellement à la campagne, non plus qu'à aucun événement saillant du règne de Louis XII. Fils de Marie de Montauban, petit-fils de Bonne Visconti, il était, par là, cousin du roi et l'un des représentants des droits de l'ancienne famille de Milan. Élève de l'amiral de Montauban, son oncle, et de Louis XI, l'amiral joua de très bonne heure un rôle considérable. D'un caractère noble, droit, énergique, ferme, il incarnait la politique et les allures d'Anne de Beaujeu ; prépondérante sous le gouvernement d'Anne, son influence s'éclipsa à la fin de la régence. Il déconseilla énergiquement l'expédition de 1494, ce qui donna le dernier coup à sa faveur ; pendant l'expédition, Pierre et Anne de Bourbon l'appelèrent néanmoins à Moulins pour collaborer à la direction des affaires. Une de ses filles avait épousé Charles d'Amboise, sire de Chaumont. Sous Louis XII, il conserva ses charges et la capitainerie d'un certain nombre de places, Dieppe, Honfleur, Pont-de-l'Arche...; il recevait 10,000 livres de pension, y compris sa charge d'amiral (Compte de 1499, Portefeuilles Fontanieu) ; mais il ne retrouva quelque faveur qu'après la disgrâce du maréchal de Gié, son cousin germain, qu'il contribua à faire tomber du pouvoir et dont il fut néanmoins l'un des deux exécuteurs testamentaires peu de temps après. En 1508, il se défit de sa charge d'amiral en faveur du sire de Chaumont, et, après la mort de celui-ci, il la reprit, en 1511. Le 17 mai 1513, sur l'engagement de Melun, Corbeil et Dourdan, il prêta au roi 90,000 livres. Le 22 du même mois, il fit son testament et légua purement et simplement au roi cette somme, en le priant de décharger d'autant les bailliages les plus pauvres. Il avait déjà possédé autrefois Dourdan (Compte de 1503, ms. fr. 2927). Il mourut à Marcoussis, le 30 octobre 1516, à l'âge de soixante-dix-huit ans. Nous avons encore un reçu du 26 août 1516 signé de sa main (Tit. orig., Graville ; *Procéd. polit. du règne de Louis XII;* ms. fr. 25783, nos 5, 6, 22 ; Jaligny, etc., etc.). Sa compagnie resta, après la guerre, dans le comté d'Asti (ms. Clair. 240, fol. 531).

2. Peut-être Jacques de Mauvoisin, page de Louis XII en cette

d'armes du bastard Mathieu de Bourbon, Olivier de Plouet[1], lieutenant de ceulx du mareschal de Gyé, et plusieurs autres bons conducteurs et chiefz de guerre ; lesquelz tirèrent vers Lyon sur le Rosne et la furent quelque peu de temps a sejour, en actendant tout le nombre de leurs gens a venir.

Au sire de la Trimoille tardoit[2] ja qu'il n'estoit en Lombardye, pour eschauffer la guerre contre les Lombars et lancequenestz, et bonne envie [avoit] de les

---

année (ms. fr. 26107, fol. 329; fr. 2927, fol. 65). D'autre part, Jean Mauvoisin, chevalier de l'ordre, fils de Léonard Mauvoisin, seigneur de la Forest-Mauvoisin, maître d'hôtel du duc de Bourbon, frère de Charles Mauvoisin, écuyer du connétable de Bourbon, époux de Jeanne de Malleret, père de François Mauvoisin, qui épousa en 1510 Jaquette de Brisay, pourrait être celui que désigne J. d'Auton. Le nom de Mauvoisin était, du reste, assez répandu ; il était porté encore par Jean de Castillon, écuyer, seigneur de Mauvesin, capitaine de Bazas, et par la famille des marquis Malvicino, de Plaisance, nommés en France (où ils servirent plus tard), Malvaisin, Mauvesin... (Tit. orig., Lupé, Mauvoisin-Malvicino, de Mauvoisin ; La Thaumassière, *Histoire du Berry*, p. 933.)

1. Erreur. Olivier de Plouer, ou Plouet, était un breton, serviteur du maréchal de Gié, qui l'emploie souvent ; le 15 juin 1494, le maréchal le délègue pour passer des revues. Son nom se prononçait *Ploé* (Tit. orig., Plouer, n° 2 ; *Procéd. polit. du règne de Louis XII*, p. 8, 750 ; M. de la Borderie, *Complot breton de M CCCC XCII*, p. 6, n. 2).

Le lieutenant de la compagnie du maréchal de Gié était Roland de Ploret, autre breton, qui n'avait rien de commun avec son quasi-homonyme. Roland de Ploret, écuyer, seigneur de Ploret, au diocèse de Saint-Malo, était non seulement le lieutenant, mais l'homme de confiance du maréchal. Le 10 janvier 1499, le maréchal le délégua précisément pour passer des revues de troupes. En 1503, Ploret fut impliqué dans le procès criminel du maréchal de Gié et l'objet d'une instruction séparée (*Procéd. polit. du règne de Louis XII*, passim ; Tit. orig., Ploret, n° 2).

2. La Trémoïlle, au contraire, s'effrayait de cette expédition et ne l'entreprit que sur les instances du roi (V. notre livre *la Veille de la Réforme*).

assembler aux plains, et de faire au Roy, a ce besoing, quelque bon service. Le seigneur de Xandricourt, qui avecques le sire de la Trimoille n'estoit party, apres avoir disposé de son affaire, sachant que l'armée s'assembloit a Lyon, pour non estre des derreniers, de son hostel jusques la courut la poste, de l'ung a l'autre distant de plus de cent lieues, et la arriva a heure deue. Sitost que tout fust assemblé et que heure de partir sembla au sire de la Trimolle, avecques son armée se mist aux champs, pour accomplir son voyage ; et, a veoir la maniere, l'ordre et l'arroy de ses gens, bien sembloit excercite conduyt soubz main imperieuse, car tout alloit de poix par compas et de mesure, et soubz le chasty de discipline de chevalerye[1].

VIII.

Comment le conte de Ligny fut a Comme au devant de l'armée du seigneur Ludovic.

Cy sont a commemorer les faictz ja commaincez par le seigneur Ludovic, sur la reprise de Millan, et suyvre le moyen pour tirer a la fin, qui fut telle que, apres que ledit seigneur Ludovic heut priz le vent et abbordé la Lombardye, le conte de Ligny, lieutenant du Roy dela les mons, ayant le maniment de la chose millitaire, sachant l'armée dudit Ludovic avecques luy marcher en avant, sans avoir, de sa part, esgart au peu de nombre de gens qu'il avoit ne doubte de la

---

[1]. « C'estoit belle chose à voir, » dit Saint-Gelais. La belle tenue de ces troupes n'empêcha malheureusement pas des scènes de désordre, comme on le verra plus loin.

force de se[s] ennemys, avecques deux cens hommes
d'armes saillit de Millan et se mist en voye vers Comme,
pour aller secourir la garnison qui dedans estoit et pour
les ennemys rebouter, et ausi pour garder le passaige,
qui estoit la principale entrée de la duché devers les
Allemaignes.

Tantost apres qu'il fut en la ville de Comme, nouvelles furent que Bellinsonne s'estoit rebellée, qui est
une ville moult forte entre les montaignes d'Allemaigne, en laquelle avoit garnison de Françoys. Et,
pour icelle rainforcer, transmist le conte de Ligny ung
gentilhomme de Savoye, avecques cincquante chevaulx
et cent pietons. Mais les gens de la ville, sachans la
venue du seigneur Ludovic et son armée prochaine,
fermerent les portes aux Françoys et commancerent a
tirer grans coups de trect et d'artillerie contre eulx.
Et, sachant le conte de Ligny la diversité des querelles,
de rechief[1] la transmist Louys d'Ars, son lieutenant,
avecques quarante hommes d'armes et cent archiers,
lesquelz se mirent a passer le travers des montaignes,
ou n'avoit chemins accessibles, fors petiz santiers pour
la passée d'ung homme seul a la foys; et, au bas de
la montaigne, estoit une riviere courant, nommée la
Treze[2], royde, tant impetueuse et bruyant qu'il n'y
avoit cueur tant asseuré qui la n'eust assez occassion
de frayeur; toutesfoys, pour ce, ne retarda la passée,

1. Il semble résulter de là que le gentilhomme de Savoie était
revenu près du comte de Ligny sans coup férir. Quel était ce gentilhomme? Ce ne pouvait être que le sire de Coursinge.

2. Jean d'Auton commet ici, sans doute, une confusion. Il veut
parler de l'Adda, qui passe sous le château de Trezzo, dans la
montagne, et dont les rives, en cet endroit, sont effectivement
très escarpées et des plus rudes.

mais tant errerent Françoys, par ses voyes scabreuses, que tost approcherent Benlinsonne. Dedans la ville estoit demeuré ung gouverneur pour le Roy, lequel a ung sien frere avoit baillé en garde ung des chasteaux de la ville, avecques bonne garnison de Françoys et autres deffences, pour servir a l'affaire de la place. Or aviserent les Lombars qu'il prendroyent celuy gouverneur et que tellement le trecteroyent que, si sondit frere, capitaine du chasteau, n'amoit mieulx le veoir cruellement mourir que rendre la place, bientost l'auroyent entre mains ; et ainsi le firent, car le gouverneur, qui, pour quelques affaires, estoit allé, troys ou quatre jours devant, a Millan, fut, a sa venue, par ceulx de la ville priz et arresté ; auquel, sans autre propos luy tenir, dirent que, s'il ne fasoit a son frere, qui le chasteau avoit en garde, que tost en l'heure entre leurs mains ne fust mys, que, premier que jour couchast, au povoir de la corde habbandonneroyent sa vye ; et, affin qu'il ne mist la chose en doubte, en la place de la ville, aux emseignes des justices plantées, luy monstrerent le mortel apprest de son interit prochain. Voyant celuy gouverneur le tumulte civille, la rebellion du peuple et la menace des grans contre luy preparer telz effors, ne sceut contre ce danger a quel appuy se tenir, sy n'est a une pencée d'espoir, qui a memoire luy ramenoit que, pour le rachapt de sa vie, son frere randroit icelle place ; auquel manda son extreme neccessité, luy priant que, pour le reffuz de la place, ne voulust sa mort consentir ; lequel, pour ce, ne voulust vuider ne rendre le fort, jusques, par les patibulaires dressez, heust clere cognoissance de la mort jugée de son frere; qui tant luy amollist la durté du cueur que fraternelle pitié luy fist tourner le doz a tous droitz de severité. Les soubdartz de la garnison, sachans la chose, voulurent aller recourir celuy gouverneur et donner sur les villains; mais le cappitaine, doubtant qu'ilz ne faillissent a leur emprise et que son frere ne fust secouru, ne voulust nul parmectre aller en avant, mais rendit la place et retira sondit frere d'entre les griffes des Lombars.

Dedans la ville avoit encores ung fort, que tenoyent des laquays gascons, desquelz estoit le cappitaine ung nommé le bastard de Moncassin[1], et contre toute la commune de la ville gardoyent iceulx laquays une gallerye assez forte, et la deffendoyent si a point que Lombart n'en approchoit qui a coups de trect ne fust renvoyé.

Le cappitaine Louys d'Ars fut, a sa venue, adverty comment la place estoit rendue aux Lombars et de la rebellion du peuple; et, sans deslay, se mist a regarder tout autour de la ville, pour veoir si par quelque lieu on la pourroit assaillir. Mais ceulx du dedans sans cesser tiroyent trect et artillerie, en sorte que nul osoit approcher : ainsi se retira avecques ses gens dedans la place que tenoyent les laquays et, le lendemain, se mist aux champs vers le pays de Suyce, et trouva que ranfort pour le seigneur Ludovic venoit de tous costez; et avecques ceulx fallut avoir meslée, qui fut telle que, deux ou troys jours suyvans, ne furent que escarmouches, car les gens du pays a cheval et a pié

---

1. La seigneurie de Moncassin appartenait à la famille gasconne de Lupiac.

avecques Allemans et Suyces estoient a toute heure en armes sur les chemins et passages. Mais par le secours de ceulx ne fut l'ost du seigneur Ludovic de plus ranforcé ; car les ungs furent pris, les autres tuhez et les autres tant escartez qu'oncques puys tous ne se rassemblerent.

IX.

DE LA REBELLYON DE MILLAN.

J'ay dit que, sur la fin du moys de janvier, le seigneur Ludovic, avecques main armée, tenoit les champs; reste, de la rebellion de Millan, qui en ce temps fut descouverte, faire en abregé quelque recit et dire que, lors, dedans la ville de Comme estoit le conte de Ligny, avecques soixante hommes d'armes des siens et la compaignie des Escossoys, que ung nommé Robbert Stuart, lieutenant du seigneur d'Auzon, conduysoit. Et la furent nouvelles que l'armée du seigneur Ludovic aprochoit, et de tant que, a dix mille pres de la ville, estoit sur le lac embarchée. Et, voyant le conte de Ligny la ville mal garnye de Françoys, manda venir Louys d'Ars, avecques ses gens, et que le plus tost qu'il pourroit se retirast dedans Coni[1] pour le rainfort d'icelle, car besoing estoit de ce, et que d'heure pensast du retour; qui en brief luy fut chose necessaire, car toute la duché de Millan estoit couvertement contre les Françoys conjurée et les Lombars, emflez de poison comme viperes, pour plus caultement

1. Como. V. p. 81.

vomir le venin de leur mortelle traison, aucuns des
potestatz et seigneurs de la ville de Millan, avecques
le frere du tresorier du seigneur Ludovic[1] lequel,
durant la premiere conqueste de Millan, avoit aux
prochaz des empruntz par ceulx de la ville esté tuhé,
faignant iceulx Lombars ne vouloir obbeyr au seigneur
Jehan Jacques, comme non suffisant au gouvernement
pollitique, brigues hyneuses et vulgaires murmures
contre luy insulterent et, soubz le tappiz de celle division, peu a peu toutes leurs maisons cellement gar-
nirent de gens armez. Et tant couvertement firent leur
menée que au savoir des Françoys fut la chose incog-
nue ; mais tant alla le fait en avant que, le jour de la
Conversion saint Pol, au seigneur Jehan Jacques,
estant en la Maison de la ville, pres le Domme, donnerent ung allarme tumultueux ; et cuydoient les Françoys que le debat survint a cause de division civile,
mais bien autrement alloit de la chose : car les traistres
avoient segrete intelligence et promesse jurée au seigneur Ludovic de mectre, le jour de la Purification
Nostre Dame, tous les Françoys, qui en Lombardie
estoient, a sacquement[2] ; et, voyans les conjurez le

1. Girolamo Landriano, général des Humiliés, que nous avons
vu précédemment assister à l'entrée de Louis XII. Les auteurs du
soulèvement du 27 janvier étaient, avec lui et sous lui, Leon°
Vesconte, abbé de S. Celso, M. B^ta Vesconte, Aless° Crivello, prévôt de S. Petro a l'Olmo (Prato). L'évêque de Bari prenait aussi
une part active à ces menées, œuvre surtout du haut clergé. Aussi
Louis XII envoya-t-il plus tard à Milan le cardinal d'Amboise.

2. On voit, par ce détail, combien le souvenir des *Vêpres siciliennes* ne cessait de hanter l'esprit du peuple italien. Actuellement encore, il n'est pas un étranger à qui l'on ne montre à
Palerme, non loin du palais du duc d'Aumale, la cloche qui passa
pour avoir donné le signal du massacre, et, récemment, nous

terme de leur emprise approcher, la duché de Millan desarmée de Françoys et le seigneur Ludovic avecques toute force marcher avant, cuydant le povoir de France foible pour a luy resister, de plus se rainforcerent ; et le seigneur Jehan Jacques, d'autre part : tellement que, apres ses effors, le Françoys logez dedans la ville se doubterent, et, pour obvyer a tous dangiers, troys jours ensuyvant, heurent le harnoys sur le doz ; et, voyans les Millannoys la ville mal accompaignyée de Françoys et le conte de Ligny, avecques ses gens, a Comme pour autres affaires assez embesoigné, le jour de la feste Nostre Dame de Chandelleur[1], donnerent l'assault au seigneur Jehan Jacques ; lequel heust bon besoing de soy bien deffendre et du secours qui luy fut proche, car, durant le debat, ung gentilhomme, nommé Coursinge[2], lieutenant du duc de Savoye, avecques soixante chevaulx survint, a tout le long de la grant rue et le travers de la place du Domme, qui toutes plaines estoient de Lombars en armes, passa et, au travers de la presse des Millanoys, la lance sur la cuisse, fut jusques devant la porte de la Maison de la ville ; et au dedans estoit le seigneur Jehan Jacques, armé de toutes pieces, lequel, de sa part, a tour de

---

avons vu l'anniversaire des *Vêpres* solennisé. Au moyen âge, mille légendes se greffaient sur ce vivace souvenir. Elles ont été recueillies par M. Giov. Pitrè, *Guglielmo I e il Vespro siciliano nella tradizione popolare di Sicilia* (*Arch. st. siciliano*, 1873). Ces légendes n'ont guère été détruites que par le livre de l'illustre Amari, *la Guerra del Vespro italiano,* paru en 1842, et qui a eu, depuis lors, de nombreuses éditions.

1. 2 février.
2. Gentilhomme savoyard. Frézet (*Hist. de la maison de Savoie*) l'appelle Gaspard de Cosinge.

bras deffendoit l'entrée, mais contre tant de peuple n'eust longuement soustenu l'escarmousche, et, si le capitaine Coursinge ne l'eust recoux, sa vye estoit en dangereux hasart; car de hayne mortelle l'assailloyent iceulx Lombars. Toutesfoys, telle ayde luy donna ledit Coursinge[1] que, voussissent ou non Millannoys, du danger de leurs mains furieuses en lasseureté du chasteau l'en emmena, voire en telle heure que bien luy fut de saison : car, premier qu'ilz entrassent en la place, commoction de commune par toute la cyté heut pour l'heure contre les Françoys audience auctorizée; et n'y heust ne grant, ne petit, qui parler sceust, qui a haulte voyx ne criast : *More, More.* Plus de troys heures durerent leurs criz et huées; et, avecques ce, plus de cent mille hommes armez se misrent en place. Sur l'eure du mydi estoit quant le tumulte commança, et dura jusques grosses pierres d'artillerye leur fussent transmises du chasteau : ce que firent le seigneur de l'Espy[2]

1. Prato prétend que le sauveur de Trivulce fut Fr° Bernardino Vesconte, par la seule puissance de la persuasion.
2. Quoique ce personnage ait joué par la suite un assez grand rôle, il n'est pas fort connu. Il s'appelait Paul de Busserade, Beusserade, Busseraille ou Benserade, seigneur de l'Espy, ou de Cepy, ou de Cheppy. Fils de Jean de Benserade et de Jeanne de Ligny, il était flamand; c'est, croit-on, l'aïeul du poète Benserade. On dit généralement qu'il fut créé, en 1495, grand maître de l'artillerie de France; c'est une erreur. D'après La Chesnaye des Bois, il devint seulement, en 1495, lieutenant général de l'artillerie. Ce qui est certain, c'est qu'il ne fut institué grand maître que par des lettres patentes du 23 juin 1504 (ms. fr. 6690, fol. 7-8). Il fut tué en 1512, à Avesnes, d'après La Chesnaye, à la bataille de Ravenne, selon le *Loyal serviteur.*
Il est à remarquer qu'en 1510 nous voyons passer à Gallarate et à Parme une revue de l'artillerie par « Raoul de Bensseradde, sei-

et missire Code Becarre[1], capitaines de la place ;
car, oyant ce bruyt, firent a coup mectre hors huit

gneur de Cheppy, Rieu et Argoulles, maitre de l'artillerie » (ms.
fr. 25784, n° 133).

En 1499, il avait reçu le commandement du château ou *Rocca*
de Milan, et Codeber Carre le commandement de la *Roquette*. Il est
porté au compte des pensionnaires du roi pour 400 livres sous le
nom de s^r *d'Espoy* (Compte de 1499, Portefeuilles Fontanieu). Le
P. Anselme assure qu'il était mari, et non fils, de Jeanne de Ligny.
Sa veuve se remaria avec un sire de Casenove.

1. Le commandement de la Roquette fut confié à un Écossais,
que la plupart des historiens ne nomment pas ou qu'ils décorent
des noms les plus différents : Girard du Haillan l'appelle *André
Quentin;* Gohori (*Hist. manusc.,* fol. 19), « Quintinum, scotum,
hominem bello egregium; » Jean Bouchet et autres, *Quentin l'Escossois*. Il s'appelait en réalité Codeber Carre ou Godebert Carre,
seigneur de Saint-Quentin-le-Verger et Parrigny ; il était chambellan et capitaine de Libourne, et le roi, le 20 décembre 1500,
lui attribua une pension de 100 livres. Il ne savait pas écrire, ou
fort peu ; sa signature, on ne peut plus mal tournée, permet de
lire *G. Car*. (Tit. orig., Caré, n° 2 ; ms. fr. 25718, n° 53.)

Il avait épousé Martine Stuart, dame de Saint-Quentin (Tit.
orig., Stuart d'Aubigny, n° 17), qui, en mourant, légua 20 livres
à l'abbaye de N.-D. d'Argensolles, au diocèse de Soissons, et qui
était sœur de Bérault Stuart d'Aubigny et de Guillaume Stuart,
seigneur d'Auzon. Codeber Carre n'était pas riche ; il possédait
275 livres de rente de ses biens, un revenu de 100 livres comme
capitaine de Libourne et de 940 comme capitaine de la Roquette. Il
était auparavant capitaine d'Amboise, aux gages de 600 livres par
an ; mais le maréchal de Gié, désireux de ce poste, le lui acheta
et lui procura sa nomination à Milan. Louis XII, en 1500, lui
donna une seigneurie en Milanais, estimée 1,925 livres. Codeber
Carre, malade, rentra en France en 1502 et fut remplacé dans son
commandement par Guill. Albernati. Il mourut à Paris et fut
enterré à l'église Saint-Paul. Il laissa un fils encore enfant, Gatien
Carre, et un neveu, Jean Carre. Sa succession comprenait, avec
ses immeubles, 9,936 livres de *bagues* et anneaux, 966 livres de
meubles, et à Milan des meubles estimés 40 livres et sa vaisselle
d'argent. Avec cela, on le trouvait fort à l'aise, et il prêtait beaucoup. Antoine de Bessey lui devait environ 90 liv. (ms. fr. 23980).

des plus grosses pieces d'artillerie qui fussent au
dedans et descharger coups au travers des maisons et
des rues, tant horribles qu'on heust dit que toute la
cyté devoit profonder aux abismes. Somme, la baterye et tonnerre de l'artillerye dura des une heure
apres mydi jusques au soir, et fist sur la ville tel
eschec que plus de trente fortes maisons et sumptueux
edifices furent percez et mys par terre et tant d'hommes,
de femmes et de petiz enfens mors et acranantés[1] que
l'orreur de ce me deffend n'en dire le nombre. Mais,
que quessoit, si cher comparerent[2] Millannoys leur
deffault que, une autres foys, premier que rebellion
commancer, leur devroit venir la chose a memoire.
Jucques au millieu de la place qui est entre le chasteau
et la ville[3], furent les Lombars avecques nos gens
escarmoucher; et tant aprocherent que main a main
se rencontrerent. Si a point se monstra le seigneur de
l'Espy a ceste affaire que a la deffence de l'artillerie y
parut jusques a l'effusion de son sang. Qui heust lors
veu faire tauldys et barrieres au travers des rues et
autour de la place escarmoucher, heust bien peu dire,
a certes, que guerre mortelle avoit la trouvé l'uys
ouvert; car, tant que le souleil donna lumiere a ce jour,
le tonnerre de l'artillerie ne le bruyt de la cyté heust
sillence. Que diray je, sitost que l'heure tarde fut
venue, Lombars bruytz et criz transquillizerent, et
Françoys, eulx et leur artillerye, se retirerent au chasteau.

1. Ou mieux : *acravantés,* écrasés.
2. *Achetèrent.*
3. Du côté opposé à la place d'armes. Trivulce campait dans le
parc attenant au château. Prato prétend que les capitaines du château lui auraient refusé l'entrée et même des vivres.

X.

Comment les vivres du chateau se cuyderent perdre.

Avec les souldartz de la place estoit lors ung Millannoys, nommé messire Louys de Pors[1], de grant aage et bien emparlé, aux gaiges du chasteau, servant de truchement pour advitailler la garnison, avecques ung Françoys, nommé Pierre Bordier, commissaire pour le Roy sur le faict du sel a Millan; lequel de Pors, pour son double couraige descouvrir, apres que chascun fut retiré segretement, habandonna le fort et dedans la ville s'en alla, et du povoir de la garde, des vivres, de l'artillerye et en somme de toutes les autres choses qu'il avoit pu veoir et cognoistre au chasteau avertist ceulx de la ville, et fist une autre chose, qui de plus cuyda nuyre aux Françoys, car, luy qui tous les segretz du chasteau avoit, luy estant dedans, cognuz et advisez, par une nuyt ouvrit les bondes et passées de l'eau qui abrairoit les fossés de dedans de la place, tellement que le moulin qui est contre les murs de la Roquete, devers l'entrée du parc, fut inondé et d'eau tout couvert. Les caves, où estoyent les farines, blez, vins, lartz, huylles, gresses et autres choses necessaires pour le soustien des souldartz de la place furent noyées et toutes remplyes d'eau, tant que, a toute peine, peurent estre sauvez les vivres qui dedans estoient. Et, en ce faisant, pour satisfaire a toute somme, celuy de Pors mist en gaige le priz du moule

---

1. Alvisio Porro (Prato).

de son chapperon ; qui, puys apres, comme sera dit, en paya la folle enchiere[1].

Dedans la ville de Millan ne fut seullement ce jour faict le butin, mais par toutes les aultres villes, places et burgades de la duché ; lesquelles, toutes a une voix et a une heure, comme entrepriz estoit, remplirent l'air de criz Mauryens, dont tous le Françoys, qui apres ce desacompaignez ou escartez en ses pays se trouverent, furent, scelon mon advys, maltrectez.

XI.

Comment l'armée du seigneur Ludovic fut a Comme.

Le premier jour de feuvrier, sur les deux heures apres mydi, estant le conte de Ligny a Comme avecques ce qu'il avoit de gens, apres avoir longtemps actendu l'armée du seigneur Ludovic, peut veoir, par experience vraye, ce que par ymaginacion actendoit ; car, le long d'ung lac qui des Allemaignes jusques a touchant de la ville de Comme refflue, plus de deux mille de pays, par eau, a combles barques et pleines gabbarres, luy furent en barbe gens armez, qui ne demandoyent que la guerre ; et, pour leur en donner, le conte de Ligny, avecques partie de ses gens, leur fut au devant, jusques sur le bort du lac, au droict de leur descente, et la fist arranger et charger son artillerye, et, eulx conviez a ce banquet, quatre faulcons leur mist a mont, qui pour riviere firent tel vol que, qui toute leur prise hust volu mectre en carbonnade,

---

[1]. V. plus loin.

divers entremetz si fussent trouvez. Pour revenir au parfait, si rudement furent reboutez que, plus de demy mille, furent contrainctz reculler, pour gaigner une abbaye qui estoit au bort du lac[1]; et, en eulx retirant, sans cesse tiroyent cannonnyers au travers la greigneur presse, et ne fut coup deschargé que quelqun n'en prist le bont ou la vollée; et de si pres fut failly le cardinal Escaigne que le bort de sa barque, a deux piedz pres de luy, fut d'ung coup d'artillerie emporté; et, eulx retirez a seureté, pour la nuyt passer dedans celle abbaye prindrent logis.

Voyant le conte de Ligny que autre ennuy ne leur povoit faire, avecques gens d'armes et artillerye se retira dedans la ville, laquelle avoit si a point rampàrée et fortiffyée de toutes choses neccessaires pour actendre sieges et assaulx que tout asseuré se cuydoit de la maistrize du passage contre le povoir du seigneur Ludovic et ses lancequenestz, jusques a la venue du secours de France, si plus de deux moys n'eust esté en demeure. Et bien donna le jour de devant a cognoistre a ses ennemys que par deffault d'estrangiers souldartz peu les doubtoit, car six cens Lombars et Piemontoys estans aux gages du Roy en avoit envoyez et cassez, sachant aussi que de seure fidelité entre eulx est peu de nouvelles.

XII.

Comment Comme fut rendu au seigneur Ludovic.

La nuyt, vigille de la Purification Nostre Dame, le

---

1. San Pietro?, en face de Como, de l'autre côté du lac.

seigneur Jehan Jacques estant dedans le chasteau de
Millan, ja adverty des approches de l'armée de Ludovic, pencent le povoir des Françoys, qui estoient a
Comme, contre les assaulx d'icelle n'avoir durée, et
sachant que, quelque peu de force qu'ilz fussent, pour
doubte de mourir n'abbandonneroyent la ville, et ausi
que bon besoing auroit le surplus de la duché de leur
secours, troys messaigiers coup sur coup transmist au
conte de Ligny, auquel mandoit, par lectres, que, si
pour l'honneur et proffit du Roy se vouloit employer,
que incontinant se retirast a Millan et qu'il en estoit
heure. Mais pourtant ne voulut desemparer. Tantost
apres vint segond messaige et lectres contenans que,
si la duché de Millan se perdoit pour le Roy, que la
deffence et tenue de Comme en seroit le seul moyen,
veu qu'elle ne povoit, scelon son advys, a Ludovic
resister et que les gens d'armes, qui dedans estoyent,
estoyent l'espoir de l'appuy du faix de la guerre ; par
quoy estoit mestier de lesser la place, qui tout a temps
se povoit recouvrer et subvenir a l'affaire du plus, qui
de secours ne se povoit passer. Toutesfoys ne fut celle
remonstrance occasion de retour au conte de Ligny ;
mais dist, de rechief, qu'il s'essayeroit de garder la
place tant que vivres et soubdartz pourroyent durer,
et luy sembloit bien que moult longuement pourroyent
atendre le siege, car la ville pour l'eure estoit assez
fortiffyée, et pençoit que, si, a la fin, par deffault de
vivres ou force d'assaulx d'ennemys estoit pressé, que
sans dangier a Millan se pourroit retirer, ou ailleurs,
a seurté, veu qu'il n'avoit afaire que a gens de pied
et ausi qu'il avoit l'issue du costé de Millan toute au
delivre. Ainsi heut propos deliberé de demeurer et

jusques a la fin deffendre la place ; et, pour ce, mist gens d'armes et artillerye sur les murailles de tous costez, si a point que aux assaulx des ennemys deffence mortelle avoit preparée. Derrenieres lectres vindrent, par lesquelles estoit dit au conte de Ligny, sur toute l'obeissance qu'il devoit au Roy et toute la craincte qu'il avoit de l'offencer, qu'il se retirast a Millan, et pour cause, ou sinon, qu'il fercit en sorte que envers le Roy se pourroit mal trouver ; et, en lessant la place, de riens ne povoit amaindrir le priz de son honneur, car myeulx estoit soy d'heure retirer, pour l'accroissement du commun proffit, que a la longue tenue d'honneur singulier s'arrester et hazarder le tout a perdicion inrecouvrable.

Voyant le conte de Ligny que, si plus tenoit la ville et que par avanture inconveniant en advint, que par le seigneur Jehan Jacques envers le Roy ne seroit espargné, et ausi que myeulx se povoit trouver aux affaires du Roy en liberté des champs que en subjection de place assiegée, supposé que ce fust contre son vouloir de lesser la place, ce neantmoings, pour desloger, fist armer ses gens et mectre en charroy son artillerye, et ne voulut partir de la ville que ne fussent plus de huyt heures du matin, en actendant sur la place la venue de Ludovic et son armée, pour leur vouloir au departir donner une escarmouche ; mais oncques ung seul de l'abbaye, ou ilz avoient celle nuyt couché, pour l'heure ne sortit. Ainsi se misrent Françoys a chemin droict a Millan. Tout ce jour chevaucherent jusques au soir, et par les chemins rancontrerent plus de quatre mille Lombars en armes, cryans : *Maure, Maure*, a plaine voix ; et moult ennuyerent les gens d'armes,

car tousjours estoyent au derriere et aux costez, en
aguect d'actaindre quelqun, mais, tant en fust estandu
par les chemins que de leur sang estoyent tous emfon-
dus. Entre les cinc et six heures du soir, tant approcherent la ville de Millan[1] que a l'entrée du parc se
trouverent. A leur venue fut en la ville sonné ung
allarme, et tantost furent en place plus de quatre mille
Lombars et au dedans du parc contre les Françoys
leverent une escarmouche. Voyant le conte de Ligny,
qui ancores ne savoit de la rebellion[2], que sur ses
Millannoys failloit charger, au devant leur envoya deux
faulcons, qui les chacerent sitost, qu'il n'avoyent ailleurs a pencer que a trouver leurs maisons pour le plus
seur. Apres qu'ilz heurent vuydé, le conte de Ligny
avecques ses gens entra dedans le chasteau, ouquel
fallut pour celle nuyt loger gens et chevaulx; car la
ville estoit pour l'heure empeschée, voire tant esmeue
que, des le soir jusques au matin, ne cesserent Millanoys de b[r]ansler baiffroiz et crier allarmes. Celle nuyt
la, se misrent en armes plus de deux cens mille
hommes, car toutes les rues et places de la ville
estoyent tant plaines de gens armez que terre soubz
eulx n'apparoissoit. C'estoit bien merveilles de veoir
l'esmotion civille; car elle estoit tant impetueuse qu'onques, despuis le temps de Marius et Lucius[3] Sila,
romains, n'en fut veue de pareille.

1. Il y a près de 50 kilomètres de Milan à Como.
2. Le récit de Jean d'Auton n'est pas très clair. Ligny arrivait
de Como le jour même de la rébellion, ayant, la veille et pendant
la nuit, échangé avec J.-J. Trivulce trois communications succes-
sives. Mais, alors, comment la nuit qui suivit fut-elle si agitée ?
Jean d'Auton nous avait précédemment dit qu'elle était très calme.
3. Ou Lucius Cornelius Sylla.

XIII.

Comment le conte de Ligny et le seigneur Jehan Jacques sortirent du chasteau de Millan et se misrent aux champs.

A tous effors se reveilloit guerre mortelle en Lombardie et a ruyneux effect preparoit hayneuse discorde ; mais contre ce, que povoyent la ores les Françoys ? A certes tout bien advisé, peu de chose ; mais pour tant ne furent cueurs virilles effeminez, ains aviserent celle nuyt que au meilleur remede failloit avoir recours, et si a point misrent l'affaire en conceil que a l'essay de necessité vergente fut mys en œuvre le povoir de vertueux courage. Et, cognoissant le conte de Ligny, qui, a la peine de son honneur, avoit le faix de la guerre a soustenir, la rebellion de toute Lombardie contre luy, l'insurrection du peuple de Millan en veue, la venue de l'armée du seigneur Ludovic prochaine, le secours de France longtain, soy mal acompaigné de souldartz, le chasteau de Millan, pour longuement soustenir tous les gens d'armes qui dedans estoyent, mal advitaillé, fut d'avys, avecques quelque nombre de gens, de prendre les champs, doubtant que par siege ne fust illecques arresté. Voyant ausi que la place, a plus peu de garde, par long temps contre la puissance du seigneur Ludovic se povoit deffendre et que toutes les autres places, tenans pour le Roy, estoyent bien en voye d'avo[i]r tost bescing de bon secours. Et, tout ce mys en avant, chascun cognut que c'estoit le moyen dont myeulx se pourroyent trouver.

Le troisiesme jour de fevrier, sur les cinq heures du matin, sortirent de la place le conte de Ligny, le seigneur Jehan Jacques, le seigneur d'Auzon et le capitaine Coursinge, avec troys cens hommes d'armes et deux cens Suyces. Pour la garde du chasteau demeurerent cinq cens souldartz, soubz la charge du seigneur de l'Espy et de messire Code Becarre, capitaines de la place, avecques grant force, artillerye et vivres pour bien long temps. Et, avecques ceulx demeurerent le cardinal de Cosme[1], l'évesque de Luxon, chancellier de Millan[2], l'evesque de Novarre[3], ung ambaxadeur de Venise (l[e]quel mouroit de peur)[4], messire Glaude

---

1. Antonio Trivulzio, cousin de Jean-Jacques.

2. Pierre Sacierges, ou de Sacierges, évêque de Luçon, était, en 1470, secrétaire du duc de Guyenne; nous le trouvons, en 1475, docteur en tous droits, notaire-secrétaire du roi, procureur au grand conseil, juge-mage et lieutenant-natif du pays de Quercy; en 1483, serviteur de Charles VIII et membre du conseil de régence; en 1498, des lettres patentes, du 13 juillet, le commettent à la présidence du grand conseil, en l'absence du chancelier. Louis XII le désigna comme chancelier de Milan, et des lettres patentes, datées de Vigevano, le 11 novembre 1499, lui maintinrent ses gages du grand conseil, malgré sa situation de chancelier de Milan, ce qui n'indiquait pas une bien grande foi dans l'avenir de l'œuvre. C'est seulement le 4 septembre 1501 que Pierre Sacierges fut remplacé au grand conseil par Gervais de Beaumont (Tit. orig., Sacierges, n°s 2, 3, 4 ; ms. fr. 21104, fol. 24; ms. fr. 10237, fol. 63; Bernier, *Procès-verbaux des séances du conseil de régence du roi Charles VIII*).

3. Girolamo Pallavicino, bien connu comme poète. La famille Pallavicino s'était ardemment jetée dans le parti de Louis XII, qui, en 1499, reconnut son dévouement en lui donnant le fief de Borgo S. Donino (Poggiale).

4. C'était un secrétaire de la seigneurie de Venise, nommé Zuan Dolze.

d'Aiz[1] et messire Geoffroy Carles[2], docteurs, la contesse de Misoc, femme du seigneur Jehan Jacques, et une sienne fille[3]. Apres que tout fut mys en ordonnée police, au partir, prya le conte de Ligny les cappitaines de la place que a la garde d'icelle heussent le proffit du Roy et leur honneur pour recommandez et que de dangier n'eussent doubte, car leur secours estoit en voye, qui assez d'heure leur viendroit a besoing. Et, ce dit, aux champs se misrent les Fran-

---

1. Claude d'Aiz n'est autre que le célèbre historien Claude de Seyssel, qui prend part, en 1498, au procès de divorce de Louis XII sous le même nom de « Claudius de Aquis. » Claude de Seyssel, né à Aix en Savoie, maitre d'hôtel du duc de Savoie, passa en 1465 au service de la France sous Louis XI. On croit que Claude, son fils, était fils naturel, mais cette question est controversée. (Voy. Notice de M. C° Promis, dans les *Miscellanea di storia italiana*, t. XIII.) D'après Belleforest, Claude était encore, en 1499, « un simple soldat, » que Louis XII vit à Milan, prit en gré et poussa dans l'Église..... Il n'en est rien ; mais ce qui est certain, c'est que Seyssel n'entra pas tout d'abord dans les ordres. Conseiller au grand conseil et ambassadeur le 29 juin 1499, il fut nommé conseiller lai au parlement de Toulouse ; la même année, il entra au sénat de Milan et il y fut définitivement nommé le 2 mai 1502 ; il rentra au grand conseil le 27 janvier 1506, anc. st. (ms. fr. 21104, fol. 26, 38 ; Tit. orig., Seyssel, n°s 5, 6). Il remplit de nombreuses ambassades, notamment en 1513 près des Suisses (ms. fr. 20979, fol. 74), puis à Rome. Ce n'est pas ici le lieu de s'étendre sur sa vie et ses œuvres ; rappelons seulement qu'il fut successivement évêque de Marseille et archevêque de Turin ; il mourut dans cette dernière ville, et fut enterré dans la cathédrale (Ughelli, *Italia sacra*, IV, 1483 et s. ; Carutti, *Storia della diplomazia della Corte di Savoia*, I, 527 et s.).

2. Geoffroy Carles était, dit-on, originaire du pays de Saluces. Il fut premier président du parlement de Grenoble de 1510 à 1514 (Chorier, *Hist. du Dauphiné*).

3. Béatrice d'Inigo, femme de Jean-Jacques. Elle accoucha au château, au milieu de tous ces événements (Marinc Sanuto, III, 202).

çoys et, a l'entrée du parc, tinrent ordre de bataille, les pietons devant, marchant le droict chemin de Novarre. Au desloger allarmes de toutes pars parmy la ville furent criez, et les Lombars, a turbes et a tas, sur les piedz. Tousjours marchoyent gens d'armes françoys, en si bon ordre que, par deffault de ce, riens n'alloit en arriere : ausi n'estoit pour l'heure desroy de saison, ne l'escart proffitable; car la nuyt de devant avoyent les gens du pays par les chemins et santiers faict tranchées et fossez, pons et planches abbatuz, grans arbres entraversez en la voye et sur les passaiges faict tant d'autres empeschemens que moult fut difficille la passée. Toutesfoys, chascun comme il peut se mist oultre. Sur queuhe estoyent tousjours mille ou doze cens Lombars, avecques grans picques et partizanes, en leur effort de trouver quelqun a l'escart; mais, apres tous leurs destours, la pluspart de la perte fut pour eulx, car si a profflct, a chief de foys, furent par les François rechargez que plus de cent y demeurerent. Moult heurent ce jour les Françoys a besoigner, car oncques ne misrent pied a terre, et leur fut la repeue si tarde que a ventre vuyde passerent le jour jucques a cinc heures du soir, et ne fut sans avoyr maintz ennuyeulx allarmes, car, entre Millan et Novare, failloit passer par six ou sept bourgades, nommées Sainct Pierre d'Oulme[1], Sedryane[2], Magente[3],

---

1. San Pietro l'Olmo, premier village de la route de Milan à Novare.
2. Sedriano, arr. d'Abbiategrasso.
3. Magenta, illustré par la bataille de 1859. Après Magenta, les Français n'avaient plus qu'à traverser le Tésin et à marcher droit sur Novare. Mais ils durent reculer à Corbetta, puis descendre au

Corbete[1], Cast[2], Casten[3], l'abb[a]ye de Brena[4] et le port de Gaya[5] sur le Tisin, lesquelles n'estoyent fermées, mais de barrieres, taudys, rempars et fossez fortiffyées si a point que, a gent desarmée de vertueux couraige, devoyent iceulx passages sembler inaccessibles ; mais neccessité, qui ausi les foibles rainforce, mist la son povoir en avant, tellement que, pour l'empesche des chemins trenchez ne les embusches des Lombars, qui sans nombre estoyent illecques en armes, ne demeura que Françoys ne tirassent oultre, mais non sans avoir escarmouches et allarmes. Toutesfoys, y heurent Lombars si peu d'avantaige que leurs villes furent prises, et aucunes d'icelles données au feu, et mesmement Corbete et Cast, qui, a tous deffens, le passage empeschoyent[6]. Dedans Corbete, fut trouvé ung Françoys prisonnier, nommé Symon Noyer, clerc d'ung des tresoriers des guerres, nommé Geoffroy de la Croix[7], et se sauva celuy clerc par une

sud, et, après avoir tâtonné, ils remontèrent brusquement vers Bernate, au nord, où ils passèrent la rivière.

1. Corbetta, arr. d'Abbiategrasso.
2. Castellazzo de' Barzi.
3. Casterno.
4. Bernate.
5. Galliate, sur la rive droite du Tésin.
6. Prato cite aussi Sedriano.
7. Il y avait deux trésoriers des guerres, Pierre Legendre et Geoffroy de la Croix. Geoffroy de la Croix exerça ces fonctions pendant toute la durée du règne de Louis XII ; disons de suite qu'il avait épousé, à Paris, une fille de Jean Marcel et de Jeanne Fouquet, et que, veuf dès 1504, il avait la tutelle de ses trois enfants, Claude, Anne et Marie. Il n'était pas, comme on l'a dit, fils de Guillaume de la Croix, gouverneur de Montpellier (Tit. orig., De la Croix, n°s 32, 81, 82; cf. n° 70 et s.). Il était seigneur de Ricquebourg et autres lieux, et seigneur en partie de Plancy

fenestre, a la venue des Françoys, lesquelz firent la courir la flamme, qui tantost fut si grande que tout fut espriz. Les Françoys, avecques tous leurs ennuyz, voyant que le deluge du feu ne pardonnoit a nul sexe et les femmes et petiz enfens, pour crainte du glayve, se lessoyent abbrazer en passant par les rues, comme meuz de pitié, avecques lances et picques, par l'ouverture des fenestres, donnoyent ayde a ceulx qu'ilz veoyent au danger du feu ; et, mesme, le conte de Ligny, par une corde qu'il tenoit d'ung costé, des femmes et petiz enfens, qui ja sentoyent l'arseure, par une fenestre fist descendre et mist a sauveté. Toutesfoys, furent les maisons brullées et tant de sang effus que, par les rues et chemins, montjoyes[1] de mors servoyent de brisées a ceulx qui les Françoys heussent voulu suyvre. Tout ce jour autre mestier ne firent les gens d'armes françoys, jusques sur le soir, qu'il fut droicte heure de loger, et question de repestre. Dedans une petite ville, nommée Gaya, estant a troys mille pres de Novarre, falut aux Françoys prendre logis, laquelle, pour l'heure, ne dist mot : mais, pour ce, ne fut l'armée tant asseurée que gens d'armes toute nuyt, supposé que besoing extreme heussent de repos, n'eussent l'ueil au guet. Apres la repeue, que chascun estoit en garde, sur l'heure de la mynuyt, par la ville fut cryé : *Maure, Maure*, dont gens d'armes se tindrent serrez, sans faire bruyt, et deffendit le

---

en Champagne. Quoiqu'il eût cédé ses droits à Jacques de Neufchastel, son fils, Claude, maître des comptes, devint la tige des barons de Plancy (id., n°s 83-84, 87-96, 108).

1. On appelait à proprement parler *mont-joye* les tas de pierres érigés jadis par les chevaliers comme monument d'une victoire.

conte de Ligny que, pour faire occision ou roupture, nul ne fust en desarroy, doubtant que rainfort de Lombars ne fust illecques survenu; toutesfoys, si par les rues nulz espartz ou escartez se trouvoyent, ce n'estoit seullement que a la peine de leur vye.

XIV.

Comment le capitaine Louys d'Ars, avecques quarente hommes d'armes et quatre vingtz archiers, passa tout le travers de Lombardye.

A Bellinsonne avoit esté transmys Louys d'Ars, pour icelle garder, qui, apres avoir avitaillé le chasteau que tenoyent les laquays et faict plusieurs cources et escarmouches sur les Allemans et Suyces qui venoyent au secours du seigneur Ludovic, voyant qui estoit heure de soy retirer, ainsi qu'il luy estoit mandé, le jour de la Nostre Dame Chandelleur, prist le chemin de Comme, cuydant la trouver le conte de Ligny. Devant avoit envoyé vingt archiers pour cuyder prendre le logis; mais, eux approchez a quatre mille pres de Comme, sceurent que le conte de Ligny estoit parti pour aller a Millan, et que le seigneur Ludovic et le cardinal Eschaigne, avecques grosse armée, estoient dedans. Et, sans plus marcher en avant, tournerent bride vers le cartier, ou avoyent lessé leur capitaine; mais, par deffault de guyde, s'escarterent et ne le trouverent point, dont furent moult soubcyeux de son esloing, et, voyans qu'il n'en estoit autres nouvelles, pencent qu'il avoit sceu la venue de Ludovic et que vers Millan s'estoit retiré, prindrent celle part :

tout ce jour furent a cheval et, de toutes pars, avoyent Lombars en queuhe, qui moult leur firent d'ahan. Plusieurs en occirent et, malgré eulx, passerent leur chemin : plus de cent mille de pays firent ce jour, sans repaistre ; et tant furent a la parfin mal menez que la pluspart d'eulx perdirent leurs chevaulx ; car la doubte de la fureur des villains, qui partout estoyent en armes, leur avoit interdit l'entrée des villes et villages, dont n'avoyent retrecte, fors les champs et les boys, qui troys ou quatre jours leur furent de saison ; ou la de peu de provision furent repeuz ; ilz ne tenoyent chemin ne voye et n'alloyent que de nuyt. Et, eulx estans en tel affaire et voyans le plain pays pour Ludovic, penccrent que Millan n'en faisoit pas moings : dont conclurent que a Novarre au mieulx qu'ilz pourroyent se retireroyent. Somme, si bien aviserent en leurs besoigne que ceulx qui leurs chevaulx avoyent peu garder se retirerent a Novarre, et les autres, en habitz deguisez, l'ung apres l'autre, quatre ou cinc jours apres la Nostre Dame, tous lassez et affamez, se rendirent.

Louys d'Ars, qui ses gens vers Comme avoit envoyez, comme dit est, veoyant leur longue demeure, ne sceut que pencer d'eulx, si n'est que par embusche de Lombars fussent deffaictz ou desvoy de chemins esloignez, dont se hasta de marcher pour en ouyr quelques nouvelles ; mais d'eulx autre chose ne sceut pour l'eure. Et fut, en tirant vers Comme, averty du partement du conte de Ligny et de la venue des ennemys. Ja estoit sur le vespre et temps de chercher logis : touteffoys, pour l'heure ne luy fut illecques sain le sejour, dont prinst son adresse vers Millan. Pres de la, luy et ses gens prindrent une legiere repue, puys monterent a cheval. Toute celle nuyt et le lendemain, jusques sur le soir, furent en voye. Et a toutes mains sur eulx cources et saillyes fasoient les Lombars, mais si a droict estoyent rechargez, et en tel ordre tenoit celuy capitaine ses gens, et si a point conduisoit son affaire que, a chief de besoigne, estoient ses ennemys tousjours reboutez et les siens mys au delivre, en sorte que d'ung tout seul ne fut son nombre amaindry. En approuchant la ville de Millan, de huit mille pres, sceut, par aucuns paisans, que le conte de Ligny et le seigneur Jehan Jacques tenoyent les champs et que la ville s'estoit contre eulx rebellée, et que vers Novarre se retiroyent : dont luy faillut, a cartier, retourner plus de quatre mille, pour gaigner le droict chemin.

Ce jour, troisiesme de fevrier, luy et ses gens, sans desemparer le chemin, furent a cheval. De Lombars en armes estoit la voye toute remplye, qui, a tour de bras, a la passée donnoyent aux Françoys coups et horions et leur fasoyent le comble du pys qu'ilz povoyent, mais, a l'espirer, de si mal leur servit leur aguet apencé que des ennuiz, dont ilz cuydoyent les gens d'armes fatiguer, furent pressez et actaingtz, et, comme ceulx qui chéent en la fosse que pour la mort d'autruy preparent, dedans leurs mesmes embusches et destroictz furent assommez et deffaictz. De l'interit et nombre d'iceulx ne feray autre compte, si n'est que, par les chemins, hayes, buissons par ou avoyent les Françoys passez, tant de Lombars et autres Mauriens souldartz estoyent applatiz et estandus que, a ses enseignes, heust on peu dire que guerre affamée avoit illecques faict une repeue. Tousjours marchoyent

Françoys pour approcher Novarre; et, sur l'heure de vespres, dedans une burgade, nommée Bufferores[1], pour repaistre descendirent, car besoing en avoyent, comme ceulx qui de tout ce jour n'avoyent de cheval descendu. Mais sitost n'eurent chevaulx establez et la premiere vyande a la bouche que les Lombars du bourg et des environs sur le passage ne fussent en armes, voire en tel nombre que assez sembloyent estre pour tenir contre dure main longue bataille. Hastivement, remonterent Françoys a cheval, pour gaigner pays. Avecques picques et rançons hors du village se trouverent iceulx Lombars, pour au Françoys cloure le chemin; mais, au joindre, cogneurent que a leur desavantage tournoit leur emprise, car la n'y heut Françoys (nonobstant les travaulx et ennuyz que, deux jours et deux nuytz, avoyent ja soustenus) qui, a cest affaire, ne se monstrast si vigoureux que, qui les heust lors veuz en besoigne, n'eust pencé que de lasseté ou de famine heussent esté actainctz. Si avoyent ilz, ce jour, faict sans repaistre plus de quatre vingtz mille de terre. Que diray je? Chascun fasoit ce qui est au povoir du grant possible humain, car, nonobstant que a plus de quatre mille hommes armés heussent affaire, toutesfoys, a toutes hurtes, avoyent ilz l'avantage et mectoyent leurs ennemys a bas.

Bien se faict a commemorer que le chief fut de telle conduyte que, entre tant de perilleux dangiers et mortelles embusches, ung seul des siens ne perdit; car tousjours avoit l'advys et la main a la deffence de

---

1. Boffalora sopra Ticino, sur la route de Milan à Novare, entre Magenta et la rive gauche du Tésin.

ceulx qui besoing avoyent d'ayde. Somme, si des tresors de louange vouloye par mes escriptz aucuns enrichir, a cestuy en oseroye si largement departir que james n'en seroit disecteux, voire et n'auroye pas peur que par satire future j'en fusse repriz; et, a tant, je m'en tays, lessant le surplus au pencer de ceulx qui plus a plain le labeur et merite des œuvres millitaires pevent savoir.

Et, pour rentrer, malgré toute la puissance des Lombars, celuy capitaine, avecques quarante hommes d'armes et quatre vingtz archiers, passa tout le travers de la duché de Millan et la riviere de Tisin, entre Millan et Novarre, et aprocha le bort d'ung des autres costez de celle riviere, a deux mille pres de Gaya. Et ce povoit icelle riviere passer a gué; mais, pour ce qu'il estoit de nuyt et que nul ne cognoissoit le passage, et ausi que les paisans de autour avoyent tous rompus les pons et planches abbatues, ne sceurent les Françoys oultre passer, car voye asseurée n'apparoissoit. Toutesfoys, ung Albanoys, qui estoit de la compaignye, se mist a traverser le gué et passa oultre; lequel d'avanture se mist au chemin de Gaya et fist tant qu'il vint a la ville, ou trouva le conte de Ligny et le seigneur Jehan Jacques, ausquelz compta comment Louys d'Ars et ses gens estoient hors du destroit des montaignes et du danger des Lombars, qui, deux jours et deux nuytz, sans cesser, leur avoyent donné la chace, et comment a deux mille pres, entre deux rivieres, les avoit tous ensemble lessez, et que pour l'heure n'avoyent deffault que de guyde, avecques mestier de vivres et besoing de repos.

Le conte de Ligny et le seigneur Jehan Jacques et

tous les oyans heurent, a l'ymaginer, merveilles et
joye au cueur de la venue d'iceulx, comme de nouveau
rapport d'amys mors ressuscitez. Tost furent gens
envoyez au devant pour leur monstrer la passée du
gué et le chemin de la ville; mais, ja, estoyent hors
de la riviere et avoyez droict a Gaya. Entre six et sept
heures au matin, entra Louys d'Ars avecques ses gens
dedans la ville de Gaya, ou trouva le conte de Ligny,
le seigneur Jehan Jacques et plusieurs autres, tant
joyeulx de leur venue que plus ne pouroit.

Ce jour, qui fut ung mardy, quatriesme de feuvrier,
les seigneurs de la ville de Novarre[1], pour monstrer
que vivre vouloyent en l'amour des Françoys et pour
leur querell mourir et, a besoing extreme, secourable service leur donner, nonobstant la grosse puissance de Ludovic et la rebellion de toutes les autres
villes de Lombardye, aux lieutenans du Roy presen-
terent leur cyté, demandant secours contre la force
dudit seigneur Ludovic, qui la ruyne desolable d'icelle
et occision du peuple avoit jurée; lesquelz furent
amyablement receuz et de leur requeste asseurez.

Ce mesme jour, transmist le conte de Ligny une
poste devers le Roy, qui lors estoit a Bloiz, pour l'aver-
tir des effors de Ludovic et des prises qu'il avoit faict
sur la duché de Millan, et des places qui ancores
estoient entre les mains des Françoys, desquelles ne
failloit jusquez a long temps avoir nulle doubte[2], et
que sur ce a son plaisir advisast.

1. Et particulièrement les Tornielli.
2. Les Français occupaient tous les châteaux, et aucun ne fléchit.
La nouvelle du retour de Ludovic causa dans toute la Lombardie
et à Gênes un trouble profond et amena mille désordres. La plu-

De ce avoit ja le Roy esté adverty et mise son armée sus pour aller celle part; laquelle conduisoit le sire de la Trimoulle, qui, a toute peine, mectoit diligence de mectre son voyage a fin.

Le mercredi, cincquiesme jour de feuvrier, le conte de Ligny et le seigneur Jehan Jacques, avecques leurs gens d'armes, entrerent dedans la ville de Novarre, et la sejournerent dix ou douze jours, en actendant la venue de l'armée, qui estoit allée a Fourly, laquelle approchoit et estoit sur les champs.

XV.

Comment le seigneur Ludovic fut de Comme a Millan.

Le jeudi, sixiesme jour de fevrier, le seigneur Ludovic, voulant gaigner pays, avecques son armée sortit de Comme et se mist en voie droict a Millan, ou avoit, le jour de devant, envoyez le cardinal Escaigne et messire Galeas pour prendre le logis et veoir la con-

---

part des villes se virent ainsi réduites à l'impuissance d'agir dans un sens ou dans un autre. Alexandrie et Milan se déclarent cependant pour Ludovic, Gênes et Plaisance pour la France (Senarega; Ghilini; Roselli, *Storie Piacentine;* Poggiali, *Memorie storiche di Piacenza;* Schiavina.....). Quant aux Vénitiens, ils se croisèrent les bras, malgré les pressantes objurgations de Louis XII. A défaut de Vêpres siciliennes, on massacra obscurément dans les hôtelleries du Milanais tous les Français isolés qui se rendaient au jubilé de Rome. Les Français plus tard brûlèrent ces hôtelleries (*Rozier Historial*). On accusait Ludovic d'encourager ces assassinats et de payer un ducat chaque tête de Français (*id.*). Ces événements ont été très inexactement rapportés, notamment dans *Victoires, conquétes, revers... des Français,* t. V.

tenance du peuple, auquel bonnement ne se fyoit[1]. Toutesfoys, avecques partye de ses gens, entra dedans la ville; mais tant ne se voulut arrester a la seurté des cytoyens que plus d'ung jour y voulust faire demeure; ains y laissa le cardinal son frere et, a tout son ost, prinst le chemin de Pavye, en laquelle fut de ceulx de la ville honnorablement receu. Dedans le chasteau avoit garnison de Françoys, lesquelz furent assiegez et batus d'artillerye longuement; mais, voyans que assez forte n'estoit la place et que de secours n'estoit pour eulx nouvelles, parlamenterent et, apres maintz bons partiz que leur promist le seigneur Ludovic, leurs bagues sauves, se rendirent. Et dedans fut dix jours[2] a sejour ledit seigneur Ludovic et puys s'en alla a Vigeve[3].

Dedans Novarre estoient lors le conte de Ligny et le seigneur Jehan Jacques, avecques les autres capitaines et gens d'armes, qui, sans cesser, pensoyent de l'affaire de la guerre : et, eux sachans l'armée du seigneur Ludovic tant prochaine d'eulx que, d'heure en autre, n'en actendoyent que la veue, tout le peuple

1. D'après Prato, Ascanio entra à Milan le 3 février, et Ludovic le 4.
2. Quinze jours, selon Prato. Vigevano résista et obtint d'échapper au pillage.
3. Un des premiers soins de Ludovic fut d'engager tous ses bijoux, estimés 150,960 ducats, sans compter divers parements d'or. Plusieurs de ces bijoux étaient estimés 10 et même 25,000 ducats. Il en tira, sur prêt, environ 63,000 ducats (Fr. Peluso, *Archivio storico lombardo,* 1878). Il fit flèche de tout bois pour se procurer de l'argent et mit en réquisition les couvents. Le 16 mars, il prit au trésor du Dôme de Milan des objets précieux donnés par le comte Vimercati (*Annali della fabrica del Duomo di Milano,* III, 114. Cf. Prato).

de Lombardie bransler soubz la main du seigneur Ludovic, leurs secours espartz et escartez, leur povoir mal appuyé pour longuement pondereux faix de la guerre soustenir, leurs vivres encherir et appetisser, et maintes autres menaces que la main tournant de Fortune incertaine leur fasoit, si de pencer soubcyeux furent souvant assailliz merveille ne fut. Toutesfoys, pour mectre la chose en myeulx, sur ce voulurent, a porte close, conseil celebrer, qui de divers propos fut tenu ; dont aucuns d'eulx furent d'avys que, sans autre rainfort le venüe du seigneur Ludovic actendre, c'estoit œuvre a l'aventure, actendu que leur povoir n'estoit suffizant pour a luy resister, et myeulx estoit soy retirer a Verceil, en Piemont, en actendant leur secours.

Le conte de Ligny, qui a ce fil voyoit l'honneur des Françoys bransler, heut pencée moult differente a ce propos et dist que, desemparer la place, estoit ouvrir le chemin de seureté aux ennemys et cloure le pas de retrecte a leurs secours ; par quoy, n'estoit d'oppinion d'abbandonner le fort et que, de sa part, plus tost y demeureroit seul aux perilz de fortune que, ung seul pas, reculler en seureté reprochable. Et, ce dit, plus question ne fut de retraicte.

Apres ce, furent nouvelles que le seigneur d'Allegre, avecques ses gens d'armes, approchoit la Lombardye, dont fut advisé que le conte de Ligny yroit au devant ; lequel, sans avoir doubte des embusches de l'armée du seigneur Ludovic, avecques soixante chevaulx saillit de Novarre et prist le chemin du Cazal, qui est une ville[1] du marquissat de Montferrat, sur la voye

---

1. Et même la capitale.

par ou devoit passer le seigneur d'Allegre avecques
ses gens. Sitost qu'il fut en la ville, il sceut que le
seigneur d'Allegre marchoit; et affin que pour l'empesche de la riviere du Pau, que passer failloit a l'armée, elle ne fust en demeure, avecques bateaux
atachez l'ung a l'autre, bien foncez et ancrez au fons
de l'eau, fist le conte de Ligny ponter icelle riviere,
qui moult estoit large et profunde, et fist le passage
tant accessible, que gens d'armes a cheval et le charroy de l'artillerie y povoit passer ausi seurement que
par ung chemin errant.

XVI.

Du retour de l'armée qui estoit allé a Fourly.

L'armée que conduisoit le seigneur d'Allegre s'estoit, comme est escript, mise au retour, pour venir
la duché de Millan secourir, laquelle prinst son adresse
vers Boulloigne la Grasse, qui est une ville moult
grande, forte et bien peuplée[1]; et, sachant icelle la
venue des Françoys, devant le povoir desquelz les
fortes places des Italles n'avoyent eu tenue, a leur veue
volut mectre sa force en place et, pour monstrer de
quoy, plus de cent mille hommes devant et dedans
ladicte ville furent a la venue desdits Françoys mis
en armes. A l'approcher, voyans gens d'armes françoys si grande puissance tenir arroy, sur ce ne
sceurent que pencer, si n'est que pour le seigneur
Ludovic contre eulx voulsissent garder le passaige,

1. Cf. Tonduzzi et Minacci, *Historie di Faenza*, p. 551.

ou que, pour doubte de pillage ou d'autre force, se fussent ainsi iceulx Boullonnoys armez. Toutesfoys, sachans que par la falloit passer, hommes d'armes prindrent leurs armetz et misrent la lance sur la cuisse, cannonnyers chargerent artillerye, Allemans hacquebutes et picques apresterent et Gascons banderent arbalestes; somme, chascun se disposa au combat, si besoing en estoit, et, en bataille, l'armée, tout le long des murailles et devant les portes de la ville, marcha ausi fierement que si de cincquante mille hommes heust esté rainforcée; et, entre tous les gens d'armes françoys, avoit ung esdit que, si une piece d'artillerye ou ung homme seul par inconveniant estre arresté, que chascun s'arrestoit jusques a ce que tout fust a point, et ainsi par desordre riens ne se perdoit.

C'estoit chose bien estrange de veoir d'une seulle ville yssir tante puissance. Tout le dessus des murailles estoit couvert de testes armées, devant chascune des portes, dont il y en avoit huyt ou dix : plus de quarante[1] quatre mille hommes armez estoyent et, tout le long des rues, par la veue des portes qui a demy estoyent entre ouvertes, n'apparoissoit que gens d'armes, qui, a la passée, sans faire nul semblant d'empescher l'armée, cryoyent : *France*, *France*. Autre ennuy ne donneret aux Françoys. Mais, voyans le peu de nombre d'iceulx au regard de leur povoir, disoyent l'ung a l'autre que, a celuy jour, acqueroyent les Italles le plus grant reproche de lascheté que fist oncques region et que c'estoit grant honte a tout le pays

---

1. Le texte original porte « *q. quatre.* » Le texte du ms. 17522 porte seulement *quatre,* ce qui parait, en effet, plus probable.

d'Ytallye lesser a si peu de Françoys charroyer le curre triumphal, dont furent jadis les chevaliers romains, sur tous autres heritiers, et possesseurs ; que le pusillanime vouloir des Ytalliens modernes lessoit bien estaindre et anyentir la glorieuse renommée des preteritz triumphateurs de Romme, avec plusieurs autres parolles envyeuses du loz françoys ; lesserent ainsi passer l'armée, laquelle se mist en voye vers la duché de Ferrare, ou bien pencoit trouver l'ost du seigneur Ludovic, qui la seur[1] du duc de Ferrare avoit esposée. Toutesfoys autre rancontre n'y trouva, fors de deux cens estradiotz et quelque nombre de gens de pié, qui luy voulurent empescher la voye et charger sur l'arriere garde : mais tant a prouffit rechargez furent que plus de vingt Albanoys demeurerent sur le champ, et a coups de trect plusieurs de leurs chevaulx furent tuhez ; les autres gaygnerent a fuir. Sur l'enfenterie fut faict tel chapliz que plus de deux cens passerent par la pointe de l'espée. Et pensoit on que le duc de Ferrare eust faict faire l'escarmouche ; toutesfoys, il desavoua le faict ; dont occasion n'eurent les Françoys luy courir, mais prindrent le chemin de Parme et de Plaisance, lesquelles receurent l'armée sans contredit. Apres, fut faict le logis a une petite ville nommée l'Estradelle[2]. Et, au desloger, heurent les Françoys sur les champs quatre cens estradiotz en barbe, qui, de la longueur d'une picque, l'arriere garde et les helles de la bataille souvant approchoyent, mais aux lances baisser tournoyent le doz et, des ce qu'on mar-

---

1. La fille du duc de Ferrare, Béatrix d'Este.
2. Stradella.

choit, de rechief revenoyent et ainsi conduisirent l'armée de la jusques a ung pont, ung mille pres d'une ville, nommée Voguere, en la duché de Millan. Et, pour le danger des embusches, aux gens d'armes avoyent les capitaines deffendu que, pour suyvre ceulx estradiotz, homme ne prist l'escart. Et, ainsi que les Françoys passoyent celuy pont a la fille, sur les derreniers voulurent charger estradiotz et empescher le pas. La fut ung jeune gendarme, nommé Chavanes, guydon de la compignye du seigneur de Champdée; et, voyant l'ennuyeux passetemps de ses coureurs, avecques vingt hommes d'armes se vint mesler entre eulx si rudement que dix de ses Albanoys furent par terre emportez en l'heure, que jamais plus n'en releverent; les autres, voyans que pour eulx peu de gaing avoit la, se misrent au retour. Droict a Voguere prinst l'armée son chemin et ne voulurent la gensdarmes arrester; mais a troys mille oultre furent loger.

Le lendemain, devant Tourtonne, entre six et sept heures du matin, fut l'arme en arrest; car les gens de la ville avoyent fermées les portes et ne vouloyent a nulz donner entrée. Le seigneur de Champdée, qui lors estoit de l'avan garde, voyant qu'il n'estoit heure d'actente, apres plusieurs refuz, commanda que chascun fist effort de gaigner le logis. Et, tost en l'heure, halbardes, haches, picques et coignées furent mises en besoigne, tellement que chaynes furent coppées, pons abbatus, portes et murailles rompues et faite ouverture, si ample que a tous venans fut commun le passaige.

XVII.

Comment Tourtonne fut pillée par les Francoys.

Les pouvres gens d'armes, qui moult long temps parmy les dangiers de la guerre sans riens prendre avoyent estez a la chace, voyans leur gibier pour l'heure en pays raisonnable, deslongerent, et comme ceulx qui d'appetit deliberé vouloyent repaistre, donnerent vivement sur la proye, et la prindrent une si chaulde queurée que c'estoit assez pour remectre sus les plus rebutez. Que fut ce, si n'est que a l'entrée de la cyté, les Lombars, qui premiers furent la trouvez en armes, par les pietons furent atournez, en maniere que telle frayeur donnerent au surplus, que hommes et femmes et petis enfans, cuydans que tout fust au povoir du glayve habbandonné, maisons et biens a la mercy de leurs ennemys lesserent et, pour la seureté de leurs vyes, prindrent les eglises. Toutesfoys, par les capitaines de l'armée furent le feu et le sang deffenduz, mais la voye du pillage aux pellerins de Mars ampliffyée. Quoy plus, les portes clozes des maisons furent froissées, coffres brisez, bouticques ouvertes, aumaires et escrins emcherchez, caves et posternes visitées et, en somme, tous les lieux segretz, ou chose de value se pouvoit musser, desnuez et descouvers, et la les Allemans et Gascons et autres gens de pié, qui des premiers estoyent entrez, fourrerent leurs mitaines. Chascun y fist tel devoir que, dedans la ville, chose de prise qui trouver se peust ne demeura, si n'est se qui ne se peut emporter, voire et tel marché y avoit de metridal[1] que a souhet y peurent triacleurs[2] faire leurs besoignes.

Apres que le butin fut mys en place, nouvelles furent que le seigneur Ludovic devoit, la nuit ensuyvant, entrer dedans Alixandrie ; dont convint aux Françoys desloger et tirer celle part. Le seigneur d'Allegre, avecques bonne garde, transmist en Ast le butin de Tourtonne, pour le faire vendre, et, a temps, le departir a la main[3] commune.

Plusieurs de ceulx qui au pillage avoyent faict leur pacquet, voyans qu'ilz avoyent leur charge, comme ceulx qui au parcial proffit plus entendent que au déu acquipt de loyal service, lesserent l'armée et segretement se retirerent.

De Tourtonne prist l'armée son chemin vers Alixandrie, ou troys mille pres de la fut a loger celle nuyt[4]. Et, le lendemain, gens d'armes tant matin deslogerent que, a l'aube du jour, furent devant les portes de la ville, lesquelles furent ouvertes ; et, sans autre contraire, entrerent dedans. Et, voyans que la n'estoit de la venue du seigneur Ludovic nouvelles, apres avoir faicte une repue, deslogerent et tirerent droict au Cazal, ou estoit le conte de Ligny, lequel avoit faict ponter la riviere du Pau, pour passer l'armée.

1. *Métridat,* électuaire, à base d'opium, inventé, disait-on, par Mithridate. Dans un sens plus large, on appelait *métridat* ou *tiriacle* les électuaires en général.
2. *Triacleurs,* expression dédaigneuse pour désigner les apothicaires peu consciencieux, marchands de *tiriacles,* de drogues, d'orviétan...
3. En distribuer le prix, de manière à être *tous à butin,* conformément aux règlements militaires.
4. Dans la plaine de Marengo.

Lorsque gens d'armes et artillerye furent arivez au Cazal, chascun prist logis; et, a la venue, grant chierre se firent le conte de Ligny et le seigneur d'Allegre, tous les autres capitaines et gens d'armes, qui, deux jours durans, la tous ensemble sejournerent, parlans de l'affaire de la guerre et de Ludovic, qui estoit a Vigeve avecques grosse armée.

Le tresiesme jour du moys de feuvrier, le conte de Ligny et le seigneur d'Allegre avecques leurs gens d'armes sortirent du Cazal et droict a Morterre se acheminerent.

Le seigneur Jehan Jacques, qui estoit demeuré a Novarre avecques troys cens hommes d'armes, apres que le conte de Ligny fut party pour aller au Cazal, dedans Novarre lessa garnison et, avecques le surplus de ses gens, dedans une autre ville de la duché de Millan, nommée Pallestre[1], s'en alla; en laquelle demeura jucques a ce que de la venue du seigneur d'Allegre et de son armée sceust nouvelles.

Entre le Cazal et Morterre estoient le conte de Ligny et le seigneur d'Allegre, a tout leurs gens; et, sitost que le seigneur Jehan Jacques sceut leur aproche, avecques ce qu'il avoit de genz marcha au devant, a dix mille pres de Morterre s'assemblerent, dont, a ceste venue, entre les ungs et les autres, heust joyeuse feste. Ensemble marcherent vers le logis, sans avoir doubte de l'effort du seigneur Ludovic, sept cens hommes d'armes et troys mille pietons, de tel arroy que bien leur sembloit sans arrest devoir passer par toutes les Ytalles.

---

1. Palestro, près de Verceil, à proximité de Mortara.

XVIII.

Comment les Françoys coururent devant Vigeve, en laquelle estoit le seigneur Ludovic avecques son armée.

Apres que l'armée des Françoys fut a Morterre, celle nuyt, conclurent les capitaines que, le lendemain au matin, xiiij^{me} jour de feuvrier, pour veoir la contenance des gens d'armes du seigneur Ludovic, qui estoient a Vigeve, coureurs seroyent devant envoyez pour y donner quelque allarme; dont, au point du jour, furent quatre cens homes d'armes a cheval et mys en voye. Pour iceulx conduyre, furent ordonnez le conte de Misoc, le seigneur d'Allegre, Louys d'Ars, Aulbert de Rousset, Chastellart et le capitaine Fontralles. Et, eulx estans aux champs, aviserent que, pour la descuevre du pays, seroit bon quelques avan coureurs mectre en chemin : et heurent la charge de ce deux gentishommes, nommés le Petit Seigneur[1], guydon de la compaignye du duc de Vallentinoys, et Anthoine de Chavanes, guydon de la compaignye du seigneur de Chamodé; lesquelz, avecques soixante chevaulx, vers Vigeve s'adresserent et tant s'avancerent que, en moings d'une heure, de plus de troys mille de pays esloignerent leur bataille. Entre laquelle et eulx, estoit le capitaine Fontrailles, avecques quarante hommes d'armes, qui, a demy mille pres d'iceulx, le

1. Jacques du Rival, dit le *Petit-Seigneur*, sommelier d'échansonnerie du Commun du duc d'Orléans en 1498 (Compte des *mises à pension*, ms. fr. 2927, fol. 27 et s.).

grant tropt marchoit sur queuhe, affin que, si d'avanture estoient reboutez, au besoing de rainfort leur servist. Tant se hasterent iceulx avan coureurs que, hors de la veue de leur suyte, a deux mille pres de Vigeve se trouverent et la heurent en barbe le conte Mainfroy[1], qui du guect de l'armée du seigneur Ludovic avoit ce jour la charge, et estoit de six vings chevaulx accompaigné; et voyant celuy Mainfroy le peu de nombre de Françoys qui contre luy marchoyent, ne en heut extime de tant que ses gens daignast mectre en ordre, disant que pour ceulx n'estoit mestier tenir autre arroy. Mais, desdaigner ses ennemys, qui plusieurs deçoit, a son desavantage luy aprist pour une autre foys ung tour de vielle guerre; car, voyans les avan coureurs françoys le desordre de leurs ennemys et qu'il estoit heure d'assembler, coucherent lances et donnerent des esperons, si vivement que tous a la foys chargerent sur le guect. Au raincontrer, fut le conte Mainfroy mys par terre, avecques plusieurs des siens, ainsi fut pris et quelques autres bons prisonniers. Du surplus, les ungs furent tuhez et les autres chacez jucques devant les portes de Vigeve. Ainsi que se hutin duroit, le capitaine Fontrailles, avecques ses quarante hommes d'armes, s'en vint aux avant coureurs assembler et derechief recomancer la meslée.

Voyans les capitaines de l'armée du seigneur Ludovic que a rainfort venoyent les Françoys, troys mille chevaulx legiers misrent aux champs qui tost aux

---

[1]. Indication un peu vague. Il ne s'agit assurément pas d'un Manfredi, de Faenza. Peut-être est-ce le comte Manfredo Lando, chef du parti gibelin et des partisans de Ludovic à Plaisance.

nostres adresserent. Et, ainsi que escarmouche de tous costez se lievoit, les quatre cens hommes d'armes, qui au derriere tenoyent bataille, survindrent et passerent ung petit pont, a demy mille pres de la ville, marchant vers ou estoit le bruyt. Le seigneur Ludovic, voyant gens d'armes françoys a grant nombre tant aprocher, pencent que la ville voulussent assieger, jucquez a une des portes de l'autre lez de la ville se retira, disant qu'il valloit myeulx retourner a Pavye jucques le tout de son secours fust venu. Messire Galeas et ses autres capitaines, voyans que le seigneur Ludovic n'estoit asseuré et que d'habbandonner la ville tenoit propos, luy remonstrerent que les Françoys n'estoyent la venus que par une maniere de course et que, pour mectre siege, n'avoyent artillerye ne gens de pié; dont n'estoit besoing de soy retirer : ainsi fut le propos de son esloing remys en demeure. Dedans la ville de Vigeve, entre les Françoys et estradiotz de plus en plus fort se recommançoit l'escarmouche; car dix a dix, vingt a vingt, par escoadres, d'ung costé et d'autre, sortoyent en place. Parmy les compaignyes de France, avoit aucuns estradiotz, lesquelz, avecques grant nombre de Françoys armez a l'aise, souvant assemblerent les Albanoys du seigneur Ludovic. A la foys estoyent Françoys reboutez, et puys estradiotz Mauryens si tost rechassez que, pour leur mieux, estoit heure de monstrer la vitesse de leurs chevaulx. Entre les deux partiz estoit ung assez large fossé, mais si peu profond que, sans autre empeschement, de legier se povoit passer sur le bort; duquel, tout ce jour, main a main fut combatu et, plus de quatre foys, gaigné par les Albanoys du seigneur Ludovic et par les Françoys regaigné; et ne fut sans que, d'ung costé et d'autre, aux seures enseignes de la guerre plusieurs ne fussent cognuz.

La pluspart des hommes d'armes françoys tenoyent bataille sans marcher, par quelque affaire que leurs gens heussent, pencent que, si les Allemans qui estoient dedans la ville fasoyent saillye, que tout a temps pourroient estre au combat, et ausi que, au besoing necessaire, espargne est de saison. Touteffoys, de la ville ne saillirent aucuns gens de pié.

Tousjours duroit l'escarmouche devant Vigeve et souvant alloyent les estradiotz du seigneur Ludovic jucquez pres de ceulx qui ensemble tenoyent bataille; mais, aux lances baisser, a coup souldain tournoyent bride iceulx estradiotz, et si vistement se retiroyent que de les actendre n'estoit nouvelles; par quoy peu d'ennuy leur povoit on faire; toutesfoys, ceulx qui tant pres approchoyent que on les povoit chocquer, estoyent asseurez de aller par terre, au dangier de plus ne relever. Je ne veux plus agrandir ce compte, ne descouvrir les œuvres qui, a l'imaginer de ceulx qui a telz affaires se sont trouvez, sont clerement ampliffyées: mainctes lances rompues, courses, saillyes et combatz dignes de loz furent illecques; car, sans autre œuvre mectre a effect, tout ce jour dura l'escarmouche. Sur le vespre, estradiotz se retiroient a Vigeve, desaccompaignez du conte Mainfroy et de plusieurs leurs consors. Les Françoys, avecques peu de perte et grant butin, tout le pas prindrent le retour de Morterre.

En celuy mesme jour, au baillif de Disjon furent nouvelles du Roy, pour aller en Suyce faire amastz de quatorze ou quinze mille souldartz[1], pour rainforcer son armée. Lequel, sans autre demeure, se mist a chemin et tant mist la chose en avant que, bientost apres le mandement royal, executa la teneur d'iceluy, et heut le nombre accomply prest de partir, sitost que premier payement[2] auroient receu[3].

Les Françoys (qui estoient a Novarre, en actendant le sire de la Trimoille et son armée et le baillif de Disjon, qui au pays des Ligues estoit allé querir rainfort), huyt ou dix jours durans, ne firent que saillies et courses et, a toutes foys, Albanoys, Lombars et Romains se trouvoyent au champs; tant que les fourrageurs de Morterre n'osoyent sans bonne garde sortir ung mille de la garnison, car ja plusieurs y estoient demeurez. Ainsi failloit que gens d'armes françoys a toute heure fussent a cheval.

Durant ce, vindrent au secours du seigneur Ludovic quatre cens hommes d'armes bourguignons, que conduisoyent Louys de Vauldray[4], Alvarade[5], Jannot des Prés[6] et ung nommé Le Cousturier, avecques plus

1. V. ci-dessus p. 143, note 1.
2. Un acompte : ils ne touchèrent leur entrée en campagne qu'à Verceil, au moment de pénétrer en Milanais (voy. ci-après, p. 228).
3. Ant. de Bessey, comme on le verra plus loin, aussitôt sa mission accomplie, revint à l'armée où le succès de ses démarches lui fit grand honneur; il y joua, dès lors, un rôle important.
4. Louis de Vaudray, capitaine de la garde de Maximilien, dit Louis le Beau.
5. Alvarade, aventurier espagnol, que nous retrouvons plus tard à la bataille de Ravenne, où il périt.
6. Ce nom est fréquent dans les domaines de l'archiduc. Il a été notamment porté par Jean des Preis, dit d'Outremeuse, auteur du *Myreur des histors*. En 1500, il y avait en Bretagne un

de dix mille Allemans et lancequenetz, lesquelz sans sejour estoyent par pays.

Le xvme jour de feuvrier, le lieutenant du seigneur de Champdée, nommé Chastellart, avecques cincquante hommes d'armes, fut aux champs conduyre les fourrageurs de Morterre, jucques a cinc mille loings sur le chemin de Vigeve, dont estoyent ce jour sortiz messire Bernardin Caraiche[1], capitaine des Albanoys du seigneur Ludovic, messire Cyerve, romain Coullonnoys[2], et le frere[3] du marquis de Mante, acompaignez de quatre cens chevaulx; lesquelz raincontra en plaine champaigne, en bon ordre et fyere marche, mais, pour ce, ne resta que a ceulx n'en voulust, et, sitost que d'assez les approcha, luy et les siens, a course de cheval et pointe de lance, leur firent pour entendre que guerre despiteuse avoit entre eulx mortelz deffiz publyez; car tant rudement leur coururent que, au rancontrer des lances, plusieurs d'iceulx allerent par terre. Le capitaine Bernardin et ses Estradiotz, voyans leurs jacques embourrez en danger d'estre percez, n'actendirent le choc, mais tout a temps se retirerent. Le frere du marquis de Mante, doubtant

Jean des Prez, fils de Pierre ou Perrot des Prez, dont le fils s'appelait Jean également.

1. Ce capitaine est appelé aussi Jean-Bernardin Cazaiche.
2. Don Prospero Colonna, duc de Traetta, comte de Fondi, frère du cardinal Jean Colonna, mort en 1523. Il avait été désigné en 1499 pour commander les troupes que le roi de Naples devait envoyer au secours de Ludovic.
3. Jean Gonzaga, marquis de Vescovato, frère cadet du marquis de Mantoue, né en 1474. Il avait donc vingt-six ans. Il avait épousé, en 1493, Laura Bentivoglio de Bologne; il mourut le 23 septembre 1525, sans enfants légitimes (A. Ferraris, *Histoire généalogique de la maison impériale et royale de Gonzaga*, etc.).

que de plus luy mesadvint, ne fist illecques long sejour et, voyant messire Bernardin Caraiche a la retrete, se tinst a son oppinion, et, sans plus, se mist a chemin vers Vigeve, lessant le debat aux François et aux Romains, qui moult longtemps se combatirent, et, comme ceulx qui de longue main, entre eulx, ont pour le triumphe millitaire cruente guerre emcommancée, firent, les ungs contre les aultres, telz effors d'armes que povoir savoit porter. Et volut la bien monstrer messire Cyerve que de la chevaleureuse gent romaine estoit issu : car tant vigoureusement se deffendit que, plus d'une heure, sans riens perdre du sien, soustint le hurt du combat et, voyant, a la foys, par la force des François, ses gens espartiz et desroyez, tant a point les mist en ordre et ralya, et, de luy, fasoit d'armes ce que preux chevallier povoit faire.

Apres que, d'une part et d'autre, sans savoir qui avoit du myeux, longuement heut duré l'escarmouche, doubtant le seigneur de Chastellart que de rainfort de Bourgoignons ou Allemans luy et les siens ne fussent ennuyez et voyant que, sans donner a droict, n'auroyent part a ce butin, dist a ses gens d'armes : « Qu'est cecy, François? trouverons huy en cest affaire moyen advantageux ; puisque, a si grant labeur, l'avons encommancé et a tant dur travail poursuyvy, reste a toute peine a fin honorable le reduyre : ce que ferons, si par ordre, dilligence et vertus mectons main a la besoigne ; donnons doncques au travers et a droict et que homme a la peine de honteux vitupere encourir ne se faigne ! » A chief de ses parolles, les François, comme lyons affamez, de rechief tous ensemble avecques leurs ennemys se meslerent ; et, a celle foys, fut messire Cyerve mys par terre et pluspart de ses gens desfaictz. Ainsi fut priz et enmené avecques quarante hommes des siens; aucuns des autres se sauverent a fuyr et les autres demeurerent sur le champ. Apres celle deffaicte, les Françoys, avecques leur prise, a Morterre se retirerent.

Le Roy, qui lors estoit a Bloiz, de jour en jour avoit la poste, et a toute heure lectres en main et nouvelles de tout ce que dela les monts se fasoit; et, la, fut averty comment les gens d'armes qui estoyent allez a Fourly, pour le duc de Vallentinoys, et ceulx qui en la duché de Millan estoyent demeurez s'estoyent rassemblez, et des courses et saillyes qu'ilz fasoyent tous les jours sur l'armée du seigneur Ludovic. Et, pour faire payer troys mille cinc cens Suyces, de ceulx qui de Fourly estoyent retournez a Morterre, transmist en poste ung nommé Françoys Doulcet[1], contrerolleur des guerres extraordinaires.

1. J. d'Auton répète plus loin *un nommé Doulcet* avec une nuance de dédain. Ancien contrôleur de la maison du duc d'Orléans (en 1486, il cautionne, en cette qualité, Jacques Doulcet, *censier* de Blois; Biblioth. de Blois, ms. n° 1526; ms. Moreau 406, fol. 412), devenu maître de la Chambre aux deniers, commis au paiement des officiers domestiques de l'hôtel et de l'extraordinaire des guerres, Doulcet était, dans ses délicates fonctions, fort suspect de malversations; il en fut convaincu par la suite. Doulcet appartenait à une famille de financiers, et, en lui donnant à tort le titre de *contrôleur*, J. d'Auton parait un peu le confondre avec « le contrôleur Doulcet : » Guillaume Doulcet, écuyer de cuisine du duc d'Orléans en 1485, puis contrôleur de ses finances, devenu, sous Louis XII, contrôleur de l'argenterie, mourut avec cette qualité; il avait épousé Catherine Aloyau (Biblioth. de Blois, ms. n° 1591). Les noms de ces deux Doulcet se retrouvent dans un grand nombre de pièces de comptabilité. On a confondu à tort le second avec un secrétaire du roi, Guillaume Doulce. (Tit. orig.,

Le xvime jour de feuvrier, fut a Morterre faicte la montre d'iceulx Suyces et leur volut on faire payement du service d'ung moys qui leur estoit deu ; lesquelz firent de leur argent refuz, disant que paye de six sepmaines leur estoit en reste ; et tout ce faysoyent, pencent que l'affaire de gens, en quoy le Roy pour l'heure se trouvoit, prefourniroit leur entente. Toutesfoys, par ung nommé Courcou[1], commissaire de gens d'armes,

---

Doulcet, Doulcet à Paris ; *Chartes royales, passim ; Procéd. polit. du règne de Louis XII*, p. 1101, 868, 924, 1038, 1095.....) La famille Doulcet remontait à Jean Doulcet, maître de la chambre aux deniers de Charles d'Orléans, anobli par ce prince en 1454-55, et qui bâtit ou répara le château de Beauregard, près Blois, avec l'appui des libéralités du prince (*Archives du Collège héraldique*, n° 1637). Ce Jean Doulcet fut, lui-même, convaincu de concussion, et sa veuve, Marion, subit un procès prolongé en remboursement des concussions de son mari.

1. Ce nom bizarre venait de *Court-col*, ou Courcoul, sobriquet donné à Étienne du Plessis, écuyer d'écurie de Charles d'Anjou en 1437. Geoffroy du Plessis, sans doute son fils, seigneur de Tournan, près de Bray-sur-Seine, était mort en 1451. Jean du Plessis, dit Courcou, dont il est question ici, devint maître d'hôtel de Marie de Clèves, mère de Louis XII, pendant que François du Plessis devenait écuyer tranchant du duc. En 1469, Jean du Plessis obtient de la duchesse pour Ysabeau, sa mère, une gratification de 35 écus d'or ; en 1471, il avait acheté la seigneurie d'*Oschamps*, au comté de Blois, et obtenu de ne payer précisément que 35 écus de droit de *quint et requint*. En 1475, 1476, il passa, comme beaucoup de serviteurs de la famille d'Orléans, au service de Louis XI, qui le nomma conseiller, maître d'hôtel et vicomte de Bayeux ; il avait commencé par exercer les simples fonctions de commis à la vicomté de Bayeux. Louis XI le maria brillamment ; il obligea le conseiller au parlement Jean Popincourt, homme fort distingué, à lui donner sa fille unique. Courcou paraît avoir épousé, en secondes noces, Renée de Theligny. Il devint maître d'hôtel et homme de confiance d'Anne de Bretagne ; en 1500, 1501, il est secrétaire du roi, contrôleur général des guerres. En 1500, Louis XII l'envoie en ambassade à Florence. Somme toute, c'était

et le contrerolleur Doulcet leur fut dit qu'ilz ne seroyent payez que pour ung mois et que plus n'avoyent servy. Sur ce, dyrent les Suyces que, sans ce qu'il demandoyent, de prendre party estoyent deliberez. Lesdis commissaire et contrerolleur, voyant le desraisonnable propos de ses Suyces, estans sur terme de eulx en aller, l'affaire que le Roy avoit de souldartz, le rainfort qu'ilz pourroyent donner au seigneur Ludovic, s'ilz prenoyent son party, et l'apetissement du nombre de gens dont ilz affoiblyroyent l'armée de France, d'autant qu'ilz estoyent, qui, par compte, estoyent troys mille cinc cens, ne sceurent a quel remede actacher leur pencée, si n'est de trouver moyen pour adoulcir la chose; et, pour ce, devers les capitaines de ses Suyces se retirerent et, avecques doulces paroles et quelques dons et promesses qu'ilz leur firent, de parler a iceulx et les arrester, si possible estoit, heurent des capitaines jurées promesses.

A la monstre, fut a tous faict euffre de payement pour ung moys et a ceulx qui s'en vouldroyent aller donner sauf conduyt; et, sur ce, heurent conseil tous ensemble. Les capitaines, qui avoyent promys de bien faire la besoigne, en acquiptant leur promesse, apres diverses opinions, dirent a leurs gens : « Compignons, on peut a temps faire des choses tant mal ordonnées que james plus ne se pevent ramender. Vous povez

---

un aventurier heureux; mais il finit fort mal. On verra plus loin qu'il fut convaincu de concussion comme trésorier des guerres et condamné (*Procéd. polit. du règne de Louis XII, passim;* Tit. orig., Du Plessis, n°s 19 et suiv., Popincourt, n°s 7, 8, 9). Néanmoins, son fils Charles fut maître d'hôtel du roi. Sa famille prospéra. Il eut pour petit-fils Roger du Plessis, seigneur de Liancourt, premier duc de la Roche-Guyon.

veoir que ce que nous debatons choit en desraison ; car par autant n'avons servy que de salaire demandons. Pour ce, premier que desemparer, pençons quel meilleur party pourons choisir que celuy du Roy, qui, par noz regions, semme l'argent en habbondance, qui la gent de noz pays tient en extime tant louée que a la deffence de ses terres et garde de son corps, sur toutes autres, a esleue. Considerons ausi que, sans autre achoison et a besoing, faire un tant desloyal tour au Roy que, a tousjours, envers luy et les siens, pourrons, non seullement nous, mais toute nostre nacion, demeurer en hayneux despriz. »

Apres ces remonstrances et autres parolles au propos afferentes, tous ensemble firent conclusion de demeure, sans plus faire refuz de l'argent que on leur presentoit.

Pour plus souvant avoir nouvelles de l'affaire de la duché de Millan et au besoing d'icelle prestement subvenir, le xviiJ^e jour de feuvrier, partit le Roy de la ville de Bloiz[1] et prist le chemin de Lyon sur le Rosne, et la fut le xixe jour de mars. La Royne, qui a Sainct Glaude devoit ung voyage, sachant que a passer par Lyon n'avoit grand esloing de son droict chemin, tira celle part. Le Roy, estant a Lyon, d'heure en autre chevaucheurs et postes envoyoit ; et, sitost que chose de nouveau luy survenoit de quelque affaire que ce fust, tout en l'heure, ainsi que possible luy estoit, vouloit a tout mectre provision ; le travers du Daulphiné et la coste des montaignes de Savoye souvant chevau-

---

1. Légère erreur. Le 19 février, Louis XII signa encore à Blois une ordonnance confirmant à Jeanne de France la jouissance du grenier à sel de Pontoise (*Chartes royales*).

choit, prest aller outre si besoing en estoit[1]. Son affaire par deffault d'argent ne tardive dilligence n'estoit en arrest, car, a toute heure, estoient tresoriers en voye et postes a la course.

XIX.

Comment le Roy transmist le cardinal d'Amboise dela les mons.

Sachant le Roy que l'armée, que le sire de la Trimoulle conduisoit, aprochoit la Lombardie, et la venue des Suyces que le baillif de Disjon amenoit des Ligues, pencent qu'eulx assemblez avecques les Françoys qui estoyent en la duché de Millan, auroient tost faict ou failli, affin que entre ses lieutenans et chiefz de son armée, pour le gouvernement d'icelle vouloir avoir, controversité envieuse ne se conceust, pour obvier a ce et moyenner[2] entre paix heureuse et ruyneuse dis-

---

[1]. Louis XII aimait beaucoup la chasse du Dauphiné; de Lyon, il s'y rendait sans cesse. La vie active qu'il mena, d'après Jean d'Auton, en mars 1500, s'accorde assez mal avec ce que nous dit Saint-Gelais de sa grave maladie à cette même époque (*Histoire de Louis XII*, publiée par Th. Godefroy, Paris, 1622, in-4°, p. 175). Mais l'erreur vient ici du copiste de Saint-Gelais. Tous les détails que donne Saint-Gelais sur la prétendue maladie du roi en 1500 se rapportent évidemment à celle de 1503; dans l'ordre du récit, l'épisode se trouve également à la date de 1503. Il faut donc corriger le chiffre 1500 de l'édition de Th. Godefroy (qui a donné le change à tous les historiens) et lui substituer celui de 1503.

[2]. Allusion aux difficultés qui s'étaient produites dans la campagne précédente entre Trivulce et Ligny. On a vu que, pour la conduite générale des opérations, et dernièrement encore pour l'évacuation de Côme, ils avaient été d'avis très différents. Les difficultés étaient maintenant tellement aiguës que le roi cherchait à « moyenner » entre la paix et la discorde.

corde, et ausi pour la reconciliacion des villes insultées de Lombardye deuement trecter, dela les mons transmist le cardinal d'Amboise ; lequel auctoriza de povoir royal, sur ce et toutes ses autres affaires, pour encomancer, moyenner et diffinir, comme luy mesme en propre. Avecques ledit cardinal furent le seigneur de Grandmont, le seigneur de Neufchastel[1], maistre Jacques Hurault, tresorier[2], et plusieurs autres.

XX.

Du conseil qui entre les lieutenans du Roy et les capitaines de l'armée fut tenu a Morterre, et de l'oppinion d'aucuns d'iceulx.

A Vigeve estoit lors le seigneur Ludovic avecques

---

1. Philippe de Hochberg, de la maison de Bade, gouverneur de Provence, était marquis de Rothelin et comte de Neufchâtel ; il mourut en 1503. Mais il s'agit assurément ici de Henri de Neufchastel, seigneur de Neufchastel, Chastel sur Mezelle et Épinal, gouverneur de Bar, chambellan, capitaine de 50 lances. Henri de Neufchastel était membre du conseil du roi, et l'un des plus actifs, des plus influents (Tit. orig., Neufchastel, n°s 13, 18, 19, 25, 26 ; *Procéd. polit. du règne de Louis XII*).

2. Jacques Hurault, sr de Cheverny, Vibraye, etc., baron d'Huriel, d'abord trésorier du duc de Guyenne, trésorier des guerres sous Louis XI, chambellan, trésorier général du duc d'Orléans, trésorier de France, général des finances, gouverneur de Blois, ambassadeur en Suisse, figure dans un très grand nombre de pièces de comptabilité. D'après sa déposition au procès de divorce de Louis XII, il avait cinquante et un ans en 1498 (*Procéd. polit. du règne de Louis XII*, p. 1036), bien que La Chesnaye des Bois le fasse mourir à quatre-vingts ans, le 25 octobre 1517. Il avait un cousin, Denis Hurault, seigneur de Saint-Denis et Villeluisant, trésorier de la reine, dont le fils, Jacques, épousa sa sœur, Marie Hurault.

son armée; auquel de jour en jour venoit rainfort, et tant que de plus de trante mille souldartz se vit illecques acompaigné; et, voyant que, le plus tost que pour son affaire pouroit ses gens embesoigner, seroit son myeulx, heut propos de aller mectre le siege a Morterre, ou estoyent les Françoys, ou a Novarre, qui estoit leur retrecte et passaige de leur secours. Les Françoys qui la estoyent, advertis de ce, misrent la chose en conseil; et fut par le seigneur Jehan Jacques aux capitaines de l'armée, sur ce, demandé leur oppinion.

Et premier a messire Anthoine de Bessé, baillif de Disjon, auquel dist le seigneur Jehan Jacques : « Le louable rapport du savoir affluant et fame tres heureuse de vous, seigneur baillif de Disjon, vers vostre dominacion me faict adresser, pour avoir, du fons de vostre cler advis, provision de conseil secourable sur le profitable salut de nostre present affaire, lequel touche l'augmentation de la seigneurye du Roy, le priz de nostre honneur et le dangier de noz vies. Et, pour ce que a mainctes batailles, journées, raincontres, courses, saillyes et assaulx, avez exploictées les armes, les seigneurs presens et moy avecques eulx, vous requerons nous en tenir afferant propos. »

Et ce dit, telle responce heut le baillif de Disjon.

XXI.

De l'oppinion du baillif de Disjon sur le faict de la guerre.

« Pour avoir deue raison de telle demande, mal

adressez a moy vous etes, seigneurs. Toutesfoys, puysque excuse n'a lieu ou auctorité commande et que, par le povoir de ce, besoing m'est dire mon advys de la chose que chascun de vous, Messeigneurs, plus a cler entendez; pour ouvrir seullement quelque passée du chemin de seureté ou tendre nous est besoing, deux motz de ce que j'en peulz entendre presentement vous en diray. A nostre savoir n'est chose incogneue que le seigneur Ludovic, avecques son armée, ne soit en bransle de cy venir mectre le siege, ou bien a Novarre. Or, avons nous a savoir le lieu des deux ou mieulx pourrons servir le Roy, asseurer nostre excercite et resister aux ennemys. Nous voyons a l'ueil que ceste ville de Morterre est moult foible et desproveue de vivres et que a moult grande puissance avons affaire : pour quoy, demeurer et actendre le siege et les assaulx des ennemys est, ce me semble, hazarder par trop tous ceulx qui sont dedans, avecques l'artillerie, qui est une des meilleurs pieces de nostre harnoys. Mal sommes accompaignez pour contre noz adverses tenir le combat. Nostre secours tant proche ne nous est que, soubz l'esperance de sa venue, plus fors, pour ceste heure, tenir nous devons. Pencer icy longuement arrester sans assiegez estre de noz ennemys, est ignorer verité le destroict du lieu : le sejour ample nous prohibe l'approche de la guerre, nous semont d'esloigner la paix et contre tous hostilles effors preparer vertueuse deffence. Quoy plus, armée, a nous, invincible combatre nous fault ou a fain canine dompter nostre apetit; et, si Fortune mobille vouloit que nous feussions deffaictz, ausi a tard viendroit notre rainfort que le secours d'Espaigne ; dont se pourroyent contre le Roy mutiner toutes les Italles, qui moult desavanceroit sa conqueste. Avecques ce, en lessant ceste ville, n'est chose perdre que, nous rassemblez, en troys heures n'ayons reconquestée. Novarre est une bonne ville, forte et bien avitaillée, pres de noz Marches, dont nous pourront venir vivres et secours d'heure en moment; et, avecques ce, chasteau moult avantageux et fort, pour a besoing retirer nostre artillerye. Ainsi, sauf meilleur advis, bon seroit, ce me semble, nous mectre dedans, en actendant noustre secours. » Les parolles du baillif de Disjon finies, es autres capitaines, sur ce qu'il avoit oppiné, fut demandé advys; lesquelz furent tous de son party, reservez le conte de Ligny et le seigneur de Champdée.

Apres que chascun heut advisé, le seigneur Jehan Jacques dist au conte de Ligny : « Ainsi que a bonne bouche se doyvent garder frians morceaulx, a vous est reservée la conclusion de ceste matiere doubteuse, seigneur conte de Ligny, qui, jouxte la raison, en saurez plainement decider et au droict point de son arrest deuement la ramener. Ouy avez par cy devant l'oppinion de chascun ; reste de vostre intencion, a vostre plaisir, sur ce nous emboucher. » Ce dit, le conte de Ligny, adroissant la premiere parolle au seigneur Jehan Jacques, heut ceste oraison.

XXII.

Comment le conte de Ligny fist responce sur ce que avoit oppiné le baillif de Disjon.

« Seigneur, j'ay bien peu veu du faict de la guerre,

et ne m'a tant instruyt aux armes experience que a l'oppinion de tante chevalerye, sur la chose millitaire deusse contrarier; toutesfoys, sans vouloir empescher l'arrest de la plus saine part, mais seullement affin que de rechief chascun puisse a cler debatre et sainement esclarcir nostre affaire, tant que la verité du mieulx se puisse actaindre, et nous trouver chemin qui seurement nous puisse adresser, voyant ausi que l'œuvre de la guerre encommancé n'est a reffaire et que ramender ne se peut, et que a la fin de ce, doit on premier prevenir de meure pencée que au principe mectre la main : a l'oposite de ce que paravant a esté allegué, par une maniere de dire, me veulx tenir. Et la raison : s'il est ainsi que, par l'advis d'aucuns, la disecte de vivres et foiblesse de ceste ville de Morterre et le destroict d'icelle nous deffende le demeurer, au regard des vivres, tant que le marquissat de Montferrat sera pour nous (qui ja ne nous fauldra), deffaut n'en aurons : car noz ennemys, qui a l'extime de nous sont peu a cheval, tant emserrer ne nous sauront que, malgré leur povoir, ne sortissons aux champs et que ne soyons souvant avitaillez. Si la ville, pour actendre la puissance et longuement soustenir les assaulx de noz ennemys, n'est deuement fortiffyée, il n'est muraille seure que de hommes vertueulx, qui par nulz effors d'aversité surmontez ne pevent estre. Si en ce lieu sont noz corps a destroict, en amplyacion de vigueur nous fault les cueurs eslargir et avoir esperance de bonne Fortune, qui tousjours a la main preste pour les audacieux ayder[1]. Couvrons nous hardyment des asseurez escuz

---

1. *Audentes fortuna juvat* (*Énéide*, l. X, v. 284).

de constance immobile; car, au piz aller, si, pour l'ennuyeux faix de la guerre longuement supporter ou par trop dur siege ou maisgre famine endurer, a l'extremme reffuge de retrecte nous fault avoir recours, quant ores sur nostre ost eschec pourroit advenir, riens ou bien peu de perte y pourroit avoir le Roy. Quant est des gens de cheval, la voye de seurté, par le destour de l'armée du seigneur Ludovic, ne leur pourroit estre empeschée, veu que la pluspart de ses gens est en pietons. Au regard de l'artillerye, tant a main luy est le charroy que de leger sauver se pourra; et, quant elle sera mise devant, assez bons gens d'armes françoys avons pour la garder et conduyre jucques a Novarre ou ailleurs, malgré le povoir de noz ennemys. S'il advenoit que affaire nous survint, ce ne pourroit estre que sur une partye de nostre gent de pié, dont le Roy peu seroit endommagé, et du sien gueres n'auroit a dire; car autres pietons n'ovons que Suyces et Piemontoys, et peu de nombre de Gascons : ainsi grande perte ne s'en pourroyt ensuyr. Si nous desemparons la place, elle est pour nous perdue, et les vivres du marquissat de Monferrat arrestez; et diront noz ennemys que summes chassez et proffugues : par quoy prendront cueur asseuré et audacieux vouloir contre nous. Millan, qui espoyre la venue de nostre infortune, pour le seigneur Ludovic se mectra toute en armes. Nous perdrons la reputassion; qui a noz ennemys le courage eslevera, et rabessera nostre bruyt, dont sur nous cryeront toutes les Italles. Les Venissians, qui autre chose n'actendent que veoir qui aura du myeux pour tenir se party, se pourront contre nous declerer. Si l'armée du seigneur Ludovic marche vers Novarre, nous y envoyrons partye de noz gens d'armes, avecques bon nombre de gent de pié, lesquelz pourront, a l'ayde de la ville, tenir moult longuement, et nous, a besoing, les secourir. Pour ce, seront tousjours noz ennemys en doubteuse pencée et noz gens en propos asseuré. Ainsi me semble que pié coy devons tenyr ycy pour le myeulx. »

L'oppinion du conte de Ligny mise en audience, sans autre replicque a ce contraire, fut par le seigneur Jehan Jacques et autres capitaines approuvée et tenue, et sur l'heure appoincté, pour mectre barrieres au devant de l'armée du seigneur Ludovic, dedans Novarre garnison de Françoys seroit envoyée; et la fut transmys le seigneur d'Allegre, avecques cent hommes d'armes, mille Piemontoys et cinc cens Gascons.

Le Vme jour de mars, le seigneur Ludovic avecques son ost partit de Vigeve, et pour la garde d'icelle laissa huit cens Allemans et quatre cens chevaulx legiers, soubz la charge d'ung gentilhomme lombart nommé Jehan du Cazal, qui, a la prise d'Ymolle, au bailli de Disjon avoit esté prisonnier; et s'en alla ledit Ludovic loger dedans une petite ville nommée le Tracaz[1], a six milles pres de Novarre.

XXIII.

Du rainfort de Novarre et du siege d'icelle.

Le seigneur d'Allegre estant dedans Novarre, sachant la venue du seigneur Ludovic et son armée, et luy, pour longuement contre telle puissance garder la ville,

[1]. Trecate, sur la route de Novare à Milan, entre Novare et Magenta.

mal apparente, manda au conte de Ligny que secours luy envoyast; dont fut advisé que Aulbert du Rousset, Robert Stuart et le seigneur de Coursinge, avecques deux cens hommes d'armes, seroyent la transmys.

Le VIIe jour de mars, fut ledit rainfort transmys a Novarre[1]; et, pour doubte que des embusches de l'armée du seigneur Ludovic par les chemins ne fussent, ceulx qui audit rainfort de Novarre alloyent, raincontrez, le conte de Ligny et le seigneur Jehan Jacques, avecques trois cens hommes d'armes, les conduisirent; lesquelz ne furent sitost par une des portes de la ville entrez que le seigneur Ludovic, avecques son armée, devant l'autre n'eust mys le siege; et tout en l'heure fist faire trenchées, tauldix et charger son artillerye[2] et commancer la baterye, tant aigre et depiteuse que, sur la muraille, homme ne se osoit descouvrir qui tost ne se trouvast par terre; et tant continuerent coups que en cinc heures, telle passée au travers des murs fut faicte qu'elle suffisoit aux assaillans pour leur devoir donner entrée.

Au desavantage des Françoys sembloit bien estre la chose; car, avecques peu de gens contre grosse armée, grande place et foible leur falloit garder; et de tant estoit le chemin des ennemys ampliffié que autour de la muraille n'avoit nulz fossez qui empeschement leur feist.

---

1. Ludovic, d'autre part, pressait l'Empereur de lui amener en personne du secours; il lui députa à cette fin des citoyens de Milan et de Pavie. Sa lettre au gouverneur de Pavie pour organiser cette démarche est datée « ex felicibus castris apud Novariam, die 12 martis 1500 » (Ang. Salomoni, *Memorie storico diplomatice degli ambasciatori*, p. 3). Mantoue, la Mirandole, Carpi, Correggio lui envoyèrent des secours.

2. Ludovic avait peu d'artillerie. Le 16 mars, il reçut des pièces envoyées par Maximilien.

XXIV.

De l'assault que l'armée du seigneur Ludovic donna a Novarre, et commant plusieurs Bourguignons et Allemans y demeurerent.

Voyant le seigneur Ludovic et les capitaines de son armée que par force entrer leur failloit et que, pour ce faire, assez leur sembloit avoir ouverture et povoir, commanderent que chascun approchast la breche, laquelle fut, en ung moment souldain, de plus de dix mille Allemans et douze cens Bourguignons environnée. Au dedans de la ville, tout autour de la ronpture, tous en armes estoyent les Françoys en tel arroy que l'ung n'enpeschoit l'autre, et tel ordre estoit entre eulx gardé que, pour coup d'artillerye ou autre dangier, nul de son lieu desbransloit.

Les capitaines françoys, voyans l'assault tant appresté que de ce ne restoit que l'assembler, enhorterent leurs gens de monstrer aux ennemys que la durté du fer par fer failloit amollir. Chascun des capitaines remonstroit aux siens par parolles ce que par la main devoit estre exécuté et, entre autres, le seigneur d'Allegre eut a tous ceste oraison.

XXV.

Une oraison que, sur le point de l'assault, le seigneur d'Allegre eut aux Françoys.

« Pour ce que en multiplication de langage ne gist tout l'effect de vertueux vouloir, et que aux ennemys, qui nous sont en veue prochaine, grant proces sans coups donner ne povons avoir, long sermon n'est a nous, pour l'heure, de saison, seigneurs françoys; mais savoir nous fault que si, en couraige, en audace, en nature ou en meurs, les hommes ont valleur nulle, aux armes se doit demonstrer; pour ce, si jamais voulons avoir nostre honneur, le service du Roy et noz vyes pour recommandez, a ce, besoing le nous fault par effect mectre en place; et, si noz ennemys hardyment, comme lyons, nous assaillent, deffence furieuse de sanglier nous fault contre eulx avoir; et, si de murailles summes deproveuz, audace de ce nous servira, voire de telle seurté que par nulz coups de main hostile seront froissez noz escuz. Perilz ne gloire ne nous exitent, mais seulle vertus, qui contre tous effors glorieusement triumphe! Asseurons nostre voulloir contre les dangiers de fortune et en laborieux travail rainforcons nostre povoir, et, aux premiers coups donner, mectons les armes a l'esploict, pour resister aux ennemys; car, si, a ceste foys, par noz dextres sont vigoureusement reboutez, d'icy en avant doubteront de tant nous approcher. O Françoys, telz comme nous summes soyons, et gardons a la peine d'immortel reproche que la reluisant memoire de noz peres anticques, desquelz les nons tinrent jadys toutes autres nacions en craincte, ne soit par nous, soubz l'ombre tenebreux de lascheté reprouvée, honteusement obscurcye. Fasons doncques, a la poincte du glayve, sentir aux assaillans des places que aux vaincqueurs des terres ont a besoigner; et adjoustons aux paternelz merites nouveaux tiltres de glorieuse renommée! »

A ses motz, furent Françoys rainforcez de doubles

armes ; car tant heurent les cueurs endurciz de furieux vouloir que plustost heust esté le harnoys amolly que le courage vaincu, et n'y heut celuy a qui ne tardast la venue de l'assault ; lequel fut si soubdain que on ne se donna garde que l'enseigne des Bourguignons joygnant de la breche fut plantée ; car, pour vouloir avoir l'honneur de l'assault et proffit de la prise, s'estoyent iceulx Bourguignons mys des premiers et, a celuy honnorable affaire, les hommes plus extimez et la fleur de toute leur bende estoit en place. Quoy plus, l'assault fut donné moult rudement, et tant que, pour le bruyt de coups d'artillerye et de main, qui, d'une part et d'autre, se faisoit ung mille autour de la place tonnerre n'eust esté ouy. Main a main commança le combat, si dur que, a la foys, estoyent Françoys par force recullez, et puys Bourguygnons et Allemans vigoureusement rechacez. Moult hardyment assailloyent ; car, pour poux[1] de lances ne coups de trect et d'artillerye qu'on leur donnast, n'esloignoyent la passée ; et tant approcha celuy qui portoit l'enseigne des Bourguignons que ung pié au dedans de la breche mist a ferme, et la y heut merveilleuse foulle, car les assaillans de plus en plus fort se rainforçoient et, supposé que plusieurs d'iceulx fussent mortellement menez, pourtant ne lessoyent l'ombre de leur enseigne.

Les Françoys, voyans que pour les coups mortelz de leurs ennemys rabbatre, le tout de leur deffence failloit avancer, chascun d'eulx tant aigrement mist le fer en besoigne que de sang humain tout autour d'eulx estoit la terre taincte et emrougie, et, comme ceulx

---

1. *Poussée*, « pulsus. »

que neccessité esvertuoit, faisoyent mervelles d'armes.
Ung jeune gentilhomme françoys, nommé le bastard
d'Amenzay[1], tant avança la marche que, avecques
celuy qui l'enseigne des Bourguignons portoit, main
a main heut la meslée, telle que apres que le singulier
combat des deux champions fut emcommancé, a grans
coups d'espée par le françoys fut l'enseigne mise par
terre. Le bourguignon la tenoit d'ung costé et le
françoys de l'autre; et, ainsi que eulx se combatoyent a qui elle demeureroit, les Bourguignons et
Allemans, voyans leur affaire tant rabesser, a tous
effors vindrent leur emseigne secourir. Oncques sur
le dur Sceva Cesarien[2] tant de dars ne furent tirez
pour une heure que a celle foys, contre celuy françoys, de coups de trectz et hacquebutes deschargez,
et tant mortellement que, tout au travers du corps,
par le degouct du sang, en plusieurs lieux en apparoissoit la vraye enseigne[3]. Mais, pour ce, ne lascha
sa prise, ains du poing du bourguignon a vive force
l'arracha, et, tout autour de son bras, malgré ses
ennemys, la plya. N'estoit ce bien legitimer degenerée

1. Nous manquons de renseignements sur ce jeune bâtard, dont on va voir la mort héroïque; il était sans doute fils de Jacques d'Amanzé, gentilhomme bourguignon, qui se maria deux fois. Quoique bâtard, selon un usage constant, J. d'Auton le qualifie de *gentilhomme*.
2. Mucius Scævola, sans doute.
3. Une miniature du ms. (fol. 32 v°), qui représente l'assaut donné par Ludovic à Novare, reproduit l'enseigne portée par ses troupes. Cette enseigne était rouge, à lions d'or. Le rouge et l'or étaient les couleurs de Ludovic (v. la miniature fol. 25 r°). A la reddition de Novare, nous voyons dans l'armée de Ludovic divers fanions : un noir à croix d'or, un rouge rayé d'or, un blanc et rouge pointillé d'or (miniature du fol. 46 r°).

nature? Si estoit, car, ancores comme ung autre Epaminundas, duc de Thebes, qui, joyeusement, en moùrant, baisa l'ecu dont il avoit vigoureuscment la chose publicque deffandue[1], pareillement, nonobstant les extremes singlotz dont estoit celuy françoys actaint, jucques a son logis l'enseigne en emporta, sans monstrer visage triste par proximité de fin, sachant heureuse Renomée de vertuz embellye, apres mort temporelle, porter le triumphe de louange eterne. Or, affin que par le trop long recit des louables œuvres et faictz meritoires des maindres, a l'ouyr des grans ne soit mon compte ennuyeulx, de cestuy ne ditz autre chose, si n'est que le vol de la memoire de telz devroit tout le monde environner.

Long seroit mon escript, si tous ceulx qui a ceste affaire eslargirent vertus, scelon deue desserte, vouloye collauder.

Ayant tout ce mys a part, a l'assault dont j'ay propos emcommancé me fault revenir, lequel duroit sans cesse, moult aspre et cruel, et n'y avoit françoys qui ne deust estre las, car le combat avoit ja bien duré quatre heures, et avoyent, a tous coups, ennemys refreschiz et a relaiz; mais chascun fasoit ce que povoir savoit : les capitaines estoient tousjours devant, les homes d'armes et archiers par craincte de mort ne reculloyent ung seul pas, les gens de pié se monstroyent moult fierement et mesmement les Gascons, car, de leur part, si a point deffendoyent l'assault que

---

1. Diodore raconte la mort d'Epaminondas, qui, frappé à mort sur le champ de bataille de Mantinée, se fit, comme on sait, apporter son écu et voulut mourir les yeux fixés sur ce symbole de la patrie.

homme n'approchoit la breche, pour cuyder entrer, qu'il ne fust empenné. Au derriere d'ung creneau demy abbatu estoyent soixante hommes d'armes bourguignons pour, a besoing, rainforcer l'assault sans faire bruyt. Quelqu'un françoys advisa leur embusche, lequel monta segretement sur la muraille, au droict de celuy creneau, et le desbranlla; en sorte que sur yceulx Bourguignons le vint adresser, dont les ungs furent assommez et les autres affollez, tellement que de tant pres plus n'approcherent. Autour de la muraille ou l'assault se donnoit avoit tant de mors que aux autres empeschoyent le chemin; car plus de cent Bourguignons, des plus gens de bien, y demeurerent, et plus de six vings Allemans, avecques deux de leurs enseignes. Des Françoys, y moururent le bastard d'Amanzay, ung homme d'armes de la compaignye d'Aubert du Roucet, nommé Cyprien d'Auton[1], deux archiers et quatre laquays. Mais, a la parfin, l'assault fut cessé au dommage des Bourguignons et Allemans et au desavantage du seigneur Ludovic. Ainsi, loings de leur propos et frustrez de leur entente, furent envoyez.

Sitost que chascun fut retiré, les Bourguignons, qui plusieurs gens de bonne extime a l'assault avoyent perduz, a la ville transmirent une de leurs trompettes, ayant charge de pryer, pour l'honneur de Dieu, les capitaines françoys parmectre enterrer les mors, lesquelz, durant leur vye, avoyent estez telz que, apres leur deces, ne devoyent leurs corps de la dens des chiens ne du bec des oiseaulx estre devorez. Les Fran-

---

1. Évidemment dauphinois.

çoys, oyans la juste demande d'iceulx Bourguignons, ne voulurent, comme les Thebayens, aux corps exanimez refuser sepulture ; mais furent contans que, l'ung apres l'autre, avecques peu de gent, sans danger, on les emportast. Et, affin que, soubz ombre de ce, machinacion ne fust occulte, fut dit que, a la peine d'ung coup d'artillerye ou de trect, plus de deux ou troys a la foys n'approchassent la muraille. Apres que les mors furent mys hors de la place et chascun a son logis retiré, au rampar de la roupture fut mise la main, en maniere que, tout autour de la ville, n'avoit de plus seur emdroict. Les Françoys, voyans que, au long aller, de secours seroyent besoigneux, au conte de Ligny et au seigneur Jehan Jacques manderent leur affaire, lesquelz, de rechief, leur envoyerent deux cens hommes d'armes, et menerent iceulx le conte de Misoc, filz du seigneur Jehan Jacques, messire Aymar de Prye[1], Louys d'Ars, le capitaine Sainct Prest et le

1. Aymard ou Émard de Prie, seigneur de Prie ou Prye en Nivernais (Collection Jault, n°s 804 à 825), de Montpoupon, Lezillé et autres lieux, baron de Busançais en Berry et de Toucy, était fils cadet d'Antoine de Prie et de Madeleine d'Amboise (ms. Clair. 3, fol. 123). D'abord chambellan de Louis d'Orléans, il reçoit de lui, le 12 juillet 1491, les droits de rachat dus pour le trépas de Michel d'Étampes, seigneur de la Ferté-Imbault et de Valençay. Échanson de Charles VIII, il fut, sous Louis XII, chambellan, capitaine de 50 lances, gouverneur du Pont-Saint-Esprit, grand-maitre des arbalétriers, bailli du Cotentin (1514). Louis XII lui confia en Italie le commandement de la citadelle d'Alexandrie, avec 30 hommes d'armes à pied (Tit. orig., Prie, n°s 7, 11-13; ms. fr. 25783, n° 68), et du château de Tortonne, avec cinq hommes d'armes de pied (ms. fr. 25784, n° 104). Il avait épousé Avoye de Chabannes, sœur d'Antoinette de Chabannes, femme de René d'Anjou, baron de Mézières (ms. fr. 23986, partage de 1505). Sa fille Renée épousa François de Blanchefort, fils de Jean de Blan-

seigneur de Chastelart, lesquelz rainforcerent la place de tant que leurs ennemys n'en approcherent foys, que la retrecte ne fust a leur desavantage.

Et ne fut jour, durant ce temps, que, par les Françoys, saillyes et escarmouches ne fussent faictes. Louys d'Ars, Robert Stuart, le seigneur de Chastellart et les autres capitaines françoys reveillerent souvant l'ost du seigneur Ludovic ; et tant y firent de criz et de allarmes y donnerent que, si ceulx de la place estoyent bien lassez, a repos n'estoyent ceulx du dehors.

L'artillerye du seigneur Ludovic estoit, sans sejour, mise a l'exploict, tel que murailles, boulouars, deffences, repaires et creneaux, devant ses coups, n'avoyent durée. Tant fut la baterye continuée que, en cinc jours, la passée fut si grande et la roupture tant pres de terre que, en tous endroictz, gens d'armes françoys estoyent en veue et au descouvert dedans la place, ou, jour et nuyt, le harnoys sur le doz, aux breches et passées de la muraille, plus de quinze jours durans, leur fallut tenir pié ferme, sans ce que nul osast sa place habbandonner. La nuyt, ramparoyent et fasoyent fossez et tauldiz pour, le jour, eulx garentir, et n'y avoit ne grant ne petit qui a l'œuvre ne mist la main. Entre eulx, estoyent les cerimonyes de guerre si bien gardées que, pour doubte de coups d'artillerye, d'assault ou d'autre danger, nul desmarchoit de son ordre, voire a la peine d'ausi grant reproche encourir, comme si d'une bataille honteusement s'en fust fouy. A bien pencer la chose, c'estoit

chefort, maire de Bordeaux et l'un des principaux serviteurs de Louis XI (ms. Clair. 224, n° 433, contrat de 1510 ; ms. Clair. 225, arrêt de 1530).

bien mys au champs les raidz luysans de louable vertuz et ampliffyé le chemin errant de glorieuse proesse a ceulx qui au triumphe d'honneur veullent parvenir. Pour au propos retourner, a ce besoing servirent les hommes vertueulx de mur inexpugnable. De jour en jour, donnoyent Bourguignons et Allemans assaulx moult furieux aux Françoys, non seullement en ung lieu, mais souventes foiys en troys ou en quatre; et, plusieurs foys, furent cinc boulouars a ung coup tous assailliz; mais, par les Françoys, tousjours deffendus tant vigoureusement que leurs ennemys sur eulx, par force, ne gaignerent pied de terre.

Le seigneur Ludovic, moult esmerveillé de la longue tenue et ferme resistance des Françoys, qui, au regard de la multitude des siens, n'estoyent que une poignée de gens, pençent que, si leur secours, qui venoit de France, estoit du vouloir d'iceulx et que ensemble se peussent joindre, moult loing se trouveroit de la fin de son emprise, mais, tout ce dissimullé, heut maniere asseurée et fist baterye et assaulx de plus en plus fort continuer, et heut deliberé propos de tost prendre la ville de Novarre d'assault ou que a la poursuyte seroit deffaicte son armée. Bien estoit adverty, par ses espyes, que le sire de la Trimolle, avecques grande puissance, estoit sur les champs et qu'il approchoit a toute diligence, pour les Françoys secourir, et entendoit bien que, si la place n'estoit prise premier que eulx fussent assemblez, que tout son affaire estoit en demeure : dont a tous effors mectoit peine a gaigner le logis et deffaire les hostes qui estoyent dedans, lesquelz avoyent ja tant endurez d'ennuys, soustenuz d'assaulx, heu nuyt et jour criz et allarmes, travaulx sans repos, disecte de vivres, et tant, au froict et a la pluye, de harnoys estez endossez que plus ne pouhoient; leurs murailles et rampars ne leur servoit plus, fors d'autant leur empescher la voye que a leurs ennemys, car tout estoit par terre.

XXVI.

Comment les Françoys rendirent Novarre au seigneur Ludovic par composicion.

Le sabmedy, vingt uniesme jour de mars, adviserent les capitaines et gens d'armes françoys que plus longuement soustenir le siege, veu leur ennuyeulx fatigue et adventageux arroy de leur ennemy, c'estoit mectre en doubteuse adventure tant de gens de bien que, si Fortune, qui tourne a tous vens, vouloit parmectre leur deffaicte, que trop grant deffault en pourroit avoir le surplus de l'armée de France et que myeulx estoit, avecques honorable composicion, rendre la place, qui a temps se povoit recouvrer, que, pour la vouloir garder, eulx adventurer a perte trop dommageable; et, ausi, que cinc cens hommes d'armes, bien montez, estoyent la dedans, qui, par deffault de vitaille, si plus duroit le siege, pourroient eulx affoiblir et de perdre leurs chevaulx; lesquelz, apres ce, ne sauroyent, a quelque bataille ou autre grand affaire, tenir lieu que de varletz. Et, sur ce, parlamenterent et au seigneur Ludovic telle composicion demanderent que tous, a cheval, en armes, la lance sur la cuisse, sortiroyent, et tous leurs pietons devant eulx, la picque au poing ou arbalestres bandées, et que leur artillerye seroit retirée dedans le chasteau, lequel, de troys jours apres leur partement, n'assauldroyent; ce qui leur fut accordé et tenu.

Le dimanche, vingt deusiesme jour de mars, de Novarre sortirent les Françoys, tous en armes, avecques leurs gens de pié, et tous ceulx de la ville, qui suyvre les volurent, heurent de ce liberté. Toute l'armée du seigneur Ludovic devant la ville se mist en ordre pour voir la passée. Plus de deux mille de pays, avecques les Françoys chevaucherent deux cens hommes d'armes bourguignons, eurent entre eulx, sur le faict de la guerre[1], plusieurs parolles, puys se retirerent chascun a son cartier. Les Bourguignons retournerent a Novarre, et droict a Morterre prindrent Françoys leur adresse.

XXVII.

Comment six cens Allemans de ceulx du seigneur Ludovic entre Morterre et Vigeve par les Françoys furent deffaictz.

Le mesme jour, le conte de Ligny et le seigneur Jehan Jacques estoient sailliz de Morterre, cuydant aller rainforcer la garnison de Novarre, et marcherent

1. A partir de ce moment commencèrent les intelligences des Français avec les Suisses de Ludovic, intelligences qui prirent corps pendant une absence de Ludovic, retourné à Milan chercher de l'argent. Ludovic avait promis à ses Suisses les dépouilles de Novare, et Trivulce avait compris qu'en évitant les risques d'un assaut, une capitulation priverait les Suisses de ce butin et les rendrait furieux.

jucques a ung bourg, nommé Robu[1], a quatre mille
pres; mais ja se retiroyent ceulx de la garnison par
ung autre chemin, dont ne se rancontrerent. Au partir
de Morterre, avoit le conte de Ligny envoyé ung cappitaine gascon, nommé Perot de Payennes[2], a tout
cent hommes d'armes, pour garder une ville pres de
la, nommé Vessepolla[3]; mais, tantost qu'ilz furent a
chemin, remenda iceulx par une trompette hastivement retourner a Morterre, doubtant que les Allemans
et autres gens d'armes, qui, pour le seigneur Ludovic,
gardoyent Vigeve, ne allassent prendre le logis, qui,
pour l'heure, de Françoys estoit desproveu; et ausi
renvoya celle part ung gentilhomme, nommé Roquebertin[4], avecques vingt chevaulx pour estre des pre-

---

1. Robbio, près de Mortara, sur la route de Mortara à Verceil
et près de la frontière du Piémont.

2. Nous n'avons point de renseignements sur Perrot de
Payennes. La famille de Payennes était établie à Paris au
xvie siècle, dans la personne de Jean de Payennes, mort avant
1590, et de Jacques de Payennes, chevalier de l'ordre (Tit. orig.,
Payennes).

3. Vespolate, sur la route de Novare à Mortara, à 12 kilomètres
de Novare, à 13 de Mortara.

4. Pierre de Rocqueberti, ou Roquebertin, n'était pas, comme
on l'a cru, un italien, mais un catalan, fait prisonnier par Louis XI,
qui se l'attacha, lui donna en 1474 la seigneurie de Sommières et
le nomma, dès 1473, chambellan, gouverneur de Roussillon et de
Sardaigne (Cerdagne), avec une pension de 2,000 livres, portée en
1475 à 6,000 livres, et les années suivantes à 5,000. En 1476, il
prit possession, au nom du roi, de la ville de *Lane* en Cerdagne,
y installa une garde de 40 laquais, avec du blé, un moulin à blé
et autres ustensiles (Tit. orig., Roquebertin, n°s 2-8; Commines,
II, 266-267). En 1473, Louis XI lui donne une gratification de
7,000 livres, par le motif que Roquebertin avait engagé ses biens
pour le service de la France (Tit. orig., id., n° 3). Roquebertin
fut chargé, en 1507, d'une ambassade en Suisse (ms. fr. 20979,

miers a l'entrée. Droict a Morterre se misrent les ungs et les autres au retour, et tant picquerent que, sur les dix heures du matin, tous ensemble devant les portes de ladicte ville de Morterre se trouverent.

La garnison de Vigeve avoit bien sceu comment les Françoys, pour aller Novarre secourir, avoyent lessé Morterre ; dont s'estoyent mis aux champs six cens Allemans et deux cens chevaulx legiers que conduisoit ung Lombart, nommé Jehan du Cazal, dont j'ay parlé dessus, avecques quelques autres capitaines, pour le seigneur Ludovic, et cuydoyent iceulx, sans faillir, gaigner la ville de Morterre ; mais, a eulx et aux Françoys, furent les portes fermées. Toutesfoys, par doulces parolles, heurent les Françoys ouverture et entrerent. Sitost que chevaulx furent establez et que gens d'armes commancerent a repestre, nouvelles furent que, sur les fossez et devant les portes de la ville, estoyent les Allemans du seigneur Ludovic, ◦ grant nombre ; et, tost en l'heure, les Françoys, qui ancores n'estoyent desarmez, remonterent a cheval et ceulx qui peurent tout a la fille, vers la porte ou estoyent iceulx Allemans marcherent, et la heurent entre eulx quelques parolles de rigueur ; mais, tost apres, injurieux langaiges et deffiz hayneux, effect de main mise vint en jeu, car les Françoys firent ouvrir

---

fol. 74) ; mais la part qu'il prit aux événements fut généralement fort secondaire. Il se mit au service du comte de Ligny comme gouverneur de ses domaines du Milanais (Poggiali, *Memorie di Piacenza*, VIII, 168).

En 1508, le sire de Ravenstein l'envoya au duc de Savoie débattre des intérêts tout personnels (ms. fr. 2812, fol. 4).

Commines cite en 1495 et 1496 un autre Jean Roquebertin, catalan (II, 503, 544).

les portes et sur leurs ennemys saillirent moult rudement.

Le capitaine Perot de Payennes, soy doubtant de quelque embusche et sans ordre voyant ses gens a la saillye, volut ceulx arrester et feist fermer les portes; toutesfoys, plus de soixante chevaulx se misrent hors et commancerent a charger si rudement que, au rancontrer, dedans de petitz guez et ruisseaux qui la couroyent, plus de quarente de ceulx lancequenetz et Allemans furent plungez et noyez, et les autres chacez plus d'ung trect d'arc. Voyant le capitaine Perot la charge que fasoyent ses gens du dehors, et que ja fort esloignoyent la ville, doubtant que affaire leur survint, ne les volut, sans luy plus lesser escarter; mais, avecques le surplus de ses gens et emseigne desplyée, se mist apres, si viste que tost les heut actaings. A l'assembler, furent les Allemans a leur perte emmenez, jucquez a une chappelle, a demy mille loings de la ville, en laquelle, et tout autour d'icelle, estoit une embusche de deux cens chevaulx et de cinc cens soixante Allemans, lesquelz, tous ensemble et en marche ordonnée, saillirent sur les Françoys, et la, d'ung et d'autre lez, commança l'escarmouche, telle que besoing estoit a chascun d'avoir l'ueil a son affaire. Les gens d'armes françoys se tenoyent ensemble, et, quant aux ennemys assembler leur failloit, tous a la foys donnoyent la charge, sans ce que nul en queuhe demeurast ou se mist a l'escart, affin que, entre les gens de pié et les chevaulx, ne fust encloz. Souvant furent estradiotz assailliz, mais a nulz coups actendoyent le hurt, et, quand ilz estoyent pressez, a leurs pietons se retiroyent, qui, tant serrez et en si bon ordre se tenoyent, que on ne les povòit rompre ne desassembler; mais les escartez estoyent a coup rambarrez et mys a la raison. Voyans iceulx Allemans et autres souldartz mauryens, que a leur trop dommageuse perte tournoit leur emprise et que, pour le myeulx, retraicte leur estoit vallable, en eulx deffendant a tour de bras, prindrent le chemin de Vigeve et, plus de deux mille de pays, en eulx retirant, ainsi recullerent. Tousjours en demeuroit quelqun en reste, et ausi a coups de picques et hacquebutes blecoyent gens et chevaulx.

Les Françoys, qui, ce jour, estoyent sailliz de Novarre, en approchant la ville de Morterre, sceurent par avanture la meslée, et la, le plus tost qu'ilz peurent, se trouverent. A leur venue, fut de rechief l'escarmouche recomancée, d'ung coté et d'autre moult dure; car les Allemans et gens de cheval du seigneur Ludovic, voyans leurs ennemys de nombre rainforcez, de vertueulx courage firent leurs escus, et si adroict se deffendirent, pour autant qu'ilz estoyent, que nul d'eulx fasoit a reprandre. Messire Aymar de Prye sceut bien a quoy s'en tenir, car, cuydant avecques eulx avoir meslée, tant empesché entre eulx se trouva que, nonobstant que a toutes mains deffence luy fut secourable, chargé fut de toutes pars, et luy promptement rebouté avecques ung coup de hacquebute, que, au travers de la cuysse, en emporta. Le capitaine seigneur de Sainct Prest les approcha de tant que, au travers du gantellet, d'ung coup de picque heut la main percée. Somme, nul les approchoit de longueur de picque que ne fust actainct; de quelque part que on les assailloit, sur leurs seures gardes et rusées deffences tenoyent l'ueil, le pié et la main, en maniere qu'on ne les povoit deffaire. Quant on chargeoit leur gent de cheval, ilz se ouvroyent par le devant et entre eulx les recueilloyent ; et, en recullant, ceulx du dariere se retournoyent contre les François et nulle foys failloyent d'actaindre quelqun.

De leur rim sortoyent huyt a huyt, dix a dix, si tres hardiment qu'on ne sauroit plus, et a grans coups de picques et hallebardes fasoyent d'eulx telles merveilles que homme ne les veoyit qui n'en heust frayeur.

Ung entre les autres fut, qui, pour myeulx donner coups a l'aise du corps, en plain champ et hors sa bataille, comme s'il heust voulu jouer de soupplesses, lascha son pourpoint et, en donnant le bransle aux espaules, a deux mains prinst la hallebarde pour ruer patacz ; et, comme celuy qui, pour le priz de la mort d'autruy, voulut sa vie mectre en vente contre tous ceulx qui a ce marché se vouloyent trouver, tenoit pié ferme. Toutesfoys, a la fin du jeu, luy mesadvint ; car, luy et tous ceulx qui prindrent ce party, s'escarterent de tant que plus ne trouverent le chemin du retour. Les autres se retir[è]rent vers Vigeve, faisant fuyte de lou ; mais, nonobstant leur deffence, on les chargeoit de si pres qu'ilz ne savoyent tour donner qui de mort les sceust garantir. En eulx retirant trouverent, sur le chemin, ung petit boys assez fort et, eulx cuydant illecques myeulx sauver, se desordonnerent et, pour gaigner le fort, leverent leurs picques. Voyans les François le desordre de ceulx Allemans, avecques quelque gent de pié qu'ilz avoyent, se misrent apres et, de toutes pars, les envahyrent ; lesquelz, voyans sur eulx tumber le faix de la deffortune, volurent aux ennemys lesser cruente et luctueuse victoire, car a tous effors leur vie deffendirent.

A l'entrée de ce boucquet dont j'ay parlé, ung nommé George Rudich, capitaine d'une bende de Suyces du party du Roy, se mist apres en l'heure qu'onques puys ne revint; car tant se hasta que, premier qu'il peust estre recoux, les Allemans l'eurent occiz. Ung archier de la compagnye du seigneur de Sainct Prest, a tout une arbaleste bendée, pour plus droict assener quelqun de ceulx Allemans, lascha la reine de la bride de son cheval et, la, tant hazarda sa vie, soubz lasseurté de la conduyte d'iceluy, que entre ses ennemys soubdaynement l'en emmena, lequel a coups de hallebardes fut illecques assommé. Assez d'autres Françoys blecyerent iceulx Allemans, et heussent plus, mais l'empeschement des branches et des arbres du boys, ou ilz estoyent, leur nuysoit de tant que leurs picques et hallebardes ne peurent plus embesoigner, ne eulx ralyer; par quoy furent tous en ce lieu tuhez et deffaictz, et en mourut, par compte, cinc cens, et cincquante furent priz, lesquelz furent, par les Suyces, qui a celle deffaicte avoyent perdu leur capitaine, entre les mains des Françoys tous occiz.

Les gens de cheval se deffendirent longuement; leur capitaine, nommé Jehan du Cazal, heu ung coup de lance en la cuisse et fut au bras blecié en deux lieux, lequel pourtant ne volut oncques habbandonner ses gens, supposé que a l'avantage fust monté, pour soy retirer d'heure s'il heust voulu : ainsi fut priz avecques la plupart des siens.

Les autres se sauverent comme ilz sceurent, et,

apres ce, droict a Morterre se retirerent les Françoys, sans avoir perdu que deux hommes.

Le lendemain, xxiii° jour de mars, le conte de Ligny et le seigneur Jehan Jacques, avecques leurs gens d'armes, retournerent a Morterre, et fist le conte de Ligny ensepvellir les mors, qui ancores estoyent sur la terre estandus. Lesquelz, scelon le rapport de ceulx qui les veirent, furent bien des plus beaulx hommes que nature puisse ouvrer, tous eingrossez de cuers virilles, dont, apres la mort, louer les deusse, si presumptif oultrecuyder n'eust voulu le terme de leur vie anticiper, car le capitaine de leur gent de cheval disoit que tant estoyent, au partir de Vigeve, enflez de fierté que toute l'armée de France, scelon leur dire, n'eust heu povoir pour les deffaire; toutesfoys, Trop presumer, qui les foulz hardys souvant deçoit, les mist en voye prochaine de malheureuse fin. Ainsi qu'on les mectoit en terre, une trompette du seigneur Ludovic vint sur le lieu pour demander ung gentilhomme lombart, qui avecques les Allemans avoit esté tuhé; mais on ne le peult cognoistre entre les mors, tant avoyent les visages detrenchiez. Les corps furent mys en terre, et, pour les pechiez d'iceulx, le conte de Ligny fist, a Morterre, faire obseque sollempnel.

XXVIII.

Comment le seigneur Ludovic, apres que les Françoys eurent rendue Novarre, fist son entrée a Millan.

Dedans la ville de Novarre estoit le seigneur Ludovic avecques son armée, moult joyeulx de la reduction d'icelle, pencent que les Françoys, apres avoir faict celle perte, se trouveroyent hors du chemin de seure retrecte et que, par les autres villes de la duché de Millan, tant mal receuz qu'ilz n'auroyent cause de y faire long sejour, et aussi que toute Lombardye cryeroit sur eulx *Villa gaignée*, ce qui pourroit leur fureur adoulcir et amollir leur courage. Et, apres ce, cuydant de ses ennemys estre le vaincqueur, comme celuy qui de victoyres heureuses et glorieux labeurs voloit la palme de triumphe recepvoir, avecques ses plus sollempnelz complices et quelque nombre de gens d'armes, dedans la ville de Millan s'en alla, et la fist son entrée pompeuse.

La recepcion, que les seigneurs et peuple de la ville luy firent, fut tant magnificque que, a ceulx qui estoyent au spectacle, povoit sembler que Dieu fust illecques dessendu. Tant fut en honneur avancé et haultement receu que, de tous sallutz amyables et humbles reverences de grans et de petiz, de toutes pars fut seigneureusement accueily; et, pour plus le monter en gloire caducque, a peu pres le voulurent iceulx Lombars divinement adourer. Quoy plus, eulx cuydans le povoir des Françoys du tout abbatu, comme ceulx qui tousditz aux plus fors tendent la main, apres ce recueil tant sumptueulx, les tresors de la ville luy ouvrirent, pour en prendre a son vouloir, luy priant que, le plus tost qu'il pouroit, heust a chacer de Lombardye tous les Françoys qui la estoyent, si loings que james ung tout seul n'en peussent veoir; lequel leur promist que, sans faillir, leur requeste seroit en brief executée, si Fortune ne luy tournoit le doz. Et pour, a ce, de plus se vouloir a eulx obliger, de leurs deniers si a plein garnist ses coffres que de plus de deux cens mille ducatz empira leurs bouticques ; et, comme non assouvy de l'avoir de tant de bourses deslyées, au sainctuaire de Dieu osa mectre la main et approprier a son mondain usage ce qui au service divin estoit ordonné, sans avoir doubte de la pugnicion amere emcorir, dont jadis la divine vengence voulut les sacrilleges et expollyateurs des temples cruellement chastier. Mais, tost apres ce grief forfaict, comme la roe, qui devant ung bouffement venteulx tourne du hault en bas, ainsi, du plus sublime degré de sa gloire instabille, applaty et assoupé, dedans la fange de misere se trouva. Gueres ne sejourna dedans Milan apres qu'il heut ainsi exploicté[1], ains s'en retourna a Novarre, ou estoit son armée.

1. Depuis son retour d'Allemagne, Ludovic Sforza n'avait fait que traverser Milan une seule fois, sans y séjourner. On voit, par les détails que nous fournit Jean d'Auton avec une précision remarquable, qu'il y revint seulement lorsqu'il eut repoussé l'armée française et que, cette fois encore, il n'y séjourna guère. A ce moment, les troupes occupaient en force considérable Novare et la ligne qui s'étend de Novare à Pavie, par Vigevano, c'est-à-dire la ligne du Tésin qui couvrait Milan. Les Français se trouvaient concentrés de Verceil à Palestro et à Mortara, ayant à ce dernier point leurs postes les plus avancés.
Dans ces conditions, on ne comprend pas très bien l'exploit attribué à Bayard par la *Chronique du Loyal Serviteur* (ch. xiv et xv); d'après ce récit, Bayard, emporté par son ardeur et se trouvant campé à vingt milles seulement de Milan, aurait enlevé, avec 40 ou 50 de ses compagnons, après un rude combat, le village de Binasco, entre Pavie et Milan, occupé par 300 chevaux lombards sous les ordres de Jean Bernardin Cazache; il aurait poursuivi les fuyards jusqu'à Milan, serait entré pêle-mêle avec eux dans la ville et ne se serait arrêté que devant *le logis* de

XXIX.

Comment le sire de la Trimoille, avecques son armée, arriva a Morterre en Lombardye, et du rainfort qu'il donna aux Françoys qui la estoyent.

Le vingt et quatriesme jour de mars, le sire de la Trimoille, avecques son armée, partit de Verceil[1] ; et,

---

Ludovic, où on l'aurait fait prisonnier. Touché de sa bravoure, Ludovic lui rendit la liberté.

Outre que le récit de cet exploit a une forme extérieure un peu romanesque, nous ne pouvons nous empêcher de supposer qu'il frise fortement la légende..... Jean d'Auton, dont le récit consciencieux est des plus circonstanciés pour cette campagne, raconte avec soin les escarmouches contre le comte Bernardin, capitaine d'*Albanais;* il ne dit rien d'un incident, assurément digne de mémoire, et qu'il n'eût pas manqué de noter. Le chroniqueur de Bayard, Aymar du Rivail, si précis également dans ses indications, n'y fait pas la moindre allusion, non plus qu'aucun autre récit.

Or, nous aurions besoin de témoignages formels pour admettre l'authenticité absolue d'un fait aussi extraordinaire que celui de 300 cavaliers, rudes comme les Albanais, continuant à s'enfuir, poursuivis, derrière l'armée de Ludovic, par un seul homme, cet homme fût-il Bayard, franchissant de la sorte la porte et les postes militaires des fortifications de Milan et sa double enceinte, puis traversant la ville entière jusqu'au *logis* du duc, c'est-à-dire tout le cœur de la cité.

Quant à Ludovic, on voit, par le récit de Jean d'Auton, qu'il séjourna à peine à Milan et qu'il rejoignit de suite son armée. De plus, il ne se trouvait pas alors dans des dispositions de grande générosité.

1. La Trémoille, selon son habitude, avait été long à s'ébranler, voulant pourvoir à tout. L'on a encore la note des préparatifs personnels qu'avant de quitter la France il avait fait faire (Archives

ancores non sachant la ville de Novarre estre au seigneur Ludovic rendue, cuydant trouver le siege devant, pour secourir les assiegez marchoit le plus tost qu'il povoit celle part, pencent que, si de heure se assembloit avecques eulx, que, a quelque priz que ce fust,

de M. le duc de la Trémoille, note manuscrite : *S'ensuyt ce qui est neccessaire pour la maison de monsr, luy estant lieutenant du Roy en la duché de Millan*). Nous y voyons que sa suite personnelle se composait de 67 chevaux *à livrée,* ainsi répartis :

4 grans chevaux et 1 courteau; 6 mules, haquenées et courteaux;

3 chevaux de somme, pour la chambre de monseigneur, 1 pour son harnois, 1 pour le linge, 1 pour la cuisine, 1 pour la dépense pour porter la vaisselle, 2 pour les ustensiles de la cuisine (broches, poêles, etc.), 1 pour la boulangerie ;

2 pour chacun des 12 gentilshommes de sa maison (soit 24);

4 pour les 4 gens de son échansonnerie, et 1 grand cheval pour 2 barils de vin ;

6 chevaux pour les 6 gens de la cuisine et 2 pour les bouchers;

1 cheval pour le barbier, 1 pour le couturier, 1 pour le valet de chambre, 1 pour le fourrier, 1 pour la lavandière, 1 pour le secrétaire, 1 pour le clerc qui écrit la dépense.

Il fallut, pour y fournir, acheter 5 chevaux au départ.

« Plus se fault pourvéoir de quatre bouchiers, de deux a cheval et deux a pié, pour mener lesdits moutons, et ung garson pour les garder, et fault merchandez a eulx pour savoir combien ilz vouldront gaingner par moys. »

Il faut, pour la table, 2 nappes et 2 douzaines de serviettes par jour; pour la table des gentilshommes, une nappe; pour celle de ses archers, une aussi ; pour celle du maître d'hôtel et autres officiers, 3 nappes par jour ; soit, en tout, 49 nappes à emporter et 28 douzaines de serviettes; pour la cuisine, 2 nappes et une demi-douzaine de serviettes par jour. La Trémoille a ordonné aussi de se pourvoir de boulanger et pâtissier, et de voir ce qu'ils voudront gagner par mois; d'un clerc et de deux lavandières; d'emporter aussi sa vaisselle, soit 2 douzaines de tasses, sa coupe habituelle et deux autres, 4 flacons, 2 pots, 4 aiguières, 2 bassins et 47 pièces de vaisselle de cuisine.

On voit, par ce détail, à quel point il prévoyait tout.

a ses ennemys feroit ung allarme, voire, si bon luy sembloit le combat, sans autre rainfort attendre, chauldement leur donneroit la bataille. Ainsi qu'il approchoit Novarre, par les gens du pays fut adverty que les Françoys avoyent rendu la ville au seigneur Ludovic et que a Morterre s'estoyent retirez, dont prinst le chemin de Morterre; et la, sur les six heures du soir, arriva, avecques ses gens d'armes. A celle venue, fut l'excercite de France contre le povoir du seigneur Ludovic moult rainforcée, et de tant que assez puissans se cuydoyent les Françoys pour l'actendre au plains avecques son ost. Le sire de la Trimoille fut maintes foys d'avys que, si la demeure de leurs Suyces estoit plus gueres tarde, que la bataille fust aux ennemys promptement donnée, affin que de plus ne se rainforçassent, et que les Françoys, qui ensemble estoyent doze cens hommes d'armes[1], avecques quatre mille pietons et bonne artillerye, estoyent assez fors pour les combatre et deffaire et que, sur ce, ne restoit que vigoureusement besoigner et donner a droict.

Toutesfoys, pour ce que les Suyces, qu'on attendoit[2], estoyent a chemin et de jour en jour arrivoyent

---

1. D'après le dénombrement donné plus loin (p. 249) par Jean d'Auton, Ludovic pouvait mettre en bataille, librement, 400 Bourguignons, 800 Lombards, 4,000 chevau-légers, 18 à 20,000 Suisses et lansquenets, armée à laquelle il fallait ajouter l'artillerie et toute la cavalerie légère des Estradiotz.
2. D'après Saint-Gelais, les Suisses, au contraire, arrivèrent les premiers, sous la direction d'A. de Bessey. Or, Antoine de Bessey, comme nous l'avons vu, était revenu à l'armée depuis longtemps, depuis les premiers jours de mars (p. 200). Quinze jours lui avaient suffi pour lever les Suisses (p. 191), qui n'attendaient plus que le paiement d'un acompte sur le prix de leur mise en cam-

par compaignyes, fut dit qu'on ne combatroit jucques
a leur venue. Lesquelz receurent a Verceil leur payement et, tous pres a mectre en besoigne, furent a
Morterre le troisiesme jour d'avril. Durant le temps
de leur actante, a l'affaire de la guerre heut tousjours
l'ueil le sire de la Trimoille, comme celuy qui, sur
toutes autres choses, l'avoit en memoire pour recommandée : a toute heure, visitoit les gens d'armes,
ayant l'advys a la maniere d'iceulx, pourveance de
chevaulx et acoustrement de harnoys ; en maniere
que, si quelque pauvre soubdart estoit par inconve-
nient desmonté, ou, par deffault d'argent, d'armeures
desnué, pour le secourir et remectre sus son escuyerie
estoit ouverte et sa bource deslyée[1]. Riens n'avoit en
espairgne pour savoir, par seures et diligentes espyes,
les affaires et entreprises des ennemys ; sur les chemins et passaiges, par ou pouvoyent venir secourables
aydes et rainfort d'armes au seigneur Ludovic, avoit
grosses embusches et descouvreurs de pays. En ordonnée police tenoit tous les gens d'armes françoys et
propos deliberé de loyaument servir le Roy et vigoureusement combattre leurs ennemys ; et, avecques
asseuré maintien et chere joyeuse, a chascun donnoit
fermeté de courage et esperence de victoire. Avecques
le conte de Ligny, le seigneur Jehan Jacques et autres
capitaines de l'armée, consultoit souvant sur ce qui
au mieulx de la guerre pouvoit servir, remonstrant
a iceulx que tant vertueusement par cy devant la
besoigne emcommancée et poursuyvye avoient, que

pagne. Mais, en réalité, les Suisses arrivèrent en même temps
que La Trémoille.

1. L. de la Trémoille était, personnellement, fort riche.

a fin honorable ne povoyent faillir. Quoy plus, tant monstroit son vouloir au service du Roy affectueulx que le tout de son povoir y estoit au large employé. Et plus n'en diray, si n'est qu'a ceste conclusion veulx adjoxter que de sa venue desirée moult joyeulx furent les Françoys et soubz l'ombre de l'estandart de son heureux regnon[1], plus asseurez.

A Verceil estoit lors le cardinal d'Amboise, qui, d'heure en autre, avoit la poste et nouvelles du Roy, pour entendre aux affaires d'icelluy et l'advertir du demené de ses choses.

Du rainfort et secours de France par toutes les Italles furent tost nouvelles semées, dont, avant l'a main, telz y avoit, qui, pour la perte des Françoys paryer, avoyent hazardé leur argent et leur foy engaigée, qui, apres ce, du marché se repentirent et telz, qui, a bride abbatue, couroient a la perte d'iceulx, qui tout court furent arrestez. Et, voyant le seigneur Ludovic les Françoys rassemblez et unys et, de jour en jour, de plus en plus fort leur puissance agrandir, ne fut pas certain de mectre a fin son emprise joxte le voloir de son desir : dont, au lever et au coucher, de divers propos et pencées estranges heut continuelle conpaignye et, pour descharger la hocte de son cueur de faix tant pondereux, a ses privez capitaines et amys familyers voulut publier se segret de son affaire, ausquelz voulut de ses parolles tenir consistoryal propos.

1. Ce renom datait de la guerre de Bretagne, où Louis de la Trémoille avait définitivement écrasé les Bretons à la bataille de Saint-Aubin-du-Cormier.

XXX.

Une oraison que dedans la ville de Novarre le seigneur Ludovic eut a ses capitaines, sur le trecté de son affaire.

« Si, au temps d'heureuse prosperité, la cognoissance des amys, par fortune concilyez, m'a esté difficille, au besoing extreme d'aversité amere, pourront estre facillement mys a la preuve, seigneurs ; pour ce le dy que, aux ans florissans de ma dorée félicité, d'aucuns de ceulx qui plus beau visaige m'ont monstré, a mon plus grand affaire, moings de secours en eulx ay trouvé. Mais, au fort, ce n'est que ung des moindres tours de luyte, dont Fortune abbat les plus roydes et ceulx qui plus a elle se cuydent attacher ; car, ceulx qu'elle faict amys, Infelicité rend ennemys. Et, pour ce que vous, mes bons et fidelles amys, au plus hault degré de mon seigneuryeux estat et au plus bas estage de la fosse de ma doullante exterminacion, tous temps, m'avez acompaigné et suyvy, et ausi que experiment m'a vostre loyal vouloir descouvert, a vous, comme aux seures gardes et jurez concyerges de la porte de mon cueur et fermes appuys de toutes mes charges, l'intencion de mon courage veulx ampliffier et, en mes choses adverses, provision de conceil et remede de secours demander ; sachant que, en la loyaulté des conscilliers, gist la seureté des princes et le salut de la chose publicque.

« Vous savez comment, par plusieurs ans, du tiltre seigneurieux de la duché de Millan j'ay pacifiquement jouy et a la principauté ducale d'icelle directement succedé et comment, par l'empereur Maximilien moderne, de la seigneurye duquel despend ladicte duché, a la succession hereditaire, comme vray seigneur, j'ay esté receu et au droict, qui a la gent Sforziaine peult appartenir, substitué ; et que, aux jours luysans de ma puissant dominacion, j'ay tant magnyfyé mon estat que entre tous les princes du monde, j'ay esté l'ung des plus redoubtez ; tellement que toutes les Italles et autres circunvoisines regions plyoyent soubz le povoir de ma main et que tant me suys trouvé par la vertus de force haultement auctorizé que oncques ne me veiz en bransle d'estre submarchié, jucques a ce que, par la menée d'aucuns mes hayneux sugetz et consentement de voulloir popullaire, qui ne demande que nouvelletez estranges et mutacions de princes, depuys ung an en ça, les Françoys, par armes, sont venuz courir mes pays, desoller mes cytez, devaster mes places et moy debouter et chacer jucques aux Allemaignes, sans avoir sur moy droict, si ce n'est autant que force leur en donne : dont une chose sur ce amerement me cuyt, car, en toute l'adversité de ma fortune, le comble de mon malheur gist en l'infelicité future de mon heur preterit.

« Or ay je tant faict, a l'ayde de mes alyez et amys, et par subtilz moyens, que, pour chacer mes ennemys et recouvrer mes terres, grosse armée ay mise sus et regaigné le cry du peuple de Lombardye, avecques la faveur couverte et segrete intelligence des plus renommées villes des Italles, et de tant mon emprise advancée que, reservé le chasteau de Millan, toute la duché en mon obbeïssance ay reduyte et de tant me[s] ennemys pressez que, de toutes les villes de Lombardye, que, ancores n'a deux moys passez, paisiblement occupoyent, ne leur reste que Morterre, pour leur extreme reffuge. Puysque ainsi doncques que tourne leur chance et que Fortune nous rit, prestement les nous fault poursuyvre et a mort persecuter. Reste au surplus adviser la maniere comment a leur totale deffaicte plus advantageusement pourrons proceder. Grant rainfort leur est, ses jours, de France venu et, a toute heure, leur viennent Suyces a legions. Savoir povez quelz ilz sont aux armes; car souvant les avez veuz aux coups deppartir, et les plus des foys a nostre perte et desavantage. Ja, ont ilz deffaicte la garnison de Vigeve, ou avons perdu beaucoup de bons souldartz, et de jour en jour nous endommagent. Perte qu'ils facent, ne les apauvrist; car, tant plus sont et ont estez assailliz, de plus ont esvertuez et esvertuent leur courage. Toutesfoys, a ce ne nous fault plus arester, mais vigoureusement les assaillir et leur donner sanglante bataille. Ainsi, pourront, scelon mon advis, estre domptez. Pour nous, avons le plus seur party; car, si aux armes sont advantageux, de double nombre contre eulx sommes ranforcez; grande puissance d'Allemans fors et batailleux avons, grosse compaignye d'hommes d'armes bourguignons, qui savent leur mode de combatre, Albanoys et Estradiotz a grant multitude, pour les rassembler s'il prennent l'escart, fortes escaidres de Lombars, qui d'hayne mortelle leur vueullent, toute la commune du pays en armes et en aguet sur les passaiges, pour leur trancher le chemin, s'il advient qu'ilz soyent deffaictz ou mys a la chace, affin que d'eulx ung seul ne rechappe. Par quoy, si, par lascheté de cueurs effeminez, debillitées ne sont noz dextres, louable victoire contre noz ennemys obtiendrons. Nous summes dedans noz terres et regions, que toute loy nous commande deffendre jucques a la mort; dont nous doyvent les cueurs evertuer et la force accroistre, comme a ceulx qui leurs pays, parens et libertez d'armes vueullent couvrir.

« Pour ce, veulx je bien a la discrection de voz espriz ouvrir le repertoire de mes segretz et pryer voz seigneuryes, sur ce, me doner tel ayde et advys que a ma neccessité pourez recognoistre plus secourable, sachant que, en ce hazart, gist le recœuvre de ma soubdaine resource ou le moyen de mon perpetuel exil. »

Les cappitaines de l'armée du seigneur Ludovic, apres avoir ouy ses remonstrances et propos, et autres ouvertures et moyens sur le faict de leur emprise debatus et mys avant, heurent tous ung voloir unanime de donner aux Françoys la bataille et, a pied ferme, aux champs le actendre ou assaillir. Et a ce ne povoyent faillir, car autant en pençoyent les Françoys, qui n'actendoyent que la venue de leur Suyces pour assaillir leurs ennemys et la guerre leur donner.

Le Roy, qui lors estoit a Lyon sur le Rosne[1], adverty de ses nouvelles, plusieurs jours ensuyvans, pour la conservation de son bon droict, prosperité de son excercite et octroy de la paix heureuse, processions generales et humbles prieres au Deffence[u]r des justes querelles, fist continuellement presenter, et luy

1. On a vu plus haut que le roi était arrivé à Lyon le 19 mars. Il y resta (soit à Lyon, soit aux environs) jusqu'au 21 juillet.

mesme, avecques magnificques offrendes et voyages meritoires, voulut, sur ce, la grace du Donneur des victoires devotement implorer.

XXXI.

Comment grant nonbre de gentilzhommes de la maison du Roy partirent de Lyon en poste, pour vouloir estre a la bataille.

Plusieurs jeunes gentishommes et autres de la maison du Roy, oyans nouvelles de la bataille et sachans que a plus honorable affaire ne pourroyent mectre leur valleur en veue ne leur force employer, pour vouloir avoir part a l'honneur du triumphe ou a la perte de la deffortune, heurent deliberacion jurée de eulx trouver a celle besoigne. Et furent de ceulx le marquis de Baude[1], le conte de Roussillon[2], Jacques,

---

1. Ce marquis ou margrave de Bade, familier et serviteur de Louis XII, était Christophe Ier. Il était, en outre, gouverneur de Luxembourg et avait épousé Ottilie de Catzenellobogen. La famille de Bade était divisée en deux branches; l'aînée représentée par le marquis, la cadette ayant pour dernier représentant Philippe de Hochberg-Saussenberg, maréchal de Bourgogne en 1481 (ms. Clair. 10, fol. 633), dont la fille unique épousa Louis d'Orléans-Dunois, duc de Longueville.

Christophe de Bade eut deux fils, tiges des deux grands rameaux modernes de la famille de Bade : Bernard, margrave de Baden-Baden, et Ernest, margrave de Baden-Durlach.

Philippe de Hochberg laissa un fils naturel, auquel Louis XII accorda en 1509 des lettres de légitimation (Clair. 225, n° 473).

2. Charles de Bourbon, comte de Roussillon en Dauphiné, inscrit pour une pension de 600 livres au compte de 1499, fils de l'amiral Louis, bâtard de Bourbon; il fit la campagne de Métalin; sa pension fut portée à 800 livres. Il épousa en 1506, selon le

Monsieur de Rohan, Louys de Bourbon, bastard du Liege[1], le bastard de Vandosme[2], Jacques de Chabbannes, seigneur de la Palyce, Jehan de Chabbannes, seigneur de Vandenesse[3], Germain de Bonneval, gouverneur de Lymosin[4], Louys des Barres, pannetier

P. Anselme, Anne de la Tour, et mourut peu après, car sa veuve se remaria en 1510.

1. Louis de Bourbon, deuxième fils naturel de Louis de Bourbon, évêque de Liège ; il avait été enfant d'honneur de Charles VIII. Il avait deux frères, Pierre, seigneur de Busset, et Jacques, chevalier de Rhodes.

2. Jacques de Bourbon-Vendôme, fils naturel reconnu ou légitimé de Jean de Bourbon, comte de Vendôme, et de Philippe de Gournay. Il était seigneur de Bonneval, de Vansay, Fortel, etc., baron de Ligny, pensionnaire du roi ; il devint chambellan de François Ier et bailli de Vermandois (Clair. 782).

3. Jean de Chabannes, seigneur de Vandenesse, pensionnaire du roi (500 livres, compte de 1503, ms. fr. 2927). Un petit homme, la bravoure même. Ses adversaires, les Espagnols, l'appelaient *le Petit Lion, le Petit Lion au grand cœur*. C'est surtout dans les années suivantes qu'il déploya cette bravoure. A Agnadel, il fit prisonnier le général en chef vénitien, Alviano. Il fut tué en 1523 (Brantôme, II, 380 ; VI, 422, etc.).

4. Germain de Bonneval, écuyer, était un de ces jeunes gens dont l'entrain et le courage plaisaient tant à Charles VIII. Il l'accompagna en Italie en 1494 comme échanson, se battit auprès de lui à Fornoue et son crédit avait donné lieu, suivant Brantôme, à ce dire :

Chastillon, Bourdillon, Bonneval
Gouvernent le sang royal.

Pensionnaire de 2,000 livres sous Charles VIII, Germain de Bonneval fit sa cour au duc d'Orléans en prêtant au sire d'Orval 2,000 livres pour s'acquitter d'une vieille dette envers la maison d'Orléans. Charles VIII l'avait fait chambellan, gouverneur du Limousin, et il acquit en Limousin les baronnies de Corrèze et de Chebotonne. On l'appelait *le jeune Bonneval*, pour le distinguer d'Antoine de Bonneval. C'était l'homme des tournois. Sous Louis XII, sa pension fut ramenée à 1,600 livres. Après la disgrâce du maréchal de Gié, le roi lui confia le soin de *mener* la

du Roy[1], le seigneur de Beaudmer[2], le seigneur d'Arpajon[3], le baron de Beart, le seigneur de Liste-

compagnie du maréchal, en attendant la nomination d'un nouveau capitaine, qui fut le baron de Mailly (Tit. orig., Bonneval, n°s 33-49; cf. n°s 9 à 30; fr. 26107, fol. 317; compte des pensionnaires de 1503, Portefeuilles Fontanieu; ms. fr. 2928, fol. 10; *le Loyal Serviteur*, p. 37; cf. fr. 25783, n° 69).

1. Il y a de nombreuses familles des Barres ou Desbarres. Louis des Barres, dit *Le Barrois,* était un très jeune homme; il venait de perdre son père Jacques des Barres, également dit *Le Barrois,* seigneur des Barres et de Neufvy-sur-Allier, institué par Pierre de Bourbon capitaine de Perpignan en 1491 et de la Réole en 1492 (Tit. orig., Des Barres de Neufvy, n°s 2, 3, 5, 6). Sa mère, Jeanne d'Estouteville, restée veuve avec des enfants mineurs, François et Jean, eut à soutenir, à propos de leur tutelle, un long procès contre la famille d'Estouteville. Après sa mort, en 1522, Louis des Barres reprit ce procès (id., n°s 17 à 21, 26). Louis des Barres succéda à son père comme capitaine de la Réole (id., n°s 27-31), et reçut du roi une pension de 260 livres. Il devint, sous François I°r, capitaine de Pontorson et maître d'hôtel ordinaire du roi (Tit. orig., Des Barres, n°s 51, 52), et mourut en 1549 (Tit. orig., Des Barres de Neufvy, n° 16).

2. Lire : *Beaudiner*. François de Crussol, seigneur de Beaudiner, frère cadet de Jacques de Crussol, dont nous avons déjà parlé. Il était pensionnaire du roi pour 600 livres (Compte de 1503, ms. fr. 2927). Il mourut vers 1512, laissant une jeune veuve, Péronne de Salignac, dame de Magnac, qui épousa en secondes noces Antoine Soreau, s^r de Saint-Géran, et en troisièmes noces René de Volvire.

3. Jean d'Arpajon, seigneur et baron des baronnies d'Arpajon (*aliàs* Arpaion, Arpayon), Severac, Espairac et vicomte d'Aulterive (Aultes ribes), sénéchal de Rodez. Il eut avec le receveur de la baronnie d'Arpajon un procès pendant lequel ses revenus furent provisoirement mis sous séquestre; or le procès dura seize ans, de 1492 à 1508 (Tit. orig., Arpajon, n° 12). Il était valet tranchant de Charles VIII en 1470, et échanson en 1496. Il était sans doute fils de Guy d'Arpajon, gouverneur, en 1495 et encore en 1497, du château de Mauléon de Soulle, où il avait pour lieutenant Gaston d'Arpajon; Guy d'Arpajon, vicomte de Lautrec, avait été ambassadeur sous Louis XI.

nay ¹, le seigneur de Fremente, le filz du bastard de Cardonne² ; lesquelz partirent de Lyon, en poste, le penul-

A la même époque, nous rencontrons Hugues d'Arpajon, et plus tard René d'Arpajon, qui épousa Géraulde du Prat, et qui, veuf en 1545, soutint, alors un procès au nom de son fils Antoine d'Arpajon (Tit. orig., Arpajon, nos 5, 6, 8, 9, 10; ms. fr. 6986, fol. 3 ; Clair. 3, fol. 279-283).

1. François de Vienne, seigneur de Listenois, d'Arc en Barrois, etc., sénéchal et maréchal de Bourgogne, fils de Jean de Vienne, maréchal de Bourbonnais, ambassadeur à Venise en 1483, etc., mort le 11 septembre 1499, et d'Anne de Vienne. On dit qu'il épousa, en 1513, Bénigne de Granson ; mais il est à remarquer que, le 3 mai 1511, il passa une transaction avec le marquis de Rothelin relativement à des terres qu'il possédait en Barrois du chef de sa femme (ms. fr. 4605, fol. 4). Une de ses filles, Françoise, épousa François d'Amboise, sr de Bussy. Il recevait 600 liv. de pension (Tit. orig. Vienne, nos 90 et suiv.). Il mourut vers 1517.

2. Ce jeune homme, qui a laissé peu de traces, était pensionnaire du roi pour 400 livres ; il figure dans les comptes sous ce même titre de *fils du bastard de Cardonne* (ms. Clair. 224, n° 395). Son père, Jean, bâtard de Cardonne, dont il sera question plus loin, était fils de Jean, comte de Cardonne et de Prades, connétable d'Aragon, pensionnaire de Louis XI pour 8,000 livres, et frère de Jean, également comte de Cardonne et de Prades, et également connétable d'Aragon depuis 1481. Louis XI enrôla à son service plusieurs membres de cette puissante et nombreuse famille catalane. Michel Cardonne ou de Cardonne, « Miquael Cardona, » qualifié chevalier de Cerdagne, reçut une pension de 600 livres lors de l'occupation par Louis XI du pays de Puissardan ; il devint ensuite panetier de Charles VIII. Un autre Jean-François de Cardonne, seigneur de Coignat, chambellan et maître d'hôtel du roi, était gouverneur et sénéchal des terres d'Armagnac *citra Garonnam* ; il alla visiter Savonarole (Commines, t. II, p. 437). Sous Louis XII au contraire, tous les Cardonne se retrouvèrent naturellement du côté de l'Espagne et s'y distinguèrent contre la France. Seul, le bâtard de Cardonne resta fidèle à son pays d'adoption. Louis XI, toujours favorable aux bâtards de grande maison, l'avait fait chambellan et lui donna une compagnie de 25 lances, qu'il augmenta en 1478 (n. a. fr. 1231, p. 36, 38). Lorsque Louis d'Orléans rompit avec Anne de Beaujeu, il écrivit au bâtard de Cardonne pour chercher à l'enrôler dans son

tieme jour de mars et tant avancerent que, en troys jours et demy, heurent passez tous les mons de Savoye et les terres de Pyemont, qui pres de cent lieues de pays contiennent, et a chief de temps arriverent a Morterre, en Lombardye; et, la, trouverent le conte de Ligny, le sire de la Trimoille, le seigneur Jehan Jacques, le baillif de Disjon et toute l'armée de France sur bransle de marcher en avant et prendre les champs.

Troys gentishommes, pencionnaires du Roy, dessus nommés[1], qui, avecques le duc de Vallentinoys, estoyent allez a l'an jubillé[2], oyans a Romme parolles

entreprise (ms. fr. 15537, fol. 232). Mais Cardonne resta chambellan du roi, quoique mécontent et peu en faveur; Charles VIII lui donna, le 22 mai 1489, des lettres de légitimation (Portef. Fontanieu). Néanmoins, Cardonne continua à porter son titre de « Bâtard de Cardonne; » de 1495 à 1504, nous le trouvons à la tête d'une compagnie de 40 lances qui, en dernier lieu, tenait garnison en face de l'Angleterre, à Boulogne-sur-Mer (Tit. orig., Cardonne, nos 3-20 : fr. 26107, n° 344 : fr. 25781, fol. 3 : fr. 25783, n° 49). Il se mit un moment, en 1500, à la solde de César Borgia, pour lequel il commandait au siège de Forli une compagnie de 200 hommes (Marino Sanuto, III, 1049).

Le nom patronymique des Cardonne était Folch, mais ils ne le portaient point dans les actes; le bâtard de Cardonne signait toujours *Bastart de Cardone*, et sa signature présente une particularité. C'était une griffe imprimée, et le bâtard avait deux griffes différentes.

En 1498 et 1499, les Cardonne étaient au comble de l'influence en Espagne et à Naples; la duchesse de Cardonne venait de tenir sur les fonts baptismaux, avec Ferdinand le Catholique, un neveu du roi; don Ugo de Cardona était le favori de Frédéric de Naples (Marino Sanuto).

1. Adrien de Brimeu, Antoine de Castelferrus et Louis de Malestroit, que nous avons vus assister au siège d'Imola, puis se rendre à Rome (p. 122).

2. L'an 1500, pour lequel était promulgué un jubilé solennel, et qui, *more Romano,* avait commencé depuis le 25 décembre précédent.

de la bataille, pour ne faillir a tel affaire se voulurent mectre au retour et, pour cuyder avancer leur voyage, s'embarcherent a Hostye, ung port de mer pres de Romme. Mais, pour l'ennuy de la tormente ne peurent a la voille donner vent a gré, dont prindrent terre, et, de la, coururent Ytallye jucques a Gennes et tant hasterent leurs cours que, de Romme, en quatre jours[1], furent a Morterre, en Lombardye, assemblez avecques l'armée de France.

XXXII.

Comment l'armée de France saillit de Morterre, pour aller donner la bataille a l'armée du seigneur Ludovic.

Ung dimenche, cincquiesme jour d'apvril, en l'an mille cinc cens[2], les Françoys, tous en armes, saillirent de Morterre, avecques tous leurs Suyces en point et apprestez pour le combat.

Le sire de la Trimoille, avecques cinc cens hommes d'armes, fasoit l'avant garde, lequel estoit monté sur

---

1. Cette course héroïque mérite, en effet, une mention, car, de Rome à Mortara, il y a, en chemin de fer, environ 685 kilomètres, et par la route des Maremmes, alors la plus insalubre, la plus dangereuse et la moins fréquentée de l'Italie. Ils auraient donc fourni une course d'environ 170 kilomètres par jour.

2. Il est à remarquer que Jean d'Auton, tout en rapportant les faits officiels au comput officiel, suit, pour son compte, le système florentin et méridional ; il commence l'année au 25 mars. Après nous avoir raconté le *remanent* de l'année 1499, il entre, le 5 avril, dans l'année 1500 ; en France, on en était encore à l'année 1499, jusqu'au 19 avril, jour de Pâques.

I 16

ung coursier moult advantageux, prompt a l'esperon et legier a la main; et, armé de toutes pieces, chevauchoit de rang a rang, pour adviser a la maniere et pollice de ses gens d'armes, lequel conduisoit si adroict que nul ne desmarchoit de son ordre.

Le conte de Ligny avoit la bataille, ou estoyent quatorze mille Suyces et toute l'artillerye. Et, pour myeulx ses gens acheminer, avecques eulx se mist a pié, la hallebarde au poing, vestu d'ung pourpoint de drap d'or, my party de damas blanc, bendé au travers de vyolet, le halcret dessus, ung chapeau jaune sur sa teste, garny de plumes blanches[1]. La pluspart des gentishommes de la maison du Roy, qui la estoyent allez en poste, et plusieurs autres luy firent compaignye, lesquelz mist avecques luy au front de la bataille, entre deux Suyces ung Françoys, tous vestus de sa livrée et armez a la mode d'Allemaigne.

Le seigneur Jehan Jacques, a tout cinc cens hommes d'armes, conduisoit l'arriere garde, lequel ne tenoit brin de desordre.

Ainsi commança l'armée de France a marcher et prendre l'adresse vers la ville de Novarre, davant laquelle estoit le seigneur Ludovic avecques ses souldartz, dont il avoit plus de trente mille. De toutes pars, avoyent les lieutenans du Roy mys sur les champs

---

1. Par ce vêtement luxueux, le comte de Ligny montrait qu'il n'avait pas peur d'être désigné aux coups des ennemis. Ce vêtement rappelait, en outre, le lion des armoiries du comte (le comte de Ligny portait : *d'argent, au lion de gueules, à la queue nouée, fourchée et passée en sautoir, armé et couronné d'or, lampassé d'azur, surmonté d'un lambel d'azur à trois pendants*. Le lambel et les couleurs du lion distinguaient son blason du blason de Luxembourg).

guectz et coureurs pour descouvrir le pays, affin que au desproveu ne fust surprise l'armée, et envoyez explorateurs pour sçavoir la maniere des ennemys, qui ja tenoyent les champs ; lesquelz on actendoit de moment en autre avoir en barbe, dont chascun sur garde se tenoit. Les hommes d'armes avoyent leurs armetz en teste et la lance sur la cuisse, archiers et arbalestriers les arcz tenduz, les Suyces picques, hallebardes et hacquebutes prestes a mectre en œuvre, cannonniers toute leur artillerye chargée et atiltrée ; tout estoit si a point adressé scelon l'ordre de la guerre qu'il n'y avoit que redire. Chose bien merveilleuse a ymaginer et plus espoventable a regarder, estoit la raincontre de main armée tant furyeuse, ou force tant immoderée sembloit avoir que au povoir de toutes les Italles n'estoit de la savoir dompter.

Ce jour, sur l'heure de vespres, fut l'armée devant une petite ville nommée Vessepola[1], a troys milles prés de Morterre, a cartier de Novare, et la, pour nuyt passer, firent gens d'armes leur logis.

Le lendemain, sixiesme jour d'apvril, au plus matin, se mist l'armée aux champs, tout le pas marchant le droict chemin de Novarre, et pour descouvrir le pays, avecques les coureurs furent envoyez le seigneur de Beaumont et le seigneur de Xandricourt. Le conte de Ligny marchoit pié a pié avecques les Suyces, lesquelz tenoient ordre que l'ung ne passit l'autre. Le sire de la Trimoille, qui, la nuyt devant, avoit heu nouvelles du Roy pour avancer l'œuvre, ne regardoit qui le suyvoit, mais, comme celuy qui, sans differer, a l'excu-

---

1. Vespolate, à 12 kilomètres de Novare, à 13 de Mortara.

cion de la guerre entendoit, hastoit son train, et moult
luy ennuyoit la tardité de l'heure que aux ennemys
n'avoit meslée.

Tant marcha, ce jour, l'armée de France que, sur le
point du mydi, a ung mille pres de Novarre prist
logis[1]. De tous costez fut le guect mys aux champs;
et, pour celuy de plus fortiffier et supporter l'armée,
le seigneur de Xandricourt, qui ce jour n'estoit du
guect, avecques partie de ses gens d'armes fut a cheval. A la venue des Françoys, les gens du seigneur
Ludovic, par conpaignyes, furent a l'estrade et les
Françoys, d'autre part; et, la, se commancerent les
ungs les autres mectre a l'essay, tant que de deux
partiz, plusieurs foys, ce jour, y heut raincontre
jucques a la mort de mainctz souldartz. Les Estradiotz
du seigneur Ludovic n'estoyent par les Françoys mys
a l'espergne; ausi n'estoyent les Françoys par les
Mauryens lessez a repos. La fut tuhé ung jeune gendarme gascon, de la conpaignye du seigneur de Chastillon, nommé Françoys de Odaulx[2], lequel ce jour fist
assez pour avoir icy une assiete de mansion eterne;
car, a tous hurtes, avoit sceu, par esperience, comment les premiers coups s'estoyent donnez et, a la
retrecte des derreniers, soustinst la meslée, tant que,
pour monstrer de quoy, la mortelle enseigne en
apporta. Jucques au soir dura l'escarmouche et, si
tost que lumiere fist place aux tenebres, chascun a son
cartier se retira.

1. On voit ici que J. d'Auton n'était pas présent à la marche
de l'armée. L'armée n'avait fait qu'une dizaine de kilomètres.
2. Du côté de la Gascogne, on connaissait le château d'Audaus,
arrondissement d'Orthez, et Odos en Bigorre.

Le lendemain, ung mardy, septiesme jour d'apvril, Bourguignons et Albanoys et autres souldars du seigneur Ludovic, au plus matin, furent a grosses bendes a la course, lesquelz ne sejournerent gueres sur le champ sans avoir les Françoys aux coups departir, qui, de leurs conpaignyes, estoyent sortiz six a six, dix a dix, pour eulx essayer et mectre leurs chevaulx a l'espreuve. Tant approcherent que entre eulx se commanca chaulde meslée.

Ung homme d'armes, de ceulx du seigneur de Lauque, nommé Bernard Descenon, voyans les escarmoucheurs françoys par les Bourguignons et Estradiotz oultrez, a force de cheval et pointe de lance, pour supporter les foullez, se mist au travers des ennemys, tant que souvant rompit la presse et long temps soustinst le faix; mais, a la fin, tant se trouva pressé que, entre les jambes, luy fut tuhé son cheval, et luy, avecques l'ayde qu'il se fist et le secours de ses conpaignons, se remist sus. Ung autre Françoys, nommé Yves de Malherbe[1], capitaine d'avanturiers, se trouva

---

1. La famille Malherbe joua sous Louis XII un rôle important. Jean Malherbe, seigneur de la Lande et autres lieux, fit la campagne de 1503, y perdit sa fortune (d'après des Mémoires manuscrits) et eut, au retour, beaucoup d'enfants.

Son frère cadet, Robert, fut prévôt des maréchaux sous Charles VIII et Louis XII, puis prévôt général des maréchaux (Tit. orig., Malherbe en Normandie; id., Malherbe; ms. Clair. 240, fol. 509, 523). Mais nous n'avons point trouvé trace d'Yves de Malherbe, auquel J. d'Auton décerne la qualité de « capitaine d'aventuriers. » Le *Loyal Serviteur* parle (p. 216), en 1510, d'un gentilhomme dit « le jeune Malherbe, » qui ne doit pas être le même.

Nous supposons qu'Yves Malherbe devait être fils d'Alain Malherbe, oncle des Malherbe dont nous venons de parler.

a cest affaire, lequel heut avecques les Estradiotz meslée telle que deux de leurs chevaulx en amena.

A tous effors venoyent souldartz mauriens a l'escarmouche et, voyans les François que la trouver se failloit, trente hommes d'armes de ranfort se misrent en avant; et des premiers fut ung nommé Hymbercourt[1], des pencionnaires du Roy, lequel, sans adviser qui le suyvoit, donna des esperons, et, tout seul, avecques trois cens Allemans se vint mesler tant rudement qu'il perça la presse; et tant hardiment le fist que ce fut par trop, car, a grans coups de picques et halbardes, fut son cheval tué et luy blecyé et mys par terre; et, si de ses compaignons n'eust heu brief secours, illecques eust esté assommé et occis. Durant ladicte escarmouche la nuyt survint et chascun se retira.

XXXIII.

Comment les seigneurs des Ligues voulurent empescher la bataille.

Durant ce temps, les seigneurs et gouverneurs des Ligues, comme ceulx qui, pour vouloir avoir part a la prise en eaue trouble, gectent leurs rectz, pençent que, au moyen de celle division sur la duché de Millan, quelque pays ou places pourroyent conquester, voulurent empescher la bataille et la guerre prolonger; et, pour ce, transmyrent leurs postes devers les Suyces souldoyers du Roy, leur mandant expressement que a combatre n'eussent, jucques par autres

---

1. Le même Adrien de Brimeu, seigneur d'Humbercourt, que nous avons vu revenir en poste de Rome.

ambaxades heussent d'eux plus amples nouvelles. Les Françoys, qui, de toutes pars, avoyent guectz et espies, sceurent la chose ; de laquelle fut premier adverty le cardinal d'Amboise par ung nommé Françoys Doulcet[1], lequel, apres avoir sceu le cas, partit d'une ville nommée Yvrée et de la fut en poste jucques a Verceil, ou estoit ledit cardinal, pour l'advertir du faict ; et, tout en l'heure qu'il heut faict son rapport, ledit cardinal le renvoya a l'ost pour ascavanter les lieutenans du Roy et le baillif de Disjon, capitaine des Suyces, de l'intencion d'iceulx, pour obvyer a ce destour et, sur ce, trouver moyen de remede, et que le vouloir du Roy estoit que, le plus tost que possible seroit, on les mist en besoigne ; et, tout ce mys en advys, ordonné fut par les lieutenans du Roy et les capitaines de l'armée que, le jour ensuyvant, seroit aux ennemys donnée la bataille[2].

Le jour de apres, qui fut ung mercredi, huytiesme d'apvril, au plus matin, l'armée prist les champs droict a Novarre, dont estoit sailly le seigneur Ludovic, avecques toute sa gent.

Au partir du logis, comança l'armée de France a tenir bataille ordonnée et a marcher moult tost, et, tant que, entre le conte de Ligny, qui estoit chief des gens de pié, et le sire de la Trimoille, qui les gens d'armes de cheval conduisoit, y heut estrif[3] a qui marcheroit

1. Voy. p. 194.
2. M. Morbio (*Storia di Novara*, p. 191) prétend qu'Antoine de Bessey arrêta l'ordre donné par les Ligues aux Suisses de France et fit hâter au contraire l'ordre pareil donné aux Suisses de Ludovic. Cet ordre avait été provoqué près de la diète helvétique par Galeazzo Visconti, pour sauver Ludovic.
3. *Estrif*, dispute.

devant. Toutesfoys chascun tint si bon ordre que desroy n'y heut lieu. Tous les pietons et le charroy de l'artillerye bransloyent soubz la main du conte de Ligny ; et, affin que nul allast coustier et que chascun marchast droict, tousjours, comme guyde et a pié, des premiers estoit a chemin et, en marchant, dist aux siens : « Seigneurs, l'heure est venue que chascun de nous doit pencer a son affaire, car noz ennemys avons en veue, qui bataille nous presentent. Ne refusons ce party, sachant le priz de la valleur des hommes estre du tout aux faictz des armes mys a l'extime. Hastons nous, pour donner des premiers, et que nul de nous aict de craincte reprochable le cueur amoly, car, en bataille, tousjours est le plus de peril a ceulx mesmement qui plus craignent : audace est ung escu de seureté dont Fortune cœuvre les avantureux. Mectons doncques en la sauvegarde de la main armée le priz de l'onneur et la teneur de la vie. »

Le sire de la Trimoille marchoit en maniere tant asseurée, et en tel ordre conduisoit ses gens d'armes, que bien sembloit ducteur d'excercite belliqueulx ; et tant se hastoit que, a ceulx qui le suyvoyent, donnoit bien a entendre que aux ennemys ne vouloit marchander.

Le seigneur Jehan Jacques, auquel la chose touchoit de si pres que a la peine de sa vie seullement, bransloit ce hasart, si a point conduisoit sa charge que bien sembloit avoir la chose pour recommandée.

XXXIV.

Comment l'armée de France aprocha l'armée du seigneur Ludovic.

Lorsque les Françoys approcherent Novarre, de tant que les deux armées se peurent veoir, chascun se hasta pour donner dedans. Les gens de cheval ne se pouhoyent avan[c]er pour l'empeschement des clostures et fossez qui la estoyent ; toutesfoys, ce ne les retarda que tost ne fussent pres de choquer leurs ennemys. En approchant Novarre, l'armée de France sceut que, dedans une abbaye assez forte[1], estant a demy mille de la ville, avoit embusche d'Allemans et de Lombars, et la s'adressa. Les souldars du seigneur Ludovic, qui la estoyent, voyans les Françoys et Suyces contre eulx venir a bataille rengée, n'actendirent plus, mais se retirerent a leur armée, qui estoit entre la ville et celle abbaye, en bel arroy et nombre moult grand. A l'ung des costés de leur bataille estoyent quatre cens hommes d'armes bourguignons et huit cens lombars.

A l'autre, quatre mille chevaulx legiers.

Au milieu, tous leurs Allemans et lancequenestz, dont il y en avoit de dix huyt a vingt mille ; toute leur artillerye chargée et atiltrée a la venue des Françoys, Estradiotz et escarmoucheurs, a grosses bendes et compaignyes, sur les champs, pour commancer le hutin.

Voyant le sire de la Trimoille que temps estoit d'exploicter les armes, pour avoir parolles a ses gens,

---

1. S. Nazarò.

ung peu se mist a cartier et en veue de tous, ausquelz dist : « Seigneurs, tant avons quys noz ennemys que trouvez les avons; voire en telle puissance que le nonbre d'iceulx excede le nostre de moytié pres. Mais savoir nous fault que tout l'advantaige de la guerre ne gist en multitude de legions d'hommes armez, ne en turbe innombrable de gent esmeue, mais seullement en la seure conduycte des saiges capitaines, droicte execution des preux souldartz, et vigoureuse deffence de juste querelle, dont a suffire summes proveuz. Donnons doncques au travers, hardiement et tost; car, par le vray corps de Dieu, se nous les assenons a droict, a l'ayde de Dieu et force de noz bras, sans faillir, sur eulx, obtiendrons louable victoire; car je cognoys, a nostre vouloir, le povoir d'iceulx estre du tout a nostre mercy. » Apres ces parolles, le sire de la Trimoille mist cent hommes d'armes, des plus adroictz, au front de la bataille, pour donner le premier choc et faire ouverture, et, a leur queuhe, mist quatre cens autres hommes d'armes, pour supporter les premiers et entrer dedans les ennemys. Et, ce faict, demanda si la estoyent nulz gentishommes qui l'ordre de chevalerye voulussent prendre, dont grant nombre de gens d'armes françoys, qui, ce jour, a l'excercice des armes vouloyent la force de leurs bras desplyer et perpetuer leurs noms pour ouvrir au courage le chemin de prouesce, du tiltre de chevalerye se voulurent enrichir. Les Françoys, qui estoyent a la veue de leurs ennemys, hasterent leur train, avancerent leur artillerye et misrent leurs coureurs en place; lesquelz commancerent la charge sur les escarmoucheurs du seigneur Ludovic. L'artillerye des deux partiz fut deschargée et ruez coups. Les capitaines françoys commancerent, de plus, a mectre leurs gens en ordonnée marche et les semondre de monstrer, a ce jour, aux ennemys, a force de bras, le vouloir que aux armes hommes chevalleureux doyvent avoir, et faire œuvres tant vertueuses que, a l'honneur des acteurs, au plesir du prince et a l'exemple des futurs pusse servir a tousjours mais.

Ainsi que l'armée de France approchoit ses ennemys et que gens d'armes et pietons voulurent bransler pour donner le combat, les Allemans du seigneur Ludovic, voyans les Françoys en barbe et propos deliberé de donner la bataille, pencerent que, pour celle foys, le combat ne leur estoit de saison, et tout soubdain heurent oppinion arrestée de non actendre la meslée, et, apres avoir entre eulx quelques briefves parolles, dedans Novarre tous ensemble se retirerent. Deux blanches enseignes[1] de gens de cheval du seigneur Ludovic tournerent le doz et amaindrirent le nombre de son armée de deux cens chevaulx. Le seigneur de Beaumont, le seigneur de Xandricourt et ung capitaine françoys, nommé Perot de Payennes, avecques soixante hommes d'armes, poursuyvirent iceulx fuytiz jucques sur le bort de la riviere du Tisin ; lesquelz ne furent actaintz, car tant se hasterent que, d'heure, gaignerent le passaige.

Les Bourguignons, Albanoys et Lombars, apres ce, ne firent sur le champ long sejour; mais, le plus tost qu'ilz peurent, se retirerent. Les Françoys, voyans celle retrecte, se arresterent et tout autour de la ville misrent le siege.

---

1. Allusion à la croix blanche helvétique.

Le conte de Ligny se mist dedans l'abbaye, dont j'ay parlé par cy devant, et coucha celle nuit dedans, sans gueres dormir.

Le sire de la Trimoille, avecques ses gens d'armes, prist le cartier en approchant la ville; lequel, de sa part, faisoit si bon guect que homme par la ne se povoit, sans sa mercy, sauver.

Le seigneur Jehan Jacques estoit de l'autre part de la ville, avecques ses gens.

Les Suyces et l'artillerye autour de l'abbaye estoient.

Somme, chascun fist, celle nuyt, devant la place et aux passages prochains de la, guectz et gardes, affin que nul d'emblée se retirast.

Le seigneur d'Allegre, avecques deux cens hommes d'armes, fut transmys sur la riviere du Tisin pour garder le passage. Celle nuyt, commancerent Françoys et Bourguignons a parlementer. Les Allemans du seigneur Ludovic et les Suyces du party du Roy alloyent et venoyent ensemble, comme si entre eulx fust la triesve[1]. Ung nommé le capitaine des Pietres, du parti du seigneur Ludovic, ce rendit, celle nuyt, au conte de Ligny, dont furent les Bourguignons mal contans; car ilz cuydoyent celluy capitaine l'ung de tous ceulx de leur party pour le seigneur Ludovic plus asseuré. Toutesfoys, en ce, furent deceuz. Ainsi, peu a peu, chascun venoit a la raison.

Le lendemain, jeudy, neufiesme jour d'apvril, les Allemans du seigneur Ludovic avecques les Françoys heurent sur leur affaire parlement, disant que, si

1. Ce qui, au dire de plusieurs historiens, toucha dès l'abord les Suisses de Ludovic, fut de voir leur propre enseigne (noire à croix d'or; ms. fr. 5081, 10e miniature, fol. 46) dans les rangs des Suisses français (même ms., miniatures 8 et 14, fol. 36 v° et 62).

bagues sauves on les vouloit lesser aller et donner passaige, que voluntiers en leurs pays s'en yroyent.

Les Bourguignons, pareillement, demanderent aux lieutenans du Roy sauf conduyt, pour eulx retirer avecques leurs bagues, et demandoyent que les Lombars fussent conpriz ou sauf conduit ; ce que parmectre ne voulurent les lieutenans du Roy, disans que le desmerite de leur traison et foy faulcée de ce et toute autre grace les devoit frustrer. Leur sauf conduit fut, a tous effors de langage, debatu, mais, a la fin, en demeurerent privez.

Les Albanoys, ausi, requirent avoir sauf conduyt, pour eulx retirer ; toutesfoys, comme a ceulx qui, de gaytié de cueur, pour picquer les Françoys, de pays loingtain s'estoyent par trop de foys essorés, leur demande fut escondite.

Les Allemans et Bourguignons, qui estoient tout l'appuy du povoir du seigneur Ludovic, demanderent, comme j'ay dit, leur sauf conduyt[1], promectant aux Françoys, en se fasant, que, le lendemain au matin, tous desarmez, vuyderoyent la place et le pays, sans donner au seigneur Ludovic autre confort ne ayde, ou, si ce party leur estoit refusé, que, sans faillir, donneroyent la bataille[2].

Les lieutenans du Roy et les capitaines de l'armée, considerans l'euffre pour eulx advantageuse et, du

1. Et beaucoup d'argent, a-t-on prétendu (*Ystore Anthonine*, ms. fr. 1371, fol. 293; *Memoriale* d'And. Saluzzo di Castellar, dans les *Miscellanea di storia patria*, t. VII).

2. Les auteurs suisses cherchent à disculper leurs nationaux de cette trahison; ils affirment que l'un des Suisses de Ludovic fut condamné à mort dans sa patrie pour l'avoir indiqué aux soldats français..... Sismondi blâme les Suisses; M. de Grenus a pris leur défense.

tout, a l'honneur et proffit du Roy, pençent que, pour avoir reffuzez humains partiz, plusieurs, voire soustenant justes querelles, ont encouru le flayel[1] divin et perdu mainctes batailles et journées, a la requeste susdite presterent l'oreille et differerent le conflict. Toutesfoys, les lieutenans du Roy, premier que livrer le sauf conduyt, demandoyent que le seigneur Ludovic, en ce fasant, fust mys entre leurs mains. Sur ce, firent les Bourguignons et Allemans responce que ja pour eulx ne seroit livré; mais que, si entre eulx se povoit trouver, sans empeschement se pourroit prandre : dont fut appoincté que, le lendemain au matin, tous les Allemans, desarmez, deux a deux passeroyent entre l'arme de France, affin que, si ledit seigneur Ludovic, en estat dissimulé, entre eulx se cuydoit sauver, tout a cler peust estre advisé et que les Bourguignons, desarmez ausi, seroyent mys en veuc et tous les autres visitez. Ainsi fut la bataille arrestée.

Le seigneur Ludovic, cognoissant par ce trectyé son emprise demeurée en arriere et du tout anyentye, de passion mentalle fut tout espriz, sachant que, apres celle decheue, espoir de ressource ne povoit plus avoir; et, pour cuyder rompre le coup, avecques requestes, dons et promesses, prya les capitaines des Allemans et tous ses autres souldartz donner aux Françoys la bataille, disant que facillement pourroyent estre deffaictz, comme ceulx qui, eulx et leurs chevaulx, de travail continuel et famine debillitée estoyent demy combatus, et que, de leur part, ilz estoyent fraiz et recreez, avecques la place qu'il avoyent a l'avantage,

---

1. *Fléau*, « flagellum. »

et de souldartz deux contre ung. Plusieurs aultres remonstrances leur fist; mais, pour ce, autre chose ne voulurent faire. Ainsi ne sceut le seigneur Ludovic a quel remede avoir recours, si n'est habbandonner son malheureux affaire au vouloir de dure Destinée.

De Françoys et Suyces fut la ville de Novarre, celle nuyt, de toutes pars avironnée, si que nulz de ceulx qui estoyent dedans heussent peu sortir sans estre clerement advisez. Souvant parloyent ensemble Françoys et Bourguignons. Les Suyces et Allemans, a toute heure, se sonnoyent. Les Albanoys, pour mieulx desloger, avoyent l'ueil aux piedz, a la bouche et au doz de leurs chevaulx. Les Lombars plus de menus conclusions ymaginoyent qu'il n'y a d'aptomes en l'air. Somme, chascun pençoit a son affaire, car temps en estoit. Durant ce, le conte de Ligny, doubtant que, par chemins escartez ou autres moyens, le seigneur Ludovic ness'esloignast, et pour ce que le dire d'aucuns estoit que pays avoit priz, voulant de luy savoir le vray et, par actraict, le mectre entre les mains du Roy, devers luy transmist le capitaine Louys d'Ars et ung autre gentilhomme, nommé Roquebertin, luy dire que, si voluntiers se vouloit rendre au Roy et soubmectant a la raison, que, de tout son povoir, s'efforceroyt envers le Roy le faire en France si bien trecter que cause n'auroit de soy douloir; lequel, apres avoir ouy la parolle desdits messagiers, voyant la raisonnable semonce, promesse acceptable et l'apareil de son exil eminent, a ce propos voulut entendre et au conclure prendre ce party, et, soubz sauf conduyt, avecques lesdits messagiers se myst a la voye. Voyans les Allemans que ainsi s'en alloit le seigneur Ludovic, l'arresterent et le misrent hors de la veue desdits messages[1].

XXXV.

Comment les Allemans et Bourguignons vuyderent Novarre, et de la prise du seigneur Ludovic, avecques la deffaicte des Lombars et Estradiotz.

Le lendemain, vendredy, dixiesme jour d'apvril, deux heures avant le jour, tous les Allemans du seigneur Ludovic saillirent de Novarre, tous en armes. Le sire de la Trimoille, qui, avecques ses gens, estoit a cheval, a la saillye desdits Allemans, devant les portes de Novarre se trouva, et, veoyant iceulx Allemans sortir en armes, avecques ses gens d'armes pres de la porte de leur yssue se tinst, pour regarder la maniere d'iceulx et leur donner sur queuhe, si besoing en estoit ; lesquelz Allemans, devant la ville, dedans une prayerie, se misrent en bataille.

Le capitaine Louys d'Ars, qui ancores estoit dedans la ville, dont avoit veu sortir les Allemans en point et en propos de combatre, manda au conte de Ligny que a ce matin auroyent les Françoys la bataille ; car ja estoyent iceulx Allemans aux champs et les Bour-

---

1. On a raconté cet incident de bien des manières. On a accusé le comte de Ligny, parent de Ludovic, d'avoir voulu retirer à La Trémoille la gloire de sa capture. Ce qui est certain, c'est que cette démarche intempestive satisfit fort Ludovic, qui disait : *Sono contento*, et que les Suisses lui firent violence (Marino Sanuto).

guignons avecques, les Estradiotz et Lombars pres de saillir, et tous en armes. Sachant le conte de Ligny ses nouvelles, pour monstrer que l'armée de France estoit sur bout, deux pieces d'artillerye par dessus la ville fist descharger, qui firent tel tonnerre qu'il sembloit que la region de l'air esclatast. De l'autre part, estoit le sire de la Trimoille, tout prest de faire meslée avecques ses ennemys. Le seigneur Jehan Jacques estoit sur bout ausi, avecques ses gens. Sur l'aubbe du jour, fut en l'ost des Françoys faict ung allarme, pour esmouvoir le camp et chascun mectre en point, et, tout en l'heure, devant la ville de Novarre fut l'armée de France en arroy, pour actendre la saillye des gens de cheval du seigneur Ludovic.

Entre les cinc et six heures du matin, les Lombars, qui n'avoyent sauf conduyt, se misrent hors la ville en armes; lesquelz furent par les Françoys chocquez moult rudement, et poursuyviz et chacez plus de quatre mille de pays, et tant mal menez que plusieurs y demeurerent. Les ungs furent priz et les autres tuhez, et les autres, le fer au doz, convoyez longue trecte. Tant en fut rué par terre que le chemin de leur retrecte estoit tou semé de mors, de lances, et bourdons et de harnoys, que, pour mieux au delivre fuyr, gectoyent de tous costez empesche. A l'issue de la ville fut le seigneur Frocace priz par ceulx de la garnison du chasteau et, a la chace, furent priz plusièurs autres bons prisonniers. Apres la deffaicte des Lombars, les Bourguignons vuyderent la place, tous en armes, avecques enseignes desplyées.

Le sire de la Trimoille, veoyant iceulx Bourguignons en armes, leur transmist au devant ung capitaine françoys, nommé Hector de Saluzar[1], et le bastard de Cardonne, pour leur dire qu'ilz se desarmassent et leur remonstrer que, en l'estat qu'ilz sortoyent, que de bonne guerre estoyent de prize, et que leur sauf conduit estoit enfrainct. Lesquelz Bourguignons, sans plus actendre, plyerent leurs enseignes, gecterent leurs lances et osterent leurs armetz, et plusieurs d'iceulx furent a la saillye par les Françoys chocqués et rembarés jusques dedans la ville.

Les Estradiotz, lesquelz ausi n'avoyent sauf conduyt, firent la le moings de sejour qu'ilz peurent et ceulx qui hurent les champs au delivre adresserent leurs cours vers la riviere du Tisin, pour cuyder gaigner le passage; lequel estoit cloz, car le seigneur d'Alegre,

---

[1]. Jean de Salazart, chevalier, venu, dit-on, de Biscaye au service de Charles VII, chambellan de Louis XI, épousa Marguerite, bâtarde de la Trémoille, et il en eut Tristan, Hector, Lancelot et Gallois de Salazart, qui figurent tous, en 1483 et 1484, dans un procès contre Charles de Salazart, écolier de l'Université. Tristan, ambassadeur du roi en Allemagne (1489), en Suisse (1499), était devenu archevêque de Sens et fit une fortune éclatante; il mourut en 1519; Lancelot, sr de Marcilly, chambellan, écuyer d'écurie, pensionnaire du roi, épousa Louise de Courcillon de Dangeau, dont il était veuf en 1494 avec quatre enfants; il épousa en secondes noces Marguerite de Vignes. Gallois, Galéas ou Gallard, sr de Laas, également chambellan et pensionnaire, épousa Nicole d'Anglure. Enfin, Hector de Salazart, dont il est question ici, sr de Saint-Just, était aussi chambellan, et recevait, en 1485, une pension de 300 livres, de 500 en 1489. Il épousa Hélène de Chatelus.

Gallois de Salazart, déjà au service du roi en 1480, était encore capitaine de 30 lances en 1510 (Tit. orig., Salazart, nos 93-128, 302, 303; Salazar, n° 6 : fr. 20977, fol. 189, etc.). D'après Jean d'Auton, Hector était également capitaine.

On trouve sous Louis XI un autre Salazart, nommé Pierre, pensionnaire du roi pour 1,200 livres en 1476, chambellan en 1483 (Tit. orig., Salazart, n° 96; Salazar, n° 7).

avecques deux cens hommes d'armes, y estoit. Et, voyans iceulx Albanoys que, autre part, pour asseureté passer, leur failloit chercher issue, esloignerent le passaige et se misrent a guéer la riviere. Les ungs allerent oultre, les aultres demeurerent a my gué et les autres furent par les Françoys faict noyer a la rive. Ceulx qui garderent terre au dangier des laquoys et varletz se trouverent, et tous ceulx qui peurent estre actaings et arestez furent sans mercy occiz et assommez.

Les Allemans, voyant leur gens de cheval deffaictz, gecterent leurs picques et halbardes, et, tous desarmez, deux a deux, troys a troys, soubz les picques des Suyces, et entre l'armée de France, passerent; et estoyent iceulx Allemans tant mys au descouvert que, soubz ombre d'eulx, nul, sans estre cogneu, eust sceu passer. Apres que sept ou huyt mille d'iceulx furent passez et que nouvelles n'estoit du seigneur Ludovic, le sire de la Trimoille manda a ceulx qui estoient encores a passer qu'ilz le rendissent, ou, sinon, qu'avecques eulx auroit meslée; et tel adventage avoit sur eulx qu'entre les deux batailles avoit faict mectre et charger l'artillerye de France. Dedans la bataille des Allemans estoyent plusieurs gens d'armes françoys, pour cuyder du seigneur Ludovic savoir nouvelles; et, doubtant les Allemans que les Françoys les voulussent desordonner et courir sus, se serrerent et disrent aux Françoys qu'ilz se retirassent. Alors fist le sire de la Trimoille sonner a l'estandart, pour rassembler ses gens, et, ce faict, voulut donner au travers de la bataille des Allemans; et, pour ce faire, avoyent ja les gens d'armes la lance sur la cuisse et la teste en l'armet et est[o]ient les enseignes en bransle de marcher. Les Suyces du party du Roy, qui tenoyent bataille, sachans que le sire de la Trimoille sur les Allemans du seigneur Ludovic vouloit charger, pour voulo[i]r leur gardarriere advancer, tout soubdain luy manderent qu'il ne se hastast de ce faire et que, s'il marchoit en avant pour executer son emprise, que avecques eulx auroient a besoigner et que ilz luy donneroient sur queuhe. Ainsi fut ce propos differé et remis; qui moult despleut aux Françoys, mais autre chose n'en sceurent faire, si n'est pencer que en peu de seurté est celuy qui d'armes tant poisantes se saisist que, au besoing, ne s'en peult ayder.

Pour au propos revenir, apres la somacion du sire de la Trimoille, les Allemans du seigneur Ludovic promirent de rendre ledit Ludovic; et, pour ce, vers iceulx Allemans furent transmys le seigneur de Mauleon et le baillif de Disjon, qui bonne dilligence misrent pour le trouver; et telle poursuyte en fist le bailly de Disjon que, par aucuns des Allemans, a qui ilz donna deux cens escus, sceut ou il estoit; et, la, prist son adresse, ou prist le seigneur Galleaz[1]. Il voulut prendre le seigneur Ludovic, lequel ne luy vouloit bailler la foy; et, ainsi qu'ilz estrivoient, arriva le conte de Ligny parmy la presse et la le vint trouver, a tout, ses cheveulx troussez soubz une coiffe, une gorgerete autour du coul, ung pourpoint de satin cramoisi et unes chausses d'escarlate, la hallebarde au

---

1. Ludovic et Galeazzo étaient déguisés en pauvres suisses, d'après Prato. D'après Trivulce, les Suisses auraient refusé de le trahir, et il fallut les faire défiler un à un, pour ainsi dire sous le joug (Marino Sanuto, III, 226).

poing; et, en ce point, le prinst le conte de Ligny et le fist monter sur ung courtault, que luy bailla le seigneur de la Palixe. Apres ce qu'il fut ainsi monté, le conte de Ligny luy demanda s'il vouloit veoir le seigneur Jehan Jacques; lequel dist que non, car de la veue de celuy qui tant de dommage luy avoit prochacé, ne pourroit que le grief axès de sa doulleur amere augmenter; et, de vray, assez en avoit faict, pour n'avoir cause de le vouloir rancontrer. Somme, si le pauvre seigneur captif de dueil inconsolable avoit le cueur serré, a nul devoit sembler merveilles; car luy, qui soubz dorées aages avoit les ans fleurissans de sa vie en felicité preteritz, le remenant des jours ennuyeux de sa chenue vieillesse veoioit aller en exil, pour douloureux passe temps et fin desesperée luy preparer. Ainsi est l'heur des plus haultz peignez au berlant de Fortune souvent mys en hazart!

Pour retourner, affin que la prise du seigneur Ludovic a la veue comune fust descouverte, le conte de Ligny, avecques luy, le fist marcher tout le long de la bataille des Suyces; lesquelz furent en propos de le vouloir avoir, disans, entre eulx, qu'ilz estoyent cause de sa prise : toutesfoys, sans autre effroy[1], fut passé oultre jucques au cartier du sire de la Trimoille, quy lui fist bonne chere, en luy disant : « Seigneur, bienveignez. Puisque en cest estat nous venez veoir, de grans mises avez le Roy exempté et nous gardez de longues peines. » Apres ce, le conte de Ligny l'enmena dedans le chasteau de Novarre et en la garde du chevalier de Louvain le mist.

1. Le comte de Ligny eut beaucoup de peine à s'en défaire (Marchegay, *Lettres missives du Chartrier de Thouars,* n° 96).

XXXVI.

DE LA PRISE DU CARDINAL ASCAIGNE.

Le cardinal Ascaigne, qui lors estoit a Millan, sachant la prise du seigneur Ludovic, son frere, avecques quatre cens chevaux se mist au champs[1] et prist le chemin de Bouloigne la Grasse; lequel, en passant pres Plaisance, par une bende de Françoys et quelque nombre de Venissians, qui la estoyent, fut assailly et tant rudement mené que ses gens furent deffaictz, et luy chacé jucques dedans ung chasteau nommé Rivolle[2], près de la, ou fut assiegé et priz[3].

1. Après avoir envoyé les fils de Ludovic à l'empereur, qui les reçut fort bien (Ciprian Manente da Orvieto, lib. VI).
2. Rivalta Trebbia, sur le bord de la Trebbia, au S.-S.-O. de Piacenza.
3. Par les deux *condottieri* vénitiens Sonzino Benzone et Carlo Orsini (Ciprian Manente). D'après Bouchet et l'*Histoire de Bayard*, il fut pris par « ung cappitaine vénicien, nommé Soussin de Gonzago, » parent des Sforze, et qui l'arrêta sur le territoire de Rivalta, dont il était seigneur, erreur souvent répétée. *Socin Benson* (selon sa signature) était un capitaine vénitien, passé plus tard au service de la France contre les Vénitiens (Tit. orig., Benson, n° 2; Amboise, n°s 370, 371). Il avait tenu campagne en Crémonais et n'était revenu à Piacenza que sur la nouvelle des succès des Français. Il rencontra, par hasard, Ascanio avec sa très nombreuse escorte de fugitifs milanais. Carlo Orsini et lui défirent ces infortunés, démoralisés et affamés. Ascanio se réfugia au château de Rivalta, appartenant au comte Corrado Lando, gibelin notable de Piacenza. Il y fut cerné et obligé de se rendre. Lando, loin de le trahir, comme on l'a dit, vit plus tard ses biens confisqués par les Français. Cet épisode a été raconté avec mille inexactitudes par Brantôme, Beaucaire, etc., etc. Louis XII exigea que les Vénitiens lui rendissent Ascanio. Un sauf-conduit fut accordé

Apres la prise du seigneur Ludovic, les Suyces du Roy volurent eulx en aller et avoir leur payement; lesquelz furent transmys a Verceil, pour illecques recepvoir leur argent. Et, pour iceulx faire poyer, estoyent la logez, a l'enseigne de l'Estoile, le baillif de Disjon, ung nommé Fougely, capitaine des Cent Suyces de la garde du Roy, avecques les commissaires et conterollcurs de la guerre; lesquelz heurent moult a faire a contanter iceulx Suyces, car ilz voloyent estre tous payez en escuz au souleil, avoir des somiers pour emporter leurs bagues et, pour la prise du seigneur Ludovic, payé pour ung moys d'avantage. Ausquelz fut, sur ce, faicte responce par ung contrerolleur, nommé Françoys Doulcet, que ce qu'ilz demandoyent ne leur estoit deu ne en la charge des tresoriers et clers des finences, et que le Roy ne l'entendoit, mais les payer comme de raison, et que leur argent estoit prest, sans riens vouloir de leurs deues gaiges retenir, et que autre chose n'en auroyent. Lesquelz disrent que, pour amour ou par force, auroyent ce qu'ilz demandoyent et que bien savoyent a qui s'en devoir prendre. Et, sur ce, chascun alla repestre. Apres que Suyces heurent bien dringué, entre eulx fut question de leur litigieux propos; et, tout chauldement, a l'apetit d'ung capitaine, nommé Heurryfer, et d'ung nommé Chuentz, l'ung des cappitaines de la Ligue Grize, cent Suyces en

à ses compagnons (C. Morbio, *Francia ed Italia*, p. 146; Roselli, *Storie Piacentine*). Brantôme (t. II, p. 360-361) dit que le cardinal Ascagne, se sauvant en Allemagne avec 200,000 ducats et force bijoux, fut pris par les Vénitiens et que Louis XII réclama sa personne et ses bijoux. La notice de Brantôme sur Louis XII n'est qu'un tissu d'erreurs; ici, il confond la fuite d'Ascagne Sforza en 1500 avec la fuite de Ludovic en 1499.

armes s'en allerent au logis ou estoit le baillif de Disjon et les autres Françoys, deliberez de tuher. Iceulx lesquelz Suyces furent arestez par ung capitaine de Suhys[1], qui, avecques ses gens, estoit, au plus hault des degrez, a l'actente de recepvoir son argent. De rechief, furent envoyez quatre cens Suyces pour assaillir le logis et tuher ceulx qui au devant se mectoyent. Plus ne leur fut l'entrée deffendue; car ledit de Suhys et ses gens se retirerent dedans une salle qui la estoit. A grans coups de pié et de hallebardes donnerent iceulx Suyces contre la porte de la chambre en laquelle estoyent les Françoys et commancerent a faire roupture.

Le baillif de Disjon et ceulx qui au dedans de la chambre estoyent avoyent telle frayeur que le plus asseuré trambloit. Les ungs se misrent contre la porte pour lafermer, les autres se gecterent par les fenestres, et les autres, tous jugez et tranciz, pié coy en la place, tenoyent sillence. Le conterolleur, qui a la demande desdits Suyces avoit contraryé, voyant le bruyt, tout assommé de peur, cuydant l'heure de sa mort tant prochaine que la poincte du glayve dont il cuydoit mourir luy estoit, par les fentes de la porte brisée, en veue, heut advys de prendre la robbe d'ung varlet et, soubz ung bonnet deguysé, trosser ses cheveulx et tant estrangement dissimuller son estat que ceulx mesmes qui par continuelle habitude le hantoyent de prime face ne l'advisoyent; et tant subtilliza son cas que, apres que les Suyces, qui de tous costez le cherchoyent, heurent la porte mise en pieces et furent au

---

1. Schwitz.

dedans de la chambre entrez, entre eulx se sauva et gaigna le logis ou estoit le capitaine de Suhys. Les Suyces, qui estoyent entrez dedans la chambre ou estoit le baillif de Disjon, sur luy commancerent a charger, tant que par plusieurs foys faillirent a le tuher a coups de partizanes, mais, soubz les autres, se garentissoit. A la parfin, le prindrent par les cheveulx et luy donnerent tant de coups de poing, par le nefz et sur le visage, qu'il le misrent par terre. Somme, tant mal fut mené, et mys en tel estat que a peine luy demeura poil en teste[1]. Puys, l'en enmenerent a leur rim[2], disans qu'il respondroit de ce qu'ilz demendoyent. Toutesfoys, par belles parolles et subtilz moyens, eschappa d'entre leurs mains, bien despit de l'oustrage que ceulx luy avoyent faict et joyeulx d'estre hors de leurs dangiers, disant a luy mesme que, celuy qui telz pencionnaires prent en cure, de commission ruyneuse s'entremet, et que, une autreffoys, de legier se deportera de telle charge vouloir avoir. Apres toutes ses choses, heurent iceulx Suyces leur argent, et, pour les contenter, furent presque tous payez en escuz au souleil. Partie de leurs capitaines heurent de sommiers pour emporter leurs bagues jucques en leur pays. Ainsi s'en allerent, bien payez et mal contens ;

1. On plaisanta beaucoup de cette scène à la cour : « Encore vault il mieulx qu'ilz aient fait mal au poil qu'estre allé jusques a la char, » écrivait le maréchal de Gié ; mais on apprit le départ des Suisses avec un grand soulagement (Marchegay, *Lettres missives de Thouars*, n° 95).

2. C'est-à-dire *tente, demeure*. J. d'Auton emploie souvent ce mot *rim*, qui n'est pas français. C'est évidemment un mot d'origine allemande, importé par les Suisses et défiguré par l'usage. *Ring?* ou peut-être *Heim?*.....

et, en eulx retirant, prindrent une ville de la duché de Millan sur leurs Marches, nommée Bellisonne[1].

Le jour que le seigneur Ludovic fut priz, le Roy, estant a La Tour du Pin, ou Daulphiné, sur les six heures du vespre, heut la poste du conte de Ligny, disant que le seigneur Ludovic estoit assiegé a Novarre par les Françoys, et qu'il ne povoit eschapper, que tost ne fust entre leurs mains. Le lendemain, xime jour d'apvril, vigille de Pasques fleuryes, ainsi que le Roy estoit aux champs entre Lyon et ung village nommé Sainct Laurens, a troys lieues pres dudit lieu de Lyon, sur les troys heures apres mydy, ariva devers le Roy la poste, et lectres du cardinal d'Amboise, par lesquelles heut le Roy certaines nouvelles de la prise du seigneur Ludovic, desquelles fut le Roy moult joyeulx; et pour icelles magnifyer par tout le royaulme de France, fit faire les feuz de joye, avecques devotes processions et suffrages ecclesiaulx; et, luy, en personne, plusieurs voyages et oraisons fist a Nostre Dame de Confort[2] et autres eglizes de Lyon, en toute humilité, regraciant le Prince des princes de la victoire heureuse que, moyennant sa divine aide, avoit contre ses ennemys obtenue[3].

1. Depuis lors, Bellinzona et le canton du Tessin n'ont cessé d'appartenir à la Suisse, quoique de race italienne. Telle est l'origine de la conquête. Bellinzona était une place forte, assez importante en ce qu'elle commandait les défilés. Mais c'était un territoire pauvre, constamment ravagé par la peste, et fort séparé du reste du Milanais (*Bollettino storico della Svizzera Italiana,* t. II, 5, 211 et s.; III, 1). Tristan de Salazar, ambassadeur en Suisse, protesta vainement (Marchegay, *Lettres miss. de Thouars,* n° 98). On prétend, bien à tort, que Trivulce l'avait promise aux Suisses en paiement.

2. Célèbre église de Lyon.

3. Louis XII se hâta de faire imprimer une proclamation (pla-

De la prise du seigneur Ludovic par toute la duché de Millan furent soubdainement nouvelles semées, dont furent les Lombars moult estonnez, mais ceulx plus esbays qui de la rebellion avoyent estez moyens. Ung lombart, nommé messire Louys de Pors, dont j'ay parlé cy dessus, lequel avoit le jour de la Purification

quette contemporaine gothique, intitulée : *Lettres nouvelles de Milan, avec les regretz du seigneur Ludovic,* par laquelle il annonçait au royaume les nouvelles reçues le 10 ; un post-scriptum ajoutait la nouvelle de la prise de Ludovic. Cette proclamation est datée, rétrospectivement et inexactement, de *Lyon, le 10 avril;* on voit qu'elle fut rédigée à la Tour-du-Pin ; le post-scriptum et l'adjonction d'une chanson sur la prise de Ludovic prouvent qu'en réalité elle ne put être livrée à l'impression que plus tard.

L'en-tête de cette plaquette, de 6 feuillets, porte une grande vignette, représentant la sortie d'un parlementaire, les yeux bandés, au milieu de gens d'armes, à la porte d'une ville fortifiée.

Après le texte de la lettre est une courte note, indiquant que, le samedi, veille de Pâques fleuries, le lundi et le mardi suivants, on a fait des processions générales à Paris ; le mercredi suivant, 15 avril, on chanta à Notre-Dame un *Te Deum* solennel en présence du parlement, des gens des comptes, de l'hôtel de la ville. Le soir, on fit des feux de joie dans toute la ville. « Petis et grans menoient grant joye de la noble victoire et conqueste. »

Viennent ensuite des satires improvisées sous ce titre :

« S'ensuyt le debat des François contre le sire Ludovic, Avec les regretz d'iceluy et complainte des Milannoys. »

Ces pièces satiriques, qui occupent 4 feuillets et le recto du 5e et dernier, doivent être attribuées à Pierre Gringoire, d'après l'acrostiche de la fin qui donne *Gringore* :

> Gentilz françoys, soyez de la victoire
> Remercians Iesus le createur.
> Il nous appert que l'euvre meritoire
> Nous vient du ciel. Dieu est nostre adiuteur.
> Gloire, triumphe, magnificence, honneur
> Ont conquesté a Milan gens darmes
> Regretz, souspirs Ludovic en son cueur
> En a souvent et pleure maintes larmes.

Nostre Dame habbandonné le chasteau de Millan et sa
foy faulcée et cuidé noyer les caves et moulin de ladite
place[1], pour cuyder satisfaire a ce forfait, ung
dimenche de Pasques fleuryes, doziesme jour d'apvril, devant la porte du chasteau se transporta et,
avecques ung grant brochet et une grosse truyte, voulut au dedans aller faire son bancquet. La porte luy
fut ouverte et luy mys au dedans et de son poisson
deschargé, et, apres, enfermé dedans la prison de la
Roquete, avecques plusieurs.

XXXVII.

Comment le cardinal d'Amboise, apres la prise du seigneur Ludovic, partit de Verceil pour aller a Millan.

Ung jour apres la prise du seigneur Ludovic, le
cardinal d'Amboise partit de Verceil, et ce jour fut a
Novarre au logis. Le lendemain prinst son chemin
droict a Gayace[2], une petite ville fermée, dont estoit,
deux jours devant, deslogée une garnison d'Estradiotz
que le seigneur Ludovic avoit la lessée pour la garde
de la ville; lesquelz avoyent sur la muraille de la ville
et au deffences du chasteau lessée l'artillerye toute
chargée. Apres que le cardinal d'Amboise et ses gens

1. Voir page 159.
2. Gaggiano, sur la route d'Abbiategrasso à Milan, au point
d'intersection du Naviglio grande. Le cardinal n'avait pas pris la
grande route ordinaire; il préférait sans doute attendre dans une
ville fermée l'heure d'entrer à Milan.

furent illecques logez, les pages et laquays, toute nuyt, firent bruyre et tonner canons et hacquebutes, comme si le siege heust esté devant la ville. Sur le soir, que chascun fut retiré pour vouloir reposer, ung laquays et ung page, serviteurs du seigneur de Neufchastel, entrerent dedans une des chambres haultes du chasteau, en laquele avoit deux barrilz de pouldre a canon tous plains, et de celle pouldre firent sur une table une traynée, puys misrent le feu dedans, qui soubdaynement se prist aux barrilz et, tout a coup, mist en flamme tout le dessus du chasteau : et, la, furent, par leur deffault, le page et le laquays ausi follement bruslés que papillons a la chandelle.

En grant danger fut le cardinal d'Amboise, avecques tous ceulx qui au chasteau estoient logez, si n'est qu'ilz estoyent au dessoubz du feu et que d'heure se retirerent : car le feu fut si grant que, par la challeur et force de la flamme, une partye de la muraille et la couverture du chasteau tumba dedans les fossés.

Le quatorziesme jour d'apvril, les seigneurs et potestatz de Millan se rendirent a Vigeve, au devant du cardinal d'Amboise, pour le supplier tres humblement que son plaisir fust aller prendre logis dedans la ville de Millan et regarder le peuple d'icelle en pitié, sans le vouloir du tout pugnir, scelon le demerite de son forfaict; ausquelz fist response ledit cardinal que, pour l'heure, en la ville soillée de vice tant prodicieux n'entreroit, mais au chasteau, qui tousjours avoit tenu bon pour le Roy, s'en alloit loger : ce qu'il fist [1].

1. Les Milanais avaient une peur terrible (Prato). En France, on était fort irrité. Une chanson de cette époque, *Le grant jubillé*

XXXVIII.

Comment le cardinal d'Amboise receut l'amende honnorable pour le Roy, que ceulx de la ville de Millan firent pour satisfaire a leur rebellion.

Le jour du sainct vendredy, dix septiesme d'apvril, a la priere et supplication des seigneurs et du peuple

<small>de *Millan* (allusion au jubilé de 1500), *lequel traicte des conspirations et trahysons des Millannoys et Lombars, imprimé nouvellement* (1500), et publiée dans le *Recueil* de MM. de Montaiglon et de Rothschild, t. IX, nous donne un curieux échantillon de l'opinion : cette chanson rappelle l'histoire des Sforza, la bataille de Fornoue, où *Dieu pour les Françoys laboura,* et où une poignée de Français força la coalition de toute l'Italie, le projet de Vêpres siciliennes récemment formé par les Lombards... En voici quelques vers :

> Le Roy vous fut trop gracieulx,
> Vous laisser vivre en voz maisons,
> En liberté, jeunes et vieulx,
> Soubz vostre foy, seditieux,
> Pervers, farcis de traïsons !
> Car cuydastes les garnisons
> De nuyt tuer dedans le lict :
> Pas petit n'estoit le delict.
>   Mais Dieu pour eulx si bien ouvra
> Que en la fin n'eustes pas du bon.
> Chascun d'eulx force recouvra,
> Tant que plusieurs de vous livra
> Mors estenduz, en ung monceau.....
>   ..... A mau chat, mau rat.....
> Mieulx vous fust encoire estre a naistre
> Qu'avoir commis celle trahyson
> Au Roy de France, vostre maistre.
> Des villes fera lieu champestre,
> Et rasera tout ! car Raison
> Veult qu'il n'y demeure maison</small>

de Millan, lesquelz se soubmectoyent a la misericorde du Roy et au plaisir et vouloir du cardinal d'Amboise, comme lieutenant general dudit seigneur, promectans, de corps et de biens, a leurs meffaicts et deffaulx du tout satisfaire, pour recepvoir l'amende honnorable d'iceulx et ausi pour trecter de la proffitable, deue au Roy a cause des fraiz et mises que, au moyen de leur rebellion, avoit avancez, en la Maison de la ville se transporta ledit cardinal d'Amboise, accompaigné de l'evesque de Luxon, chancelier de Millan, du mareschal

>Qu'il ne boute a feu et espée ;
>Aux mors ne fault plus d'estoupée.
>   Les François ont ja commencé,
>A Plaisance et Alexandrie
>Et aultres par ou ont passé,
>Tout rasé, comblé le fossé
>Et mainte personne meurdrie ;
>En brief temps sera amoindrie
>Vostre fierté, n'en doubtez pas ;
>Ce qui trompe ne pourrit pas.
>   Le noble seigneur de Bourbon
>Vous cherchera jusques es cendres.....
>Le jubilé qui leur est deu,
>Pour tous a ung coup les absouldre,
>Mettre les fault a sang et feu,
>Comme hors de la loy de Dieu
>Et bougerons, par tempeste et fouldre ;
>Et puis, apres, getter la pouldre
>Aux champs, comme ung estourbillon ;
>De faulce gent maulvais billon.....
>   Il n'est plus trahystre nation
>Que vous, soubz la chappe du ciel ;
>Mais, en brief, vostre ambition
>Foy faulcée, sedition,
>Plus amere aurez que fiel.....

(Le More a bien fait de fuir de Milan en septembre.)

>Entier ne te fust resté membre
>Qui t'eust trouvé a l'assemblée ;
>Tu t'en fouys bien tost d'emblée.....

de Trevolce, du seigneur de Grantmont, du seigneur de Neufchastel et de plusieurs grans parsonnages.

Les plus sollempnelz misseres et autres menu peuple de la ville, avecques quatre mille petiz enfens, a chiefz descouvers, et vestus de robbes d'humillité, en procession générale, avecques l'ymage de Nostre Seigneur Jhesu Crist en croix, illecques a la venue dudit cardinal d'Amboise s'assemblerent et, par ung docteur[1], firent proposer mainctes belles choses, promectans de non james, contre la sacrée magesté de France, commectre rebellion, ne faire chose contre leur honneur, dont ilz puissent de nul reproche ou diffame estre notez ou actainctz, et que, de la en avant, sembleroyent a sainct Pierre, lequel, pour avoir son Seigneur Jhesu Crist regnyé, heut de ce meffait tant amere doulleur que, tout son temps, apres ce delict, plus fervant en fut en[2] son service; et, sur ce, fist ledit cardinal responce que sainct Pierre avoit troys foys renyé son maistre et que eulx de ainsi le faire se donnassent bien garde. Apres ce, demanderent humblement pardon de leur desloyauté et rebellion, en obligent eulx et leurs biens pour les mises et despences que le Roy avoit, a ce moyen, faictes pour mectre sus son armée, a la somme de troys cens mille escuz[3], requerant audit cardinal

---

1. Michel Tonso. Ce jurisconsulte avait épousé Susanna Archinti; son fils, Benedetto Tonso, fut ambassadeur de Milan près de François Ier et des Suisses.

2. Le ms. porte : *Et*.

3. « Fut convertie l'amende criminele en civile, voire bien petite, veu la grandeur du cas, » dit Saint-Gelais. De ces 300,000 écus, 170,000 seulement furent payés (Prato). Les autres questions furent définitivement réglées au second voyage du roi, en 1502 (M. Formentini, *Il ducato di Milano*, 215-228).

que l'armée de France, qui ancores estoit en Lombardye, fust, le plus tost que faire se pourroit, en France renvoyée, pour alleger le pays, qui plus sans desertion ne la povoit soustenir, en ensuyvant que chascun fust reintégré en son office. Plusieurs autres requestes misrent sus, qui trop longues seroyent a descripre.

Leur propos mys a fin, ledit cardinal d'Amboise voulut la responce consulter avecques l'evesque de Luxon, le mareschal de Trevolce, le seigneur de Grantmont et autres chamberlans et conseilliers du Roy, qui la estoyent, et fut advisé que ung nommé messire Michel Riz[1], docteur en chascun droict, feroit la responce; par laquelle monstra clerement aux Millannoys leur desloyaulté dampnable, inexcusable trayson et irreparables deffaultz; et, ce neantmoings, pour demonstrer a iceulx iniques que le pouvoir de doulce

---

1. Michel Riz ou Ris (Ritius), jurisconsulte napolitain, s'attacha en 1495 au service de Charles VIII; il écrivit une apologie de la conquête de Naples (ms. lat. 6200) sous le titre de : *Historia profectionis Caroli VIII, Francorum regis*, par *Michael Ritius, Neapolitanus, inter utriusque juris professores minimus et ejusdem regis in universo prefato suo Sicilie regno advocatus*. On a de lui aussi une *Histoire des rois de France, d'Espagne, de Jérusalem, de Naples et de Hongrie*, publiée en français à Bâle, in-8°, 1535 (cf. ms. 3421, Hofbibliothek, à Vienne). Il devint en France maître des requêtes de l'hôtel, conseiller au grand conseil, où il siégeait sous le nom de *L'advocat de Naples*; en 1501 président au parlement de Provence, ambassadeur en Allemagne et en Italie, conseiller au parlement de Paris en 1504. Il vit ses biens de Naples confisqués par Ferdinand; Louis s'employa personnellement pour obtenir à son fils la restitution de ses biens.

Il n'a rien de commun avec le jurisconsulte Ricci (Riccius), d'Asti, qui revisa, en 1500, les Coutumes de Piacenza (ms. fr. 21104, fol. 4, 22, 37).

misericorde amollist le glayve de rigoureuse justice, supposé que, par leur desmerite, heussent mortelle pugnicion deservye, ce nonobstant, leur donna, de par le Roy, ledit cardinal, leurs vyes et biens sauves, les enhortant, une foys pour toutes, de non james commectre crime de rebellion, a la peine de pugnicion memorialle a tousjours mes emcourir; et, au regard de leurs requestes, fut dit qu'ilz les bailleroyent par escript et que responce telle leur seroit faicte que contenter se devroyent, en exeptant toutesfoys de la remission les aucteurs principaulx de la rebellion; et ce faict, tous les petiz enfens en procession passerent devant le cardinal d'Amboise, en cryant a haulte voix : *France, France, misericorde*[1] *!*

Le vingt troisiesme jour d'apvril, ung gentilhomme nommé Carbon de Luppé, maistre d'ostel ordinaire du Roy, avecques cincquante archiers, fut envoyé au chasteau de Tretz[2], sur les frontieres de Sainct Marc, pour prendre ung nommé Alain, gascon, capitaine de ladite place; laquelle avoit ledit capitaine vendue aux Venissiens quinze cens ducatz; et, pour ce, fut mené au chasteau de Millan[3] et, la dedans, avecques plusieurs autres prisonniers, enclos.

1. A cette occasion fut frappée une médaille, portant d'un côté le buste du cardinal d'Amboise, au revers le soleil luisant sur une ville fortifiée avec la légende : *Salvat ubi lucet,* 1500, *Mediol.* (Armand, *Les Médailleurs italiens*.)
2. Trezzo, sur le haut Adda, à la frontière de la province de Bergame, qui appartenait aux Vénitiens. Cf. p. 150.
3. A la Roquette.

XXXIX.

Comment une grosse armée fut mise sus pour envoyer soubmectre la cyté de Pize a la seigneurie de Florence.

Apres toutes ses choses, le cardinal d'Amboise, par le vouloir du Roy, mist sus une grosse armée, pour envoyer soubmettre la cyté de Pize a la seigneurie de Florence; et fut baillé la charge de celle armée au seigneur de Beaumont[1], lieutenant, pour le Roy, sur cinc cens hommes d'armes, troys mille cinc cens Gascons et autant d'Allemans; et la furent transmis les capitaines qui s'ensuyvent : Hector de Montenart[2],

---

1. Les Florentins auraient voulu Louis de la Trémoille et lui firent offrir 50,000 ducats. Mais La Trémoille, venu à contre-cœur en Milanais et pressé de repartir, refusa (Marchegay, *Lettres missives du Chartrier de Thouars,* n° 97).

2. Peu de gens ont eu une vie aussi agitée que celle d'Hector de Monteynard. Issu de l'ancienne famille des Aynard, en Dauphiné, il entra au service du duc d'Orléans comme écuyer. On l'accusa, ainsi qu'un autre écuyer nommé Brésille, d'avoir incité le jeune Louis d'Orléans à s'émanciper de la tutelle de sa mère, Marie de Clèves, que dominait Louis XI, d'avoir voulu régir la maison contre le gré de la duchesse; Louis XI, après un avertissement transmis par Michel Gaillard, fit brusquement arrêter au château de Linières les deux écuyers et les força, après mille épreuves plus ou moins terribles, à prendre la croix de l'ordre de Saint-Jean de Jérusalem (*Procéd. polit. du règne de Louis XII,* 973, 979, 985, 1002, 1007, 1022). Chose singulière, Raimond Aynard, gouverneur du Dauphiné, père d'Hector, avait été disgracié par Charles VII comme fauteur du dauphin Louis XI! Devenu, après la mort de Louis XI, gouverneur d'Asti, Hector Ainard de Monteynard, seigneur de Chalençon, Montfort et Théis,

gouverneur d'Ast, le seigneur de Coursinge, lieutenant du duc de Savoye, le seigneur d'Auzon, escossoys, le seigneur de Saint Prest, Aulbert du Rousset, Jannet d'Arbonville[1], messire Galeaz Palluzin[2] et messire Anthoine de Trovolce, lombars, avecques dix neuf pieces d'artillerye.

Le xix° jour du moys de may, le cardinal d'Amboise transmist Carbon de Luppé et ung nommé Pierre Bordier, avecques bon nombre de gens d'armes, soubmectre a l'obeissance du Roy la seigneurie de Tourcelles, pres Cremonne, que tenoit une dame, nommée Camille d'Aragon, seur du feu roy Ferrande, roy de Napples; et, apres la reduction d'icelle, fut lessé, par provision, a dame Camille, quatre mille ducatz sur ladicte seigneurie.

épousa la fille du marquis de Montferrat, Marguerite. En 1499, Hector était chambellan du roi et titulaire de 1,000 liv. de pension sur la recette de Languedoc (Tit. orig., Monteynard, n° 303). Il avait assisté à Nantes au mariage du roi. On verra plus loin sa fin tragique.

1. Ou plutôt d'Arbouville. Il y avait alors deux sires d'Arbouville, l'un en Normandie, l'autre en Beauce. Les d'Arbouville, de Beauce, s'étaient attachés à la maison d'Orléans. Charles d'Arbouville, chambellan de Charles d'Orléans, devint plus tard l'homme de confiance de la duchesse Marie de Clèves, qui, dès son veuvage, le nomma gouverneur d'Orléans. Un acte de 1560 mentionne un Jean d'Arbouville, seigneur d'Arbouville, mort à cette époque (Tit. orig., Arbouville, n°s 8, 12, 13, 14, 15 et 18).

2. Galeazzo Pallavicino était entré au service de la France; Louis XII lui confia le commandement de la citadelle de Parme (ms. fr. 25784, n°s 98, 108, 135; Tit. orig., Palavicini).

XL.

Comment l'armée, qui estoit ordonnée pour aller a Pize, se mist aux champs.

Le quinziesme jour du moys de may, l'armée desus dite partit de Parme pour aller comancer le voyage de Pize; et, sitost que gens d'armes marcherent, toutes les villes des Italles, qui contre le Roy avoyent le seigneur Ludovic favorizé, devers le cardinal d'Amboise transmirent leurs ambaxades, pour avecques luy faire composition et bailler argent pour le deffray de l'armée de France; et, pour ce que ung nommé Bentivolle[1], gouverneur de Bolloigne, avoit au seigneur Ludovic baillé quelque ayde, a cincquante mille ducatz composerent les Boullonoys. Saine, Lucque, et plusieurs autres villes hors la duché de Millan, se soubmirent a la raison; et, pour satisfere a leur deffaut, si avant bouterent la main aux ducatz que grace leur en fut eslargie[2]. Tous les conjurez et aucteurs de la rebellion, qui peurent estre priz et mys soubz la main de justice, encourrurent sentence cappitalle et, dedans

---

1. Jean II Bentivoglio, seigneur de Bologne.
2. Les Français firent mine d'abord d'attaquer Mantoue, dont le marquis refusait 50,000 ducats auxquels il avait été taxé. Le 6 juin, ils prirent et mirent à sac Montechiurullo, malgré la défense énergique des Torelli; ils s'emparèrent ensuite de Guastalla, appartenant aux mêmes Torelli (*Diario Ferrarese*, Muratori, XXIV, c. 386; Buonnaccorsi, etc.). Si le marquis de Mantoue ne s'était pas exécuté, on projetait de donner le marquisat au comte de Montpensier, son neveu, fils de Clara Gonzaga (Marchegay, *Lettres missives du Chartrier de Thouars*, n° 95).

la place du chasteau de Millan, publicquement furent executez; desquelz furent messire Jacome Andrée, Nicolas le cirurgien[1], messire Louys de Pors et le capitaine de Trectz[2]. Leur procès fut faict par messire Michel Riz, docteur, et par le capitaine de la justice de la ville; et fist iceulx executer le sire de la Trimoille, lieutenant du Roy[3].

XLI.

COMMENT LE SEIGNEUR LUDOVIC ET LE CARDINAL ASCAIGNE FURENT AMENEZ PRISONNIERS EN FRANCE.

Toutes ses choses espirées, le seigneur Ludovic fut amené en France; et fut celuy conduyt par le seigneur de Ligny jucques a Suze, en Savoye (et, de la, s'en retourna a Pavye, ou fut quelque temps, puys s'en revint a Lion sur le Rosne, ou estoit le Roy; lequel luy fist si bonne chere que assez estoit pour se devoir contenter[4].

De Suze jucques a Lion fut le seigneur Ludovic con-

1. Le 12 mai.
2. Le 23 mai.
3. Le prévôt des maréchaux de Milan était Robert de Pradines. En 1504 il commandait à Milan 8 hommes de guerre à cheval (ms. fr. 25783, n° 59) et 50 hommes de guerre de renfort en garnison au « palais » de Milan (ms. fr. 25784, n° 75); en 1507 et 1509, il commandait les mêmes forces (id., n°s 95, 99).
4. Ludovic fut parfaitement traité; il emmena ses gens et un trousseau considérable (Prato). Sa bassesse et son abattement étaient extrêmes. On dut s'arrêter à Suze pour le faire reposer. Aymar du Rivail (*De Allobrogibus*) rapporte qu'en traversant au-dessus de Saint-Crespin, au territoire d'Embrun, une « porte, »

duyt par le seigneur de Cressol, accompaigné de deux cens archiers de la garde et de plusieurs autres gentishommes. A l'entrer de Lyon, grant nombre de gentishommes de cheuz le Roy luy furent au devant. Le prevost de l'ostel[1] le conduisit tout le long de la grant rue jucques au chasteau de Pierre Encize[2], et la fut logé et mys en garde seure[3]. A sejour fut illecques

sorte de tunnel fortifié creusé dans la montagne par ordre de Charles VIII, il s'écria « qu'il n'y avait plus d'espoir de fuir » (éd. Terrebasse, p. 541). Paul Jove prétend qu'il montra ensuite une grande résignation.

1. Le prévôt de l'hôtel du roi était Robert ou Robin Malherbe, seigneur de Jouy, de Liancourt (le P. Anselme, t. II, p. 77) et de Lanneau, écuyer d'écurie et chambellan du roi en 1482, prévôt des maréchaux de France depuis 1495, prévôt général de 1501 à 1507 (Tit. orig., Malherbe, nos 15-19), pensionnaire du roi pour une somme de 600 livr. (compte de 1499, Portefeuilles Fontanieu). Il commandait 20 lances, restées en garnison à Rosay-en-Brie, où elles furent passées en revue le 19 novembre 1499 (ms. fr. 25783, no 16; compte de 1501, ms. fr. 2960). Nous avons déjà parlé des Malherbe.

2. Château fort, à Lyon, démoli en 1792.

3. Une miniature contemporaine (ms. lat. 8294) représente cette scène. Ludovic, sur un mulet, la barrette rouge à la main, en simple justaucorps gris fourré, en longs cheveux blancs, escorté de piquiers en livrée jaune et rouge, pénètre dans une forteresse dont toutes les ouvertures sont garnies de têtes de femmes curieuses. Une banderole porte la légende explicative *Ille ego sum Maurus*, etc. Ces derniers mots se rapportent au poème de Fauste Andrelin, *De captivitate Ludovici Sphorcie*, imprimé s. l. n. d. pour Robert Gourmont, et dont une autre édition fut donnée en 1505. F. Andrelin s'exprime ainsi :

> *Fauslus Maurum tyrannos alloquentem inducens :*
> Ille ego sum Maurus, franco qui captus ab hoste,
> Exemplum instabilis non leve sortis eo,
> Quidnam scœptra juvant totum invidiosa per orbem,
>   Sic miseros explet vita tyranna dies.
>
> Quis rectos neget esse deos ? ac lancibus æquis
> Libratum punire nephas ? en carcere tetro

quinze jours ; durant lequel temps, par les seigneurs du grant conseil du Roy de plusieurs choses fut interrogué ; lequel, supposé qu'il heust faict que foul, toutesfoys moult sagement parloit. Apres ce, fut transmys au chasteau du Lys Sainct George, en Berry, et a ung gentilhomme, nommé Gilbert Bertrand[1], baillé en garde.

Gallica sacrilegum compescunt vincula Maurum,
Maurum qui sæva conceperat ardua mente.....
. . . .

Num patruæ cecidere manus, cum dira parares
Toxica, et infando misceres lurida gyro?

1. Gilbert Bertrand, seigneur de Lys-Saint-Georges, avait été élevé avec le roi et l'avait servi dans toutes les circonstances intimes de sa vie. Il était gendre du sire de Vatan, gouverneur de la maison de Marie de Clèves et de Louis XII. Capitaine des gardes du duc d'Orléans, il devint, à la fin du règne de Charles VIII, bailli de Bourges. Il assista encore au mariage du roi à Nantes, puis, brusquement, pour un motif que nous ignorons, il dut résigner ses fonctions, où le sire de Vatan, son beau-frère, lui succéda, et se retirer au Lys-Saint-Georges, bien qu'il n'eût que quarante-sept ans. La garde de son illustre prisonnier lui fut évidemment donnée comme une compensation et un témoignage de haute confiance, en même temps que dans l'intérêt du prisonnier lui-même (*Procéd. polit. du règne de Louis XII*, 854, 923, 989, 1006, 1048).

Ludovic demeura au Lys quatre ou cinq ans et fut ensuite transféré à Loches (Saint-Gelais). « Et fault entendre, » ajoute Saint-Gelais, « que de sa personne il a tousjours esté traicté aussi bien qu'il eust peu estre en sa plus grande liberté ny seigneurie; » « humainement traité, » dit Seyssel; « en ung fort chasteau, où il est encore a present detenu, en large et honneste prison, » dit l'*Ystore Anthonine* (ms. fr. 1371, fol. 293). Les historiens milanais ne mentionnent pas davantage de sévices (Castellus, *Compendium...*, ms. lat. 6172, fol. 41 v°, etc.). Bourges et Loches étaient les deux grandes prisons d'État; Louis XII avait passé trois ans dans la première ; Philippe de Savoie, comte de Bresse, deux ans dans la seconde, où il avait composé une chanson répandue en Savoie (*Museo storico* de l'*Archivio di Stato* à Turin, *Catalogue*, II, n° 1). Prato raconte qu'à Loches, où il jouissait d'une

Le cardinal Ascaigne[1] fut pareillement amené a Lyon par le seigneur de Xandricourt et, de la, envoyé en la Grosse Tour de Bourges[2]. Ainsi fut la duché de

liberté relative, Ludovic corrompit son gardien en 1508 et s'enfuit caché dans une voiture de paille, mais il s'égara dans les bois et fut repris le lendemain matin dans une battue. C'est alors qu'on lui imposa une surveillance plus sévère. Il mourut de mort naturelle, le 17 mai de la même année. Un gentilhomme qui avait obtenu de rester près de lui, P° Fr° Pontremulo, revint alors en Italie et raconta à sa manière les épreuves de Loches. De là une légende en Italie. Paul Jove n'a pas manqué de la recueillir. Selon lui, Ludovic se montra magnanime, Louis XII dur jusqu'à la stupidité, jusqu'à faire mourir Ludovic de privations. Cette légende a fait école depuis lors. Ludovic, dit Papire Masson, « in prædurum carcerem, sine scribendi ac legendi solacio, conjicitur, ubi, ferrata in cavea, decennio post, decessit. » Elle est absolument fausse.

1. Ascanio Sforza, né vers 1455, cardinal en 1484, vice-chancelier de l'Église romaine depuis 1492; il fut fort bien traité en France (Spelta, *Historia delle vite di tutti i Vescovi di Pavia*, p. 431; Thuasne, *Diarium* de Burchard, II, 610, 612, 615). Saint François de Paule alla le voir à la Grosse-Tour de Bourges et lui promit sa prompte délivrance (*Procès de canonisation*, ms. lat. 10856, fol. 10). En effet, Ascagne recouvra pleinement la liberté en 1503, Jean d'Auton dira dans quelles conditions, devint évêque de Novare et mourut à Rome (Basilica, *Novaria*, p. 525; Ughelli, *Italia sacra*, IV, c. 987; Galletti, *Inscriptiones Romanæ*, I, p. ccxij, etc.).

2. La Grosse-Tour de Bourges, énorme tour, rattachée au système des fortifications de Bourges et fortifiée sous Philippe-Auguste de quatre bastions, était la principale prison d'État du royaume (*Jeanne de France*, p. 210).

Elle avait pour capitaine le capitaine écossais Patrick Machalan (*aliàs* Mac Nellen), qui déjà avait eu la mission d'y garder le duc d'Orléans en 1490. Louis XII ordonna, par les lettres suivantes, d'entourer le prisonnier de tous les égards possibles (Arch. municip. de Bourges, F 4; communication de M. le comte Raymond de la Guère) :

« *A nos tres chers et bien aimez les bourgeois, manans et habitans de nostre bonne ville et cité de Bourges.*

« De par le Roy. Tres chers et bien amez, nous envoyons pre-

Millan, en sept moys et demy, par les Françoys deux foys conquestée; et pour celle foys finye la guerre de Lombardye et les aucteurs d'icelle captiz et exillez.

> Peu faict d'aquestz, qui tant travaille et vacque
> Aux biens mondains et son sens y applicque,
> Quant si soubdain puissance humaine vacque.
> De jour en jour, sans terme de replicque,
> L'effect en est mys en veue publicque
> Par Fortune, qui, avecques telz blocque
> Qu'elle deçoit et de tant les democque,
> Que, apres avoir donné mantel et hucque[1],
> Tous nudz les rend, sans cœuvre chief ne tocque.
> Gloire mondaine est fraigille et caducque.
>
> Plusieurs cuydans le Cercle Zodiacque
> Retrograder par une voye oblicque,
> Soubdainement, au bas centre et oppacque,
> Se sont trouvez loingtains du Pole articque;
> De ce, nous ont lessé pour tout relicque
> La memoire qui a dueil nous provocque.

sentement en nostre tour de Bourges le cardinal Ascaine, duquel avons baillé la charge et garde a nostre cher et bien amé le cappitaine Patris Macanan, et duquel avons bonne et entiere confiance. Par quoy, et aussi que ladite tour est mal meublée et utencillée, et que voullons et entendons que ledit cardinal fut bien traicté, nous vous prions, et neantmoins mandons, que baillez et delivrez, ou faictes bailler et delivrer audit Macanan, desdits meubles et utencilles qui seront necessaires pour la provision et acoustrement de ladite tour et ils seront renduz par celluy qui est par mon commandement au paiement de la despence dudit cardinal, et payez des interetz et donmaiges qui y pourroient avoir durant le temps qu'ilz seront en ladite tour, ainsi que par vous sera tauxé et advisé en la presence dudit Patris Macanan. Et aussi plus luy donnez tout le port et faveur que besoing sera, et n'y veuillez faire faulte. Donné à Lyon, le 11e jour de juillet. Loys. »

1. La *hucque*, sorte de long manteau; ce mot, souvent, s'appliquait spécialement, comme ici, au capuchon.

Sy mon dire nul en doubte revocque,
Bocace¹ et autre en ont bien trecté, jucque
A suffyre, en prose et equivocque.
Gloire mondaine est fragille et caducque.

Si Ludovic, qui jadys pleine cacque
Heut de ducatz et povoir magnificque,
Est en exil, sans targe, escu ne placque,
Captif, afflict, plus mausain que ung heticque,
Et que, de main hostille et inimicque,
Malheur le fiere rudement et estocque,
Ambicion, qui son possesseur chocque,
A rabbessée sa peignée perrucque,
Comme celle qui les plus fors defrocque.
Gloire mondaine est fragille et caducque.

Prince, qui veust a tous prendre la picque,
Garde le choc de la lance ou la picque ;
Car maintz ont heu par ce moyen la crucque².
Tel a conquys Ayse, Europpe, Auffricque,
Qui n'en est pas demeuré pacifficque.
Gloire mondaine est fragille et caducque³.

1. *Le livre de Jehan Boccasse* avait été expressément traduit et imprimé sur parchemin pour la reine Anne de Bretagne (Paris, Vérard, 1493).

2. Expression de fantaisie ; Jean d'Auton n'emprunterait-il pas le mot espagnol *la crusca* (craquement, écrasement) ?

3. Ce drame a fort excité la verve des poètes français. Fauste Andrelin l'a chanté dans son poème *De captivitate Ludovici Sphorcie,* imprimé plusieurs fois (par Gaspard Philippe, s. l. n. d., in-4° gothique de 8 ff.; pour Jean Petit, Paris, 26 mai 1505, in-4°, 10 ff.). Jean Bouchet, dans l'*Épitaphe de Louis XII,* loue le roi d'avoir « mis au nic de Bourges le Milan, vollant trop hault... » S'inspirant d'une chanson italienne de cette époque, *Ogni fumo viene al basso,* Jean Marot chante la prison du More en France :

> Jadiz fist paindre une dame, embellie,
> Par sur sa robe, des villes d'Ytallie,
> Et luy au pres tenant des espoussetes,

Apres doncques que le seigneur Ludovic et le cardinal Ascaigne furent logez, comme ouy avez, tous les jours du moys de may et de jung, dedans la ville de Lyon sur le Rosne et devant l'abbaye d'Esnai, se firent combatz et tournoys et tant d'autres bonnes cheres que tous les plus petiz en heurent souvant bonne part.

XLII.

Comment la royne fut en voyage a Sainct Glaude, et d'un tournay qui fut faict a Lyon a sa venue.

En l'entrent du moys de may, la Royne fut en voyage a Saint Glaude[1], et de la a Lyon le Saunier[2], en Bourgoigne, tenir ung filz du prince d'Orenge[3]. Avecques

> Voullant dire, par superbe follie,
> Que l'Ytallie estoit toute souillie
> Et qu'il voulloit faire les villes nettes.
> Le roy Loys, voullant ravoir ses mettes,
> Par bonne guerre luy a fait tel ennuy
> Que l'Ytalye est nettoyé de luy!
> Chose usurpée legier est consommée,
> Comme argent vif qui retourne en fumée. (Ms. fr. 5091.)

En Italie, il se trouva des poètes assez courageux pour pleurer Ludovic (Gozzadini, *Memorie per la vita di Giovanni II de' Bentivogli*, p. 116, note).

1. Célèbre pèlerinage, que Louis XI avait enrichi de dons considérables. La reine y allait en reconnaissance de l'heureuse naissance de sa fille Claude. Tous les jours, à Saint-Claude, on disait une messe pour le repos de l'âme de Charles VIII, et Louis XII fit aux religieux une pension de 300 livres (compte de 1503, ms. fr. 2927).

2. Lons-le-Saulnier, dans la Haute-Bourgogne.

3. Le prince baptisé avec tant d'éclat était, en effet, le dernier rejeton mâle de la maison de Chalon. Jean II de Chalon, son père, s'était marié deux fois : 1° avec Jeanne de Bourbon ; 2° avec Phil-

elle, furent les seigneurs de la Roche de Bre-
berte de Luxembourg, dont il eut Philibert, son fils unique, et Claude, femme du comte de Nassau, tige de la famille actuelle d'Orange. On sait comment Philibert de Chalon se rendit célèbre par sa haine pour la France, comment il fit cause commune avec le connétable de Bourbon ; il présida au sac de Rome et mourut tragiquement en 1530.

Le prince d'Orange, son père, appartenait à la plus étroite intimité du roi et de la reine. Possesseur en Bretagne comme en Franche-Comté d'immenses domaines, il avait assisté Anne de Bretagne et le duc, son père, dans toutes leurs épreuves. Il avait négocié le mariage d'Anne avec Maximilien, et c'est même lui qui eut à Nantes l'honneur d'épouser la jeune duchesse au nom du prince. Fait prisonnier à Saint-Aubin avec Louis d'Orléans et bien traité par Anne de Beaujeu, sa belle-sœur, il se rallia ensuite loyalement à la cause de la France et devint lieutenant général de Charles VIII en Bretagne. Il fut un des négociateurs du mariage de Louis XII avec Anne de Bretagne et reçut même de la duchesse à ce moment le gouvernement de Saint-Malo avec des lettres de créance particulières. Il occupa un rang important dans l'expédition de 1495.

Aussi jouissait-il d'un crédit tout particulier; il obtint de Louis XII, en 1499, des lettres patentes, par lesquelles le roi déclarait n'avoir jamais soldé les 40,000 écus dus pour l'achat de la principauté d'Orange ; Jean rentra ainsi en jouissance de cette principauté, que François Ier reprit à son fils. Le roi le comblait aussi de dons personnels. Le roi et la reine appelaient sa femme *ma niepce la princesse,* par amitié. Il était du reste d'une bonne politique d'avoir, vers les terres de l'Empire, un ami aussi puissant que le prince. Son dévouement avait beaucoup servi Louis XI dans ses rapports avec Charles le Téméraire.

Jean de Chalon était capitaine du Louvre et pensionnaire du roi. Il mourut au commencement de 1502. (V. notamment ms. fr. 23517; compte de 1499, Portefeuilles Fontanieu; Archives du Doubs, E 1212, 1215; Tit. orig., Chalon, n°s 88, 89; fr. 26106, n° 156; Commines, etc.)

La reine portait à ce baptême des « broderies de drap d'or raz, à plusieurs feulaiges, et autres façons ytalliennes » (ms. fr. 22335, fol. 138 v°). Voici la toilette de ses filles d'honneur :

« *Autres acoustremens qui furent faitz a Lyon le Saulnier ; baillé*

taigne[1], de Tournon[2], de Chastillon et plusieurs des gentishommes de la maison du Roy, les Cent Suyces de la garde et troys cens hommes d'armes.

Des dances, bancquetz, esbatz et joyeux passetemps,

audit Lefevre, par lesdits Signac et Peguyneau, les jours et an que dessus.

« Et premierement : quatre petiz manteaulx, pour pellerins, de drap d'or raz, doublez de taffetas blanc.

« Plus, quatre robbes de fille de satin cramoysy, bordées de veloux jaulne, aussi pour filles.

« Plus, sept abillemens de teste, semblablement pour filles ; c'est assavoir, sept coiffes de teffetas vert, frangées de franges de fil d'or, semées de pilletes, chascune coiffe garnies de deux aulnes de lynomples, avec quatre manches de toille de lin bordées de fil de soye par les pognez. Lesquelz abillemens ladite dame feist faire pour dancer morisques, tant a Lyon le Saulnier que a Lyon sur le Rosne, a son retour de son voyaige de Saint-Glaude. » (Id., fol. 139.)

1. Guy XVI (ou Nicolas) de Laval, comte de Caserte, de Montfort, du Gavre, baron de la Roche-Bernard, seigneur de Vitré, Montreuil-Bellay, etc., etc., grand maître d'hôtel de France en 1497, cousin de la reine, était le héros de cette fête, donnée, par la reine, à l'occasion de ses fiançailles avec la princesse de Tarente. Leur mariage, ratifié par lettres du roi de Naples du 11 juin 1500 et du duc de Calabre du 10 juin, fut célébré à Vierzon le 27 janvier 1500. Frédéric constitua à sa fille, pour toute fortune, une somme de 100,000 livres, payable comptant à Lyon. Le sire de Laval était fort riche. Leur fille unique, Anne, épousa, le 20 février 1521, François de la Trémoille, prince de Talmont. C'est par suite de cette alliance que la famille de la Trémoille crut devoir réclamer à Münster, en 1648, le royaume de Naples (*Titres justificatifs du droict appartenant au duc de la Trémoille en la succession universelle de Frideric d'Aragon, roy de Sicile, Naples, Hierusalem*, etc. Paris, Pierre des Hayes, 1654, in-4°; Tit. orig., Laval, n°s 137, 152; Bibl. de l'Institut, fonds Godefroy, ms. 230, fol. 436 et suiv.; Bibl. de Nantes, ms. 1809, p. 107).

2. Jacques de Tournon, père des deux Tournon, dont nous avons parlé plus haut. Il mourut vers 1507 ; Louis XII donna la terre de Mehun-sur-Yèvre par lettres patentes du 15 février 1506 (1507) (ms. Clair. 782).

qui a ce voyage furent faictz, ne feray autre compte, si n'est que peu durerent les jours a ceulx qui la se trouverent ; car oncques ne fut veue meilleur dame, tant honnorable ne si deliberée que, pour lors, estoit la Royne.

A son retour de Bourgoigne, voulut que dedans Lyon, a Hesnay[1], fust faict ung tournay de sept gentishommes, de sa part, contre sept autres, de ceulx du Roy ; et fut, le vingt deusiesme jour de may, audit lieu d'Esnay, ordonné le tournoy.

Du party du Roy, furent le seigneur infent de Navarre, frere du conte de Foix[2], le seigneur d'Avanes, le seigneur de Bonneval, le seigneur de la Rochepot[3],

---

1. Ainay, près de Lyon, sur les bords de la Saône, était une très ancienne abbaye de l'ordre de Saint-Benoît élevée sur les ruines d'un ancien temple d'Auguste (Chorier, *Hist. du Dauphiné*, I, 327).

Elle avait pour abbé Théodore Terrail, fils de Pierre Terrail, seigneur de Bernin (abbé de 1457 à 1505), celui-là même qui donna à son cousin Bayard son premier équipement. Le Cartulaire d'Ainay a été publié par M. Aug. Bernard.

2. Jacques de Foix, chevalier de l'ordre, comte de Montfort, quatrième fils de Gaston de Foix, dit *l'Infant de Navarre*. Il était frère cadet de Gaston II, comte de Foix, de Jean de Narbonne, de Marie de Foix, marquise de Montferrat, et de Marguerite de Foix, duchesse de Bretagne. Il fit, l'année suivante, la campagne de Mételin et mourut au retour, à l'âge de trente ans, laissant seulement deux enfants naturels.

3. René ou Regnier Pot, seigneur de la Roche ou de la Roche-Pot et de Damville, baron de Châteauneuf, était un grand seigneur, fils de Guyot Pot, ancien gouverneur de Louis XII, qui avait joué un rôle très considérable dans la maison d'Orléans comme accapareur de tous les emplois lucratifs. Guyot Pot mourut en 1495 ou 1496. A partir de cette époque, René Pot, échanson de Charles VIII, devint possesseur d'une rente de 1,300 livres sur le duché d'Orléans. Il fut nommé successivement sénéchal de

le seigneur des Barres, le seigneur de Verdusant[1] et le seigneur de Ravel, nommé Pocquedenare.

Du cousté de la Royne, le seigneur de la Roche de Bretaigne, le seigneur de Chastillon, le seigneur de Fremente, le seigneur de Sainct Amadour, Françoys Cours[2], Maugeron[3] et ung nommé le jeune Cami-

---

Beaucaire et de Nimes, capitaine et châtelain de Nimes, à la mort du sire d'Aubijoux (1501). Il mourut dès 1504, sans avoir joué de rôle bien marquant. Sa sœur, qui avait épousé Guillaume de Montmorency, ami intime de Louis XII, hérita de tous ses biens (Tit. orig., Pot, n°s 100, 101, 103; Tit. orig., Montmorency; ms. Parlement 474, fol. 64; *Procéd. polit. du règne de Louis XII : Généalogie de la maison Pot,* Paris, 1782, in-fol.; La Thaumassière; notre *Histoire de Louis XII,* t. I, *passim*).

1. Odet de Verduzan ou Berduzan, gentilhomme gascon, capitaine de Dax de 1503 à 1519 (Tit. orig., Verdusant, n°s 5-9).

2. Nous manquons de renseignements sur François Cours ou de Cours. Il y avait en Agenais une famille de Cours. Mais il semble plus probable que François devait appartenir à la famille di Corte, de Pavie.

3. Il y avait plusieurs seigneurs et capitaines de Maugiron, que l'on a souvent confondus, et qu'il faut distinguer. Hugues de Maugiron, seigneur d'Ampuis, eut en effet cinq fils, dont un mort en bas âge, un autre d'église et trois capitaines. L'aîné de ces trois, François, seigneur de la Roche, qui épousa Louise de Rabutin, devint, à vingt-trois ans, capitaine d'une compagnie de 1,000 hommes de pied; il fit, en 1507, la campagne contre Gênes et fut tué à Ravenne en 1512. C'est de lui qu'il est question dans le *Loyal Serviteur,* et non de son cousin Perrot, comme il semblerait. François avait deux frères cadets, Guy ou Guynet, page de Charles VIII, puis capitaine de cent hommes d'armes, chevalier de l'ordre, pensionnaire du roi, lieutenant du gouverneur de Dauphiné, qui se distingua à Marignan comme lieutenant du comte de Saint-Paul, et Guyot, dit *le capitaine Maugiron,* capitaine de chevau-légers, qui périt en Italie. Mais on voit qu'en somme ces trois capitaines ne jouèrent un rôle militaire que plus tard.

En 1499, on trouve leur oncle, François, capitaine d'une compagnie de gens de pied, et enfin leur cousin germain, Pierre ou

cant[1], lesquelz se trouverent sur les rancz, au jour entrepriz, tous en armes et bien montez.

Ceulx qui estoyent du party du Roy entrerent les premiers aux lices, l'armet en teste et la lance sur la cuisse, vestus sur le harnoys d'ung blanc[2] soye et bardés de pareille couleur.

De l'autre costé des lices entrerent ceulx de la Royne, chascun, son serviteur et sa dame, en habbillemens de bleu, bordez de jaune et semez de petites pate-

---

Perrot de Maugiron, dit Pyraud de Maugiron, excellent capitaine, dont Brantôme fait l'éloge. C'est très probablement de ce dernier qu'il s'agit ici. Pyraud vivait encore sous François Ier, et, au bas de son portrait, François Ier écrivait : *Plus ryant que joyeux* (Tit. orig., Maugiron; Brantôme, *le Loyal Serviteur*; Rouard, *François Ier chez Mme de Boisy*, p. 34; ms. fr. 2927, fol. 122 v°).

1. Camicans, *aliàs* Carrucans, Canucans. Jean d'Auton citera plus loin Jean de Cassaignet, seigneur de Camicans, qui est sans doute le s[r] de *Canican* dont parle Brantôme (t. II, p. 297) comme commandant 35 lances en 1495. Jean de Cassaignet figure dans les comptes de 1503 (ms. fr. 2927, fol. 18) sous le nom de s[r] de Busta.

Celui que J. d'Auton désigne ici comme *le jeune Camicant* était sans doute son frère cadet; il était écuyer d'écurie du duc d'Orléans en 1497, sous le même nom de *Camican le jeune* (ms. fr. 2927). Faut-il le retrouver dans un page de Charles VIII nommé *Bernard de Ciamican?* Il s'appellerait donc Bernard de Cassaignet. J. d'Auton, dans le récit de l'année 1503, mentionne Bernard de Camicans parmi les pensionnaires du roi. Mais un certain Bernard de Villars, seigneur de « Camicamps, » un des prévôts des maréchaux sous la charge du maréchal de Lautrec, en 1516, signait : « Bn. de Camycans » (Tit. orig., Villars, n° 80). Le *Loyal Serviteur* (p. 211) dit que l'un d'eux, probablement Jean, « ung gentilhomme nommé Camican, » fut tué en 1509, à l'assaut de Montselice.

Dans le *Compte du Béguin du duc de Bretagne François II* (publié par M. de la Borderie, *Le Complot breton de M CCCC XCII*), on trouve parmi les gentilshommes du duc « Camican. »

2. Ici, dans le manuscrit, deux lettres exponctuées.

nostres de boys[1]; et, eulx ainsi entrez en la lice, leur dames misrent pied a terre et s'en allerent a l'eschaffault de la Royne.

De l'autre part, estoit le Roy, en son eschaffault, acompaigné du conte de Foix[2], du prince d'Orenge, du conte de Dunoys, du duc d'Albanye, du mareschal de Rieux[3] et du mareschal de Gyé et plusieurs

1. Allusion à la *Cordelière* de la reine.
2. Jean de Foix, vicomte de Narbonne, comte d'Étampes, mari de Marie d'Orléans, sœur du roi. On sait qu'à partir de 1483 le comté de Foix fut disputé entre les deux branches de la maison de Foix, représentées par le vicomte de Narbonne et par Jean d'Albret, mari de Catherine de Foix. Jean de Foix prit, dès lors, le titre de comte de Foix. Une vive affection unissait Louis XII et Marie d'Orléans, femme d'ailleurs fort ambitieuse. Jean de Foix était également fort aimé de Marie de Clèves, sa belle-mère, qui lui donna mille marques d'affection (v. notre *Histoire de Louis XII*, t. I). Favori de Louis XI (v. *Recueil* de Duclos, p. 454), Jean de Foix rendit au duc d'Orléans les plus grands services pendant toute la guerre de Bretagne et soutint vivement son beau-frère. Il était père de Gaston de Foix (Tit. orig., Foix, etc.). Il commandait une compagnie de 50 lances, qui resta en garnison à Gênes (ms. fr. 25783, n° 51).
3. Le célèbre maréchal de Bretagne, Jean de Rieux, baron de Rieux et de Rochefort, comte d'Harcourt, etc., né le 27 juin 1447, mort le 9 février 1518, à soixante et onze ans. Rieux prit part à la guerre du Bien public, commanda l'armée bretonne en 1472, devint capitaine de Rennes, commanda l'insurrection des barons bretons en 1484, prit part, avec l'armée bretonne, à la bataille de Saint-Aubin-du-Cormier; institué par François II tuteur de ses enfants, il négocia le mariage d'Anne de Bretagne avec le roi. Le 8 mai 1494, le roi lui donna le commandement d'une compagnie de 60 lances, avec laquelle il fit la campagne de Naples (ms. Clair. 223, fol. 329); Rieux se montra dans cette guerre un vrai Breton (ms. fr. 19602, fol. 20), et prétendit vainement au premier rôle; son caractère entêté et violent éclata. En 1487, Jean de Rieux s'était fait attribuer en Bretagne 10,000 livres comme représentant des arrérages de rentes non payées; à partir de 1495, il prend les titres de comte d'Aumale, sr d'Ancenis, vicomte de Donges, etc.

autres grans seigneurs. Avecques la Royne, estoyent la princesse de Tharente[1], la contesse de Gayace[2], madamoiselle de Candalle[3] et grant nombre d'autres

Sous Louis XII, il est chambellan, capitaine de 50 lances, et ne joue pas un grand rôle. Le maréchal de Rieux avait été trois fois veuf (Tit. orig.. Rieux, n°s 15 à 24. Cf. la notice de Brantôme, II, 352-354).

Sa compagnie ne prit pas part à la campagne ; elle tenait garnison en 1498 à Aire-sur-la-Lys, et, le 19 novembre 1500, elle fut passée en revue à Saint-Quentin (ms. fr. 25783, n°s 2 et 26).

1. Charlotte d'Aragon, princesse de Tarente, fille de Frédéric, roi de Naples. Son père, étant simple prince de Tarente, avait vécu à la cour de France; il recevait de Louis XI, en 1481 et 1483, 12,000 livres de pension et jouissait du comté de Villefranche-de-Rouergue (ms. Clair. 222, fol. 203). Par une anomalie singulière, bien que les rois de Naples fussent devenus les adversaires de la France, que Charles VIII eût dépouillé, en 1495, le roi Alphonse, que Louis XII prétendit ouvertement chasser Frédéric, que celui-ci fît cause commune avec Ludovic Sforza et les Turcs et, seul de tous les princes d'Italie, eût refusé de reconnaître Louis XII à Milan, sa fille restait à la cour de France, dans cette *pépinière de reines* que formaient les demoiselles d'honneur d'Anne de Bretagne. César Borgia étant venu à la cour et Louis XII lui ayant permis de s'y choisir une femme, César jeta naturellement son dévolu sur Charlotte; mais Charlotte refusa énergiquement. La reine, qui aimait beaucoup la jeune fille, le roi, qui ne pouvait pas souhaiter pour César une pareille alliance en Italie, ne la pressèrent point d'accepter. Louis XII fit faire à César un mariage plus brillant; il lui donna Charlotte d'Albret, fille d'Alain d'Albret, qui avait le double avantage et de tourner du côté de l'Espagne les ambitions de César et d'humilier le sire d'Albret, la bête noire du roi et de la reine. Quant à la princesse de Tarente, elle épousa le *sire de la Roche de Bretagne*.

2. D. Barba Gonzaga, femme du comte de Caïazzo. Le comte de Caïazzo, passé au parti français en 1499, avait émigré en France (*Rozier Historial*).

3. Anne de Foix, demoiselle d'honneur d'Anne de Bretagne, puis reine de Hongrie, fille de Gaston II de Foix, comte de Candalle et de Berauges, captal de Buch, et de Catherine de Navarre.

dames et damoiselles. Lorsque chascun fut prest, trompettes et tabourins sonnerent pour faire commancer le tournay. Le seigneur infent et le seigneur de Fremente firent la cource premiere, lesquelz marcherent si rudement, le long des lices, que, soubz les piedz de leurs chevaulx, sembloit que terre deust profonder. Au joindre, l'infent de Navarre fut de la lance actaint, par la veue de son armet, si rudement que sur les arsons fut renversé et blecyé au visage, et tant fust estonné du coup que de long temps apres ne peult la teste redresser. Les seigneurs d'Avanes et de la Roche de Bretaigne joxterent apres et ne se rancontrerent des lances, mais a l'espée se conbatirent. Aux premiers coups perdit le seigneur d'Avanes son espée, puys la reprist et tres bien, a celle foys, se trouva au conbat. Apres ce, lesserent courir le seigneur de Chastillon et Pocquedenare, si rudement que, au chocquer, les lances allerent par esclatz; et fut Pocquedenare assenné si a droict que, pour la force du harnoys, ne demeura que, au travers du bras destre, ne luy demeurast le trançon de la lance. Toutesfoys, pour ce ne s'arreta, mais de son bras esracha le trançon et tant ayda d'une main a l'autre qu'il tinst l'espée en serre, et dix ou doze coups en donna si rudement que, tout au delivre, sembloit avoir le braz blecyé ; dont, a chascun coup qu'il ruoit, sailloit le sang jucques a terre. Le seigneur de la Rochepot, Bonneval, Sainct Amadour et les autres firent si bien qu'il n'y heut a redire. Le seigneur des Barres, du party du Roy, et Françoys de Cours, de celuy de la Royne, finirent le tournoy, lesquelz se rancontrerent a la course si a droict que, a l'assembler, lances par pieces furent brisées. Au conbat de l'espée, Françoys de Cours par le seigneur des Barres fut de la sienne desarmé. Le seigneur de Fremente, qui, au premier coup de lance, avoit tant foullé son homme que a l'espée n'avoit sceu combatre, contre le seigneur des Barres fut mys en place ; lequel Fremente fut pareillement de son espée dessaisi. Ainsi fut le tournay mys a fin.

Quoy plus? Ce jour, plusieurs lances furent rompues et maintz coups d'espées donnez ; et, apres que le tournoy fut fyni, le Roy et la Royne s'en retournerent au logis. Plus de quinze jours apres ensuyvans, se continuerent jouxtes et conbatz, ou maintes bonnes courses et faictz chevaleureux furent mys en avant.

En ce temps, furent devers le Roy, a Lyon, les ambaxades du pape, des roys d'Espaigne et d'Angleterre, de la seigneurye de Venize et de l'arceduc. Le grant maistre de Rodes[1], ses jours, transmist au Roy

1. Le fameux Pierre d Aubusson du Monteil, chevalier de l'ordre, puis grand prieur d'Auvergne, enfin grand maitre de l'ordre en 1476. Il illustra le nom français dans l'Orient, en soutenant victorieusement contre Mahomet II, en 1480, le célèbre siège de Rhodes ; fait par Innocent VIII cardinal et légat d'Orient, il mourut à l'âge de quatre-vingts ans, le 30 juillet 1503, sans que l'âge ralentit un instant son infatigable ardeur. Entouré de chevaliers français, défendu par des canons français, il était le dernier rempart de l'Occident. Lorsqu'en 1494 Charles VIII avait rêvé une croisade, le roi avait beaucoup insisté pour lui en donner la direction ; il avait prié à plusieurs reprises Alexandre VI de mander le grand maitre à Rome, « car il est sage et congnoit les affaires de la Turquie, et duquel je desire avoir conseil et advis pour mieulx conduire ma saincte et bonne entreprise. » Le cardinal se déclarait prêt à venir et à laisser à son neveu, le grand prieur d'Auvergne, autre lui-même, la garde de Rhodes, qui était en fort bon état de défense. Mais le pape ne le manda pas (Lettre de Charles VIII, datée de Pavie, le 15 octobre ; ms. fr. 2962, fol. 112).

unes lectres qu'il avoit receues du Grant Turc, par lesquelles estoit contenu le sauf conduyt d'ung nommé Monjoye Saint Denys, roy d'armes[1], et autres ambaxades que le Roy envoyoit en Turquye.

Le cardinal d'Amboise[2], apres avoir receuz les deniers que les villes de Lombardye et des Italles avoyent par composicion promys de bailler au Roy, mis en ordonnée police l'affaire polliticque, establiz juges et gouverneurs suffizans pour l'entretenement des pays, lessées garnisons et morte poyes dedans les villes et chasteaux et deuëment proveu au bien de la chose publicque de la duché de Millan, s'en voulut en France retourner, et droict a Lyon, sur le Rosne, le travers des montaignes prist son chemin. Avecques luy retournerent le sire de la Trimoille, le seigneur Jehan Jacques, le seigneur de Mauleon et plusieurs autres capitaines et gentishommes ; lesquelz furent a Lyon le vingt troisiesme jour de jung et arriverent ainsi que le Roy oyoit la messe a l'eglize de Nostre Dame de Confort.

---

1. Le même qui, en 1509, fut chargé de notifier aux Vénitiens la déclaration de guerre de Louis XII (ms. fr. 17695, fol. 248). On n'employait, diplomatiquement, un *roi d'armes* que vis-à-vis des gens avec lesquels on ne voulait pas avoir de rapports réguliers.

2. J. Gohori, dans son *Histoire manuscrite* (fol. 29 v°), prétend, nous ne savons sur quel fondement (probablement d'après une tradition recueillie par lui à Milan), que le cardinal d'Amboise, lors de son séjour à Milan, serait devenu amoureux fou d'une jeune fille, qu'il poursuivait à travers la ville. Les représentations du célèbre Georges Durant le guérirent avec beaucoup de peine de cette folie. — Nous croyons qu'il faut un peu se défier de ces légendes, accréditées en Italie. Les Italiens se plaignirent fort de la conduite des Français près des femmes; les Français ont toujours déclaré n'avoir fait que succomber à des tentations qui venaient les chercher. De part et d'autre, on a un peu amplifié sur ces données. V. plus loin, p. 303.

Au cardinal d'Amboise fist illecques tant amyable chere que de toute familiarité privée le voulut festyer et, pour ses agreables services, luy donna la conté de Sartizane[1], en Lombardye; au sire de la Trimoille, et a tous les autres susdictz, eslargist de tant sa munificence et tant joyeux recueil leur fist que tout a cler peurent cognoistre que tres content se tenoit de leur service.

XLIII.

Comment la tempeste cheut dedans la salle du palays du pape.

Le vingt huitiesme jour de jung, le pape Alexandre sixiesme, estant en l'eglize de Sainct Pierre de Romme, soy pourmenant avecques le cardinal Coppone[2], ung des candelabres de l'eglize, poisant cent livres ou plus, soubdainement a la passé cheust entre eulx deux, et tant pres du pape que son habbillement, depuys le chief jucques aux piedz, fut derompu et dechiré.

Le lendemain, jour de la feste sollempnelle de sainct Pierre et sainct Pol, patrons et chiefz de l'Eglize millitante, sur les deux heures apres mydy, estant le pape en son palays, en une chaire assix sur doze degrez eslevée, de hault au devant de luy, contre une fenestre verrinée, ung turbillon ventueulx vint tant impetueusement hurter que, par le croliz de l'orage, fut la fenestre entreouverte et le voirre brisé; et, voyant le

---

1. Sartirana Lomellina, sur les confins du Monferrat, entre Alexandrie et Mortara, province de Lomelline.

2. Don Giovanni Lopez, cardinal-archevêque de Capoue, confident intime d'Alexandre VI.

Pere Sainct que le povoir du vent forsoit la fenestre, pour icelle appuyer, transmist le cardinal Coppoue ; lequel n'eut povoir de resister au bouffement du vent, mais, malgré luy, alla la voirriere par terre, et, voyant celuy cardinal que a la rencontre de ce vent n'avoit seurté, lessa le pape en sa chaire, et droict a la porte se mist a la fuyte ; lequel n'eust le pied si tost hors la salle que la tempeste tumba dedans, et, a la choite, briza cinc voultes et la tuha cinc hommes. Le pape de ce cas repentin heut telle peur qu'il cheut de sa chaire le long des degrez et se blessa en la teste et aux mains en six lieux : toutesfoys, au derriere d'une tapisserie, dedans ung arceau de muraille qui la estoit, tout foullé et blecyé, au mieulx qu'il peut, se retira et garentit, et la demeura jucques ses gens et le peuple de Romme, qui tost y accoururent, heussent de autour de luy, des boys et pierres qui la estoyent tumbez, la place desempeschée. Tout sanglant et pouldreux fut lievé de ce lieu et emporté en sa chambre et visité par les medicins ; lesquelz, pour le nectyer et purger, de son corps tirerent treze onces de sang ; et tellement luy secoururent que peu a peu se revint, moyennant l'ayde du Myre souverain, qui, pour magnifier sa puissance, ceulx qu'il prend en main, guerist de maulx incurables et les autres soubdainement accouche en grabat de percussion, pour leur donner purgacion de vie presente ou commancement de peine future. Ainsi fut percus[1] le souverain pasteur, qui peult estre indice de la dispercion de ses brebiz ou persecution d'icelles[2].

1. Malgré ses respectueuses expressions, J. d'Auton glisse ce mot, qui semble se rapporter à la deuxième hypothèse.
2. Burchard et l'ambassadeur de Venise racontent cet incident

XLIV.

Comment Pize fut par les Françoys assiegée.

J'ay dit cy devant que l'armée, que conduisoit le seigneur de Beaumont, estoit partie de Parme pour

avec des détails analogues. On crut le pape mort. Jamais l'esprit des peuples ne fut hanté de plus de prodiges qu'à cette époque. En 1499, on vit trois soleils pendant la nuit; des spectres, des cris remplissaient le ciel, des inondations couvraient la terre. Le tonnerre frappa les murs de Rome; le vent jeta au Tibre les armoiries pontificales fixées sur le môle d'Adrien (Schiavina). En 1500, ce fut bien autre chose; on vit, en Grèce, le ciel sanglant; une couronne, des écus, des épées flamboyantes parurent dans les airs. Il pleuvait de la chair, du lait, du sang, de la laine... Le ciel présenta trois lunes et trois soleils, la terre trembla, des montagnes se rapprochèrent, des vallées se comblèrent. Mille enfantements monstrueux épouvantèrent l'Allemagne. La peste ravagea la France. Les fruits ne mûrirent pas. Un trouble profond agitait le monde; les Vertus des cieux paraissaient ébranlées (Belleforest, etc.).

Jean d'Auton, on le voit, n'était pas moins ému et présageait une grande crise religieuse. Quelques années plus tard, il écrivait prophétiquement l'*Epistre elegiaque par l'Eglise militante*, manuscrit que précède une miniature où l'on voit une femme désolée (*l'Église*) assise dans une basilique, dont une figure, coiffée de la tiare et appelée « *Dissolution,* » ébranle une colonne et fait tomber les voûtes. Une autre figure, « *Charité,* » soutient une autre colonne et s'appuie sur un chevalier armé et marqué de fleurs de lis (Louis XII). — (Manuscrit au musée de l'Ermitage à Saint-Pétersbourg; miniature reproduite par Mabillon.)

Le Dr Nemec (*Papst Alexander VI,...* p. 170) dit à ce propos : Viele Schriftsteller reden bei Erwähnung dieser Vorfälle von der drohenden Nemesis, von dem zürnenden Gott ob des lasterhaften Lebenswandels des Papstes. Raynald bemerkt, zum Einsturze des Kamins, « das der Papst durch die Ruinen selbst auf wunderbare Weise geschützt war. » Und in der That, wenn

aller a Pize. Mais, pour la description abbreger, je oblye les quantiesmes jours, le nombre des repeues, le combien de sejour et la cause de la demeure que l'armée heut entre Parme et la cyté de Pize; pour ce que je n'ay sceu que, durant ce temps, chose qui a commemorer se face aict par les Françoys esté faicte. Toutesfoys, pour mectre brisées au chemin de ceulx qui une autre foys le voyage vouldroyent faire, ay je bien voulu nommer les logis ou l'armée voulut faire posée. Et, premierement, de Parme au Bourg Sainct Denys; du Bourg Sainct Denys a Furnoue; de Furnoue a Therencye[1]; de Therencye a Bercye[2]; de Bercye a Pontremolle[3]; a la Gulle[4]; a Sainct Estienne[5]; a la Masse de la Marcheze[6]; a Pont[7]; a Chappezano[8]; a Pont Asserchio[9], ou fallut faire ung pont neuf, pour

---

man den Finger Gottes, das Walten der Vorsehung annimmt, wie es sogar die Gegner des Papstes thun, so muss man Alexander gerade im Gegentheil für einen Liebling Gottes halten, weil ihn so sichtbar die Hand des Allmächtigen beschützte, nicht aber für einen Sünder, dem Gott « zürnt. »

J. d'Auton ne partage pas cette pensée. Prato va plus loin : il traite ce fait de *diabolico*.

1. Terenzo, dans la montagne. De là, on redescendait dans la vallée de la Baganza, où se trouve Berceto.

2. Berceto. Après Berceto, on franchit le col de la Cisa, à 1,050 mètres d'altitude.

3. Pontremoli (forte étape).

4. Aulla, sur la Magra.

5. S. Stefano, bourgade où l'on achève la descente.

6. Massa, chef-lieu d'un marquisat.

7. Ponte a San Pietro, au pays lucquois. Les Français y reçurent une ambassade de Pise. Ils s'emparèrent, chemin faisant, de Massa et de Pietra Santa (*Diario* de Buonnaccorsi).

8. Nozzano ou Valdiserchio, au bord du Serchio.

9. Pont Asserchio, où l'on traversait le Serchio.

passer l'artillerye ; de la, a Sainct Jehan de la Vene[1] ; a Campo[2], qui est une petite villette du conté de Pize, a quatre mille pres ; et, la, fut l'armée le vingt quatriesme jour de jung.

Le seigneur de Beaumont, lieutenant du Roy, premier que approcher de plus, voulut envoyer sommer les seigneurs et le peuple de la ville de Pize ; et, pour cela, transmist deux cappitaines de l'armée, nommez Jannet d'Arbouville et Hector de Montenart, lesquelz se misrent a chemin, tirant vers Pize, et, a l'heure de vespres, furent a la veue de la ville ; dont issirent deux Pizans, nommez messire Francisque Picta[3], docteur, et Françoys de Vivario[4], hommes bien enseignez, lesquelz firent demeurer leurs gens a la garde des portes et au devant des Françoys furent, avecques toute reverence. Apres le salut faict, Jannet d'Arbouville, qui la charge avoit de porter la parolle, fist ce que luy estoit commandé, en sommant iceulx Pizans de rendre la ville et la mectre entre les mains du Roy, pour en faire a son plaisir ; autrement, que de siege et guerre mortelle dedans deux jours avoir fussent asseurez.

A la sommacion des Françoys, parolles contraires

1. San Giovanni alla Vena, fort à l'est, dans la direction de Florence (territoire de Vico Pisano), chapelle et hameau important sur le bord de l'Arno.

2. Campo, à trois milles de Pise. L'armée y arriva le 24 d'après Buonnaccorsi, et, le 29 vint camper près de la porte Calcesana de Pise.

3. D. Franc. Ser Petri Pitta, un des *anciens* de Pise en 1500 (*Notizie degli Anziani di Pisa*).

4. D. Franc. Gherardi de Vivario, un des porte-étendards (*vexillifer*) de Pise en 1500 (*Id.*).

ne volurent pour l'heure avoir les Pizans, mais eulx
affermerent estre tous bons et loyaulx François et que
telz vouloyent vivre et mourir, sans jamais estranger
leur vouloir de ce propos, et que, toutes les foys que
l'armée de France vouldroit entrer dedans la ville,
toutes les portes luy seroyent ouvertes et biens d'icelle
habbandonnez, pourveu que le seigneur de Beaumont,
lieutenant du Roy, leur promectroit de ne les mectre
entre les mains des Florentins.

Sur ce firent responce les messagiers françoys qu'ilz
n'avoyent povoir de rien avecques eulx arrester, mais
de les sommer comme ilz avoyent, et faire responce
de ce que de eulx auroyent ouy, requerent sur ce
avoir briefve despesche. Autre responce ne voulurent
faire pour l'heure les Pizans; mais prierent les Françoys de vouloir le lendemain retourner a Pize, pour
parler aux seigneurs et peuple de la ville et ouyr d'eulx
telle responce que, ce pendent, tous ensemble advise-
royent. Sur ses parolles, se misrent les Françoys au
retour, et du dire des Pizans advertirent le seigneur
de Beaumont, lequel permist iceulx Françoys de rechief
retourner a la ville.

Le jour ensuyvant, vingt cincquiesme de jung, a Pize
retournerent les messaigiers susdictz, avecques quatre
archiers seullement. A l'approcher de la ville et a l'entrée, trouverent les Gascons et autres Françoys dix a
dix, vingt a vingt, qui entroyent et sailloyent et appor-
toyent vivres a l'ost et toutes autres choses dont les
gens d'armes avoyent mestier, comme si paix finalle
heust entre eulx esté cryée. Sitost que les messaigiers
françoys furent entrez en la ville, dedans le palays
d'icelle, qui tout estoit plain de peuple, furent honno-

rablement convoyez et par les cytoyens et commune de la ville la joyeusement receuz et humainement trectez ; et, pour demonstrer que en singuliere reverence et souvenance recommandée avoyent heu de nouveau le ceptre françoys, au plus excelse lieu de leur palays estoit l'ymage du Roy Charles huytiesme[1], derrenier mort, pourtraicte et figurée tant au vif qu'a l'imaginer de ceulx qui autresfoys l'avoyent veu en apparoissoit l'humaine forme.

Les Françoys, pour vouloir acomplir leur messaige, devant tous les seigneurs et la gent popullaire de la ville qui la estoyent, executerent leur office, sommant, de rechief, icelz de faire le plaisir du Roy a son vouloir soy submectre, en leur disant que, si voluntiers

1. En 1495, Charles VIII avait reçu Pise en dépôt; au retour de l'expédition de Naples, il y fit halte. Bien qu'il eût avec les Florentins des engagements analogues à ceux de Louis XII et que, de plus, toutes ses troupes lui fussent indispensables pour forcer le passage des Apennins, qu'occupait une armée italienne dix fois supérieure en nombre, les dames de la ville attendrirent et intéressèrent tellement à leur sort l'armée française que les soldats auraient voulu ne pas quitter Pise, et, en tout cas, réclamèrent du roi qu'on y laissât une garnison. Le maréchal de Gié et quelques autres personnes, ayant paru vouloir s'opposer à ces attendrissements, faillirent être écharpés par des hommes en délire. Charles VIII eut lui-même la faiblesse de céder et de laisser une garnison pour défendre les Pisans contre ses alliés les Florentins (Arn. Ferron, édit. de 1569, p. 23; Commines, II, 440; Guichardin). A Fornoue, cette poignée d'hommes lui fit bien faute.

Du moins, les Pisans se montrèrent reconnaissants pour Charles VIII et fort amis de la France; ils publièrent leur gratitude en faisant frapper une médaille qui portait d'un côté l'écu de France, avec cette légende : *Carolus, rex, libertas Pisanorum*, et de l'autre l'image de Notre-Dame, comme sur leur étendard, avec ces mots : *Protege, Virgo, Pisanos*.

En 1500, leurs sentiments loyaux n'avaient pas changé.

ne le vouloyent, la main armée de France, contre laquelle leur force ne pouroit durer, en feroit tost la rayson ; leur remonstrant aussi que les approches de la ruyneuse desercion de leur cyté estoyent faictes et de leur mort inhumaine et effusion de sang la conclusion arrestée, et que la maniere des Françoys estoit telle que toutes les villes et places, par eulx prises d'assault, au feu et glayve estoyent habbandonnées : toutesfoys, pour les vouloir adviser de preveoir a leur danger futur et les sommer de pencer a leur present affaire, de ce les voulurent bien les Françoys advertir et les requerir que de eulx mesmes voussissent avoir pitié, sans estre cause de la devastacion de leur ville et moyen de leur occision cruelle.

Oyant les Pizans la sommacion d'obbeissance serville et dangereuses remonstrances que les Françoys leur fasoyent, voulurent sur ce rendre responce, laquelle fist pour tous messire Francisque Picta, dessus nommé, lequel heut les parolles qui s'ensuyvent, ou semblables :

« Puysque parverse Fortune nous chace de si pres que, de ceulx qui a nostre tuicion et garde, comme a leur chose propre, devroyent leurs dextres employer, nous fault mortellement estre assailliz, a nul autre humain espoir avons recours, fors a troys petites requestes que voulons, ains que donner responce, faire a vous, seigneurs françoys.

« La premiere est qu'il plaise a la sacrée[1] magesté du Roy, nostre souverain seigneur, nous mectre et

---

1. On ne se faisait pas faute, en Italie, de donner à Louis XII des qualifications de ce genre. Le poëte Nagonius, dont nous citons plus loin quelques vers, les lui adressait tous : *Ad eumdem divum Ludovicum XII*.

reduyre en sa seigneurie et duché de Millan, ainsi que jadis ont estez noz devanciers anticques, comme est en veue clere par les escriptz et chronicques des vrays ducz de Millan, descendus de la noble lignye du tres renommé duc Anglo, troyen, fundateur de la feu somptueuse cyté d'Anglerya, jadis par les Gothz ruyneuse; de la seppe duquel Anglo, tant de preuz et excellans princes sont procedez que leurs clers gestes reluisent par tous les climatz du monde, desquelz fut le tres hardy et preux Jehan Galleaz, en son temps duc de Millan, pere du duc Phellippe Marye et de dame Vallentine, grant mere du Roy, nostre seigneur souverain. Lequel duc Galleaz a ses sucesseurs lessa, apres sa mort, vingt neuf cytez, dont luy et ses predecesseurs avoyent pacificquement jouy, desquelles Pize en estoit une des myeulx extimées; laquelle, depuys la mort du duc Phelippe Marye, par le povoir des plus fors, de son propre corps a esté desmembrée; toutesfoys, oncques, par long trect de temps ne continuelz ennuys de sa vraye nature, ne fut tant degenerée que, jucques a ores, dedans tous les angletz de son jardrin naict la fleur du lys, semée et repandue, esperant que unes foys tant y florira que a temps perpetuelz branches ou rameaux garderont le pourpriz.

« L'autre si est qu'il plaise au Roy, nostre prince souverain, ne nous mectre entre les mains des Florentins, noz ennemys mortelz, qui nostre entiere destruction ont jurée et la defloration des vierges et pucelles de la tant desolée cyté : ce que vous, nobles Françoys, entre autres bonnes graces et louhables vertus, avez en singuliere recommandacion[1].

1. Témoignage à enregistrer.

« La derreniere requeste que nous fasons est que, si le Roy, a qui nous sommes corps et biens, avoit aux Florentins faict promesse de nous subjuguer a leur seigneurie, en gardant sa promesse, que, premier, luy plaise nous donner lieu et place en sa duché de Millan ou ailleurs, pour prendre et faire novelle habitacion, et terme de retirer noz biens; voulans mieulx en pauvreté honteuse, comme proffugues et espartz, tenir les champs que a la mercy de ceulx qui nous quierent tirannizer, en closture de cyté captive, nos ans preterir. »

Le propos des Pizans finy, les Françoys, comme ceulx qui n'avoyent cognoissance de cause, disrent que, en leur charge, n'estoit de leur promectre ne fyencer aucune chose, mais de les sommer, comme dit est, de rendre la ville et la submectre au vouloir du Roy. Dont ne sceurent plus les Pizans de quel replicque devoir user, si n'est dire que, puisque de toutes leurs requestes estoyent frustrez, que a l'ayde de Dieu et de Nostre Dame, dont ilz portent l'emseigne[1], jucques a la mort contre les Florentins deffendroyent leur franchize. Toutesfoys, advertirent les Françoys que les eaues des puys et des fontaines de autour de Pize estoyent toutes empoisonnées et corrumpues et qu'ilz se gardassent de en boyre, mais seurement beussent de l'eaue du fleuve; et aussi requirent aux Françoys que il leur pleust ne se trouver contre eulx a l'assault, mais a eulx, aux Allemans et aux Florentins, s'il y en avoit, lessassent la meslée.

Apres que les Pizans heurent faictes leurs requestes et dit tout ce qu'ilz voulurent, ilz se misrent a part; et,

---

1. V. plus loin, p. 308.

ce faict, dedans le palaiz entrerent cinc ou six cens jeunes filles, toutes vestues de robes blanches, et, avecques elles, estoyent deux femmes vielles qui les conduysoyent, lesquelles firent aux Françoys telles harrengues et pareilles requestes que les hommes leur avoyent devant faictes; et, sur toutes prieres dignes d'escout, aux Françoys, comme tuteurs des orphelins, deffenseurs des vesves, et champpions des dames, la pudicité recomandable de tant de pauvres pucelles baillerent en garde, leur priant humblement que, si rigueur a toutes autres œuvres de merite leur fasoit tourner le doz, que, eulx, comme meuz de pityé, a ceste daignassent prester l'oreille. Assez d'autres piteuses parolles et lacrimables termes touchant leur affaire heurent aux Françoys, lesquelz tant ne s'arresterent a feminines persuasions que au vouloir du Roy ne volussent sur toutes choses obbeyr; et d'autre langage ne leur tindrent propos, fors de rendre la ville pour le myeulx.

Voyans lesdictes pucelles que responce consolable n'auroyent des Françoys, toutes esplorées supplyerent iceulx que, au moings, puisque toutes prieres humaines avoyent en desdaing, que, en recognoissant Divinité, leur pleust ouyr unes laudes faictes a l'honneur de Nostre Dame, que par chascun soir devant son ymage chantoyent. Les Françoys a ce n'emclinerent seullement le chief, mais jucques en terre ployerent les genoilz. Devant l'ymage de Nostre Dame commancerent les pucelles a chanter leurs louanges, tant piteusement et de voix si tres lamentable que la n'eut Françoys, ne autre, a qui, du plus proffond endroict du cueur jucques aux yeulx, ne montassent les chauldes lermes. De ce ne diray plus, doubtant a dueil provocquer les oyans. Toutesfoys, le salut finy, les Françoys prindrent congé des Pizans et s'en retournerent a l'ost, qui ancores estoit a Campo[1], et, la, raconterent au seigneur de Beaumont et es autres cappitaines de l'armée de France ce qu'ilz avoyent faict, veu et ouy. Aucuns heurent pitié de l'affaire des Pizans, et les autres furent contre eulx enduciz. Somme, appoincté fut que, le lendemain, l'armée marcheroit pour les aller assieger. Et, au plus matin, se misrent gens d'armes françoys a la voye, tirant a cartier de Pize, le long de la coste des montaignes de Lucque; et avoit l'armée pris l'escart pour le siege mectre mieux a plaisir : car par le droict chemin la ville approcher estoit chose malaisée et de forte advenue.

Ce jour[2], fut le camp logé a une autre bourgade nommée Androne[3], a cartier de Pize, deux mille pres. Le jour ensuyvant, vingt septiesme de jung, fut l'armée a ung lieu nommé Campo, prochain de Pize de demy mille et, la, demeura le surplus de ce jour et tout le lendemain; durant lequel temps les Pizans parlamenterent avecques le seigneur de Beaumont, lieutenant du Roy, auquel remonstrerent plusieurs belles choses, qui longues seroyent a raconter. Toutesfoys, la fin de leur propos tendoit tousjours a ne vouloir, pour mourir, estre submys aux Florentins; et, pour ce

[1]. Campo, à l'est de Pise et à une certaine distance de la ville, dans un repli formé par le cours de l'Arno (commune de Bagni San Giuliano).

[2]. 26 juin, le lendemain de la démarche faite à Pise le 25.

[3]. Androne n'existe pas. D'après les indications géographiques de Jean d'Auton, il semble qu'il s'agit de Caprona, près de Campo, sur le bord de l'Arno.

que c'estoit la seulle cause qui la menoit les Françoys, appoinctez furent contraires, tant que guerre ouverte entre eulx fut desclairée. Ainsi s'en retournerent les Pizans a la garde de leur ville, bien esbahis et estonnez.

XLV.

Du siege de Pize, et de l'assault que les Françoys y donnerent.

Le vingt neufiesme jour de jung, furent les Françoys devant la ville de Pize et tout autour d'icelle misrent le siege. L'artillerye fut assize en plain champ, sans aucunes trenchées, et toute l'armé, en la veue de la ville, logée au descouvert.

Le lendemain, trentiesme jour de jung, a l'esclarcyz du temps, commança l'artillerye de France a tirer coups contre la ville et ruer par terre deffences et creneaulx et au travers des murailles faire ouverture. Les Pizans, pour l'heure, n'eurent grant maniere de deffence et peu de coups d'artillerye et de trect tirerent contre les Françoys; mais, durant la baterye, invocquerent Dieu et Nostre Dame, et cryoyent *Misericorde*, a haulte voix.

Je ne veulx mectre en sillence ung cas bien estrange a raconter, et plus merveilleux a ouyr, que je ne scay proprement descripre ou le dire, nouvelleté humaine ou mirable divin, qui la advint, tel que, ainsi que les cannonnyers françoys, contre les murs de la ville, par la bouche de leurs plus advantaigeuses pieces d'artillerie, grosses boulles de fonte deschargeoyent, le fer, a l'assembler des pierres, contre l'ordre de nature, en plusieurs pieces escartelloit. Et plus; car, apres que, par la continuacion de la jacture, furent les murs jucques au cyment abbatus, voulant les cannonniers faire l'entrée unye et du tout applainir le passage, contre celuy remanent de cyment ruerent coups, qui firent chose bien a tard ou non ouye; car les pierres de fer, possées par vent tempestueux, a l'actaindre, ressortissoyent en arriere de la breche de la muraille, jucques oultre l'artillerye et par dessus plus de quatre toises de loing, dont il y avoit de l'ung a l'autre plus de quatre cens pas.

Toutesfoys, tant fut la baterye continuée que tout fut mys a bas et faicte voye si ample que l'assault fut comandé a donner. Autour de la breche voulurent les Pizans desplyer quatre emseignes et, soubz l'ombre d'icelles, jucques a la mort leur querelle deffendre. Dedans une de leurs enseignes estoit pourtrecte l'ymage de Nostre Seigneur Jhesu Crist en croix, en l'autre l'ymaige de Nostre Dame, lesquelles misrent viz a viz de la roupture; a l'ung des costez les armes du Roy, et a l'autre les armes de la Royne[1]. Et, premier que desplyer leurs emseignes ne que la baterye se commançast, les Pizans avoyent monté sur les murailles de la ville et, la, si hault que les Françoys le peurent entendre, faicte protestacion, disans que contre le Roy ne son armée n'entendoyent eulx deffendre n'avoir quelque querelle, mais seullement contre les Florentins, qui, sans juste cause ne droict qu'ilz heussent sur eulx, les vouloyent submarcher et dompter a nouvelle servitute, et que, pour ceste querelle seulle, mectoyent la main aux armes. Les Françoys

---

1. Une miniature du manuscrit, fol. 62, représente cette scène.

n'entendoyent a autre chose que a executer le vouloir du Roy et tant avoyent approchée la ville que, encontre de la breche, avoyent leurs emseignes plantées, et tel advantage avoyent sur les Pizans que, entre eulx et la muraille, nulz fossez y avoit qui ennuy leur fist.

L'assault commancerent a donner les Françoys, si rudement que oncques en telle presse ne se trouverent les Pizans, qui tout autour de l'ouverture estoyent, hommes et femmes, les ungs en armes et les autres vestus de robbes de toille blanche, cryans tous d'une voix : *France, France*. Mais, toutesfoys, si a point deffendoyent la muraille que Françoys n'en approchoit qu'il ne fust repossé bien lourdement. A coups de picque, de rançons[1] et de trect gardoyent la passée, en cryant : *Pize, France ;* et avoyent iceulx Pizans de pommes de chau emsulphurées, lesquelles gectoyent contre le visage les Françoys, qui les empouldroit et brusloit, en maniere que celuy qui en estoit actaingt n'avoit plus povoir de faire armes. Toutesfoys, tant fierement combatoyent les Françoys qu'il n'y avoit coup tant mortel qui ung seul pas les fist desmarcher.

Main a main, avoyent les ungs et autres a besongner et tant furent les Pizans cherchez de pres que, au dedans de la breche, entre les mains leur furent, par les Françoys, a grans coups d'espée, copez deux raincons, et deulx d'iceulx Pizans tuhez et une femme blècyé, qui portoit des pierres pour deffendre l'entrée (dont ilz batoyent les Françoys, tant qu'ilz estoyent tous estonnez de porter les coups ; toutesfoys, force de harnoys, contre ce, de moult les servoit, mais au

---

1. *Rançons,* bâtons armés d'un fer à deux oreilles recourbées.

povoir du souleil ne povoit resister, car ceulx qui estoyent a repos ombrageux et a souhet legierement vestus ne povoyent la challeur supporter). Moult fut dur l'assault : car les cappitaines françoys, pour soustenir la charge et recreer les lassez, longtemps a la breche tindrent le pié ferme et tant que, a ceste charge, furent la blecyez Aulbert du Rousset, le seigneur de Sainct Prest et Jannet d'Arbouville, capitaines ; et est a pencer que, avecques ceulx, plusieurs autres aux coups rancontrer se trouverent. Que diray je ? Plus de troys heures dura l'assault, moult rudement donné par les Françoys, mais tant vigoureusement par les Pizans deffendu, que aux Françoys donnerent a cognoistre que, pour ce jour, ne voloyent que les Florentins cryassent sur eulx *Ville gaignée*. Et, voyans les Françoys que le desavantage leur tournoit sur le doz, cesserent l'assault.

La nuit ensuyvant, au rampar misrent les Pizans la main tant a proffit que, premier que jour esclarcist, autour de la ville n'avoit de plus seur endroict.

Le lendemain, commancerent les cannonniers françoys de rechief a faire une autre baterye, plus grande que la premiere, et de plus en plus fort assaillir la ville, deliberant de jamais de la ne desemparer que entre leurs mains ne l'eussent mise. Mais autrement en fut ; car les Suyces, qui la estoyent pour le Roy, voulurent soubdainement avoir argent, ce que pour l'heure ne fut prest. Comme ceulx qui a leur vouloir sont subgectz, sans vouloir avoir ung seul jour d'actente, tous ensemble prindrent pays et s'en allerent ; et, au desloger, les Françoys que par les chemins trouvoyent a l'escart, tuhoyent et assommoyent, comme si guerre deslyée leur heust donné povoir de ce faire; ce qui estoit bien a eulx faict ung si mauvais tour, que c'estoit assez pour devoir desgoster le Roy de leur service.

Les Gascons pareillement se mutinerent et la pluspart d'iceulx habbandonnerent le siege.

Lé Florentins, qui avoyent promys d'avitailler l'armée et fournir l'artillerye d'affutage et autres necessitez de tout, ce ne firent riens, si n'est que au siege envoyerent des vins possez, tant aigres et reboilliz que nul n'en povoit boire; et, si de Lucque ou de Pize mesmes les Françoys n'eusent heu vivres, au dangier de mortelle famine estoyent habbandonnez. Le seigneur de Beaumont, lieutenant du Roy, considerant tous ces destours, et soy doubtant de l'artillerye, avecques les capitaines de l'armée voulut l'affaire consulter; lesquelz furent tous d'avys de lever le siege, veu que l'armée de plus de la tierce partye de souldartz estoit amaindrye et que les Florentins, pour lesquelz ilz estoyent la allez, leur failloyent a toutes promesses; et ausi que les Pizans, qui de tout ce estoyent advertiz s'esvertuoyent de plus en plus; et, pour ce, fut advisé que l'armée se mectroit au retour; et, le jour ensuyvant, sixiesme de juillet, les Françoys leverent leur siege et se misrent a chemin pour eulx retourner droict a Millan.

Plusieurs laquays, las et alterez pour la grant challeur qu'il fasoit lors, et autres qui a l'assault de Pize avoyent estez blecyez, ne peurent suyvre le train de l'armée, mais demeurerent la couchez et estanduz, a la mercy de leurs ennemys, attendant iceulx d'heure en autre pour les venir assommer et leur copper les gorges. Mais myeulx leur fut; car, apres que l'armée fut esloignée, sur le soir saillirent de Pize, avec torches et fallotz, les femmes de la ville, fasant la recherche par les hayes et buissons, pour trouver les mallades et blecyez; et, tous ceulx qu'elles purent veoir et rancontrer, amyablement prindrent par les mains et doulcement les leverent, puys, par soubz les bras, les en emmenerent peu a peu jucques a la ville et dedans leurs ostelz les logerent, ou furent tant trectez a souhet et soigneusement pencez que oncques ne furent myeulx venus; et telz y avoit, qui, dedans leurs maisons, ne se fussent si bien trouvez de moytyé pres, car de toutes vyandes et medecines, qui leur estoyent saines et neccessaires, leur fasoyent prochas et administroyent, voire continuellement jucques a ce que du tout fussent en santé revenus; et, apres ce qu'ilz furent en bon point et qu'ilz s'en voulurent retourner, pour vouloir leur appetit assouvir, de plus, de l'argent leur donnerent assez pour faire plus de chemin que a eulx, pour l'heure, ne restoit; ce qui fut œuvre tant humain que plus de recommandacion merite que d'estre en mon papier descript[1].

L'armée fist sur les chemins peu de sejour et, sitost qu'elle fut en la duché de Millan de retour, par les villes et chasteaux furent les gens d'armes mys en garnison.

Apres toutes ses choses, le Roy voulut retourner au pays de France[2]; mais avant ce, voulant tousjours de plus rainforcer sa duché de Millan et pourvoir au gou-

1. Cf. Buonnaccorsi. C'est en raison de ces faits que Machiavel et Frº de la Casa furent envoyés en ambassade en France.
2. Aux pays de la France propre. Cette expression trahit l'origine de Jean d'Auton. Elle se retrouve dans le *Rozier Historial*.

vernement d'icelle, Charles d'Amboise, seigneur de Chaumont et grant maistre de France, et messire Bernard Stuard, seigneur d'Aubigny, transmist celle part, lesquelz, en cest affaire, ordonna ses lieutenans.

Le vingt uniesme jour de juillet, le Roy et la Royne partirent de Lyon et vers Rouhanne se misrent a chemin; de Rouhanne a Marcillé les Nonnains, a Pierrefite, a Caune sur Loyre; et, la, se mist la Royne sur la riviere de Loire et par eau descendit jucques a Bloys. Le Roy tira outre droict a Chastillon[1], a Montargis, a Courtempierre[2], et la sejourna par l'espace de quinze jours, passant le temps a la chace des cerfz.

Le doziesme jour du moys d'aoust, le Roy fut aux champs chacer ung grant cerf, lequel courut moult tost et, en le chassant a bride abatue, tumba son cheval soubz luy si rudement que, par la roideur du cours et force dudit cheval, a la choite se rompit une espaule, dont fut griefvement malade, et fut adoubé par ung nommé Louys Sainct Pic[3]. Apres qu'il fut en santé revenu, vers le Puiseau[4] se mist a la voye, a Milly et a Mellung[5], ou sejourna jucques a la fin du moys d'aoust; et, en l'entrant de septembre, s'en revint a Bloys, ou estoit la Royne et, la, tout le moys de septembre fut a sejour; et, a la fin dudit moys, heut vouloir de visiter sa duché de Bretaigne et, pour y aller mieulx a l'aise, luy et la Royne se misrent sur la riviere de

1. Châtillon-sur-Loing, fief du sire de Coligny.
2. Près de la forêt de Paucourt (actuellement de Montargis).
3. Chirurgien du roi, ancien chirurgien de Charles VIII (*Hist. de Charles VIII*, p. 237).
4. Puiseaux (Loiret), châtellenie du domaine royal, comme Montargis.
5. Milly, Melun.

Loyre, dedans une galyote, et ainsi furent jucques a Nantes, ou sejournerent quinze jours; et, apres ce, deslogerent, et prindrent le chemin de Montaigu, et par le Bas Poictou trerent a Touhars[1], a Chynon et a Lisle Bouchart[2].

Le vingt quatriesme jour de novembre, fist le Roy, dedans la ville de Tours, son entrée, tant magnificque que long papier fauldroit pour en faire entiere descripcion. Le vingt sixiesme jour dudit moys de novembre, la Royne entra dedans ladite ville de Tours, qui tant honorable reception luy fist que bien luy monstra le peuple d'icelle que cueur, corps et biens vouloyent du tout mectre soubz la sauvegarde de sa main[3]. Les ambaxades d'Allemaigne furent la receues, ouyes et despeschées. L'affaire des ambaxades d'Espaigne, de Venize, de Florence et de Pize fut pareillement, la, mys en conceil.

Tous les roys chrestiens furent en ce temps sur le

---

1. Château de Louis de la Trémoille.
2. Autre château de Louis de la Trémoille.
3. Jean d'Auton avait mille motifs personnels d'attachement à la reine, qui le rendent un peu optimiste en ces matières. Ici, cependant, il a raison. Au début du règne, les premiers débats du procès de divorce du roi, qui avaient eu lieu à Tours, dans la maison du doyen du chapitre, avaient un peu indisposé la population; ce premier sentiment fit bientôt place à un sentiment tout contraire, à un grand dévouement envers Anne de Bretagne. On voit, par le *Procès du maréchal de Gié*, que, sur tout le cours de la Loire, personne n'était plus dévoué à la reine que les gens de Tours. De son côté, la reine cultivait ce sentiment pour se ménager la route de Bretagne. Le maréchal de Gié, qui avait des vues tout opposées, obtint pour son fils la capitainerie de Tours, mais la reine prit sa revanche en lui faisant imposer par le roi un lieutenant à elle (*Procéd. polit. du règne de Louis XII*, introduction et *passim*).

trecte de mectre gens d'armes sus, et faire grosses armées, pour envoyer contre les infideles Turcz, qui, pour vouloir la terre crestienne usurper, la loy divine anyantir, et les suppos d'icelle tiranniser, estoyent sailliz de leurs pays a multitude si grande que le nombre d'iceulx ne povoit estre de nul extimé ; et, ja, avoyent couru la terre de Sainct Marc et prize une ville nommée Modon[1], laquelle avoyent mise a feu et a sang, et faict mainctes inhumanitez sur le peuple chrestien. Par quoy le pape, chief de l'Eglise, voyant que le bras seculier a soustenir si poisant faix pourroit par trop estre foullé et que l'affaire touchoit generallement toute chrestienté, voulut que les membres de l'Eglise supportassent une partie du poix de ceste charge ; par quoy fut la decime mise sus et payée ; et, avecques ce, a la requeste du Roy, pour subvenir a la croisée, le pape transmist en France le jubillé, voulant que l'argent qui la seroit donné fust mys en avant pour la soulde des gens d'armes qui pour aller sur lesdits Infidelles seroient ordonnez. Le Roy y elargist tant son povoir que les chanaulx de la mer ramplist de nefz et navires de guerre et, par la terre des Italles et de Sainct Marc, fist marcher si grosse armée que ce fut jucques au merveiller des crestiens et espoventement des Infidelles[2]. Plusieurs gentilshommes de la maison du Roy et autres se convyerent et vouerent a faire le voyage, sachant que en plus juste guerre ne pourroyent exploicter les armes ne, pour auctre que-

---

1. Modon, *Méthone*, dans la Haute-Messénie.
2. Dans la chronique suivante, on reviendra, avec plus de détails, sur cette importante affaire.

relle deffendre, vivre plus a honneur, ne tant glorieusement mourir.

Apres que le Roy heut a Tours sejourné dix jours, luy et la Royne deslogerent et, de la, s'en allerent a Amboise, ou ne furent que deux jours[1], puis tirerent droict a Bloys et, la, sejournerent les moys de janvier et de fevrier ; durant lequel temps, les Estatz furent tenus et les ambaxades ouyes.

Le troisiesme jour du moys de feuvrier, ung chevaucheur d'escuyerie, nommé Patris Kalenda, escossoys, dedans la ville de Bloys fut deposé de son office et, sur ung escharfault, par ung des autres chevaucheurs luy fut esraché le royal esmal, et luy bany du royaume de France, pour avoir falcifiées les lectres du Roy.

Sur la fin du moys de feuvrier, le Roy partit de Bloys et, de la, fut a Loches, ou peu de temps sejourna ; de Loches prist son chemin droict a Moulins, en Bourbonnoys, et la Royne quant et luy, jucques a la feste de Nostre Dame de mars illecques demeurerent[2] ; et

---

1. Cela n'est pas exact. Le roi était à Blois le 28 (*Chartes royales,* 28 novembre, Ordonnance de franchise pour le vin de la reine). C'est la reine seule qui fait à Amboise une entrée solennelle et un séjour. Amboise pouvait rappeler à Anne de Bretagne la vie et la mort de Charles VIII. Louis XII n'aimait pas Amboise, peut-être par le même motif ; c'est aussi à Amboise que s'était jugé le procès de divorce. Louis XII avait abandonné le château au comte d'Angoulême. Quant à la reine, son entrée solennelle, au retour de Bretagne, était une démonstration contre le maréchal de Gié, capitaine d'Amboise et gouverneur du comté d'Angoulême, qui contrecarrait ses vues d'indépendance. On remarquera que, déjà, à Tours, la reine avait eu soin de se faire faire une entrée solennelle personnelle.

2. Le 25 mars 1501, fin de l'année 1500 selon Jean d'Auton.

durant ce, furent faictes les nopces du duc d'Alençon et de madamoiselle Susanne de Bourbon, les ambaxades, qui la estoient, despeschés, tenu parlement sur l'affaire de l'armée que le Roy mectoit sus pour envoyer sur les Turcz (qui a tous effors assailloyent la crestienne gent) et, au parsus, les urgens affaires du Royaulme deuement advisé.

> Or, avez vous, sur tous, excellant bruyt,
> Seigneurs Françoys, voix comune; le bruyt,
> Par les angletz de tous les sept climatz,
> Loz vous accroist, prosperité vous suyt,
> Bonheur vous quiert, adversité vous fuyt[1].
> Renon vous faict d'honneur tous les amas.
> Quoy plus? la mer mect ses voilles et mastz,
> Pour vous, au vent, et ses portz vous prepare,
> La terre a vous se soubmect et se pare;
> Le ciel vous donne la saison opportune,
> Nulle autre gent a vous ne se compare :
> Louez en Dieu, et mercyez Fortune.
>
> Hercules a maint fier monstre destruyt;

1. Anne de Bourbon avait beaucoup désiré marier sa fille à Louis de Montpensier (v. *Procéd. polit. du règne de Louis XII*, p. 1162 et suiv.; *La Veille de la Réforme*). Louis était fils ainé du comte de Montpensier et héritier des droits de la branche cadette de la famille de Bourbon; sa conduite rendit l'alliance impossible. Louis XII, alors, présenta et fit agréer son jeune cousin et pupille, Charles d'Alençon, fils de son ancien ami, le comte René d'Alençon. Les fiançailles furent célébrées le 21 mars, à Moulins, en présence du roi, de la reine et de toute la cour. Par lettres patentes de ce jour, Louis XII autorisa la transmission héréditaire de toutes les terres de Bourbon à Suzanne, à laquelle il les conféra comme suzerain. Néanmoins, le mariage n'eut pas lieu. Pierre de Bourbon étant mort, Anne maria sa fille à Charles de Montpensier, devenu l'ainé de la famille par suite de la mort de son frère Louis; et qui fut, plus tard, le connétable de Bourbon. Cf. Marillac.

Hector sur tous fut aux armes instruyt;
Alixandre eut du monde les primatz;
Cesar conquist royaumes plus de huyt;
Pompée en faictz de triumphes reluyt;
Et Cypyon Cartagyens mist matz;
Ores ont ilz, par proces contumas,
Perdus leurs ceptres, sans que nulz les repare.
Qui a ce faict? La mort, qui les separe
De ce monde, comme tres importune;
Mais, puysque a tant force vous en empare,
Louez en Dieu, et mercyez Fortune.

Si le destour de Circès[1] ne vous nuyt,
Vous povez bien seurement, jour et nuyt,
Aller aux Indes veoir le corps sainct Thomas[2];
Vous avez ja submises a deduyt
Les Italles et Naples[3], dont s'ensuyt
Que bruyt en est au Quaire et a Damas.
Chacez les Turcz, comme vent le brumas,
Sy en terre les trouvez ou en mare,
Envoyez les exillez en Megare[4],
Ou les menez batant jucques en Thune[5];
Et, si a fin mectez la gent barbare,
Louez en Dieu, et mercyez Fortune.

Prince, prenez le divin sauf conduyt,

1. La magicienne Circé habitait Æa, situé, selon les uns, en Colchide, à l'embouchure du Phase, selon les autres, au pied du promontoire *Circeii*, en Italie.
2. Les Portugais pensaient avoir retrouvé à Meliapour, qu'ils appelèrent *San-Thomé*, le corps de l'apôtre saint Thomas, qui avait été prêcher l'Évangile chez les Parthes et jusque dans l'Inde.
3. On voit par là que la Chronique de 1500 fut écrite ou achevée en 1502.
4. En Grèce. J. d'Auton fait le sacrifice de la Grèce et réclame Constantinople.
5. Tunis, que J. d'Auton abandonne aux Turcs, pourvu qu'ils rendent la Terre Sainte et l'Égypte.

Pour delivrer vostre empire seduyt,
Constantinoble ; vous avez forte hune.
Et, si vostre ost peult estre la conduyt,
Et le peuple a nostre foy reduyt,
Louez en Dieu, et mercyez Fortune.

A tous effors d'armes et de souldartz,
Terres et mers soubz lances et soubz dartz,
Vous fault courir et soustenir les hurtz
De Fortune, comme fermes et durs,
Sans vous doubter d'enchentemens ne d'ars.

Vous avez tant de sagectes et d'arcz,
De paleffroys, de courcyers et hedartz,
Que c'est assez pour assaillir les Turcz,
   A tous effors.

Mectez avant carnequyns et guyndartz,
Et ruez tant, sur ses payens pendartz,
Qu'il en soit bruyt a tous les temps futurs ;
Mectez a bas leurs bastilles et murs,
Et despliez sur eulz voz estandartz
   A tous effors.

Cy finist la cronicque du Roy tres cristien, Louys douziesme de ce nom, de l'an mille cincq cens.

PIÈCES ANNEXES

I.

MENTIONS D'OBJETS RAPPORTÉS DE MILAN, PAR LOUIS XII, EN 1499[1].

Ornemens d'esglise de chappelle et paremens d'austel contenuz oudict inventaire baillez par ledict maistre Jehan Benard a Jehan Le Feuvre, tappicier de ladicte dame, pour mener en la ville de Nantes comme appert par ung autre inventoire ou sont contenuz autres tappiceries de Millan et autres ornemens d'esglise que ladite dame luy a commendé donner a plusieurs esglises en Bretaigne. Ledict inventaire signé dudit Le Feuvre, le xie jour de janvier l'an mil IIII^c IIII^{xx} et dix neuf...

1. Louis XII prit grand intérêt à la vie artistique de Milan. Les Inventaires d'Anne de Bretagne mentionnent des tableaux rapportés de Milan, mais sans indiquer la date de leur transport. Les mentions que voici mettent dans un jour curieux les habitudes d'économie de Louis XII : on conservait encore, en 1504, les fromages qu'il avait rapportés de Milan en 1499, et quoiqu'il fût retourné à Milan en 1501!... Il est vrai que le nombre de ces fromages nécessitait la location d'une chambre *ad hoc*.

Il est probable qu'il s'agit ici du fameux *stracchino* de Milan ou de Gorgonzola; mais le stracchino ne se garde guère qu'un an. Louis XII l'avait conservé *cinq ans* en le faisant soigneusement *habiller* d'huile.

Louis XII ne rapporta pas que des fromages; il rapporta aussi des artistes, Girolamo Pallavicino, évêque de Novare et poète, fr. Giacondo de Vérone, l'architecte du Pont-Neuf de Paris...... Surtout, il transporta de Pavie à Blois, d'où elle passa à Fontainebleau, d'où elle est venue à Paris enrichir notre grande Bibliothèque nationale, la célèbre bibliothèque de Pavie (Tiraboschi, *Storia della litteratura italiana,* t. VI, p. 129). M. le marquis d'Adda, sous le nom de « un bibliophile, » a publié à ce sujet une

Et est assavoir que en sondit inventoire sont contenues certaines tappiceries et autres choses qui ont esté apportées de Millan et de Meun sur Yevre, qui seront plus amplement specifiées ou chappitre des tappiceries, et aussi des litz de camp qui seront declairez ou chappitre des extencilles et lis de camp[1].

(Extrait d'un Inventaire d'Anne de Bretagne de 1500, *in fine;* ms. fr. 22335, fol. 70 v°.)

« A Adrien de Dampierre, sommelier de la panneterye dudit seigneur, la somme de trente livres tournoys a luy ordonnée par ledit seigneur, tant pour la garde des fromaiges de Millan, qui lui ont esté donnez depuis cinq ans en cza, iceulx avoir netoiez et fourny d'huille pour les habillez, que pour le louaige d'une chambre pour mectre iceulx fromaiges, pour ce, ladicte somme de xxx l. t... »

(Extrait du Compte des Menus plaisirs de Louis XII. de 1504 ; ms. fr. 2927, fol. 74.)

notice fort intéressante intitulée : *Indagini storiche, artistiche e bibliografice sulla libreria Visconteo-Sforzesca del Castello di Pavia* (Milan, 1875), qui a, toutefois, besoin d'être complétée. L'inventaire de 1426, publié par M. d'Adda, comprenait 988 manuscrits ; mais ces manuscrits n'ont pas été tous emportés par Louis XII, car nous possédons un autre catalogue de la même *librairie,* établi le 6 juin 1479 par le bibliothécaire Facino da Fabriano, par ordre systématique de matières, suivant l'ordre de classement de la salle, et avec le plus grand soin (ms. lat. 11400). Or, à cette époque, la *librairie* de Pavie ne contenait plus que 950 manuscrits, dont 824 seulement de l'ancienne bibliothèque, et 126 provenant de la bibliothèque du duc Galeazzo Maria, réunie à la *librairie* de Pavie le 1er octobre 1469. Ainsi, de 1426 à 1479, la bibliothèque de Pavie s'était, non accrue, mais diminuée de 164 manuscrits. Il faut ajouter qu'en 1498 l'historien Corio fut autorisé par Ludovic le More à y emprunter tous les manuscrits dont il pouvait avoir besoin pour ses travaux.

Du reste, en enlevant cette bibliothèque, Louis XII suivait la tradition ; le roi de Naples, Alphonse d'Aragon, dans les sacs des villes, se faisait réserver tous les livres comme sa part royale du butin. Charles VIII, en 1495, avait rapporté de Naples, non seulement des objets d'art de toute sorte, mais 1,500 manuscrits à miniatures (M. d'Adda).

1. Ces derniers mots, depuis *qui seront,* sont raturés.

Tableaux.

Autres de plusieurs personnaiges tirez au vif prins sur ledit Inventoire contenu ou derrenier article precedant, faict es presances desditz Peguineau et Signac, par Nycolas de Laval et Jacques Foussedouaire, noctaires jurez des contractz de Tours, ledit xxv⁰ jour de juillet mil IIII^c IIII^{xx} et dix neuf.

Ung tableau, paint d'or bruny et de aseur, sur boys, ouquel a ung visaige d'une dame de Naples ayent le chief tout blanc.

Ung autre tableau sur boys paint, d'une autre femme de Ytalie ayent les cheveux trousez, et dessus ung chappellet faict en fasson de perles.

Ung autre tableau, paint sur boys, ou il y a le visaige d'une femme, et au dessus dudit tableau est escript *Genevra*, dont les bors dudit tableau sont pains d'or bruny.

Ung autre tableau paint sur boys, d'une femme ytalienne, aussi paint d'or bruny par les bors, au douz duquel est escript *Solins*.

Ung autre tableau, paint sur boys, d'une femme de fasson ytalienne.

Ung autre tableau, paint sur boys, ouquel a une femme damoiselle habilée a la fasson de France a hault atour.

Ung autre tableau, paint d'aseur sur boys, les bors pains d'or bruny, ouquel a ung visaige de homme habilé de drap d'or a la fasson de Venise.

Ung autre petit tableau, paint sur boys, a ung visaige de homme.

Ung autre petit tableau, ou est la nativité Nostre Seigneur et les Troys Roys, paint sur papier collé sur boys, de petite valeur.

Ung autre tableau, paint sur boys, en fasson d'un Jacobin tenant ung palme en sa main.

Deux autres tableaux, pains sur boys, en chascun desquieulx a ung visaige de homme, la teste nue, ayent l'ordre de toison.

Ung autre grant tableau, paint sur boys, auquel a le visaige d'un homme a bonnet rouge a la mode ytalienne.

Ung autre tableau, paint sur boys, ouquel a ung visaige de homme a ung habilement noir sur la teste, au bout duquel tableau est escript *Johannes Ambrosius*.

Ung autre tableau, paint de noir sur boys, ouquel a ung visaige de homme ytaliain.

Ung autre tableau, paint sur boys, d'un jeune enffent ytalien, la teste nue et perucque jaulne.

Ung autre tableau paint sur boys, ouquel a ung visaige de prelat, ayent bonnet rouge et ung surpeliz sur une robbe rouge.

Ung autre tableau, paint sur boys, ouquel a ung visaige d'un homme ytalien, iceluy tableau faict a roses tout autour et les bors d'or bruny.

Ung autre tableau, paint de noir sur boys, ouquel a ung visaige de homme, a grant perrucque, a bonnet rouge et plumes d'aigrete dessus.

Troys pommes de boys a tendre pavillons, painctes d'or et autres colleurs.

Ung autre tableau, paint de noir sur boys, ouquel a ung visaige que l'on dit estre du s^r Ludoviq.

Ung autre tableau semblable, ouquel a le visaige d'un homme ytalien, au bas duquel est escript *Philippus Maria*.

Ung tableau, paint de noir sur boys, et d'or bruny par les bors, ouquel est le hault d'un homme a la fasson d'Italie.

Ung autre tableau, paint d'aseur sur boys, ouquel a ung visaige de homme ytalien, et au bas d'iceluy est escript *Philippus Maria*, et a le visaige noir.

Ung autre grant tableau, paint sur boys, tout doré, ouquel a ung relligieulx de sainct Françoys a genouz.

Deux autres tableaux, fermans en fasson d'un livre, qui sont pains dedans et dehors, servans a astrologie et a cognoistre le cours de la lune et du temps.

Ung autre grant tableau, d'environ quatre piez en carré, richement paint en son estuy, apporté de Naples.

Ung petit coffre faict de senteurs en fasson d'un ancrier, ouquel y a plusieurs lietes.

Ung petit dressouer de senteurs.

Cartes marinnes et de pays contenues oudit inventoire.

Une carte ytalienne, paincte sur toille blanche, de petite valeur.

Huit autres vielles cartes, de pays, et les autres marinnes, dont y en a sept en parchemin, une en papier.

Mappemonde.

Une grant mappemonde, roullée en parchemin, qui a esté prinse sur l'inventoire faict par lesdits Peguineau et Signac a Tours le xxiii[e] jour de juillet mil IIII[c] IIII[xx] et dix neuf, en la maison de Victor Gaudin, argentier, de plusieurs livres comme sera declairé cy apres ou chapitre des livres, le tout estant en la maison de mondit s[r] le general de Beaune.

(Extrait d'un Inventaire d'Anne de Bretagne, de 1499; ms. fr. 22335[1], fol. 109-111.)

II.

Ascanio Sforza a Ludovic le More.

Rome, 2 avril 1499.

Ill[me] princeps et Exc[me] domine, frater et pater honorandissime.

Questa matina, finita la missa et trovandosi cum N. S., li Reverend[mi] cardinali de Napoli, S[ta] Croce, Capua, Borgia et io, Sua S[ta] intro in rasonamento de li avisi quali se haveano qui, a particulare persone, che a Lione fusse pubblicata la lega fra Sua Sta, il Re di Franza et Venetiani, dolendosi summamente de questi avisi, li quali affirmava, etiam cum sacramento, che erano falsissimi, perche Sua Sta non havea mandato in Franza facultà alchuna per intrare in epsa lega; subiungendo che la perseverava in proposito de quello me havea dicto li di passati, et che, quando li sia datto da la Regia Maestà et da la Exc[a] Vostra quello ha recerchato, la se uniria cum signori Italiani et faria a benefitio loro; damnando molto Francesi et monstrando mala contenteza depsi; ma, quando signori Italiani non li volesseno fare quello ha recerchato, in questo caso saria cum Francesi et intraria in liga et faria omne altra cosa. Dal Reverend[mo] cardi-

---

1. On trouve au même ms., fol. 249, un Inventaire de la tapisserie apportée de Milan. Cet inventaire est daté du 6 septembre 1507 et comprend des tapisseries rapportées dans le voyage que Louis XII fit cette année-là en Milanais.

nale de Napoli et subsequentemente da li altri signori cardinali presenti et da me fu confortata Sua Sta ad persistere in lo bono proposito, quale demonstrava, per essere cosi conveniente alla dignità suprema quale teneva. Et in discorso Sua Sta tochó che li preparatorij, quali facevano Francesi per venire alli damni de Italia, non si facevano de dinari de Francesi, ma de qualche s^re Italiano, cignando de Venetiani; subiungendo Sua Sta che, de qui a sabbato, se persuadeva veneria la resposta da la Regia Maestà, V. Exc^a et S^i Fiorentini, et alhora se porria risolvere de le cose rasonate. Alla Exc^a V^a me recomando. Rome, 2 aprilis 1499.

      Frater, filius et servitor, *Ascanius Maria*,
      cardinalis *Sfortia* vicecomes.

(*Au dos :*) Illmo principi et Exc^mo domino fratri et patri honorato, domino Duci Mediolani, etc.

(Orig., ms. ital. 1592, fol. 250.)

III.

Ascanio Sforza a Ludovic le More.

Rome, 4 mai 1499.

Ill^me princeps et Exc^me domine, frater et pater honorandissime. Parlando li oratori regij con N. S., Sua Sta li ha dicto, secondo mi, hano facto intendere epsi oratori esser ce lettere chel matrimonio de Libret con Valentia, anchora chel non fusse concluso, non dimeno essere in boni termini, et che epso Valentia ha acceptato le lance et cominciato ad rescotere le intrate del stato suo, talmente che si po dire esserse fermo la; et che, intrandose in rasonamento se Francesi erano per fare impresa in Italia, sua Beatitudine disse che li pareva possere affirmare che la non se faria per questo anno, ben che, quando la se facesse, la M^ta R^a non havea da havere paura per che se faria contra la Ex. V.: con subiungere Sua Sta che, volendo la M^ta Sua, se ne poteria assecurare in tucto; et, benche non lo exprimesse, non di meno si posseva bene accorgere chel voleno inferire che la M^ta Sua si havesse ad distaccare da quella. Al che fu resposto da epsi ori oportunamente quello che, altre volte, la M^ta Sua li ha ordinato, cioe de volere havere omne fortuna comune con la Ex. V. Da bon loco se intende che Mons. de Libret domanda a N. S., ultra el fare cardinale el figliolo, centomilia ducati per comprare stato a Valentia et molte altre cose, se ha consentire al matrimonio de la figliola con epso Valentia, delche Sua Sta si trova in grande displicentia, et chel p^{to} Mons. de Libret domanda anchora al Re de Franza cose che ascendeno a la valuta de cento cinquanta milia ducati. A la quale domanda Sua M^{ta} non pare che sia per condescendere. Mi e dicto anchora da bon loco esserce littere ad N. S. de Mons. a Legra, quale e apresso Mons. Valentinese in Franza, per le quale li significa che con Sua Sta non vole procedere con duplicita, dicendoli che le cose del parentato de Libret non li pare siano piu per reuscire quanto hano facto quelle de la figliola del S^{mo} Re Federico. Se intende etiam che Jo. Jordano Ursino, havendo domandato dinari al Re de Franza et essendoli denegati con dire che non vole spendere dinari fora del suo Regno, ha preso licentia da Sua M^{ta} et si e partito per venire in qua, malcontento. A la Ex. V. mi raccomando. Rome, 4 maij 1499.

Frater, filius et servitor, *Ascanius Maria,* cardinalis *Sfortia,* vice-comes, S. R. E. vicecancellarius.

(Au dos :) Illmo principi et Exc^{mo} domino fratri et patri honorato, domino Duci Mediolani, etc.

(Orig., ms. ital. 1592, fol. 254.)

IV.

Ascanio Sforza a Ludovic le More.

Rome, 5 mai 1499.

Extractus Zifre R^{mi} D. Vicecancellarij ad Ill^{mum} D. Ducem Mediolani.

Ill^{me} princeps et Exc^{me} domine, frater et pater honorandissime.

Cum singulare piacere ho veduto quello che la Exc^a V^a mi scrive per le sue de 25 dil passato, col summario de littere de

Venetia, continente, trà li altre cose, li effecti de quella signoria inclinati alla observatione dil Laudo, parendomi che le cose comminciano ad pigliare quello assetto quale ricerca el bisogno presente per la commune quiete; et judicaria che non fosse se non a bono proposito che la Exc^a V^a, per la sua summa sapientia, tenesse modo de intrinsicarsi più che la po cum Venetiani; perchè, intendendosi bene cum epsi, la se poteria assicurare che Francesi non veneriano; et, quando bene la Exc^a V. non potesse havere piena confidentia de Venetiani, giovaria almanco lo intrinsecarsi bene cum loro che Francesi, quali ne stano in umbra de non essere gabati da Venetiani, andariano più retenuti, judicando che epsi Francesi, mancando el fundamento de Venetiani, non se metteriano ad fare impresa : et in questo parere mi confirmo tanto più per domandarmi spesso N. S^{re} cum instantia quello che io credo che siano per fare Venetiani et se agabarano Francesi, como monstra credere et dice publicamente che farano; il che la Sta Sua fa cum industria a ciò che Venetiani tanto più habino ad perseverare alla devotione de Francesi, como quello che conosce che epsi Francesi non siano per fare impresa, mancandone Venetiani, per non haverne loro molta inclinatione, se non tanto quanto sono stimulati da altri. Et chel sij vero che Francesi naturalmente non inclinano ad fare impresa, lo dimonstra quello chel cardinale San Dionysio ha facto intendere a Sua S^{ia} in nome del Rè de Franca, cioè chel saria bene che la mandasse uno legato in Allamagna per componere le differentie quale hano Seviceri cum la Cesarea Maestà. Alli quali mancandoli lei, la prefata Maestà e per debellarlj, il che li rincresceria molto, et accitandoli, se veneria ad irritare la Cesarea Maestà contra, cum lo imperio. Et per questo conforta Sua Sta ad mandarli uno legato cum proponerli che, composite quelle cose, si porria attendere più facilmente alle provisione necessarie per fare impresa contra Turchi. De la qual ambassata, partito el cardinale de San Dionysio, la Sua Sta ha dimonstrato displicentia grande, parendoli che quello Rè, cum andare preponendo simili partiti de fare impresa contra el Turcho, monstri poca inclinatione alla impresa di Italia. Alla Ex^a V. mi ricommando. Rome, 5 maij 1499.

(Orig., ms. ital. 1592, fol. 256.)

V.

PHILIBERT NATUREL, AMBASSADEUR DE L'EMPEREUR, A MAXIMILIEN.

Rome, 16 mai 1499.

Sire, humilissimamente jo me recomando a vostra bona gratia. Io vi ho scritto da 16 zorni in qua cinque on sey volte e de tutte le cose longament, et specialmente de le trame che mena el papa e Re de Franza de trovar modo de fare qualche pace tra voy e li Suyceri, perche el vede che voy haveti lavantagio. Io sonno ben securo, comme vi ho scritto, se li Suyceri havessino tale avantagio que voy haveti, che luy non vi parleria niente de paxe, ma el contrario luy despenderia assay per aiutarvi a mettere la dove li vostri inimici vi desiderano. Io prego Dio che vi dona bona continuanza de victoria come demonstra bon commenciamento, perche, se una fiata voy veneti afin de questa guerra per forza, il ve sera una perpetuale gloria et una grande e maravegliosa secureza per voy, per Monsignore vostro figliolo, per tutto l'imperio, per Italia e per tutti vostri parenti e subiecti.

Io fui, heri sera, longamente insiema con N. S. P. le papa, insema col quale jo ho havuto grande e stranie parole. Luy desidera que voy faciati la pace a quello fine che lui Suyceri non siano impazati ad aidare el Re de Franza in le sue facende, tant in Italia come contra voy. Io li ho ditto integramente che questa causa desus scripta era quella che lo moveva et che la charita papale non lo moveva niente, et che voi ben integramente le devevati havere e havevati per suspecto, et che voi eravati ben advertito de li brevi che luy haveva scritto al Re de Franza per indurlo a secorire li Suyceri e persuaderli che questa era le valianza o valore de tutte le sue imprese et principalmente per venire in Italia et che, senza essi Suyceri, el ne poteva fare grande cose. Et apres que luy non li ha bonamente possuti succerrere fin a questa hora, et che lo tempo passa, sicome el dicto Re haveva pregato Sua Sta a mandare uno legato denvers voy per trovare mode de fare questa paxe et che Sua Sta haveva facto questa opera per le lettere del dicto Re et per suo amore et non per altra charita, el vi haveva scritto uno breve, et etiam al suo legato, per convertirvi alla pace, et che jo vi haveva advertito del tutto, ma che era certo che, ne per soi brevi, ne per soi legati, voy non faresti cosa alcuna ma, per soi deportementi chel ha fatto con voy e col imperio, jo credeva firmamente, se voi fosti deliberato a fare dicta pace, che, incontinente che luy se intromettesse, che voy cambiaresti proposto al contrario, donde certamente jo lo fece remanere tutto esbayto, perche el ge pare che voi non intendati sue coperture et que el secreda che luy, sotto umbra de carità, vi debia far lassare l'impresa. E dopo chel veneva ad scorozarsi, jo li remonstray la pocha extima chel haveva fatto per el passato e faceva ancora de V. M^{ta} et de l'imperio, ma che, in breve, il conosceria il vostro malcontentament del imperio piu chel non ha fatto del Imperio. El me respose tanto de belle parole chio non ne saperia tanto scrivere in de folij de papiro et, sel facesse la mita, faria una bella cosa. Io vi ho voluto advertire de tutte, afin que V. M^{ta} gli facia tal pensament che per sua prudentia ella e acostumata di fare e che li pyara convenable adcio che bene rigorosamente, con tutto honore, sia resposto a soy brevi que il vi ha mandato. Sovray ne, Signor, jo prego Dio che vi dona aide de vostri nobilissimi desire. A Roma, questo XVI de maij.

A questo zorno e arrivato una posta al papa, che li ha portato novelle certe come, el primo zorno de questo mese, il maritagio de suo figliolo e fatto insieme con la figliola de Mons. de Allebret, che e signo chel Re de Franza se vole aiutare del Papa et ha intentione fare qualche progres in questa Italia.

Vostro humilissimo servitore et subiecto,

Filiberto Naturel.

(Au dos :) Sacre Cesaree Majestati.

(Orig., ms. ital. 1592, fol. 257.)

VI.

César Guascus, ambassadeur de Milan, a Ludovic le More.

Rome, 21 mai 1499.

Illmo et Exmo Signore mio. Dopoi el rasonamento havuto cum nostro signore sopra la abbatia de S^{to} Simpliciano, quale intendara la Ex^a V. per le littere scripte in nome del R^mo et Illmo Sig^re Vicecancelliero, sua Sta mi comunico le littere venute de Francia sopra la conclusione del matrimonio del Duca Valentinensis, legendole lei propria de la continentia che la Ex^a V. intendera per altre littere del prefato sig^re Vicecancelliero. Et havendoli io comunicato li avisi venuti de Alamania, excepto uno capitulo, quale legendo passai studiosamente, perche non paresse che la Ex^a V. cerchi di provocare la Cesarea M^ta contra Venetiani, parse che Sua Sta estimase molto dicti avisi, et ne restasse supesa; per il che Borgia, che li era presente, disse che non manchava altro salvo che Francesi dimonstrasseno ancora loro la sua posanza, et, al opposito de questo stendardo imperiale, explicassero ancora loro quello stendardo miraculoso che hanno, cum lo quale fu recuperata la Francia de mane de Anglesi, dicendo questo quasi in vilipendio deli avisi venuti et in gratificatione de N. S^re. Li respose che queste cose de Alamania erano gente darme in essere ne la qual si trovava la Cesarea M^ta, la unione de tutto lo imperio, lo ajuto de lo Archiduca de Burgogna et 50 m. persone bone in circa cum le arme in mano; le quale cose se potevano vedere senza miraculi; ma che li Suyceri, et chi li ajuta expectarano li miraculia suo piacere li quali poteriano essere tardi; N. S. albora si volto virso Borgia, dicendoli: Non dicet cosi, per che e grande cosa la unione de limperio e molto li pensoe. Poi me domandoe, se credeva che tra lo imperio et Suyceri sequiria compositione, li rispose che, per essere lo imperio animato contra loro et per trovarsi la Cesarea M^ta potentissima, cum occasione de castigarli de molti soi errori antiqui et novi, io vedeva la cosa molto dura, et che Suyceri a questhora se trovano molto mal contenti, et non desyderano altro che pace, et che la Ex^a V., se interpona cum la Cesarea M^ta pel tal effecto non vedendoli meglior mezo, ilche, quando sequisse, restariano in permetuo obligo cum la Ex^a V., la quale parola fu molto estimata da Sua Sta, et io là disse studiosamente per darliche pensare a piu effecti, et per mettere la Ex^a V. in reputatione che quella in piu modi se possa valere contra Francesi. Sua Sta disse che questa saria bona cosa, et che anchora lei havea scripto per introdure la pace. Al che respose: Pater Sancte, sin qui se fa computa senza lhoste, ce va altro che brevi, perche questa materia ha troppo longa la coda. E cosi studiosamente lassai suspesa Sua Sta, la qual statim subiunse : bene, e di Francia che cosa haveti? Li rispose che de queste nove de Francia piu convenientemente io ne domandaria a Sua Sta, la qual ne havea cavallari freschi. Mi disse : Per la fede mia, domine orator, quelle cose Francese sono molto et molto refredate ; et credatis mihi, perche io so quelle cose, et so quello chio dico : per questo anno voi non ne havereti altra molestia, venerano bem forse qualche gente in Ast de lordine vecchio, ma non per far effecto de momento, et ne posseti essere securi per questo anno. Li risposi che venessero pur Francesi a suo piacere, perche trovariano riscontro et le cose in altro termine che non li e persuaso, et che pocho se estima queste loro minacie, perche il dominio de la Ex^a V. non è stato de prendere cum le crida, et che trovariano la Ex^a V. bem proveduta de gente darme et de denari, cum li lochi fortificati, cum lamore et devotione de li populi soi, ali quali Francesi sono in odio piu chel diavolo, et cum tal apogio de potentie Italice et externe che poco li potevano nocere Francesi, li quali, per tutti li respecti, venendo adesso, veneriano cum loro desaventagio a piu de mille per centanaro dal solito, bemche, anche per et passato, havesseno havuto poco honore de la impresa loro. Sua Sta, inteso questo, mi domando che gente darme haveva la Ex^a V. Li rispose che havea 1700 homini darme et 1200 cavalli legieri, la piu bella compagnia che fusse gia grande tempo in Italia; li quali tutti, a quella hora, dovevano havere havuto la imprestanza. Sua Sta, parendoli el numero grande, me domando de li capi, et jo ne fece quello discorso mi occorse, perche intendese essere cosi el vero, significandoli la fameglia nova de casa de li 200 homini darme novamente facta da la Ex^a V. Poi Sua Sta mi domando se la Ex^a V. haveva denari assai. Li rispose che, poi la partita de Franzesi de Italia, quella haveva posto insieme uno milione doro : la qual parola udita, Sua Sta si voltre a Borgia et al cardinale Cesarino, che li erano presenti, cum admiratione, dicendo : Questa e una grandé cosa ! Io subiunse : Non so mo che dinari havesse in riservo Sua Ex^a in ante, per lassar Sua Sta cum piu admiratione; la quale disse poi bem qui non ce e salvo uno periculo, perche questi vostri soldati, como se afrontano cum Francesi, non stano ale bote. Li respose che se ne era veduto experientia al contrario in li tempi passati et maxime in questa nova guerra di Novara, dove le gente de la Exᵃ V., a mancho numero, sempre haveano facto stare Francesi cum la briglia in mano, et lo fine di quella guerra sequito cum vituperio de Francesi lo dimonstrava, narrandoli como sono stati tractati piu volte Francesi a casa nostra. Dove che Sua Sᵗᵃ, cum diligentia, mi domandoe del sito de Alexandria, de Novara et de quelli lochi, et che forteze haveano li loci de quelle confine, de la dispositione de li homini verso la Exᵃ V. Al tutto respose opportunamente, exponendoli le forteze facte poi la partita de Francesi in questi lochi, et, in grande discorso de parlare cum piu rasone, li fece intendere el poco fundamento che possono fare Francesi in quello stato, facendoli intendere el bono modo del governo de la Exᵃ V. cum li subditi soi, et la facilita de le audientie, et la sincerita sua ne le cose de justitia, la celerita de le expeditione, et quelle parte me parse per mio debito dovere laudare in la Exᵃ V.; concludendoli che, se mai fu principe amato in quello stato, la Exᵃ V. e quella al presente, in modo chio lassai con poco bono stomacho. Et Sua Sᵗᵃ, ultimamente, mi disse che non mi voleva piu tenere in parole et che dela abbatia de Sᵗᵒ Simpliciano parlaria cum el Signʳᵉ Vice cancelliero. Del qual rasonamento mi e parso dare aviso a la Exᵃ V., bemche questa sia una longa favola da legere dopo pranssò. A la Exᵃ V. humelmente mi racomando. Rome, die 21 maij 1499.

    Exᵐᵉ D. V. Servulus, *Cæsar Guaschus.*

Postcripta. Illᵐᵒ et Exᵐᵒ Sigʳᵉ mio. In questo rasonamento, Sua Sᵗᵃ mi domando se jo intendeva cosa alcuna del Turcho. Li disse che se intendeva como el Turcho, ultra lo apparato grande del exercito maritimo, mandava 15 ᴍ. persone per terra verso Stutri, da unde se poteria voltare a diverse imprese; de laqual nova Sua Sᵗᵃ se ne resenti molto et dimonstro dubitare assai. Io li disse : Pater sancte, questa e una mala materia per piu respecti faci el Turcho che impresa si vogli in Christianita, et, se mai fu periculoso uno tal movimento, adesso e periculosissimo, per essere le cose de Christianita in cosi pocha inteligentia et in tal disordine che, inante se accordino li potentati Christiani cosi in Italia como fora de Italia, nel modo de la defensione, sel Turcho ha mal animo, se trovara havere facto tal progresso che guai a noi. Tocha pur la sorte dove si voglia, e pero a la Sta V., como a capo de Cristiani, et al Sacro Collegio apartene advertire a questo caso, et non lassare transcorrere le cose a luoco che tutti ne siamo mal contenti et che, a giorni soi, V. Sta vede una tal ruina come poteria sequire; ognuno sin qui dorme, ma poteriamo essere sue gliati. Sua Sta, quasi suspirando e pensando al caso, rispose che jo diceva la mera verita, et molto li pensava. De provisione verbum nullum. Et cosi credo che poco li pensara che non fa altro. E dicendo Borgia che, el giorno in ante, era stato cum lo oratore veneto, el qual non faceva le cose cosi periculose, et diceva che le cose del Turcho non erano di tanto momento quanto, per qualche potentato Italico, se ne spargeva fama, per valersi a soi propositi de la opinione che Venetiani fussero impauriti de le cose del Turcho : li rispose che li movimenti del Turcho non potevano essere grati a potentato alchuno christiano in Italia ne fora de Italia, perche, quando questa impresa premesse Venetiani, volendo ognuno fare suo debito per obviare al comune periculo de christianita, tutti li potentati erano per sentirne caricho e graveza non picola, et che, jo, era del contrario parere del oratore veneto, perche in questa materia, ne la qual si tracta del periculo universale de christiani, bemche tochase principalmente a loro, jo non teneria el male occulto sotto le peze, anci, per fare resenire ognuno, demonstraria el periculo magiore, perche se accelerasse li remedij. N. Signore rispose che jo diceva el vero et che lo oratore veneto mai havia voluto confessare chel suo ambassadore fusse stato licentiato dal Turcho, dicendo che era piu acarezato che mai, et nondimeno Sua Sta havia notitia chel Turcho lo haveva licentiato vituperosamente, et cum comandamento che non alogiasse piu de una nocte in uno loco. Iterum a la Ex^a V. humelmente mi racomande. Datum ut in litteris.

Ex^{me} D. V. servulus, *Caesar Guascus.*

(Au dos :) Illmo principi et Exc^{mo} domino meo unico, domino Ludovico More Sfortie Anglo, Duci Mediolani, etc.

(Orig., ms. ital. 1592, fol. 258.)

VII.

Ascanio Sforza a Ludovic le More.

Rome, 31 mai 1499[1].

Ill^{me} Princeps et Exc^{me} Domine frater et pater honoratissime. N. S., trovandosi in rasonamento col R^{mo} Cardinale de Sena et me de le cose del Turcho, usò alchuni termini de parole, per li quali volse inferire che li movimenti depso Turcho poteriano essere causati da la R^a M^a et da la Exª V^a, et intendendo poi chel oratore veneto havea havuto ad dire al oratore R°, parlandosi de li preparatorij depso Turco, che ce erano de mali christiani, sono venuto in dubitatione che N. S. non habia cerchato de persuadere al oratore veneto che questi movimenti se faciano dal Turcho cum saputa et intelligentia de la R^a M^{ta} et V. Exc., la quale mi è parso advertire de questo. Et alei me recomando. Rome, ultimo maij 1499.

Frater, filius et servitor, *Asc. M*^a, cardinalis *Sfortia*, vicecomes, S. R. E. vicecancellarius.

(Au dos :) Illmo principi et Exc^{mo} domino fratri et patri honorato, domino Duci Mediolani, etc.

(Orig., ms. ital. 1592, fol. 263.)

VIII.

César Guascus, ambassadeur de Milan, a Ludovic le More.

Rome, 3 juin 1499.

Illmo et Exc^{mo} Sig^e mio. Non obstante quello havera inteso la

---

1. Le 25 mai, Ascanio Sforza rendait compte à Ludovic qu'il avait fait, ce jour-là même, auprès du pape les plus vives instances pour l'affaire de l'abbaye de S. Simpliciano, mais sans succès. Le pape dit toujours qu'il a donné l'abbaye au cardinal Borgia et le cardinal répond « che prima era per morire che le resignasse. » (Orig., id., fol. 262.)

Exc^a V. proximamente per littere del R^{mo} et Illmo sig. vicecancelliero circa la materia de lo accordo tra le Alteze Regie de Hispania et N. Signore, novamente ho ritracto dal R^{mo} cardinale Alexandrino che dicto accordo non e ancora sequito, bemche Sua R^{ma} S^a ha opinione che sequira; et questo e perche N. S^e non responde absolutamente a le Alteze regie circa el mandare via li Fioli et le altre cose riciechate ad Sua Sta, quello che la Exc^a V. havera veduto per lo exemplo de le littere mandate al Ser^{mo} Re Federico per lo oratore suo sopra el parlare del R^{mo} cardinale de Capua. Ma risponde Sua Sta che ringratia le Regie Alteze de li boni ricordi, et che queste cose fara, ma quando a Sua Sta piacera, la qual non se astringe ad prefinitione alcuna di tempo; et che de le symonie, risponde non essere vero et, quando tal cosa se faci, non e de sua mente ne de sua conscientia; et che Sua Sta vole, ante omnia, la possessione de la ecclesia de Valentia per Borgia et de Coyra per Capua; ma, che del concedere lo indulto riciechato a lo archiepiscopo di Toleto per poter disponere de li beneficii, et de fare uno cardinale ad instantia de quelle Regie M^{ta}, Sua Sta non faria difficulta. Bem fa difficulta de concedere lo arbitrio riciechato de reformare tutti li monasterij de Hispania, al che dice el prefato cardinale che Sua Sta se rendara molto difficile; perche la reformatione de li monasteri, corrigendo la vita de li tristi, e bem cosa laudabile, ma el reformare le intrate loro et li beni, como vorriano le Alteze Regie che fusse concesso arbitrio a tre vescovi, e cosa pernitiosa, ne la quale quelle Alteze mirano solo a guadagno, como hano facto de la extinctione del magistrato de S^{to} Jacobo et deli altri de grande intrata, li quali hano aplicati a la Corona, et como se dice che fano deli vescovati grossi, li quali quelle Alteze dano a fratri et persone ville, che se contentano de poca cosa, et loro goldeno el resto. In summa, accenna Sua S^a R^{ma} che le Alteze Regie fano mercantia de questi movimenti et che, al fine, queste loro domande se resolverano per la satisfactione de le loro particularita, a le quale pare che mirano in effecto et non a la emendatione de la Sua Sta : subiungendo che questa materia e mosta in grande parte per el sdegne conceputo da le Regie M^{ta} per el caso de Valentia et che el Re de Franza, el qual è stato causa de questo male, se adoperara anche per darli remedio, perche Valentia e maritato et non puo piu reasumere el capello, et che gia piu di sono in Hyspania ambassatori de Franza, li quali, tra le altre cose, hano principalmente commissione de mitigare li animi de quelli reali cum N. S^e et extinguere el sdegno concepto per dicto caso de Valentia.

Ho ritracto ancora che el Rè de Franza da per dotte a la figliola de Libret, mogliere de Valentia, franchi 60 m. et non piu, et 30 m. lire da el patre; et che N. S^e e obligato comprare stato a Valentia in Franzia per 100 m. ducati et, de presente, lire manda 25 m. et che el Re de Franza ha suplito a Valentia la intrata, qual li havia donata sino alla summa de scuti 12 m., perche quelli stati che havia havuto non erano de intrata a quella summa. Del tutto me e parso dare avisa a la Exc^a V^a, havendo prima participato el tutto cum el R^mo et Illmo Signore Vicecancellero, come anche facio omne altra cosa. A la prefata Exc^a V. humelmente mi racomando. Rome, 3 junij 1499.

Exc^me D. V. servulus, *Cæsar Guaschus.*

(Au dos :) Illmo principi et Exc^mo domino meo unico domino Ludovico More Sfortie Anglo Duci Mediolani, etc.

(Orig., ms. ital. 1592, fol. 264.)

IX.

César Guascus, ambassadeur de Milan, a Ludovic le More.

Rome, 23 juin 1499.

Ill^me et Exc^me S^re mio. Per exequire quanto la Exc^a V. mi ha commisso, per le sue de 5, circa la abbatia de S^to Simpliciano, sono stato de novo cum N. S^re et li ho parlato vivamente, presente el R^mo Borgia[1], secundo el tenore de le littere de la Exc^a V., ampliando el parlare in quella sententia et non pretermettendo cosa alcuna la qual judicasse al proposito. Sua Sta parsse incli-

1. Le 13 juin, Ascanio Sforza avait écrit à Ludovic pour lui faire part de ses nouvelles et vives instances dans l'abbaye de S. Simpliciano. Le cardinal Borgia réclamait 9,000 ducats pour l'abandonner.

nare a volere che Borgia acceptasse qualche natura di assetto, parendoli pur che la Exc² V. havesse, dal canto suo, grande justificatione per havere prima domandato questa abbatia, ultra li altri respecti. Niente di mancho, perseverando Borgia in dire che non voleva accordo alcuno, et che mai lassaria questa abbatia, pregando Sua Sta che me volesse chiarire una volta de la mente sua ad cioche ogni di non havesse molestia di questo facto, et subiungendo alcuno parole in significare a N. S^ro chel parlare de questa materia procedeva da mia importunita et che le littere sopra questo caso se facevano qui in Roma : Sua Sta si resciolse in dirmi che li era piu caro Borgia che septe cardinali da Este, et che, havendoli una volta facta gratia di questa abbatia, non era per mutare volonta ne per astringerlo a cosa alcuna contra sua voglia ; et questa me disse essere la sua ultima resolutione. Per il che replicai molte parole in persuadere cosi a Sua Sta, como al R^mo Borgia, che dovessero compiacere a la Exc^a V. de questa abbatia, per che ne fariano guadagno a mille per cento; et, vedendo la dureza loro, li subiunse, voltandomi verso Borgia, che, per chiarirlo ancora, jo li faceva intendere che tanto era per havere mai la possessione di questa abbatia cum queste modi quanto era per haver la possessione del castello de Porta Zobia de Milano. Et li mostrai et legei la littera de la Exc^a V., perche meglio intendessero che quello che jo parlava procedesse da sua intentione. Et, usando Borgia qualche parolle, piu presto conveniente a la æta che a la prudentia che ricerchava el loco suo, per farmi intendere che procederia cum censure per havere la possessione, li risposi che Sua S^ia R^ma dimonstrava nel parlare non havere notitia de la Exc^a V. ne del stato suo, et non intendeva chi fusse la Exc^a V. ne che cosa si potesse, perche, se conoscesse bene la Exc^a V., parlaria cum piu modestia; subiungendoli che se poteria acumulare tante impertinentie et fare tante cose che uno giorno ne sequiria qualche cosa che non piaceria ad ognuno ; et cosi mozai el parlare mio cum S. S^ria. Doppoi, N. S^e se resenti et si dolse che la Exc^a V. havesse opinione che Sua Sta chiamasse Francesi in Italia[1], excusandosi cum molte parole et detestando questa

---

1. Une lettre du 22 juin avisait Ludovic que le pape avait

opera, como non conveniente ad uno pontifice, maxime contra la Excᵃ V., a laqual confessava havere molti oblighi, et disse che non era per manchare del debito et offitio suo, se bem Valentia fusse in Franza et, como Francese ormai et dedicato a li servitij del Re, fusse constreto servirlo cum la persona sua. Per il che, jo li risposi, cum molte parole, in effecto, che era il vero che una tal opera saria aliena da loffitio suo et da la observantia qual sempre ha havuto la Excᵃ V. a Sua Sᵗᵃ, et che la rasone non voleva gia, questo, maxime perche Sua Sᵗᵃ, al fine de una tal impresa, non posseva consequire, se non travaglio el damno da omne canto, ma che, essendo sporto da ogni parte a la Excᵃ V. questo animo di Sua Sᵗᵃ et vedendosi reuscirne effecti insoliti cosi nel caso di questa abbatia como in qualche altra cosa in la quale S. Sᵗᵃ dimonstrava havere mutato animo verso la Excᵃ V., non era cosa inconveniente che epsa fusse intrata in qualche rasonevole suspecto, como anche jo credeva che faria Sua Sᵗᵃ quando fusse nel suo loco : nondimeno, chio faria testimonio del bono animo de Sua Sᵗᵃ et de la excusatione sua a la Excᵃ V., laqual mi persuadeva che del tutto faria juditio secundo lopere et non prestaria orechie a parole daltri, quando cum li effecti Sua Sᵗᵃ correspondesse al bono animo, quale dimonstra in parole. Et cosi lassai Sua Sᵗᵃ, non parendomi che fusse ad alcuno bono proposito lassarla in tutto in difidentia de la Excᵃ V. Pur, de la abbatia, ne per bone parole, ne per aspere, potei cavare altro constructo. La Excᵃ V. forsi prendera admiratione de questa resolutione, atteso che N. Sʳᵉ, li di passati, ha dato qualche accenno de volere assettare questa materia : ma questa varieta la Excᵃ V. atribuira a la natura sua, o vero a la importunita de Borgia, o vero a la conditione de li tempi, et non a negligentia o colpa mia, non havendo pretermisso officio ne diligentia ne opera alcuna senza rispecto in questo caso, del qual ho piu passione che non habbia el Rᵐᵒ Cardinale da Este o la Excᵃ V. A la qual

déclaré que les Français allaient tout à fait marcher en avant et que déjà les principaux capitaines étaient à Asti. On attendait à Rome l'évêque de Melphe (Amalfi) et le majordome de Valence : « Heri, Sua Sᵗᵃ cavalco ad la improvisa per Roma et fora, multo allegra. »

el tutto sia per aviso et a quella humelmente mi racomando.
Rome, die 23 junij 1499.

Exc^me dominationis vestre servulus,

Cæsar Guaschus.

(Au dos :) Illmo principi et Exc^mo domino meo unico domino Ludovico More [Sforcia] Anglo, duci Mediolani, etc.

(Orig., ms. ital. 1592, fol. 269.)

X.

César Guascus, ambassadeur de Milan, a Ludovic le More.

Rome, 15 juillet 1499.

Illmo et Exc^mo S^e mio. Essendo andato a palazo per comunicare a N. S. li boni progressi de la C^a M^a per la nova havuta de Coyra per ordine del R^mo et I^mo Sig. Vicecancellero, et ritrovandomi cum el R^mo Capua, inante chio fusse introducto da N. S. sua R^ma S^ia introe in qualche rasonamento de le occurrentie presente et, circa le nove del Turcho, mi domandoe se era pur vero chel Turcho havesse facto incursione a Zarra et ropto guerra contra Venetiani, interogandomi de questo cum uno certo modo chio comprese el sentimento suo essere che la Exc^a V. fusse causa de questa roptura et movimenti del Turcho contra Venetiani. Si come N. S. piu et piu volte me ha accennato, in diversi rasonamenti, haverne suspecto et come Sua Sta ne ha parlato et parla cum altri dandone caricho a la E. V., per il che avedendomi, jo del tracto li rispose che cosi se intendeva pur che da la E. V. non se ne haveva altre nove. Et li subiunse: Monsignore, jo ve voglio parlare liberamente, come a mio costume. N. S. me ha dato parechie puncte de queste cose del Turcho et vole pur che si creda ch' el Duca de Milano habij provocato el Turcho contra Venetiani. Il che e alienissimo da la verita, e pero Sua Sta fa male a darli questo carico et spargere questa fama, la qual e falsissima : dilche S. E. ha causa non picola di dolersi di Sua Sta, la qual in questo non puo dimonstrare effecto alcuno di bonta, ne havere mira alcuna che sij a bon proposito in le cose de S. E^a, affirmandoli cum omne efficatia che la Exc. V. non era conscia ne causa de questa roptura, et discorrendo, per molte rasone, che, si come questo non era vero, cosi anche non dovea parere verisimel a chi havea sentimento, subiungendoli che mi credeva che, quando la E^a V. fosse ricierchata per obviare a li progressi del Turcho, essendo libera da li movimenti de Francesi, faria offitio de bono Christiano, cosi in favore de Venetiani como daltri, cum quella prompteza dovesse fare alcuno altro principe christiano. Al che Sua R^{ma} S^a mi rispose che Venetiani erano quelli che se dolevano et davano questo carico a la E^a V. ma che lui credeva che S^{ri} Fiorentini, essendo li mesi passati desperati per le cose di Pisa, fussero quelli che havessero incitato el Turcho a damni de Venetiani. Io li rispose che de la E. V. sapeva del certo, quello chio diceva et che anche credeva, che S^i Fiorentini non fossero transcorsi a simili effecti, se ben li fusse stata data grande causa di mala contenteza. Sua R^{ma} S^{ia} replico che questa nova del Turcho poteria forse essere causa chel Re de Franza veneria in persona in Italia et cum magiore sforzo che non havia deliberato, dove che vedendo jo la mira sua per cavarlo meglio li rispose chel Re de Franza in ogni modo havea deliberato quello voleva fare circa le cose de Italia, et non bisognava tirarlo cum questa via, perche li era pur troppo disposito e cum Turcho o senza Turcho. Sua R^{ma} S^a mi replico, dicendo : Non direti cosi, perche saria una grande cosa quando venese in Italia cum questo favore et sotto pretexto de obviare a li movimenti del Turcho, per il che comprendendo jo che questa era farina de N. Signore, el qual, o per se medesimo, o per instigatione de Venetiani, cum questo colore ha designato tirare adosso a la Exc^a V. cum magiore impressione el Re de Franza, dubitandosi che la impresa qual ha deliberato fare el Re non li succeda non passando la persona sua e non havendo magiore sforzo di quella se rasona, attente le galiarde provisione che si intende che fa la Ex^a V. Li rispose : Monsig^{re} a mancho parole intendaria uno muto che non parlasse, ma sel sara chi voglia sotto pretexto de queste calumnie, et cum questa occasione del Turcho, tirar foco adosso al Duca de Milano et a la M^{ta} del Sig. Re, debbe anche advertire a fare per modo che luno et laltro non faciano del desperato, per che ancora altri se saperiano valere de questa occasione et *oblato casu trahere ad consilium*, per che l'ultima cosa che vorano fare luno et laltro sara perdere stato, subiungendoli : Per Dio se laudera a disordinare, disordinaremo uno giorno tanto che li ne sara per ogniuno, et cosi mozai el parlare, volendo luno et laltro andare da N. Signore. Al qual havendo io communicato la nova de Coyra, presente el R^{mo} Capua et el R^{mo} Borgia, Sua Sta subito introe in queste cose del Turcho, et disse chel di inante lo orator Veneto li havia significato li progressi del Turcho, quasi cum le lachrime a li occhij, bemche sua Mag^{ta} non havesse lettere publice, ma che uno proltonotario veneto, che sta qui in Corte, homo de bona case et zentilhomo venetiano, havia havuto littere molto fresche da li soi de queste cose, le qual erano conforme a li avisi mandati da la Ex^{tia} V., bemche jo demonstrasse non haverne aviso alcuno, et disse Sua Sta che stava di mala voglia de queste nove et che Zarra non era lontana da Anchona se non cento milia, et chel oratore veneto se dole et dubita che la Ex^{a} V. sij causa de questa roptura, dicendo alcune parole tra li denti, per le qual Sua Sta dimonstrava credere el medesimo, subjungendoli che voleva elegere qualche cardinali che havessero cura de queste cose. Jo li rispose resentendome vivamente : Pater sancte, la Sanctita Vostra piu et piu volte mi ha tracto certe puncte, et vole pur che si creda chel Duca de Milano facij venire el Turcho, et perdonami quella fa male a darli semel carico, perche el Duca de Milano e Principe Christiano, et da lui non procede senon bone opere. La Sta V^{ra} sa chio gia piu giorni li disse che offitio suo era, como pastore universale de Christiani, fare qualche bono pensamento sopra queste cose del Turcho per provederli, et per non lassare transcorrere le cose a loco che ogniuno havesse causa de pentirse de haverle cosi poco estimate, maxime perche, essendo li potentati Christiani in quella poca intelligentia che si vede, omne tentamento che facesse el Turcho al presente li poteria succedere inante che per Christiani fusse pur consultato el modo de resisterli, non che facto li preparamenti, et posto exercito insieme per obviarli, ma la Sta V. non li ha mai posto bocha, et el Duca de Milano piu et piu volte ha scripto, maravigliandosi che la Sta V. non prendesse lo assumpto de fare qualche provisione a questi movimenti, et sene passasse cosi sobriamente in cosa di tanto momento, et di questo se poteria fare vedere a la

Sta V. piu littere de Sua Exc^a: ma, poiche la Sta V., a chi tocha principalmente questa cura, et Venetiani, li quali sono piu vicini al foco, non ne parlano ne mai hano richesto Sua Exc^a cosa alcuna, epsa ancora lei sene passa, essendo el stato suo situato in loco che questo foco e prima da toccare altri che Sua Exc^a, poiche li altri dimonstrano non curarsi de questi movimenti, afirmando a Sua Sta, cum omne efficatia, che la Exc^a V. non era conscia ne auctore de questa roptura del Turcho, sino a dirli chio dava liberta a Sua Sta che, se mai trovava che la Exc^a V. fusse stata causa de li movimenti del Turcho, me facesse gitare da una finestra alla qual eramo vicini, et pero che facevano grande male quelli che davano simel caricho a la Exc^a V., subiungendoli chio mi maravigliava de Venetiani che havessero questo suspecto, del quale pero se potevano bem chiarire, perche, o vero temevano el Turcho per la sua potentia grande estimando che si fosse mosso contra loro per ampliare la fortuna sua, o vero che temeno questi movimenti, dubitando che non li fosse tirato adosso da altri, et pero se credevano chel Turcho se fosse mosso per propria dispositione, se loro non li possono resistere, soli debbeno ricierchare aiuto da li altri potentati christiani, et trovarano che la Exc^a V., quando sij asecurata de le cose francese, non sara mancho prompta a la conservatione loro che sij altro potentato christiano, et se anche credeno chel Turcho venghi ad damni loro, como instigato da altri, questo verisimelmente debbe procedere da qualche causa, et pero quando li fosse offitio loro era di rimoverla, et trovariano ogniuno bem disposto alla conservatione loro et de la religione christiana, ma jo non mi persuadeva chel Turcho fosse instigato ad questi movimenti da christiano alcuno, et che Sua Sta, sotto pretexto de questo dubio, non dovia pretermettere de dare forma ad provedere ad questo caso et invitare la Exc^a V., insieme cum li altri, alla deffenssione de la religione christiana, perche vedaria quello li saria risposto. Sua Sta mi rispose : Io non sono quello che dia questa imputatione al duca de Milano, sono Venetiani chel dicono : ma che voleti chio facia? questa e una grande cosa. Io vedo pur le cose in mal essere, si che non so che fare. Li rispose subridendo : Aduncha, periamo tutti et non faciamo provisione alcuna! Et reasumendo el parlare, li disse : La Sta V^a e di tal prudentia et de tal cetta che anche a questo caso doveria sapere trovare quella provisione, verisemelmente se li debbia acomodare, Sua Sta mi rispose e che Li replicai se pur che la Sta V. lo ricercha da me, glie lo diro, offitio suo saria vedendo tutta Alamania in arme, la Franza in arme, li potentati italici in suspecto, et in poca intelligentia, instando lanno jubileo et instando uno periculo eminente a tutta Christianita como quello che si vede per li movimenti del Turcho, unire insieme li principi christiani et fare deponere le arme a chi le prende per exequire li apetiti soi immoderati et fare cessare li rispecti privati per el bene publico de la religione christiana, perche, se li dinari e le forze che se consumerano per queste cause private se voltassero al beneficio publico, se poteria facilmente confundere due potentie simile a quelle del Turcho, et questo e il modo achi el vole intendere. El R^{mo} Borgia, qual era presente, rispose che Venetiani havevano solo una speranza nel Re di Franza che li aiutasse, et N. S^{re} subiunsse che Venetiani cerchavano che l'armata qual si faceva in Franza per Rode se conjungesse cum la loro per loro aiuto, subjungendo che Venetiani dubitavano del Friuoli dove mandavano gente, et che era necessario chel Re di Franza venesse per succorrerli in Friuoli, et per le cose loro da quelle bande : per il che, comprendendo io chel parlare de Borgia et del N. S^{re}, bemche non saprisse, era conferente cum el parlare del R^{mo} Capua, el qual havia parlato piu chiaro, et che costoro designavano chel Re de Franza facesse magiore impressione adosso la Exc^a V. sotto pretexto de queste cose del Turcho, li rispose cum ironia, demonstrando sentore del tracto : Adunque, per succorrerli in Friuoli, el Re de Franza venera prima a Milano et, tolto quello stato, potera poi facilmente dar succorso a Venetiani in Friuoli. N. S^{re} rispose : Che voleti che faciano Venetiani ? Loro dicono che voi dati dinari al Turcho per farlo venire ad damni loro. Li rispose : Io dico che la Sta V. farebe meglio a pensare a li remedij contra el Turcho, perche el Duca de Milano et anche la M^{ta} del Re non ne sano cosa alcuna : et pero la Sta V., per questo dubio, non debbe cessare de mettere capo a fare provisione ad questo caso tanto importante, perche trovara che non saremo Turchi ne Mori, et se debbe ricordare la Sta V. che la bona memoria del Re Alphonso, bemche havesse laqua sopra el capo et fusse in aperte perditione del stato suo, non volsse pero chiamare Turchi et la rasone non vole che Venetiani ne altri credano chel Duca de Milano facia venire el Turcho, perche questa saria impresa o da desperato o da insano, et, per gratia de Dio, Sua Exc[a] non e a questi termini, perche, cum le forze proprie et cum lo aiuto de li amici, spera pur poter resistere a Francesi, et anche e tanto prudente che conosce che, quando el Turcho facesse grande processo contra Venetiani o vero altrove in Italia, la Exc[a] Sua haveria poca securta del stato suo. Et respondendomi Sua S[ta] che se ne vedeva pur li effecti havendo rotto el Turcho contra Venetiani, Li replicai chio non trovava questa consequentia neli mei libri che havendo rotto el Turcho contra Venetiani la Exc[a] V. adunque ne fosse stata causa, maxime per che se vedeva el Turcho havere rotto in altri tempi in manifesta pace contra Venetiani et contra la M[ta] del Re Ferdinando. Sua Sta risposi queste parole : D[ne] orator, voi dicesti pur laltro giorno che tutta Christianità brusaria prima chel Duca de Milano per desseuno merlo, il che non poteva essere senon per via del Turcho. Per il che jo li replicai che, se bem se ricordava Sua Sta, jo haveva dicto et diceva di novo che se vedaria tutta Christianità in arme et in confusione prima che la Exc[a] V. perdesse uno merlo de quello stato : per il che Sua Sta mi rispose : Non ve curate perche el Duca de Milano ha dicto pegio a lo oratore veneto, dicendoli che li faria venire adosso el diavolo del inferno, et tante altre parole che dano pur suspecto. Jo li rispose che havemo ad fare noi cum Venetiani et che guerra ha el Duca de Milano cum loro, perche li habbia facto venire el Turcho adosso, se bem la Exc[a] Sua ha aiutato Fiorentini in le cose de Pisa per fare tornare ad segno solito le cose de Italia per securta del stato suo et per conservatione de la liberta de tutta Italia, per questo non li ha tolto niente del suo ne li ha posto campo a terre ne a castelle loro, subiungendo : Questo e pur uno grande facto che alcuni vogliano essere uditi et risguardati ale offensione daltri, et el Duca de Milano sij calumniato per la defensione, essendo sempre Sua Exc[a] *refugium miserorum* in aiutare li oppressi *in omne turbatione* de Italia, questo e pur uno caso che non vuole essere inteso da chi el doveria intendere et favorire. Et poi li disse : Se maravigliaria la Sta V. che senza Turchi bastasse lanimo al Duca de Milano mettere la Christianità in arme in una causa tanto justa quanto e la sua, per la qual se offerto piu volte alla Sta V. de stare a rasone, et li bastasse lanimo de dare da gratare al Re de Franza a casa sua cum 200 M. o 300 M. ducati chel spendesse, et pero non si maraviglia la Sta V. dele parole de Sua Exc^a ne dele mie! Et replicandomi Sua Sta che non credeva che la Exc^a V. potesse fare questo incomentiando ad discorrere ch' el Re de Franza haveva pace cum li ser^mi Reali de Spagnia et cum altri, jo studiosamente li interrope el parlare et disse chio non voleva intrare in questi particulari, ma che sapesse Sua Sta che una tal accessione quanto saria quella del stato de Milano a la alteza del Re de Franza meritamente dovea essere suspecta et formidabile cosi al Re de Spagnia como a li altri potentati, perche ne poteria succedere tal consequentia che cosi el Re de Spagnia como altri potentati restariano o a sua descretione o ad grande desaventagio, e pero fusse certa Sua Sta che la ruina del Duca de Milano non saria grata ad ogniuno ne anche tolerata, ne dovea essere grata a Sua S^t, la qual, volendo voltare el bono libro, dovea bem pensare che, quando tal inconveniente accadesse, restaria lei et lassaria soi successori capelani de Francesi. Per il che Sua Sta, lassando de respondere ad questo parlare, si volto ad dire che da pochi giorni in qua eramo piu galiardi et haveamo migliore animo, jo li domandai perche, et, vedendo che Sua Sta mastichava la risposta fra denti, li rispose subridendo : Pater sancte, jo ve intendo voleti dire che siamo piu galiardi per remotionem obiectorum, perche se qualchaduno haveva voglia di farci male ha altro che pensare : et dicendo Sua Sta : Jo conosco bene che vi senteti il caldo apresso, accenando a le cose del Turcho, li rispose se li era chi pensasse male contra noi, non e dubio che questo caldo ce serve, ma, volendo ognuno stare al suo de queste cose Turchesche, nui siamo tutti fredi et malcontenti, ne ce piace li damni daltri et questo rispose studiosamente perche Sua Sta, li giorni passati, parlando de Venetiani in presentia de li r^mi cardinali Colonna, Borgia et Capua, mi disse che Venetiani del stato de la Exc^a V. haveano facto secundo el dicto *Et super vestem meam miserunt sortem*, benche jo alhora non volesse reuscire a suo modo contra Venetiani como comprendeva che desiderava Sua Sta. Poi mi domando Sua Sta se la Exc^a V. teneva per certa che

Franzesi facessero la impresa contra lei de presente, et se la Exc[a] V. faceva le provisione de presente, maxime de fantaria. Li rispose che la Exc[a] V. teneva per ferma la impresa de presente e faceva provisione e de fanti e daltre cose, per modo che ogniuno saria bem chiaro che non li manchava ne animo ne forza per resistere a Franzesi et chel stato di Milano, governato da tal signore, non si pigliaria in tre mesi como altrui se vocifera. Et nel partire li disse che voluntere havea chiarito Sua S[ta] de questo suspecto del Turcho, ad effecto che Sua S[ta] et ogni altro fusse fora de errore et adcio che, sotto pretexto de questo dubio, non si lassasse de bene operare ne Sua S[ta] obmetesse de provedere a questo caso de quella magiore importanza che dire se possa. Il che replicai studiosamente, per essere piu chiaro del animo suo : ma, como per questo discorso puo comprendere la Exc[a] V., mai li puote cavare de bocha conclusione o sentimento alcuno per el qual Sua S[ta] dimonstrasse havere a core la provisione necessaria a questi movimenti. Anci la summa de tutto el suo parlare, per quanto si puo comprendere, dimonstra havere cara questa occasione de Turchi et volersene servire del carico quale dato alla Exc[a] V. per tirar li magiore foco adosso, et concitarli contra piu inimici, et al opposito dare magiore favore al Re de Franza in questa impresa, cosi apresso li soi populi como apresso altre natione. La qual arte poteria essere stata investigata cosi da Venetiani como da Sua S[ta]. Et pero de questo rasonamento prolixamento et fastidioso ho voluto dare punctuale notitia alla Exc[a] V., per advertirla de questi andamenti et adcio che parendoli bem facto como forsi saria prevenire questa malignita et scrivere a quelli potentati christiani a li quali judicasse expediente in suo discariro, lo possa fare senza piu intermissione di tempo, per non lassare sortire effecto questi pernitiosi disegni.

Sua S[ta] nel discorso del parlare disse che la Sig[ria] non scriveva gia di questo suspecto, ma che lo oratore suo sene doleva et che publicamente sene diceva. La M[a] Regia ha scripto qui una bona littera ali oratori soi, ordinandoli che se legesse in consistorio, ma che non sene lassasse copia, per la qual se dole che li sij dato carico de queste cose del Turcho, et che N. Signore habbi tal opinione de Sua M[ta], et discorre molte rasone per le qual ogniuno debbe essere certo che Sua M^ta e aliena de tal proposito, et demum se offerisse ad obviare a li movimenti del Turcho, cum tutte le forze sue, per quanto potera, cum salveza del stato suo in li presenti suspecti. Il tutto sij per aviso de la Exc^a V., alla qual humelmente mi racomando. Rome, die 15 julij 1499.

Exmo Dominationis vestre servulus,
Cæsar Guaschus.

(Au dos :) Illmo principi et Exc^mo domino meo unico domino Ludovico More Sforcia Anglo, Duci Mediolani, etc.

(Orig., ms. ital. 1592, fol. 271.)

XI.

Rapport d'un envoyé de Louis XII près des Ligues suisses.

Lucerne, 22 juin 1499.

Monseigneur, hier, au matin, se sont trouvez les ambaxadeurs de toutes les ligues, lesquelz m'ont donné audiance, et leur ay dit la charge que avoye du Roy ; ovec ce, leur ay dit le contenu des lettres que ledit seigneur m'a escriptes, commant il est deliberé de commancer la guerre a Millan contre le s^r Ludovic et qu'il vouldroit bien qu'ilz envoyassent de quatre a cinq mil hommes es terres dudit Millan pour y faire ladite guerre en son nom, et qu'il les voulloit payer. Sur quoy, ilz ne m'ont point fait de responce, mais m'ont remys du jour[dit] en huit jours, en ceste ville de Lucerne, et la me doivent rendre responce, icelle que incontinant et a dilligence la vous feray savoir.

Monseigneur, j'ay receu unes lettres que le Roy escript a toutes les ligues, faisans mencion de l'artillerie et des vingt mil florins qu'ilz demandent pour le premier quartier. Je leur ay baillé lesdites lettres avant qu'ilz soyent partiz d'icy, affin d'en avoir responce a la prochaine journée.

Monseigneur, au jour que les ligues m'avoyent assigné audit Lucerne, c'est trouvé ung homme de par le seigneur Ludovic, avec lettres de creance ; et a parlé aux ligues, et leur a dit commant, par plusieurs foiz, ledit s^r Ludovic c'estoit efforcé et offert de traicter paix entre le Roy des Rommains et eux, et que ..... estoit deliberé se y employer et tellement qu'il avoit eu conscentement du Roy des Rommains de traicter icelle paix, laquelle il voulloit traicter pour l'amour des ligues, en se excusant tres fort envers lesdites ligues certaines ..... leist aide et confort audit Roy des Rommains ; et, sur ce, a depesché ung arcevesque qui s'en vient icy par devers lesdites ligues pour parler et traicter de ..... paix; et, a ce j'entends, ledit s^r Ludovic c'efforcera de fere ladite paix et ..... espargnera argent ne autre chose qu'il puisse finer. Il se conduict de ses affaires de par deça de deux ou trois maulvais garsons qui sont de ..... ne qui secretement lui conduisent tout son cas.

Mons......., si le Roy eust eu quelques nouvelles des ambaxadeurs qu'il a envoyez devers le Roy des Rommains, il seroit tres bon en advertir les ligues, car ilz desireroient fort que, si paix se y doit trouver, qu'elle se trouvast par le moyen dudit sire.

Monsr, a ce matin sons venues nouvelles du quartier de la ligue grise, ou est assemblée l'armée des ligues, commant le Roy des Rommains c'est retiré en ses pays de la conté de Thirol et a une tres grant armée sur la frontiere de la ligue grise, mais elle est a huit ou neuf lieues de celle des ligues; et est venu le s^r Ludovic en une vallée, sur les frontieres, qui s'appelle Feltelin [1], et la ce son[t] trouvez le Roy des Rommains et lui, et ont parlé ensemble [2]. Il semble, a veoir les façons du Roy des Rommains, que par le moyen dudit s^r Ludovic il vueille bien avoir paix.

Monsr, l'ambaxeur du quenton d'Ure m'a prié que je ad[ve]rtisse le Roy que le plus tost que faire ce pourra il commance la

1. Valteline.
2. Le roi des Romains alla en effet dans la Valteline au commencement de juin et Ludovic à Tirano.
Une ambassade au roi des Romains était partie en même temps que l'ambassade pour la Suisse, vers le 20 mai (Marino Sanuto, II, 792). Cette ambassade avait pour mission d'interposer ses offices pour négocier la paix entre le roi et les Suisses (id., 910). Le roi n'en reçut de nouvelles que vers le 15 juillet. L'ambassade avait été bien accueillie, mais aucun pourparler sérieux ne s'était encore engagé (id., 960). Les quatre ambassadeurs français prononcèrent un beau discours public sur les intentions pacifiques de la France; en réalité, ils pressèrent peu les négociations.

guerre et aspreme[nt]; car il lui semble que, en ce faisant, toutes les entreprinses dudit sʳ Ludo[vic] tourneront a neant. Ledit ambaxadeur en a escript, par plusieurs foiz, au sʳ Jehan Jacques, pour en advertir ledit sʳ [1].

Monsʳ, le Roy a escript a messʳˢ des ligues qu'il renvoye monsʳ de Sens par deça; ses bons serviteurs en sont bien joyeux, car ceulx de Berne, de Suyches et de Ondervalde, en tous lieux ou on parle des affaires dudit sʳ, ne finent de demander six mil francs, disans que mondit sʳ..... Sens leur a promis. Je leur ay tousjours dit que, si on leur avoit promis, qu'il leur seroit tenu. Par quoy, mondit sʳ de Sens venu widera ceste cause. Il est requis que hastiez ledit sʳ de Sens le plus que pourrez, affin qu'il se treuve de par deça quant l'arcevesque qui vient de Millan sera icy et avant qu'il ait eu audiance.

Monsʳ, sur le tout me manderez vostre plaisir pour l'acomplir et priant Dieu qui vous doint bonne vie et longue. Escript a Lucerne, ce dimenche xxııᵉ jour de juing.

Monsʳ, a ce que je puis congnoistre de par deça je faiz doubte que le Roy ne fine ..... point des gens de se quartier, pour ce que leurs ennemys se preparent si tres fort qu'ilz se attendent bien avoir a besongner de tous leurs gens s'il ne se ..ouvoit quelque treve ou paix. Je n'en sauroye savoir a la verité jusques ... la journée prochaine, qu'ilz me doivent faire responce de ce que je leur ay .....: deparlé.

Vostre tres humble serviteur,

(Orig., ms. fr. 2928, fol. 43.) *Louis Fouegely* [2].

XII.

Les capitaines de l'armée royale aux lieutenants du roi.

15 mars (1500).

Messeigneurs, nous avons veu tous ensemble les lettres que

---

1. C'est par Trivulce que Louis XII était au courant des affaires de Suisse : Trivulce, comme comte de Mesoccho, confinait à la Suisse et se maintenait avec elle en rapports continuels. Trivulce se trouvait alors à Asti.

2. La signature autographe est ainsi conçue : « *Ls fᵒ Gely.* »

avez escriptes a Mons' d'Alegre, et avons esté bien joyeulx de congnoistre le bon voulloir que avez de nous secourir.

Messeigneurs, notre advis est et nous semble que si mardi vous voullez venir loger a Vespoula[1], que vous y serez aussi seurement logez en troys heures que la ou vous estez, et donrez de la craincte beaucoup a voz ennemys et si leurs Souysses les abandonnent vous leurs ferez la plus grand oultraige qu'il auront jamais, sans actandre plus de gens. Et, au regart de nous, si ne leur vient aultre artillerye que celle qui est devant nous, ilz ne nous sauroint faire dommaige ; mais il nous semble que pour le mieulx devez venir a Vespoula, et, si le faictes, ilz ne partiront jamais de devant nous que vous ne les rompiés, qui sera le plus grand honneur que pourriez jamais avoir, sans actandre aultre secours, et s'il est besoing que veniés aulx faulxbours, nous le vous ferons bien assavoir tout a temps ; au regart des gens que nous voullez envoyer, nous nous en passerons bien pour ceste heure et de l'argent aussi, mais que ne faillez point au jour.

Messeigneurs, je prye a Dieu qui vous doint ce que desirez. Escript a Novarre ce dimenche ampres midi, xve de mars.

Messeigneurs, nous vous prommectons nostre foy que si delogent que nous serons bien pres d'eux, et vous jurons Dieu que ce ne sont que canaille.

Voz tres humbles serviteurs,

ALEGRE.	CONTE DE MUSOC.
SAINT-PREST.	PYERE D'AYDYE.
AUBERT DE ROSSET.	COURSINGE.
ROBERT STUART.	CHANDÉE.
LOUYS D'ARS.	NICOLAS DE LOUVAIN.
E. DE PRYE.	GALEAZ PALVESIN.

(Au dos :) A Messeigneurs les lieutenans du Roy.

(Copie contemporaine, le texte d'une main de scribe, les signatures d'une autre, main qui y ajoute la note suivante : *Monseigneur, j'ay fait toutes les signatures sus l'original.* — Arch. de M. le duc de la Trémoïlle.)

1. Vespolate.

XIII.

LE CARDINAL D'AMBOISE A LOUIS DE LA TRÉMOILLE.

16 mars (1500).

Monsr, pour ce que Guyot s'an va devers vous, je ne vous escriré aultre choze, sinon que je ne seré james a mon aise que je ne vous aie veu et parlé a vous. Cependant, me recommanderai a vostre bonne seignorie, me recommandant a vostre bonne compaignie. Escript a Lyon, le xvie de mars, de la main de

Vostre bon cousin,
G., cardinal d'Amboyse.

(Au dos :) A Mons. mon cousin, Monsr de la Tremoille.

(Billet autographe, orig., Arch. de M. le duc de la Trémoïlle.)

XIV.

LE CONTROLEUR FRANÇOIS DOULCET A LOUIS DE LA TRÉMOILLE.

20 mars (1500).

Monseigneur, le Roy m'a envoié par deça pour contreroller et faire faire les paiemens de l'extraordinaire de sa guerre avecques le maistre d'ostel Courcou, et depuis quatre jours suis venu de Mortaize [1] en ceste ville pour faire faire le paiement des Suysses que le bailly de Dijon envoyera, auquel lieu le commissaire et moy avons veu unes lectres que escripvez audit bailly pour savoir de ses nouvelles.

Monseigneur, nous n'avons eu nouvelles nulles dudit bailly, sinon par Fouguely [2], qui nous a escript par ung cappitaine de Suisse que ledit bailly avoit eu quelque empeschement par dela, mais que depuis il avoit widé son cas et que de brief, sans nous mectre autre terme, il seroit par deça bien acompaigné.

1. Mortara.
2. Agent de Louis XII en Suisse, l'auteur du rapport qui précède (p. 346 et s.).

Monseigneur, il a ja esté envoié au camp a Mortaize, en trois bendes de Valleziens, xviiie hommes, et dedans lundy prouchain y envoierons deux cappitaines, dont l'un est ja arrivé en ceste ville, qui actend le reste de ses gens, et l'autre sera icy demain, en la compaignie desquelz pourra avoir de ix^c a m. hommes.

Monseigneur, ainsi que les bendes arriveront, a la plus grant dilligence que faire ce pourra nous les vous envoierons; avecques ce, s'il vient aucunes nouvelles dudit bailly, incontinant par ung courrier vous en advertiray. En me recommandant tres humblement a vostre bonne grace et priant Dieu, Monseigneur, vous donner bonne vie et longue.

Escript a Yvrée, le xxe jour de mars.

Vostre tres humble et tres obeissant serviteur,

François Doulcet,
contrerolleur de la chambre aux deniers du Roy.

(Au dos :) A Monseigneur, Monsr de la Trimoulle, lieutenant general du Roy.

(Orig. olographe, sur papier, trace de cachet rouge, aux Arch. de M. le duc de la Trémoïlle.)

XV.

Ludovic le More aux habitants de Milan.

Novare, 6 avril 1500.

Dux Mediolani, etc.

Dilecti nostri. Havendo noi havuto nova che li inimici, quali, per quello che de le spie nostre ce era significato, havevano designato de andare allogiare a Trecate, loco vicino a quatro milia a questa cita, venevano cum tutto el sforzo loro a questa cita, subito a questa fama fecemo montare m^r Galeaz, quale, cum molti cavalli lezeri usciti alla via de li inimici circa uno milio lontano da questa cita et in contrato in loro, comenzoe a scaramuzare; crescendo tuta via la voce del essere apropinquato li inimici, uscisemo noi de la cita cum tutto lexercito, et, ordinate le bataglie cum lartegliaria al loco suo, se adriciassimo verso li inimici, cum proposito de fare experientia cum tutte le gente achi piaceva a Dio dare total victoria di questa guerra; ma epsi inimici, vedendo cum qual virtu se combateva contra loro da li nostri, et trovando, contra l'expectatione sua, como li presoni, quali li havemo facto, ce hano dicto, che la persona nostra era uscita cum tutte le gente, detractareno la bataglia et se redusero in uno boscho, al quale erano retirati, essendo gia amazati et facti presoni molti et feriti grande numero de loro et de cavalli. In el qual boscho pare sia loro proponimento de stare questa nocte per non lassarsi tirare a necessita de venire alle mane, benche, per quello che poi habiamo havuto, ricercando li Suiceri suoi pane et vino et non essendone conducto dreto, si sono sparsi in diverse bande, et cosi hane facto assai de li cavalli loro, non servendeno il tempo de fare altro per hogij : el proposito nostro e de andare da matina a trovare li inimici in epso boscho, o dovi sarano, et fare quanto sara in noi per tirarli a conflicto, nel quale, et per la confidentia quale habiamo in Dio per la justicia nostra, et per la virtu qual dimonstreno tutte queste nostre gente et maxime Suiceri et lancisnech, quali hano jurato insiemi de non abandonarsi fin alla morte, speramo reportare victoria et de noi fare sentire nove grate a chi desidera la restitutione nostra e la liberta de tutta Italia : in el numero de li inimici mal tractati, sono m^r Galeaz Palavicino, al qual fu morto il cavallo sotto, et le spie, venute da li inimici questa sira, dicano che lui e morto[1] et cussi affirmeno anche li Francesi presi, quantunchi dicono alcuni chel fratello sia quello che e morto; se dice anche che uno de li principali Francesi e ferito de uno passatore in uno ochio. De questo congresso facto cum li inimici ce e parso darvine aviso, per che ne habiati noticia et, insiemi cum noi, sentirne quello piacere quale se deve duna cosa tanto bona, cum participarla ancora cum li homini di quella nostra terra, et ringratiarne el nostro S^e Dio et pregarlo voglia continuarni in questa felicita infino alla perfectione de questa impresa. Novarie, 6 aprilis 1500.

(Signé :) *B. Chalcus.*

[1]. Il n'était pas mort et vécut même longtemps après.

(*Au dos :*) Nobili viro commissario et potentati Leuci, nostro dilecto.
Leuci.
Cito.

(Orig., papier, petit in-fol., ms. italien 1592, fol. 279.)

XVI.

Louis de la Trémoille au Roi.

Novare, 9 avril (1500)[1].

Sire[2], plaise vous savoir que, puis quatre jours en ça, je ne vous ay pas gueres escript de voz affaires, car[3] je voulloye savoir comme il en iroit; aussi que j'estoye empesché a regarder comme ilz se conduisoient : et ont esté menez de telle sorte comme je vous escripray.

Sire, nous partismes dimenche de Mortare et veinsmes coucher à Vespella[3] et, le lundi au matin, avecques trois cens hommes, allay veoir quelque logeys ou se pourroit loger vostre armée; et, le logeys revisé, je m'en allay devant Novarre pour savoir quelle contenance ilz tenoient, et envoye mess[rs] de Beaumont, de Sandricourt courre devant la ville avecques cinquante hommes d'armes, et moy apres pour les soustenir. Ilz n'eurent gueres esté loing que ung myen hommes d'armes, que j'avoye

---

1. Cette lettre a été imprimée, avec diverses corrections officielles, en édition gothique de 6 feuillets, sans mention d'imprimeur, sous ce titre : « Lettres nouvelles de Milan, envoyees au roy nostre sire de par monseigneur de la Trimoulle touchant la prise de Ludovic. Avec l'amende honorable faicte par les Milannoys au roy nostredit seigneur a la personne de monseigneur le cardinal d'Amboyse, lieutenant general du roy nostredit seigneur au pays de Milannoys. » En tête est une gravure sur bois, représentant un parlementaire à cheval, les yeux bandés, sortant d'une ville en armes. Cet imprimé contient : 1° la lettre de La Trémoïlle; 2° un récit sommaire de la reddition des Milanais avec le résumé du discours prononcé dans cette circonstance par Michele Tonso. M. de la Pilorgerie, dans son livre : *Campagne et Bulletins....*, pièce n° 7, a publié aussi cette lettre, avec quelques variantes.

2. Texte imprimé : *Chier sire.*

3. Vespolate. Imprimé : *Lespaille.*

envoyé a Tarcas[1], la nuyt, me manda par ung archier que sans point de faulte le More estoit hors, avecques son armée et artillerie, et qu'il s'en alloit à Tarcas et qu'il nous venoit combatre. Incontinant, le manday a mess^rs de Ligny et mareschal de Trevorce[2] et qu'ilz vensissent, et que les nouvelles estoient vrayes, qu'ilz venoient vers nous et que regarderoye en temps, pendant le camp, ou nous le pourrions combatre s'il venoit, et que, s'il alloit a Tarcas, que je le garderoye tant que je le garderoye de passer le Thesin.

Sire, ilz se mirent tous deux aux champs, et tirasmes le chemin devers Novarre et Tarcas[3]. Nous n'eusmes jamais chevauché deux mille que mess^rs de Beaumont et de Sandricourt me manderent qu'i s'en estoit retourné en la ville, pour ce qu'il pensoit que toute vostre armée fust sur les champs. Incontinant actendiz mess^rs qui venoient apres, et regardasmes ce que avions affaire, et fut dit qu'il valloit mieulx venir a Novarre que ailleurs et que, s'il nous voulloit combatre, que le pays y estoit plus plain et plus montaigneux pour nous que ailleurs, et que nous aurions mieulx noz vivres de Verseil. Et nous en veinsmes, a belles enseignes desployées, a ung mil et demy de ceste ville de Novarre, sans ce que jamais homme vint au devant de nous; et y demourasmes le lendemain, pour actendre noz vivres, et aussi pour avoir des pionniers plus largement. Et, ce jour la, fut advisé que yrions prendre une abbaye,[4] qu'ilz tenoient, et est du costé des faulxbourgs de Millan, et que nous la prendrions ou qu'ilz nous combatroient; et, ce jour, y eut de grosses escarmoches tant d'un cousté que d'autre.

Sire, le lendemain au matin, nous montasmes a cheval en deliberacion de prendre l'abbaye et le combatre, s'il voulloit venir deffendre; et n'eusmes jamais chevauché deux gectz d'arc que toute sa puissance sortit a pié et a cheval, avecques toute son artillerie, et se vindrent mectre en belle et grosse bataille devant nous, et nous devant eulx, et marchasmes les ungs contre les

1. Trecate. Imprimé : *Iercas*.
2. Imprimé : *Trenail*.
3. Imprimé : *Tercas*.
4. S. Nazzaro.

autres, en aussi belle ordre et en aussi bonne volenté de combatre que je veiz jamais gens marcher, et telle sorte que les paillars se trouverent si gens de bien qu'ilz ne voulurent oncques attendre la compaignée et si estoient, que lansquenetz que Suisses, de xiii a xiiii^m, et de Lombars de iiii a v^m [1], et d'ommes d'armes, de Bourguignons et Lombars, environ iii^m chevaulx. Et furent remis si lourdement en la ville qu'ilz se affolloient l'un l'autre en y entrant; et, s'ilz eussent aussi bonne volenté ce jour la comme je croy que avoient les vostres, je vous asseure que se eust esté la plus cruelle bataille qui fut cent ans a, et vous asseure, Sire, que vous estes tenu au cappitaine, gens de bien et gens d'armes qui sont icy, car ilz avoient bonne volenté ce jour la de vous fere service.

Sire, nous tumbasmes en une composition et, pour ce qu'ilz estoient grans gens dedans nous, les laissions aller leurs bagues saulves, par tel moyen que, si nous trouvions le More avecques eulx, que nous le prendrions : ce qu'il fut accordé. Et feusmes advertiz a ceste heure comme ilz ne voulloient point tenir la composition, mais qu'ilz voulloient enmener ledit More avecques eulx. Sur quoy, Sire, il n'y avoit celluy qui ne feist la meilleure guere qu'il peut pour l'en garder; et envoyay le bastard de Clerecte [2], qui est de la compaignée du bastard de Bourbon, et celluy qui porte mon enseigne, et le Petit Seigneur, qui est de la compaignée de Aubert de Ruffec [3], pour tenir choppe tout au long de la nuyt, pour veoir s'il y avoit en habit dissimullé, et tout vostre ost en armes tout au long de la nuyt, et montasmes a cheval une heure devant jour, et nous meismes en belle bataille en nostre camp, deliberez que, s'ilz le voulloient enmener par force, de les en garder. Et envoyasmes pour renforcer ceulx qui estoient allez dehors, que je vous ay nommez cy dessus, mons. d'Alegre, qui ne fut jamais aux champs qu'il n'oyst demurer la porte par ou ilz s'en voulloient aller en belle et grant ordre et continuerent a marcher droit a Milan. Mons. d'Allegre et iceux que y avoye envoyé

---

1. Imprimé : *Quelque cinq ou six mille.*
2. Imprimé : *La Claiette.*
3. Aubert du Rousset.

la nuyt les commencerent a gardoyer[1] l'un d'un cousté
et l'autre de l'autre. Et, a ceste heure la, feusmes advertiz
comme ilz s'en alloient et commencasmes a marcher contre
eulx, de telle sorte que, s'ilz n'eussent esté voz Suysses qu'ilz
nous manderent qu'ilz ne voulloient point que l'on leur tuast
leurs gens et qu'ilz leur feroient bailler le More s'ilz l'avoient,
qu'il me semble que nous les eussions deffaitz de gens de cheval, et s'ilz estoient xi ou xii^m hommes. Mais il nous souffisoit
de trouver le More, si nous pouyons, et feusmes pres de trois
heures a le sercher, et furent tous contrains et leur fist lon si
belle paour que tous s'accorderent de passer, ung a ung, soubz
une picque. Et a ceste la fut trouvé. Et est la plus belle prise
que vous sauriez avoir[2]. Il se remect a mons. de Ligny, soubz
quelque traicté qu'il luy avoit fait le soir, de quoy il me parla

1. Imprimé : *Cotoyer*.
2. Le récit de La Trémoïlle diffère du récit officiel, contenu
dans la proclamation de Louis XII datée de Lyon, le 10 avril
(V. ci-dessus p. 266, note 3), qui s'exprime ainsi :

« Le seigneur Ludovic s'en est fouy avec cent chevaulx et a
laissé et habandonné toute son armée et artillerie dedans nostre
ville de Novarre. Et, a l'heure que nosditz lieuxtenans et armée
sont approchez dudit Novarre, est sorty d'icelle ville ung capitaine
des Bourguignons, appellé le capitaine Pietres, lequel s'est venu
rendre et a faict l'appoinctement de luy et de tous les autres
Bourguignons, pour estre a nous et a nostre service. Pareillement
dient que le baillif de Dijon estoit allé audit Novarre pour traicter et practiquer les Suysses dudit seigneur Ludovic qui estoient
dedans en nombre de quatre mille, qui ne demandoient que payement. Et, au regart des lansquenetz, ilz ne scavent encores qu'il
en adviendra, car les Suysses de nostredite armée ne les vouloient
prendre a mercy. Toutesfoys, nosditz lieuxtenans mettront peine
que le tout se rendra a la moindre effusion de sang que faire se
pourra. »

En post-scriptum, le roi ajoutait que, suivant les dernières
nouvelles, « ledit seigneur Ludovic, en se cuydant sauver en habit
de cordelier, a esté prins ; et, par composition, nous est demouré
toute son artillerie en la ville de Novarre et xix mille hommes
qu'il avoit s'en sont allez par ladicte composition. »

quelque chose au matin. Toutesfois il a tout rompu son sauf-conduit, car il s'en fouyt.

Sire, vous en ferez ainsi que vous vouldrez. Car nous estions tout a butin ce jour la, tant de gens de pié que de cheval, et me semble que, s'ilz en eussent volu menger, que l'ordre y estoit si bonne a cause du butin [1], car les gens d'armes ne voulloient habandonner leur enseigne pour aller au pilliaige; que, s'ilz eussent voulu, ilz s'en fussent repentiz.

Sire, vous avez tout ce que demandez [2], et en estes bien tenu a Dieu, car il y a cent ans que ne fut fait un plus belle chose ne plus honnorable pour vous.

Sire, j'ay escript a monsieur le cardinal qu'il s'en viengne pour donner ordre a vostre affaire, qui n'est que bon s'il est bien mené, comme je suis asseuré que saura bien faire mondit s^r le cardinal, et, mais qu'il soit venu, il vous escripra comme tout ce portera. Touteffois, je suis certain que nous partirons demain, tandiz que tout est en trouble, pour executer a fin de vous garder [3] de longue guerre.

Sire, il n'est point encores conclud ou l'en yra; mais, a ce soir, nous trouverons avecques mons^r le cardinal et povez estre seur que l'on vous servira le plus dilligemment et loyaument que l'on pourra [4].

Sire, je ne vous sauroye escripre comme mess. de Beaumont et de Sandricourt vous ont servy icy, et si en eust hier ung qui vous feist ung grant service comme je vous diray. Et sur ce point, Sire, prie Dieu qui, etc. Escript a Novarre, le ix^e jour d'avril.

Sire, il me semble que devez prendre le Mort entre voz mains plus tost que plus tart et le mettre en une bonne grosse place, afin qu'il ne vous eschappe point. Nous sommes tous a butin.

Sire, il me souvient bien de la promesse que me feistes quant je partiz. Ce fut que, quant vostre affaire seroit vuidé, que

1. Ce qui suit est supprimé.
2. *Tout avez desiré.*
3. *Vous garder de la despence de longue guerre.*
4. Le texte imprimé porte ici un paragraphe par lequel La Trémoïlle s'excuse de ne pas avoir écrit plus tôt.

incontinant me envoyriez querir[1]. Je vous supplye ne me oubliez pas[2].

Vostre tres humble et tres obeissant subgect et serviteur,

De la Trémoille[3].

(Copie contemporaine, aux Archives de la Loire-Inférieure, E 235.)

XVII.

Discours aux Milanais,

par Jean Lascaris.

(Avril 1500.)

Oratio ad Mediolanenses habita, qua primum die, post eorum deffectionem insignem ac fœlicem de Ludovico Sforcia ejusque exercitu sub jugum misso apud Novariam victoriam, Reverendissimus Dominus Georgius de Ambasia, sacrosancte Romane Ecclesie tituli sancti Sixti cardinalis, christ^{mi} ac invictissimi Ludovici XII, Francorum regis, in suis Mediolanensi ducatu et aliis terris et dominiis ultra montes generalis locumtenens, arcem porte Jovis Mediolani ingressus est[4], *magna populi et civium astante frequentia.*

Reverendus dominus cardinalis, serenissimi ac christianissimi domini nostri Francorum Regis generalis locumtenens,

---

1. Louis de la Trémoïlle avait demandé à revenir aussitôt que possible.

2. Le texte imprimé porte ici un paragraphe par lequel La Trémoïlle remercie le roi de l'envoi d'une lettre par Hedoard et proteste de son dévouement.

3. A la suite de cette lettre, le texte imprimé porte : *Et depuys le roy a envoyé monseigneur de Cursot acompaigné de bons archiers pour aller querir le More et pour le amener en France.*

4. V. ci-dessus, p. 269. Ce discours ne parait pas avoir été prononcé; cependant, la présence de son texte dans un ms. original, aux armes du cardinal d'Amboise, lui donne un certain caractère d'authenticité; nous pensons qu'il fut écrit par J. Lascaris, qui, très probablement, l'avait préparé d'avance à l'usage du cardinal. Mais le cardinal ne s'en servit pas et préféra ne rien dire. Cf. les indications données en tête des pièces XVIII et XIX.

non satis admirari potest superbiam et temeritatem vestram, qui, omnium qui vivunt ingratissimi, non impetrata venia, presentiam suam adire ausi estis; illam etiam scelestam, teterrimam ac factiosam infidelium civium vestrorum in Sacratissimam Regiam Majestatem, cunctis mortalibus notam et manifestam, vana et fucata oratione tegere ac excusare non verentes, tamquam si cum pueris et mulieribus colloquia haberetis.

Sed animadvertite, quæso, quid sevum aut atrox in vos ipsos satis exerciri potest, qui ea consulto admisisti[s] ut omni barbara sevicia et crudelitate digni essetis. Consensisti[s], inquam, qui deffectioni et rebellioni contradicere ac resistere poteratis. Sed sperabatis Ludovicum Sforciam majori manu venturum et una nobiscum regios exercitus gallicamque gentem oppressurum : secus ac rati estis evenit. Non omnes hominum cogitaciones Deus optimus maximus semper ratas facit : est enim equus bellorum arbiter, justus fœderum ultor et violate pacis acerrimus vindex.

Quod si meritas scelerum vestrorum pientissimus Rex expeteret pœnas, jure et victoriæ arbitrium et omnia extrema, quæ solent in direptionibus urbium victi a victoribus formidare, pateremini. Qui tanti principis clementiam ferre non potuistis : sed Francorum mitissima progenies Regum parcere subjectis didicit. Punire rebelles et vincere sciunt et consulere victis christianissimi Francorum Reges. Proinde, si vos tanti sceleris tanteque admisse defectionis pudeat et pigeat, si suplices veneritis, si denique conjurationis auctores judicaveritis minimeque sustinueritis, ita nobiscum de rebus omnibus aget ut omnes ante eum Reges et continentia et clementia victos arbitremini.

Nec vestrum arbitretur aliquis ut hunc suum hereditarium ducatum armis retinere et deffendere negligat aut illum demere, sibi aut subducere quisquam possit; idem erit regni et dominii qui et spiritus sui finis : haud vobis parum erit, si sapientes fueritis, asperam dominationem et perpetua sævicia rigentem tyrannidem levi, justo ac miti imperio permutare.

Verum mature facto opus est. Vix enim predabunda atque incondita Helvechiorum multitudo, que sanguinem vestrum et opes sitit et requirit, reliquusque regius exercitus, prudentia ac diligentia R^i D^{ni} locumtenentis, qui totis cognatibus nititur urbem vestram ab incendio liberare, huc usque retentus, amplius arceri et contineri non potest quin furentes bellorum impetus in vos, uxores liberosque vestros exerceant, urbemque diruant. Ducem enim eorum regium balivum [1], suos pestifferos conatus impedientem, in abstractum in carcere tenent. Vestra salus in celeris misericordie largitione posita est. Dum licet, obviam ite, ne sera et luctuosa vos maneat penitencia, eternumque sitis perfidiæ plusquam punite posteris exemplum.

(Ms. lat. 5891, ms. de parchemin petit in-4°, de 24 feuillets. Sur le premier feuillet, les armes du cardinal d'Amboise, avec la devise : *Non confundas me Domine, ab expectatione mea*. A la suite est le discours de Michel Tonso, traduit en latin par le célèbre helléniste Lascaris ; cette traduction diffère totalement du résumé donné par Jean d'Auton et du texte officiel de ce discours, inséré dans le procès-verbal dressé par le notaire J. Mayno. Nous la donnons ci-après.)

XVIII.

Discours de Michele Tonso,

Selon la traduction de Lascaris.

(17 avril 1500.)

Godefroy (*Histoire de Louis XII*, p. 192-204), Legendre (*Vie du cardinal d'Amboise,* p. 405), Lünig, dans son *Codex Italiæ diplomaticus*, ont publié le texte du procès-verbal officiel rédigé en latin, par le notaire Jean Mayno, sur l'ordre du cardinal d'Amboise, de la séance du 17 avril 1500. Ce procès-verbal confirme le récit de Jean d'Auton, qui doit en avoir eu connaissance. Il en résulte que, le vendredi saint, 17 avril, le cardinal-légat, lieutenant du roi, reçut une députation des Milanais, demandant que le cardinal sortît du château où il était descendu, afin de recevoir la population, qui avait presque tout entière péché, au moins par omission, contre son serment envers le roi. Elle lui demandait de se transporter au palais appelé la Cour-Vieille, près de la cathédrale.

Le cardinal accepta de s'y rendre, avec l'évêque de Luçon, chancelier et président de la justice de Milan ; Giov. Gac. Trivulzio,

1. V. ci-dessus, p. 263 et suiv.

lieutenant du roi et gouverneur du Milanais; Henri, comte de Neufchastel, en Bourgogne; Antonio Trivulzio, évêque de Côme; Girolam. Pallavicini, évêque de Novare; Augier de Brie, abbé de Saint-Evrould, en Normandie; Antoine de Langeac, d'Auvergne; Dominique de la Tour, « de Turre »; Ottaviano degli Arcimboldi; Nicolo Biraga; Augustin *de Nigris,* milanais; Bertrand de *Costabele,* de Ferrare, lieutenant de l'archevêque de Milan, protonotaires du Saint-Siège; Jean de Polignac, en Auvergne, seigneur de Beaumont; Roger, baron de Grantmont, en Languedoc; Guérin de Narbonne, seigneur de Salelles, en Languedoc; Ét. de Vesc, baron de Grimauld, en Provence; Menna Corsinge, lieutenant de la compagnie de Savoie, « quos meretur a rege »; Jean Stuart, seigneur d'Oyson; Robert Stuart, lieutenant des Écossais; le comte Manfredo Torniello, de Novare; le capitaine La Lande; les docteurs et conseillers Ch. Guillart, de Paris, maitre des requêtes ordinaire; Claude de Seyssel, de Savoie; Geoffroy Carles, de Saluces; Ant° Caccia, de Novare; Scipione Barbavara; Girol. de Cusano; Giov. Stefano de Castiglione, de Milan; Jacques Hurault, trésorier de France; Jean Hervoet, trésorier de Milan, et autres.

Quoique le palais eût de grandes salles, la multitude ne pouvant y tenir, le cardinal dut descendre au rez-de-chaussée, et là Michel *Tonsus,* montant en chaire, excusa d'abord son impéritie, parla du principat de Milan, en Italie, rappela l'origine gauloise de Milan, adressa des hommages très humbles à Luçon et à Trivulzio, dont il chanta les louanges, célébra la puissance de la France, la honteuse fuite d'Ascagne, la bonté du cardinal, envoyé de Dieu : le cardinal a accepté, sur la prière des principaux de la ville et de l'évêque de Côme, 300,000 écus, pour indemnité des dépenses de la guerre, dont 100,000 payables aux calendes de mai prochain. Les auteurs de la rébellion sont exclus de la grâce. L'orateur demande encore au cardinal :

1° Que le roi pardonne, selon l'exemple de saint Pierre et du Christ;

2° Qu'il remette 200,000 écus. Ce serait tuer le commerce et l'industrie, empêcher le mariage des filles, l'éducation des fils que de les réclamer;

3° Qu'il rappelle l'armée, afin de permettre la moisson, qu'il restitue chacun dans son office, qu'il pardonne aux instruments secondaires de la rébellion. L'orateur finit par la prière instante que Ascagne et ses compagnons ne puissent troubler Milan. On ne demande que la paix.

Ris prit pour texte de sa réponse : *Misertus est dominus super*

Ninivem civitatem, eo quod pænitentiam egit in cinere et cilicio. Il exposa la grandeur du crime des Milanais, leur ingratitude ; cependant il déclara le pardon du roi, à l'occasion du vendredi saint, en exceptant toutefois les fauteurs, et ceux qui participèrent à la révolte le 2 février. Il donne vie et bien aux citoyens de Milan, et les exhorte à ne pas recommencer.

Tout le peuple rendit gràces. Les jeunes gens, les jeunes filles, les enfants, vêtus de blanc, des rameaux, des croix ou d'autres emblèmes à la main, défilèrent en procession devant le cardinal, acclamant sa miséricorde ou invoquant les secours de Dieu.

Le cardinal fit dresser un procès-verbal séance tenante.

Michele Tonso avait parlé en italien. Lascaris se chargea de traduire en latin son discours, et nous possédons une double copie contemporaine — fautive — de cette traduction, dans les ms. lat. 5891 et 2620 (fol. 76-89). Nous donnons le texte du ms. 2620, sauf le titre, jusqu'aux mots *Non sumus,* qui ne s'y trouve point et que nous empruntons au ms. 5891. Lascaris paraît avoir retouché le discours primitif.

Anno incarnationis dominice milesimo quingentesimo, die veneris sancta, que fuit xvii aprilis, in urbe Mediolanensi, curia veteri, juxta cathedralem ecclesiam, Michael Tonsus, doctor Mediolanensis, jussu et nomine populi ac civium universorum, quorum innumera et prope infinita multitudo aderat, pulpitum astendens pro exorenda et consequenda erratorum ac deffectionis suæ venia, Ytalo sermone vernaculaque lingua, quo facilius ab omnibus intelligeretur, ad reverendissimum dominum Georgium de Ambasia, tituli sancti Sixti sacrosancte Romane Ecclesiè presbyterum cardinalem, christianissimi ac invictissimi Ludovici duodecimi, Francorum, Sicilie et Jherusalem regis, ducis Mediolani, locumtenentem generalem, hanc habuit orationem. Quæ per Lascarium, grecarum simul et latinarum litterarum peritissimum, latine traducta est.

Non sumus invisi pænitus omnipotenti Deo, illustrissime atque admodum reverende domine, [quandoquidem clementer nobiscum agitur, de eo maxime[1]] quod omnes nostrum, qui non omnino desiperent, imprimis veriti sunt, ex quo Ludovicus

1. Les membres de phrase entre crochets sont omis dans le texte du ms. 2620.

Sforcia, profligato exercitu, profugus, rursus in hanc urbem, ob certorum hominum pervicaciam ac temeritatem, receptus est. Nam curam Regis præcipuam ut ad hanc expeditionem te ex omnibus mitteret, tuum consilium studiumque ad nos advolandi, nemo unquam dubitaverit divinæ Providentiæ opus esse. Quinquam et Rex clementissimus pientissimusque nullo fortiori argumento, nullo majori indicio comprobet Ducatum hunc Mediolanensem jure optimo ad se pertinere : quemadmodum enim usurpator ille non esse patriam indicavit, quam rapinis extorsionibusque assidue vexavit, sic Rex, successor legitimus, propriam certamque agnoscit probatque parentis originem, dum non minorem in conservando quam in recuperando Ducatu curam et diligentiam adhibet. Et ipse, qui hoc munus conservandi nos proprium esse existimasti, id imprimis consequutus es : ut [enim summi illius pontificis sentencia et ea quidem verissima qui, licet in altissimo solio constitutus, hac tamen una re sese infœlicissimum esse enuntiarit, quod, se pontificatum gerente, in Turchorum potestatem Constantinopolis devenisset, sic contra ipse, conservatis tot civitatibus populisque], non solum providus humanusque, verum etiam felicissimus merito habeare, quum non modo providentiæ opus, sed etiam fælicitatis indicium, tot civitates ac populos tam facile conservasse. Cæterum, bonorum quidem causa omnium divinæ Providentiæ pientissime attribuitur : presentis autem erga nos beneficii magnitudinem, nemo unquam tanta eloquentia fuit nec tam excellenti atque admirabili ingenio qui oratione consequi, nedum augere aut ornare possit. Nam, statim belli inicio, summa injuria lacessitos, omni indignatione seposita, saluti nostre consuluisse, vitæ, fortunis, memorie nominis, in summo omnium discrimine positis, superat hoc humani ingenii facultatem. Ex quo Rex successit regno, multa præclare gesta sunt : pacatum regnum; pax honorificentissime cum finitimis inita ; quæcumque bella exorta sunt, celerrime confecta. Horum pleraque Fortunæ ascribi poterant, quoniam in ejusmodi omnia Fortuna sibi imperium vendicat. Sed hoc unum, erga nos sapienter, recte, moderate factum, illa omnia Fortunæ adimit, Consilio adscribit; quandoquidem a sapientia longe recessit temeritas et a consilio casus removetur. Quod si omnino Fortunæ pertinacia rebus humanis dominari contendat, vendicet sibi quantumlibet ex hac recenti victoria, quamquam, ibi quoque, unius sapientis consilium multas superavit manus, communicentur illa non Fortune solummodo. Sed ducibus præfectis quibusque equitibus militibusque ac omnibus denique exercitum sequutis, nostra ceterum salus vestrum est opus, tuam unius justiciam, tuam mansuetudinem, Regis solius clementiam, Regis declarat misericordiam : nihil hinc Fortuna, nihil armatus decerpserit. Non enim humanitas Fortune nec multitudinis aut virium opus est, sed mentis que valeat iracundiam cohibere, quam abs te vel inicio, Reverende Cardinalis, procul omnem abfuisse perspicimus ; neque id sane mirum, quando religio cum philosophia conjuncta est. Cujus precipuus autor, Plato, rationi reges ac principes ire milites comparat. Hanc divini hominis similitudinem re ipse exequutus es : quippe qui, militibus cum eorum iracundia, Cæsare illo sapientius ac longe clementius, ultra fluvium repressis cohibitisque, ipse, ratione fultus, ad concedendam nobis veniam, trajecisti : quam ex nostra bonitatis atque humanitatis abundantia tam propere concessisti ut preces nostras ac supplicationes, quas, ut vides, omnis ætas sexusque cum gemitibus lachrymisque cumque hujuscemodi apparatu prætenderat et prætendit, adhuc non sine magna tua gloria nostraque omnium immensa lætitia et exultatione preveneris, ut non sit amplius ad veniam impetrandam, quam sponte concesseris oratione opus, sed ut Regi pientissimo tibique maximas agamus gratias, quas longe adhuc majores habeamus necesse est, tuam humanitatem, justiciam, Regis clementiam, animi magnitudinem summis ad cœlum laudibus efferamus. Cæterum virtutes vestre non valde indigent nostris præconiis, ille quidem in omne tempus linguis omnium hominum ac litteris celebrandum (*sic*). Nobis in presentia reliquum est ut, humanitate tua freti, ea communi civ[it]atis consensu a te petamus, quibus impetratis maximus hoc tuo facto cumulus accesserit. Verum, anteaquam ad ea nostra se convertat oratio, illud nobis imprimis elaborandum est, ne omnes sine discrimine pessimi habeamur, qui, ex quo primum ex voto fere omnium in Regis ch^{mi} ducis nostri potestatem devenimus, in fide permansissemus, nisi paucorum perversitate pars nostrum decœpti, pars etiam coacti ad hujuscemodi temeritatem compulsi fuissemus. Illi enim, si quid in constituendis componendisque rebus nostris ommissum est, lynceis, ut aiunt, oculis perspicientes ac rursus quicquid recte preclareque est ordinatum iniquissime calumniantes, malis quibusdam dolis insidiisque omnia perverterunt, ac sese pariter et nos cunctos supprompto discrimini objicere, ut non videatur incongruum nec inutile fortasse rebus presentibus quin nobis coram te, qui geris ubique vices regias, loquendi copia facta est, artes insidiasque quibus capti sumus paucis attingere, presertim cum id genus sermonis excusationem quampiam delicti preferat, ut si peccatum a nobis omnino rejicere non possumus, injurie saltem effugiamus calumniam. Etenim illi defectionis, inquam, autores hæc atque his similia, statim post discessum Regis, clam primum et inter paucos, admurmuraba[n]t ac deinceps, increhescente murmure, plam etiam promulgabant : Discessisse Regem Ducatus, rebus non satis compositis; reliquisse gubernatorem Triultium; hunc, antequam cum exercitu reciperet, promisisse nobis liberos fore nos solutionibus omnibus, repetenti promissa populo inhumane admodum et crudeliter renuisse; publicanos portis insidere de minutissimis quibusque exigentes; pecuniam non hic absumi, in Galliam exportari; preterea potestatem quod in utramque partem gubernatorem istum parem sibi vendicasse, verum in alteram vergentem, patronum guelphis, adversarium guebellinis sese, loco judicis, impari studio palam exibere ; ad hec non deesse in utraque factione qui sese gubernatori, utpote civi nostro, nobilitate clientelisque haud immerito, conferant jam invidiosum esse, barbaris stipatum satellitibus, curiam inhabitantem, non fore ut parem superiorem civem dominum ferre possint. Hæc et plura non his æquiora disseminabantur. Denique, quicquid illustris gubernator magnifice ægisset ex tanta dignitate, fastus id erat apud eos; gravitas, superbie, severitas circa justitiam crudelitatis nomine taxabatur. Sed et prefecto consilij[1], calumniabantur. Hujus, in respondendo, libertatem licentiam erat audire; gravitatem, severitatemque, inversis nominibus, rusticitatem quandam et rigiditatem appellabant; si quid paulo celerius egisset, concitatum aiebant, si quid subira-

1. Prefecti consilio.

tus, tum vero etiam furibundum ; consilium nomine tantum esse, illum omnia sibi vendicare. Quin etiam nec nationi communiter nec Regi ipsi parcentes audisses, sed in hujuscemodi verba frequentissime : Prorumpentes Gallos, nunc quoque proprium sequi morem, esse vehementissimos acquirendo, parta non tueri, maxima queque levibus de causis negligere, neque hujus rei exempla longius esse repetenda, regnum Sicilie non esse nuper celerius acquisitum quam negligentius amissum, satis illi[s] videri, si quid diripere aut asportare possent; Regem quoque satis habere, hostem fugasse, ultum esse; si quam acceperit injuriam, rediisse mox ad venationes, ad voluptates suas ; amplum et spaciosum esse regnum Gallie, cui acquiescat. Quin etiam, non esse illum ingentis animi, non esse admodum glorie cupidum impudentissimi asseveraba[n]t; totam ei cessisse Italiam, orbis subjugandi occasionem pretermisisse; si non tangitur gloria, neque hunc Ducatum cure ipsi esse posse, nam, si reverti certum erat et nos in fide permanere voluisset, non satis esse putasset sacramentum quod, presente illo, coacti ferre prestitimus : beneficiis et humanitate devinxisset vel tuto saltem presidio Ducatum munivisset. Ejus hostis vicinus est : presidia paucissima, et illa quidem absunt majori ex parte, sub titulo vendicande potestatis Ecclesie ad rapinam Italie summo pontifici accomodata, verum illis quoque, si quid accidat, difficilis erit reditus e Francia; quando venient, non cogent toties exercitum, non tantis sufficient sumptibus. Eos alioquin semper egerrime ineuntes restituet magna manu Sforziam Imperator : Ducatus iste urbsque nostra, ut alias, Teuthonicis atque id genus barbaris si resistere temptaverimus, prede direptioni ruineque erit exposita. Hec passim per urbem frequentissime divulgabant. Demumque, cum viderent multitudinis animos jam titubantes, nec mirum, frequenti oratione commotos, cujus magna est vis in mentibus hominum, revocatis tyrannis, Regem quoque Romanorum in itinere esse asseverabant, festinare, jamjam adesse, Burgundos adventasse, Gallie Regem finitimorum bello implicitum ; quin etiam, Venetos, metu Turcorum, spe potiunde Cremone, Gallis in Italia jam arbitris constitutis invidentes insidiantesque, clam Sforcie favere atque auxilium mittere, cunctam Italiam, omnes principes in Gallos conspirasse. His vocibus, his rebus artibusque quidam decepti, alii et coacti, inviti pene omnes, cedere tunc compulsi sumus, qui in illum semper in festo fuimus animo, a vobis nunquam alieno : neque id profecto admirandum, quoniam nemo nascitur ullis partibus addictus, sed, ut est injuriis aut beneficiis affectus, ad alterutros se convertit. Ab illo multis modis vexati sumus; a Rege, utpote a Duce nostro et legitimo domino, nihil tale veriti sumus, multa bona speravimus semper, post tributa sibi necessaria, immunitatem, libertatem omnem, urbem nostram sub tanto actam Magnanimo Rege auctam, principatum Italie habituram, nos in summa quiete omniumque rerum securitate beatos ac fœlices prope modum victuros. Adde quod nec vestram consuetudinem ingratam aut vernocundam fore arbitrabamur. Quippe quos ex perennuo conditores nostros et agnoscere et commemorare juvabat. Non est igitur cur defecissemus, nisi coacti deceptique et armorum quodam impetu attracti fuissemus a vobis : itaque omnis injuria iniquitasque longissime abest. Culpa in errore est, in infortunio multorum offensio, qui animo quidem cum Rege essent, corpore fortunisque hosti inservire[n]t : nusquam profecto eidem pœnæ eventi sumus obnoxii. De paucis illis defectionis, inquam, autoribus ex vestro arbitrio decernetis, errori reprehensio ex æquitate pœna sit. Quicunque coacti offendimus, sumus etiam commiseratione digni existimandi. Quapropter, ut unde egressa est nostra revertatur oratio, hoc primum a te, Ill^{me} ac R^{de} Domine, petimus rogamusque ut non indignos penitus excusatione nos existimes velisque fieri testis sponsorque fidei observantieque nostre apud Regiam Majestatem, et presens ad eum reversus, et interea per litteras, atque nos in futurum longe cautiores et in fide constantissimos fore polliceri. Secundo loco, petimus ex quo a nostris civibus, episcopo Comensi et ipso cive nostro deprecante, ccc scutorum milia communi nomine civitatis Regi promissa sunt ad impensam resarciendam ad quam ob defectionem nostram est compulsus, petimus ac vehementer contendimus ut agas cum Regia Majestate ne nos cogat ad integram hujus pecuniæ solutionem, sed, exactis centum milibus, quod reliquum est, urbi sue condonet. Hoc secundo loco per te nobis est impetrandum, licet jam imperatum esse possimus contendere. Si quidem Rex clementissimus nos salvos esse vult, hoc perfecerit; si ea pecunia urbi condonetur. Sin minus, parum differre videtur, semel una ruina Civitas subvertatur ac sensim, non multo post tempore, absumatur. Etenim, tanta pecunia exhausta, non relinquitur, quæ in foro versetur; mercatura, necessario tollitur; artes mercature conjunctæ, in quibus consistit status Civitatis, protinus deficiant necesse est; maxima pars habitantium urbem deseret atque ad finitimos transmigrabit, reliqui, inopia pressi, nec consuetis artibus liberos instituere nec matrimonio possemus conjungere. Civitas ab omni parte conficeretur. Preterea, ratio pecuniarum hujus urbis cum Ducatus pecuniis est implicita; quicquid in Ducatu geritur nostris coheret negociis, fieri nequit, fortunis nostris rebusque afflictis. Quin Ducatum omnem in eandem trahamus calamitatem, hoc non ex dignitate est, nec utilitate Regis, verum enim exigentur vel necessaria illa tributa aut unde populos suos auctos et fœlices reddet, que cura principis debet esse principua. Neque enim quod erravimus, propterea affligendi sumus. Paucorum hec est injuria, quibus æquius, reliquorum omnium causa, parcendum sit quam in omnes ex illorum culpa animadvertendum. Clementia in venia amorem et observantiam, liberalitas fidem conciliabit perpetuam. Sed illud quoque rogamus et vehementer contendimus ut milites, diripientes omnia conculcantesque, ab agris celérius avocentur, si fructus colligi servarique possint, ne presentis anni calamitas, preterito adjuncta, intollerabili penuria pariter omnes conficiat. Post hæc, si cives nostri restituantur magistratibus muneribusque suis, cumulatissimum civitati beneficium reddetur. Postremo, illud petimus ut pax et concordia inter nos alatur, cohibitis quicumque illi fuerint, qui discordiarum aut perturbationum causam essent presbiteri.

Hæc sunt, R^{de} ac Ill^{me} Domine, que, post venie concessionem, petimus et exorare cupimus ut saluti nostre integre consulatur atque ea quidem ejusmodi que prestare æquum sit, ea generositate Regem et omni magnitudine, qui et Italiam pacare et regere et reliquum orbem ditioni sue facile possit subijcere, queque per te, patronum jam nostrum deprecatoremque, impetrare conveniat. Qui te ubique dignissimum religione, dignitate, nobilitate, quis maxime es conspicuus, studeas exhibere, nec nos ingrati erimus quantum in nobis erit. Sed tui nominis memoriam, quibuscunque modis id fieri possit melius, in ævum propagabimus, teque liberatorem nostrum servatoremque et venerabimur et colemus.

Finis.

XIX.

Réponse aux délégués du peuple de Milan,

préparée par Jean Lascaris.

(17 avril 1500.)

Le célèbre helléniste Jean Lascaris, après de longs séjours en Italie, avait trouvé bon accueil en France, à la cour de Charles VIII, et s'était attaché à la fortune de Louis XII. La Bibliothèque nationale de Paris possède (ms. lat. 2620, petit in-4°, relié en cuir, autrefois orné sans doute de miniatures, à en juger par les gardes de parchemin qui semblent coupées) un recueil de ses traductions de morceaux grecs en latin. C'est un ms. de 107 feuillets, d'une belle écriture italienne contemporaine, exécuté par Bartolomeo de Pistoia, dit *Philiarchus,* qui l'a signé en plusieurs endroits. Ce ms. contient (fol. 90-107 et dernier) le discours qui suit, adressé par Lascaris aux délégués milanais. Il est probable que ce discours ne fut jamais prononcé, car on n'en trouve mention nulle part : il doit être demeuré à l'état de simple composition littéraire, préparée par Lascaris : le cardinal d'Amboise préféra le discours, beaucoup plus doux, de Michele Ritio. On peut néanmoins le considérer comme l'expression des sentiments qui régnaient autour du cardinal.

Le style présente quelques incorrections, au point, dit M. H. Vast, qui en a eu connaissance (*De vita et operibus Jani Lascaris,* p. 59, note), « ut latinitas hinc inde claudicet et haud semel deformis et impexa appareat. » Ce discours fut certainement écrit en hâte. Peut-être ses défauts tiennent-ils à cette circonstance, ou tout simplement à des erreurs du copiste.

Ejusdem, *Oratio responsiva ad legatos Mediolanenses.*

Veniam vobis jam concessam esse, viri Mediolanenses, nos quoque affirmamus; quodque agatis gratias habeatisque, haud ingratum est : etenim hoc etiam erit remuneratio quedam beneficii recte existimati : ex qua et collatione, vita hominum continetur. Sed nec vestram excusationem injocunde audivimus, atque, eo magis quo, liberius accusantes, occasionem prebetis ut Regis chr^{mi} ac Ducis vestri beneficiis erga vos vestrisque in eum offensionibus commemoratis illum calumnie, quam tacite fortasse subijsset, minime obnoxium declaramus, vobis clementius liberaliusque concessam gratiorem esse debere veniam ostendamus. Verum excusationi, quoniam eam oblique insinuastis, sub nocentissimorum persona cautius nec fortasse et immodestius proferentes, postea respondebimus; immo vero vos ipsos docebimus quo pacto illorum dolis, ut appellatis, insidiisque erat occurrendum. In presentia quum ubi rerum testimonia adsunt, non opus est verbis, nec veritas indiget perplexa oratione : rebus ipsis, ut geste sunt, plane ac sincere expositis, fiet in omne tempus perspicuum universis qualem erga vos Rex sese exhibuit, quam recte vos quoque moderate officio respondistis. Itaque, cum Mediolanensis Ducatus ad regem jure optimo pertineret atque a suppotitijs quibusdam alienisque opprimeretur iniquissime occupatus, ut primum facultas ipsi Dei nutu atque auxilio data est, ad ejus recuperationem summo studio acceleravit, nullis parcendum sumptibus aut incommodis regni arbitratus, dum populos suos rapinis extorsionibusque vexatos ab indecenti oppressione injuriaque vendicaret atque ad veram libertatem reduceret. Quare, brevissimo tempore, tantum apparatum bellicum, tam firmam ac validam ad hanc expeditionem premisit manum, ut, repentino perculsus nuncio, vix famam adventus nostri exercitus hostis sufferre potuerit, sed, desperatis rebus, dissipato ac perdito quem non mediocrem comparaverat exercitum, collectis rapinis ac necessarijs quibusque, sese quamprimum turpissime subripuerit. Ducatu igitur recuperato ac liberatis populis, Rex ipse Alpes transcendit et ad vos, viri Mediolanenses, se propere contulit ut ab omni parte beneficium, quod in vos contulerat, presens accumularet ac nihil eorum experiremini que victi victoribus concedere coguntur. Ad cujus adventum quodnam humanitatis genus aut æquitatis est desideratum ? Num violenti quicpiam in ducatu visum est ? Num ulli agri depopulati aut oppida, quorum fides suspecta esset, demolita ? Num populi afflicti oppressive sunt exactionibus aliquibus aut exercitu graviori, quem, maxima ex parte ne id fieret, aut dimisit statim, aut in regnum remisit, nulla vi amplius opus esse arbitratus, sed beneficiis, animi humanitate, populorum fidem esse devincendam? Caput mox Ducatus, urbem vestram, ingresso Duce in tanta rerum mutatione ac omnium perturbatione, quenam injuria publice aut privatim illata est? Qui, jussu ejus, vexati necative, que domus everse aut afflicte : qualia in ejusmodi temporibus, ob rerum conditionem ac varia hominum ingenia, contingere est necesse? Verum, ejus moderatione et studio equitatis servande, nollus (*sic*) Nobilis, nullus Plebeius injuria affectus, nulli ex aulicis contumeliosum quidquam accidit. Plerique omnes in his quos exercuerant magistratibus atque omnifariam muneribus confirmati, quin etiam nec ipsius hostis familiares ac domestici opibus aut ullis bonis privati sunt; immo, illi quoque qui cum eo, utputa charissimi, aufugerant, ad bona que deseruerant revocati sunt : tranquilla denique et pacata omnia, ut ne minima quidem capte urbis species appareret, sed que gravem dominum cum justo principe ac patre pientissimo atque indulgentissimo permutasset : neque ordo hic æquitatis moderationisque est Mediolani solummodo servatus, sed Regis consilii cureque fuit ut, per omnia Ducatus oppida, castella, vicos, idem ordo, idem providentie bonum commoditasque, eadem diligentia perveniret, nulla vis, nulla rapina cuiquam sentiretur, nec cuiquam uspiam audiretur interitus preterquam si cui, jure belli, initio, armato cecidisse contigerit. Pacatis itaque rebus, in futurum quoque, quoad fieri potuit, tranquilitati ac quieti consultum est; civem vestrum, nobilissimum ac prudentissimum virum, cui fides observantiaque non minor erga patriam quam erga Regem ipsum facile esset perspecta, gubernatorem Ducatus constituit; consilium ex eisdem civibus, preter admodum paucos, ordinavit; virum religione justiciaque insignem concilio prefecit; milites per Ducatum disposuit paucos, ut in omnibus ingratissimis vobis indulgeret; consanguineum suum, cujus æquitatem et animi magnitudinem moderationemque comprobaret, ducem his esse voluit, qui ferociam militum, sicubi petulantius exultarent, ingenio atque autoritate leniret atque obtunderet. Quod vero ad exactiones proventusque attinet, iter per ducatum aperuit mercatoribus et viatoribus, quibusque a publicanis solis, ad illud tempus latrocinium impune exercentibus, non levi Ducatus infamia, cclusum ; ipse nihil æquius, nihil potuit constituere moderatius, quum quidem nihil ultraquam exigeret necessitas ordinatum est. Exigebat autem necessitas ut magistratus qui ducatum regerent, quique eum tutarentur milites, ex ejusdem proventibus sustentarentur; ad quam erogationem vix terciam partem eorum colligi decretum est que prioribus dominis penderentur, ut nihil amplius potuerit remitti, quando et iniquum est ut vestra tutela ac regimen alienis alatur impendiis. Quin etiam, nec fieri potest, nec expedit immunem pœnitus remittere multitudinem, ne ipsi quidem multitudini ; ocio siquidem et desidia populus petulans efficitur et contumeliosus atque immoderata licentia effrenis sese in precipitium continuo proripit, ut non sit sine commendatione sequenda maximi illius legum latoris [s]ententia. Populus sic optime principibus adherescit, nec valde remissus, sed nec est oppressus. Quam mediocritatem hic quoque servata[m] esse non erit in[j]ustus rerum estimator qui dubitet. Itaque, omnibus æque adeo et moderate constitutis, qui benignitatis et beneficentie copula essetis obligati, sacrosanctis etiam ac minime temerandis sacramenti vinculis vos ipsi devinciendos ultro exhibuistis. Namque, et nobilitas, et plebei, et quicunque mediocris fortune, jam urbis ipsius quam reliqui Ducatus, solemnibus cerimoniis jurejurando fidehomagium prestitistis. Atque, in hunc modum constitutis rebus, devincta omnium fide, arcibus, ut queque esset opportuna, presidio munitis, in tuto omnia esse arbitratus, Rex e Ducatu in regnum se convertit. Et hec quidem illius expeditionis Regis acta sunt humana, justa, moderata, provida, regia denique. Que autem deinceps sequuntur ad vos pertinent, viri Mediolanenses, repensa a vobis, ob tantam humanitatem, Regi ac Duci vestro. In regnum reversus vix satis constitit Rex, cum subito defectionis vestre nuncius allatus est, tam infesto in nostros animo, tam immani crudelitate et scelere ut nihil supersederetis quam omnes nostri nominis, dolis insidiisque circumventos, fedissime ac truculentissime trucidaretis ; verum illos ducum providentia et militum virtus, divino auxilio, conservarunt. Reliquorum quicunque cives nostrarum partium extitere, nulla habita ratione, prede ac direptioni familie domusque patuere, quemque paulo ante tyrannum vocitabatis, in quem immani odio confremebatis, obliti omnium que ab eo essetis perpessi, levitatem hominum et inconstantiam non ferendam, in ducatus possessionem revocastis invitum et quasi reluctantem, eidem omnem apparatum bellicum alacriter suppeditantes, cum eo in nos exeuntes, ac pecunie copiam subministrantes, ut conductitio sic milite bellum instauraret et firmiori exercitu in aciem descenderet. Quibus tam iniquis ac impiis conatibus regem in sumptus ac negocia de integro compulistis, sed vosmet ipsos ac vestra omnia ultimo discrimini objecistis. Nam, Deo justis oculis aspiciente mortalia, oppressis iterum hostium coppiis, dissipato exercitu, hoste denique quem defensorem ac belli ducem ac dominum acciveratis in Regis potestatem redacto, fracti opibus animoque, frustati conatu omni, en ex solius spe venie nunc pendetis, ad eam, tanquam ad unicum remedium, supplices confugitis. Inopis sane concilii homines, qui, divinum jus humanumque violando, ultionem pœnamque deprecari malueritis quam, pietatis gratitudinisque laude conquisita, favorem ac benivolentiam promereri !

Cæterum, quo metu ad defectionem, qua spe ad proditionem (quid enim sit appellanda, si hæc proditio non est ? Cur enim nomina honestemus aut cur non castigemini verbis qui cuivis pæne vosmet obnoxios minime negare audeatis) sed esto, quo metu, qua spe properastis ad defectionem tanta festinatione ac studio ? Neque enim libertatis nomen asserere audebitis, quam, violent[e]m dominum accersendo, jamdiu dedidicisse fateamini necesse est. Quo igitur metu ? Rex sane vos omni charitate benivolentiaque prosequebatur : regis favore auspiciisque, nullas vicinorum opes, nullam potentiam expavissetis. Quod si quam spem in tyranno posueratis, ea sane pertenuis erat; beneficiane magna omnes ab eo consequuturos sperabatis? At avariciam ejus, violentiam, rapinas, extorsionesque non sine magno malo vestro experti estis assidue universi. Verum ab eo omnia speraveritis unice, nam vobis salutem promittebatis unde pollicebamini victoriam; quippe quis pro comperto, si nec ex dignitate neque ex utilitate Regis fore vobis cedere atque ab incepto, quam semel perfecisset excussum, turpiter desistere, arce presertim munitissima ac prorsus inexpugnabili vestris capitibus imminente. Credo, generositatem hostis ac peritiam bellicam, opes vestras ac potentiam Regis conferebatis, an populari atque innumere multitudini cerdonum armatis manibus estis confisi. Nam mercennarii, utpote, ex variis gentibus, collectitia manus invalida et incerta quibusquam foret assidue, cui non suffecis setis pecunia suggerenda, ut ex his non solum improbi, impii, ingratique, sed fatui et amentes esse redarguamini.

Nunc, postquam regis in vos beneficia vestraque in eum temeritas et ingratitudo ex rerum ipsarum commemoratione patefacta est, ad vestram excusationem descendamus. Pauci, inquit, dolis insidiisque nos seduxerunt deceperuntque, hujuscemodi sermones promulgantes : « Discessisse Regem ; » at his a vobis, fideli in Regem animo existentibus, respondendum erat discessisse. « Neque enim nobis eum venisse habitatum esse, » illi regnum esse in regno, « provincias esse ducatus, » hoc non inferiores quod Regis presentia desideraret, « reliquisse Trivultium gubernatorem, » probe civem vestrum, patrie obnoxium, plurimos vestrum amore ac benivolentia prosequentem, « promisisse hunc liberos nos fore solutionibus omnibus, » iniquum esse hoc non promisisse, « patronum se guelphis exhibere, adversarium alteris, » minime id verum esse, prudentem virum, vices gerentem Regis partem non acceptantis, ignarum non esse justitiam non prevaricandam. « Ex ducatu aurum exportari, » non exportari, Ludovici temporibus alio exportatum, cum largitionibus omnia corrumperet; « non hic absumi, » hic absumi, vix militum stipendio munitionumque ac magistratuum sumptibus respondere, « conferre se nonnullos gubernatori, temere honoribus ac dignitatibus cumulato, » regias vices gerenti, « stipatum prodire satellitibus, gnavum quem locum teneat, vobis diffidentem, invidentibus invidiosum esse. » Quid mirum gnavum ignavis, studiosum torpentibus, quod illi superbie nomine vos gravitatis, quod crudelitatis, vos severitatis reprobassetis? Sed et calumniam prefecti consilii facile amovissetis, licentiam, rusticitatem, rigiditatem, quiequid rectis nominibus, libertatem, gravitatem, severitatem nuncupantes. Preterea, « dum illi non parcerent nationi, » nec vos, nationi comuniter faventes, vestris progenitoribus ac duci vestro addicti, illis perpercissetis, « Gallos nunc quoque morem sequi proprium, multa acquirere, plurima tueri, non illis satis esse diripere, non asportare, nec longius exempla repetenda, regni amplificationem hoc satis attestari, quodque sit adhuc proprius Mediolani, arcem ac reliquas presidio munitas. Nos, si vera fateamur, neque tueri posse, neque negligere quod non acquiramus, neque diripere, neque exportare quum non vincimus, Regem satis habere, » satis profecto, hoste fugato, Ducatu recuperato, nisi vestra temeritas et hostem et vos ipsos in majorem calamitatem compulerit, « rediisse ad venationes, » ad studium valitudini pernecessarium, exercitationem preliis congruentem, « ad voluptates suas, » ad suas et necessarias, nullaque lege vetitas. « Amplum esse regnum Gallie, » amplissimum, sed ex regnantis animo regna metienda sunt, eam amplitudinem non ad ocium et desidiam, sed ad splendorem et gloriam ob potentiam invitare, « Regem cognoscere immortalem gloriam consequutos, non qui magno imperio successissent, sed qui maximam orbis partem a se subactam successoribus reliquissent. » Siquidem illud fortune, hoc virtutis opus est. Verum unde, nam illa conjectura esse augusti animi imbecillibus fortasse imperat, an ignorat, que virtus, que gentis fortuna sit, an progenitoribus ingloriis successit, an ætas rebus gerendis aptissima, vigor animi corporisque, an industria, an rei militaris scientia invictum in adversis, animum, torpentemque in secundissimis redidit? Glorie vero cur non sit supra modum appetens, quem non lateat aliarum rerum cupiditatem, si modum excesserit, inhonestam putari, quum mediocritates apud multitudinem commendatur gloriam appetere, ea nunquam expleri decere illos qui plurimum cæteros antecellant. Eam nunc astris esse terminandam Pietas admonet, cogit necessitas, christianis, ad unum ipsum undique intuentibus, atque in communem hostem, jam metu, regis, ac trepidatione in alios excitatum, solius auxilium implorantibus, ut nulli unquam iter paraverit ad immortalitatem latius planiusve. Neque eum his rebus frequentibus quicquam aut libentius meditari unde igitur ille Ducatum negliget, ex successione sibi debitum, quem nullo modo non dedeceat : sed necesse sit, ut totum orbem animo complectatur. Hec verissima sunt, nec vobis incognita : his opportebat Regi ac Duci vestro deditissimos a Rege pientissimo atque invictissimo calumniam amovere. Quod autem ad Regem Romanorum attinet, debuerat hoc inveteratum jam videri et absumptum Ludovico, nedum autoribus superfuisse unde vos amplius deciperent, illa autoritate, nihil ab illis afferri poteru[n]t quod non facile diluissetis. Nam secundæ res ac preclara facinora occasionem prebent efficacissimi honestique sermonis. Sed decipi voluistis, viri Mediolanenses, audiente[s] ejusmodi nugas libentius, dicentibus et credentes facillime fingentesque que sic se habere cuperetis; immo vero non decepti estis nec ullo modo coacti, omnes fere a paucissimis, ut dicitis, quibus essetis etiam plurimum causa ignoscendum, quando acrius utrique puniendi sitis, paucique universos malos reddiderint alterique ad facinus inhonestum impiumque plures paucioribus obtemperaveritis, ut, quorum temeritatem secuti sitis eorum, etiam fortunam sortiamini. Excusationes vestre quam sufficientes sint, quam equa in nos convicia, quam juste et valide defectionis cause ex his que dicta sunt facile judicari potest. Unde igitur vobis, quod vehementer mirandum sit, adversus immensum tyranni odium usque pavidissimis, tanta in Regem illico audacia increvit ut sine ulla causa illi infestissimi ad interitum iveretis, voluntarium morem nimirum urbium, que imbecilli reguntur consilio sequuti estis. Hæ namque, si vel mediocris felicitas accesserit insperata, repente ad injuriam et contumeliam convertuntur : ad ipsum vos quoque erexit extulitque ob nimiam Regis indulgentiam. Idcirco utilitas videbatur exigere ut in presentia potius opprimeremini, etenim ex convenienti asperitate animadversionis nulla spe veniæ in posterum deficientibus relicta, quos nec humanitas nec veterum beneficiorum memoria, nec sacramenti vis quod non coacti sed sponte et post compositiones exhibuistis nec aliud quiepiam continuisset in fide, metus comprimeret. Ceterum et si hoc regem minime lateat, non tamen quid vestra dementia, quid hac parte utilitas postulet, sed quid mores suos, nulla in hunc diem s[e]vitie macula, temeratos, quid suam humanitatem, clementiam deceat, sibi proposuit esse considerandum. Nihil enim magis alienum ab eis ingenio, nihil ducit esse quod magis dedeceat Regiam Majestatem quam quedam ad ultionem cupiditas et perseverantia. Nec vos posthac credo iniquum quicquam tentare audebitis, edocti potestatem celeriter ulciscendi in Regis arbitrio esse positam. Non fuit itaque cur a se vos depelleret supplices, presertim pro patria, pro vobis ipsis, pro coniugibus, pro liberis, pro quicquid habetis charissimum. Nihil est enim summam potestatem habentibus misericordia convenientius. Si Rex imago Dei est animata, ut Sapientissimorum sententia autumatur, nulla re exactius Deum referre potest quam, si salutem dederit quamplurimis, hominum debellare superbos. Subjectis parcendum erat; hostes vel ipsos miserabiles in potestatem redegit : iracundiam cum victoria terminavit vel eam potius, quum iam maiora concepit animo, in impios, in communem Christianorum hostem distulit, in subditos suos, in vos, viri Mediolanenses, ac reliquos, omni offensionis memoria deleta, mitis, hilaris, clemens esse voluit. Remisit vobis ac remittit hic per nos publice delicta omnia, pepercit, ignovit, veniam concessit. Liceat vobis, Mediolanenses, liceat cœteris Ducatus habitatoribus, Nobilibus, Plebeis cuiuslibet fortune ac conditionis (hominibus illis exceptis, qui ante secundam diem februarii deliquerunt, quorum adhuc causa pendeat necesse est), liceat, inquam, omnibus, omni iniurie ac detrimenti metu suspitioneque deposita, frui iam libere iocundiori vita, Patria, possessionibus, opibus quibusque ac bonis. Illud tamen, premonitis ut reconciliationem hanc et observantiam erga Regem Regisque in vos omnes benivolentiam tutissimam certissimamque et existimetis et esse velitis, nec rerum semper presentium statum fastidientes, mutationem desideretis, non ignari ob huiuscemodi perturbationes urbibus interitus ac privatis domibus eversiones necessario contingere. Quod ad Petitiones vestras attinet, quicquid hic per nos fieri possit, id nos celerrime exequemur. Cætera ad Regis arbitrium, me tamen fautore vestro atque deprecatore, deferantur necesse est. Dixi.

Barth. Philiarchus de Pistorio scripsit.

(Ms. lat. 2620, f** 90 et suiv.)

XX.

Mémoire présenté au nom de Galeazzo di S. Severino.

Memoriale eorum que pectuntur pro D^{no} Galeazio San Severino.

1° Absolucio ampla omnium que D. G. fecerit contra chr^{mum} d^{num} Regem Francorum.

2° Quod restituantur sibi infrascripta bona sua que habebat ante captum a pr° d^{no} Rege statum Mediolani.

Bona donata ab D. Ludovico D. Galeazio, que ante erant ducalis Camere.

Castrum novum, cum censu et salle. Hunc locum tenet comes Musochii.

Arx et opidum Viquerie, con daciis. Tenetur a d^{no} de Legni.

Possessiones Cassine, propinque Viquerie. Nescit d^{nus} Galeaz si d^{nus} de Ligni vel alius has teneat.

Arx Algesii, cum pertinenciis suis. Tenetur a Bernardino Curcio.

Fictus possessionum Ticini. Ignorat quis hunc habeat.

Hospitium Pizalis. Nescit quis hoc teneat.

Domus una in porta Vercelina, Mediolani.

Stabulum et domus in parcho, prope Castrum Mediolani.

Domus una in urbe Papie, prope Sanctum Franciscum.

Bona empta a d° Galeazio.

Castrum et opidum Zavatareli, cum possesionibus. Nescit quis hoc teneat.

Arx et opidum Silvani, cum possesionibus. Nescit quis hoc habeat.

3° Petit dotem que uxoris sue, que est ducentorum quadraginta milium, sicut apertissime demostrabit.

D. Ludovicus nundum eam solverat et, quamquam filios ex ea non genuerit, tamen dottem de jure habere debet; et hoc clarum est quia, ut notissimum est, Mediolani sunt statuta et ordines in viridi observancia quod unusquisque, cum primum cumsumpsit matrimonium cum uxore sua, lucratur dottem.

4° Petit restitucionem bonorum indebite sibi ereptorum, sicuti scit R^{mus} D. Card^{lis} Rotomagensis, qui jusit ei restitui quando D. Galeaz Mediolani erat. Sed, recusantibus iis qui habebant, res effectum non habuit. Eorum majorem partem habet comes Musochi. Quis aliam partem, que minima est, teneat, D. G. nescit.

5° Quia D. G., ante expulsionem D. Ludovici e statu Mediolani, habebat nonnulla debita contracta eo anno pro metu suo et familie, sicuti faciebat omni anno, quoad in fine anni exiperentur fictus ex quibus postea satifaciebat creditoribus qui res dederant, et, ante predictam expulsionem, ordinaverat quod predicta debita solverentur ex reditibus bonorum suorum ejus anni et D. chr^{mus} Rex, quando acepit in se bona pred^i D. G., suscepit etiam honus solvendi debita : petitur quod, si satisfactum non fuit, satisfaciat creditoribus, quia honestum est ut, qui fructus predictorum bonorum habuerunt, habeant etiam honus predictorum debitorum, que multo minora sunt quam predicti fructus. Et ita fiat quod D. G. ex hoc turbari non possit.

6° Si D. G. haberet aliquos debitores, quod Ch^{ma} M^{as} prestet favorem et auxilium ad obtinendam solutionem, sicuti justicia voluerit.

(Orig., fol., pap., sans sign., écrit. ital. contempor., ms. fr. 3087, fol. 103.)

XXI.

Jean-Jacques Trivulzio a L. de la Trémoille.

17 avril 1500.

Mons. mon frere, je me recomande a vous. Je suis arrivé en ceste ville [1] et ai parlé a monseigneur le cardinal, lequel est terriblement marry des pilleries que ont faict les gens d'armes deça le Tesin et des ransonnemens que nous avons entendu estre faictz : car, selon que l'on a rapporté et par gens de bien, y n'y a ville ne villaige qui n'ayt esté pillé et mis a ranson. Ledit s^r est de opinion que feaiz demander venir devers vous tous les cappitaines, et que leurs demandes ou sont leurs gens et ce que leur fauldra, qui le feant incontinent retirer.

Les Almans qui ont prins Bilansone nous ont envoyé dire qu'ilz ne l'ont point fait contre le Roi, ains l'ont faict pour le service dudit seigneur et nous ont faict quelques requestes, mais ce n'est que argent qu'ilz demandent.

Je vous feray savoyr souvent de noz novelles. Fait a Milan, ce vendredi.

Vostre bon frere,
Jo. Ja. T.

(Arch. de M. le duc de la Trémoille.)

1. Trivulzio entra à Milan le 15 avril, qui était un mercredi (Rosmini, *Vita del maresc. Trivulzio*, I, p. 364).

XXII.

Louis de la Trémoille au Roi.

29 mai (1500).

Sire, plaise vous savoir que je suis venu en ceste ville de Cosme pour loger voz Normans au long de ceste frontiere d'Almaigne; lesquelz j'ay logez es places ou il me semble qu'il vous pevent plus faire de service. Et afin que en soyez myeulx adverty, je vous envoye tout leur logeiz par escript. Vous avez des gens avecques vous qui ont esté au quartier, vous le leur pourrez monstrer si c'est vostre plaisir, et toujours seront remuez, si vous ne les trouvez bien. Et me semble que, durant ceste année, ne povez mains tenir que de deux mille hommes au long de ceste Vaulteline, et, si ainsy le fetes et vous soyez servy comme je pence, je ne doubte point que vous n'ayez bien Bellançonne, car il leur coustera merveilleusement a garder, veu les garnisons que mectez a l'entour.

Sire, j'ay aussi logé voz gens d'armes tout a l'entour de ceste liziere, afin que, s'ilz estoient mandez pour vous faire quelque service, que le bailly de Dijon les trouvast tous prestz. Lequel je vous asseure vous sert tres bien icy. Et vous promectz que n'y eussiez sceu myeulx pourveoir, car il est homme de sens et homme de guerre, et vouldroye bien pour vostre service que sa compaignie eust la queue plus longue qu'elle n'a.

Sire, je luy laisse *c* hommes de pyé, avecques sa compaignie, en ceste ville qui est bien grande, afin que, s'il y avoit bruyt au pays, qu'il la tint en plus grande seureté, aussi pour pourveoir aux autres places s'il en estoit mestier.

Sire, il est venu tout a ceste heure icy des gens que ledit bailly avoit envoyez en la ligue grise, a Suric et autres cantons, et ne s'i est faicte nulle assemblée, reservé que les gens du Roy des Rommains ont tousjours pourchassé et pourchassent de jour en jour faire ligue avecques les cantons et aussi les trois membres de la ligue grise leur offrant la Vaulteline et Chavannes a rachapt de certaine somme d'argent, jusques icy ne s'i est riens fait ne voullu accorder, ains sont demourez en propos d'entretenir ce qu'ilz ont cellé avecques vous. Je ne scay qu'ilz en feront, car tous ceulx des quantons ne pevent demouvoir ceulx de Huric d'avoir Bellanconne [1] et sont sur une journée qu'ilz doyvent jener [2].

Ainsi que nouvelles viendront, vous en serez adverty.

Sire, je m'en pars demain pour m'en aller vers Lecque et Laude pour visiter les places et aussi mectre ordre aux vivres des gens d'armes, afin que les gens du pays ne ce plaignent, aussi, s'il en y a nulz qui n'ayent soulde ne adveu, pour les chasser hors du pays, car ce sont ceulx qui affollent les pays s'ilz ne sont chassez apres les guerres passées.

Sire, j'ay amené icy avecques moy monsr de Sendricourt et le maistre de l'artillerie, avecques le bailly de Dijon, que j'ay trouvé icy, pour adviser au logeiz de voz gens et aussi pour envoyer l'un deça et l'autre dela, pour chasser ses gens sans adveu, et pour me ayder a faire tenir ordre a ceulx qui ont soulde et en faire justice. Et me semble que, si ceulx la tiennent quelque pillart, qu'ilz ne fauldront point a en faire si griefve pugnicion que les autres y prendront exemple.

Sire, il vous plaira me mander et commander voz bons plaisirs, pour les acomplir a l'ayde de Nostre Sr, auquel je prie qu'il vous doinbt, sire, tres bonne vie et longue.

Escript a Cosme, ce xxixe jour de may.

Vostre tres humble et tres ..... subget et s.....

(Minute orig., pap. in-4°; sur la 2e feuille du papier, minute d'un compte et d'une autre lettre. Entre les deux feuilles est intercalée une feuille de papier, portant la note suivante : « Lisiere et frontiere d'Almaigne et de Suysse. Dondolfe, Cosme, Chavanes, Thiran, Platemare, Lugan, Lucarne, — Milan, Vigefve, Gayas, Novarre, Alixandrie. — Frontiere de Venize : Tresse, Lecque, Lodde, Monsse, Palme. — Memoire, que cy dessus sont toutes les places en la duchié de Milan ou il convient metre garnison pour la garde du pays. » — Arch. de M. le duc de la Trémoïlle.)

1. *En interligne.*
2. *En marge,* mardi ou mercredi.

XXIII.

État des compagnies laissées en Milanais.

(1500.)

Le nombre des gens d'armes qui demeurent en la duchié.
Pour Mons. de la Trémoille, iiii^{xx} lances.
    Mons. le marechal de Gyé, l lances.
    Mons. l'admiral, l lances.
    Mons. de Sandricourt, xl lances.
    Mons. de Mauleon, xl lances.
    Mons. de Lanque, xl lances.
    Mons. le bastart Mathieu, l lances.
    Mons. le marechal de Trivulce, c lances.
    Mons. de Ligny, c lances.
    Mons. le marquis de Saluces, xl lances.
    Mons. d'Alegre, l lances.
    Mons. de Chandée, l lances.
    La Lande, xxx lances.
    Le chevalier de Louvain, l lances.
    Le bailly de Dijon, xxv lances.
    Mons. de Savoye, l lances [1].

(Note orig., Arch. de M. le duc de la Trémoïlle.)

XXIV.

État des prisonniers.

(1500.)

Ensuit les prisonniers qui ont esté prins a plusieurs saillies qui ont esté faites du temps de la guerre (*suit une liste de*

---

1. On remarquera que la compagnie du comte de Caïazzo ne figure pas parmi les troupes laissées en Milanais. Louis XII avait pensé rappeler Caïazzo lui-même en France : sur la demande de Trivulzio et de Ligny, il s'en abstint ; mais il donna ordre à la compagnie de Caïazzo de remplacer dans la garnison de Beaune la compagnie de La Trémoille. (Lettre du 28 janvier 1499 : Archives de Milan, *Potenze Estere, Francia, Luigi XII*.)

treize noms); et aultres de quoy ne scavons les noms, qui furent prins a la saillie du parc derniere.

Ensuit ceulx qui furent prins le vendredi et sapmedi que le Moure fus pris (*suit une liste de onze noms*); et plusieurs aultres de quoy ne savons les noms, mes les connoissons de veuee.

(Note orig., Arch. de M. le duc de la Trémoille.)

XXV.

Eleuterio Ruscha, comte de Val Lugano, a son frère Galeazzo.

4 juin 1500.

Magnifice frater honorate, per vostre littere me havete replicato, caridandomi ad servare modo che Bellinzona se reduca ne le forze del X^{mo} Re, atteso non e cosa che piu fussi accepta a lo Illmo S^{re} de la Tremulia, nostro observand^{mo} patrone : ve recordo ad questo non se perde tempo, si per compiacere a la Sua M^{ta}, si anche per la perdita del datio nostro per non potere correre le mercantie, stando Bellinzona in questo essere. Vero che Thodeschi teneno li homini de la terra cum tanta cura, che niuno forestere li po parlaro senza la presentia di loro, et per questo fin ad hora non se e possuto fare altro. Pur quando e prazuto a Dio nostro S^{re}, me e venuto a mente uno de nostri homini pratico et di Bellinzona et di terra Thodesca et non difidano di lui lassarlo entrare in la terra al piacere suo et parlare cum chi vole senza suspecto. Et havendoli io dato in ipsa de praticare li homini de la terra per convertirli a la Regia M^{ta}, li e occorso trovare entro Bellinzona uno suo patrone Thodesco, col quale e stato longamente per imperare la lingua, et dice essere hómo di grande auctorita fra loro Thodeschi et essere al governo de Bellinzona; col quale prendendo la cosa da la longa, et cum bono colore, lo dimando qual speranza havessino potere tenere Bellinzona. Et li resposi : Non sapea, pero che dificulta li era asai, perche solo tre comunita de Alemani asentano cum amen Bernardino, et cum Urania, ad retinere Bellinzona, per non volere li altri de la liga et zuffat (?) cum la M^{ta} del X^{mo} Re.

Laltra difficulta e che victualie non li sono si non poche, maxime de grano et vino, et quamvis si gli ne conduca da terra Thodesca, quella non po supplire, perche vene da la longa, et per via aspera, et cum cavalli, et che anche quella poca non fa per la meta de la nostrana per essere grano lizere, et che non reda farina come el nostro, per la qual cosa non li poteriano continuare cum gente grossa. Laltra difficulta e che vedeno non pono tenere Bellinzona si non cum grande loro spexa et danno, attexo che tenendola cuntra la volunta de la pr^{ta} M^{ta} perderano el soldo et le mercantie loro. Et ad questo respoxe esso nostro : Ben, patrone mio, si adonca conoscete cum queste dificulta per quale comprendete non potere tenere questa terra contra la possanza de lo Re, non sera meglio per vui cum qualche bono modo levarvi da limprexa et mettere essa terra ne le forze de la Sua M^{ta} et de lo Illmo Monsr de la Tremulia, suo generale locotenente et capitaneo, el quale e cosa de li mei s^{ri} conti de Locarno, et che non dubito voluntera se interponerano col pr^{to} s^{re} per modo ne rensireti cum honorevole tructo, et ne saldareti una amicitia grande cum la pr^{ta} M^{ta} et pr^{to} Illmo locotenente et non mancanno essi s^{ri} conti da li quali potereti sempre consequire onne beneficio et conzo ne le vostre mercantie per el passo de le sue terre. Et dice non li dispiaqueno le parolle : sed non processi nel respondere ad altro cha dire : El recordo essere bono, et di farli bono pensere. Se parti et e venuto farmi intendere questo principio, cosi lo remandero per crobarlo tanto se ne cavi qualche trutto si possibile sera. Una altra via me occorre per mente ubi questa non sortesca, videlicet. In Bellinzona sono molti et molti de Lugano et de li boni, che sono fora de casa per le parte, et a quali sono state tolte le robe sue per quelli de Sonnico, et ad alcuni per branda de Castilione, ad costoro ho pensato fare promettere la restitutione de le cose loro, et de le case loro brusate et ruinatæ operando loro che li homini de Bellinzona retorneno ad la obedientia cum farli libera promessa che a tuti sera perdonato, cum farli intendere si essi homini diferirano rendersi se troverano dati ne le mane de la pr^{ta} M^{ta} et de le gente sue, che poi non li sera remissione ne modo al scampo loro. Et per divertire essi de Bellinzona da la devotione de Thodeschi, ho pensato fare cumponere una littera in forma thodesca in nome di amen Bernardino, et de li Uraniesi, col sigillo suo che para dirrectura a lo Illmo s^r de la Tremulia, per la quale se dica che facendoli numerare la summa de li denari rechesti, che li sera modo del rendere la terra cum le forteze, cum questo che la M^{ta} del Re li tenga come prima, et pregando che a li homini de la terra non si facia punitione alcuna per essersi missi ne le mane de Thodeschi, et, si in altro haverano contrafacto la sua M^{ta} facia di loro quello li pare, pur non se dica sia per causa de loro Thodeschi. Et faro demostratione essere questa littera essere mandata per pr^{to} Illmo Mons. nostro ne le mane del Mallivrer et mie ad effecto di conzare la summa cum essi Thodeschi de Urania; sed che, per lo amore porto a la terra de Bellinzona, e parso tenere la via loro et non de Thodeschi per non essere causa de la disfactione sua; et per farli meglio credere questo fara vedere questa littera ad alcuni de loro, dimostrando farlo in secreto, non lassandola pero da le mane mie, perche non la possino mostrare ad altri, et la cosa non si scoprisse. Et cosi, come Bellinzona rensi da le mane de la X^{ma} M^{ta} per certi li erano alhora de la terra de Lugano, cosi tentaremo remperarla per mezo di essi de Lugano, che intendo gli ne e una bona squadra forsi a numero de cento cinquanta. Et questa via tentaro, non reusindo laltra prima. Tamen per darli interea qualche bono principio, ho facto fare uno salvo conducto a Thomasio Castanea per disponere quelli soi de Lugano a questa opera, cum la dicta promessa di farli restorare le cose sue. Et credo sera in brevi qua esso Thomasio per questa facenda. Et dil successo avisaro de ponto a ponto. Et vui conferireti el tuto col pr^{to} N^o Illmo S^r et patrone, dando aviso si a sua S. piace chio sequissa queste vie, perche non voria fare cosa che non li fussi accepta. Et dove conosca poterli gratificare, et che pertenga a lhonore suo, non mancaro in sino al spendere de la vita. Mons. Don Piero [1], capitaneo de normani, heri gionsi cum una bella compagnia forsi circa cc tanti fanti. Li havemo facto bona cera, Mons. Mallivrer et io. E tanto gratioso pr^{to} Mon^r de Normani che perseverando nel demostrato principio, come spero, li restaremo cum perpetuo obbligo, e alogiato in

1. Dampierre.

Rocha cum esso Mallivrer : credo la venuta sua sera bene acomodata a queste facende.

Farete recordo a pr^{to} Mons. nostro Illmo che sono avisato si essi Bellinzonaschi pono racogliere quelle biade hanno a la campagna di che el piu e verso nui, che haverano racolta per bastare mesi vi. Et per tanto seria forsi bene darli el guasto per non lassarli fare questa racolta, parendo a la Sua S. pur che altro migliore respetto non la impedisca. Fareteli anche recordo che intendo che in Bellinzona sono pochi Thodeschi et che le forteze sono fornite de Bellinzonaschi et de Todeschi in seme, videlicet parte de luno e parte de laltra, che, quando Bellinzonaschi voglino fare el debito loro, molto piu lizeremente se liberarano da Thodeschi, cum lo adjuto di qua. De le cose nostre non scrivo altro perche spero per opera di pr^{te} Illmo Mons. patrone et protectore nostro siano ben stabilite. Et a la sua Sta me recomando, recomandateme al M^{co} nostro fratello conte Franchino. Locarno, ıııı° junij 1500.

Avisareti pr^{to} Mons. N° che Carlino va sovente volte ante et in dreto da Suiceri, et sono avisato chel fa certe trame unde seria da ordinare el sia preso.

Da laltro canto sono avisato che questi rebelli nostri vano a le rive per impedire la nostra possessione in nome di Hercule. Pregati Monsr li proveda, et dati aviso cio sia de fare. E si ve pare chio li vada o mandi.

ELEUTHERIUS RUSCHA, Vallislugani, etc., comes.

XXVI.

L'ENTRÉE DE LOUIS XII A MILAN,

SUIVANT LA TRAGÉDIE « DE REBUS ITALICIS. »

L'arrivée de Louis XII à Milan fut saluée par plus d'une acclamation italienne. A l'entrée du roi, Tristano Calco lui offrit son livre *Genealogia Vicecomitum* [1]. La bibliothèque Ambrosienne,

---

1. Trivulziana, ms. 1436, p. 445-453 (Catalogue de M. Porro, p. 461).

à Milan, possède le poème de Bernardo Arluni, *De regis adventu;* la Trivulziana, la plaquette imprimée contemporaine, rarissime, d'une description en vers de l'entrée de Louis XII à Milan; ce petit poème commence ainsi :

> Chel stato tuo non è perso, e non ti vale
> Lo tuo inzegno astuto e si sagazzo.....

On sait que Charles VIII avait attiré d'Italie à sa cour et pensionné plusieurs hommes de lettres, historiens, poètes, Paul-Émile[1], Fauste Andrelin, et que Louis XII ne leur témoigna pas moins de bienveillance. Nous trouvons Fauste Andrelin mentionné dans ses comptes, au chapitre des pensions, sous cette rubrique : « A Faustus, orateur, 180 liv. » (compte de 1503, ms. fr. 2927, fol. 15), et nous avons noté (p. 279, n. 3) la composition par laquelle Fauste Andrelin célébra la capture de Ludovic Sforza. Il n'en fallait pas plus pour allumer la verve de bien des hommes de lettres italiens. C'était, du reste, un usage italien de célébrer lyriquement les vainqueurs. Ludovic Sforza, jusqu'au jour de sa chute, avait largement goûté à l'adulation des lettrés. Visconti ne traitait son maître que de *sacro mio Mor* : Béatrix d'Este effaçait toutes les femmes de l'antiquité, Ludovic rassemblait en sa personne César, Cicéron, Auguste, Titus, Trajan, mais il les surpassait par sa libéralité, son illustration, ses vertus, etc., etc. Ludovic Sforza avait moins de succès dans les chants populaires. Cependant la Trivulziana possède un *Lamento* de Ludovic, composé probablement lors de sa fuite en Allemagne :

> Son quel duca in Milano
> Che compianto sto in dolore :
> Son soggetto e era signore,
> Oro son fatto alemanno.
>
> Io dicheva che un sol Dio
> Era in cielo e un Moro in terra,
> E secondo il mio desio
> Io faceva pace e guerra...

---

1. « Maistre Paule Emylius, orateur et croniqueur lombart » (900 l. de pension, compte de 1489, L. de Laborde, *les Ducs de Bourgogne*, t. III, p. 501).

D'autres *Lamenti* ont trait aux événements de l'époque. M. de Castro, dans son savant travail sur la *Storia nella poesia popolare Milanese* (*Archivio storico lombardo*, 1878), cite le *Pianto del duca Valentino, El lamento e la descordia de Italia universale, El lamento de Pisa...* En août 1498, on traitait assez mal Ludovic au camp vénitien; on chantait :

> Ora il moro fa la danza.
> Viva Marco e'l re di Franza!
> E gridando, Orso! Orso!
> Mora il Moro e sua possanza!

Lors de la fuite de Ludovic en Allemagne, on applaudit; à Venise, on chantait :

> Ogni fumo viene al basso.
> Contro il ciel non val trar calzi;
> Se talora par che s'alzi,
> Soffre alfin maggiore squasso.
> Ogni fumo viene al basso.
> El gran serpe si fu il primo
> Che fu fatto il piu sublimo;
> Ma di Dio fe poco stimo,
> Pero fu di gloria cassò...... [1].

Les chants italiens à la louange des Français ne manquaient donc pas; M. de Castro en cite plusieurs [2], et aussi la contrepartie : *I mali diportamenti de' Franciosi in Italia*.

Da Paullo raconte avec un enthousiasme émerveillé les splendeurs de l'accueil fait à Milan, en 1499, à Louis XII, les fêtes de toute sorte données en son honneur. A la fête donnée par G. G. Trivulzio, « erano assai mascheri travestiti a piu belle foggie se potevano; beato chi meglio sapeva fare. Oh! quanto piacere era a vedere, » s'écrie-t-il.

L'Alione, le délicat poète astesan, touchait une corde plus sensible, lorsqu'il disait :

> Par tout on nous a fait grand chiere,
> Et monstré la magnificence
> De Milan, Naples et Florence.....

1. Trucchi, *Poesie ital. ined.*; Prato, III, 102, 104.
2. *Arch. st. lombardo*, 1878, p. 237-238.

> On dit partout que ces Lombardes
> Trop plus, pour nous autres François,
> Se tiennent frisques et gaiglardes
> Que pour leurs mariz.

Le poète Jean « Harmonius Marsus » composa, à l'occasion du triomphe de Louis XII, une grande tragédie en cinq actes : *De rebus italicis deque ejus triumpho*. Cette tragédie à l'antique, en iambes latins, est conçue dans le genre d'Eschyle, avec intervention du chœur et des personnes morales. La Bibliothèque nationale de Paris en possède (ms. lat. 16706) un manuscrit original (parch. in-4° de 37 feuillets utiles et 3 feuillets de garde). Toutes les lettres initiales sont peintes, à chaque vers. Les légendes sont en lettres d'or. Le recto du premier feuillet est occupé par une miniature. L'encadrement est losangé ; les fleurs de lis d'or sur champ d'azur alternent avec des décorations de fantaisie. Au milieu, sous un grand portique d'or, qui laisse apercevoir un petit paysage fort bien traité, apparaît saint Denis, vêtu d'une chape bleue à fleurs de lis d'or et portant sa tête dans sa main. Au-dessous est la dédicace suivante en lettres d'or :

LUDOVICO REGI FRANCORUM CHRISTIANISSIMO INVICTISSIMOQUE
MEDIOLANI DUCI, TRAGEDIA.

Au-dessous se trouve une seconde miniature de forme carrée longue ; deux jeunes génies nus, aux ailes rouges et jaunes, sur le bord d'un fleuve derrière lequel on aperçoit des montagnes, portent un blason surmonté d'une crosse, le blason des Briçonnet.

Dans la préface (fol. 2 v° et 3), l'auteur dédie son œuvre à Louis XII et lui en expose l'économie. Dans le premier acte, dialogue de Rome et de l'Italie, dont la conclusion est de s'attacher à Louis XII pour conquérir la liberté.

L'Italie se plaint de l'infélicité humaine. Elle est réduite à la misère, elle, l'ancienne reine de toutes les provinces. Elle demande un secours à Rome, sa sœur ; celle-ci lui conseille d'adhérer au roi de France Louis, qui lui donnera paix et liberté. Rome se dit incapable de lui porter aucun secours : elle n'a plus de Decius, de Fabricius, de Scipion ni de Fabius. Elle est en ruine maintenant. Il ne lui reste que les *Ursins*.

> Mecumque sola restitit Ursina domus,
> Cardineusque, patet quo non prestancius alter
> Justitia, pietate, fide, juvenesque gemelli
> Jordanus et Carolus, illius olim
> Virginei nati patris, qui michi erat
> Auxilium...... etc. (Fol. 7.)

Rome paie aujourd'hui son culte d'autrefois pour les faux dieux : elle reconnaît qu'il n'y a qu'un seul Dieu. Le traité entre Louis XII et les Vénitiens est un bienfait de la Providence, qui invite ainsi Rome à la liberté.

Il faut donc s'adresser à ce roi de France,

> Qui populum eque regit, et cui Martis honor,
> Cui innumere laudes erunt et laurus,
> Qui sibi vendicat nomen beatum. (Fol. 8 v°.)

Rome, déplorant de voir les hommes tomber dans le vice, comprend l'arrêt du destin. Elle va donc à Venise trouver l'invincible roi de France.

Suit un chœur de forme antique sur les vicissitudes humaines et la marche du temps.

Au deuxième acte (fol. 11), la furie Alecto récapitule les malheurs qui ont accablé l'Italie avant l'arrivée de Louis XII. Cet acte n'a pas un grand intérêt. On voit venir des soldats. Sforza les harangue en termes peu éloquents, les engage à user de la victoire. Un soldat, pourtant, se dit enchanté, car il va pouvoir accomplir son programme, qui se résume en ces mots :

> Fædare sacraria vi
> Et simplices nurus dare vi viris,

et, à ces conditions, il se déclare prêt à aller au bout du monde.

Le chœur des soldats approuve.

Pour échauffer davantage ses hommes, Sforza reprend la parole et il les enchante en leur révélant que des pratiques magiques lui ont prophétisé l'empire prochain de toute l'Italie, malgré les gens qui méditent sa perte. Déjà les soldats des

Orsini et Alviano ont traversé les Alpes pour venir au secours des Pisans. Rien ne résistera :

> Conveniant michi aquile; serpens viret
> Ferreus,

s'écrie-t-il dans son enthousiasme.

Puis un chœur, qui, voyant les choses de haut, rappelle que Ludovic a empoisonné son neveu, mais que ce crime ne lui servira pas. Le Christ gouverne tout et il a envoyé son roi très chrétien Louis, qui vaincra, mettra ses ennemis en fuite et prendra l'empire.

> Ille qui gerit nomina Christi :
> Et properat secum fulgida Pax et
> Justicia et pleno Copia cornu.

Le chœur continue, du reste, ses pleurs traditionnels. Décidément, les mortels sont des gens bien malheureux. Ceci nous mène au fol. 17 v° et au troisième acte.

Au troisième acte, une veuve arrive et se plaint que Sforza a empoisonné son mari. Les soldats lui imposent brutalement silence, avec menaces,

> Per ensem et galeam. (Fol. 19 v°.)

La veuve (on a reconnu l'infortunée veuve de Galéas) ne se tait pas néanmoins : elle pleure son malheur et ses misères. Elle implore les dieux pour son fils; ses plaintes sont lamentables :

> Et que fuit serva unquam in orbe tristior,
> Quod servitium deterius sit hocce nostro?
> Quid profuit nupsisse theda celebri
> Et dote summa plena domus, dux pater,
> Et Calabrum numen, et armorum decus,
> Et talamum struxisse stamine aureo. (Fol. 20 v°.)

Nous entendons ensuite un dialogue entre une Furie et le chœur. Que vient faire la Furie? elle passe par hasard, en se sauvant, et elle éprouve le besoin de dire pourquoi. C'est parce que l'Italie jusqu'à présent était son domaine, mais maintenant, à l'approche d'un roi tel que Louis XII, la Furie n'a plus qu'un parti à prendre : s'enfuir.

Là-dessus le chœur entame son refrain sur les malheurs de la vie humaine, refrain dont on ne comprend pas très bien l'opportunité, et l'on passe à l'acte quatrième.

Le quatrième acte (fol. 25 v°) est court, mais bien rempli.

Venise se présente en personne et adresse à Dieu un chant de remerciement pour la paix conclue avec le roi de France :

> Janum ligamus !

Tout d'un coup passent trois soldats de Sforza en fuite, qui jettent des cris d'épouvante, puis Sforza lui-même, qui, malgré sa hâte, prononce un long discours dont le résumé tient en ce mot :

> Quo fugiam ? (Fol. 27.)

Là-dessus on voit paraitre la femme de Sforza (chose d'autant plus étrange qu'elle était morte), déplorant ce qui se passe, décidée à partager l'exil de son mari, regrettant qu'il n'ait pas suivi ses vues de modération et ses bons conseils, qu'il ait rêvé de trop grandes choses :

> Consilia hominum ruunt et vana decidunt.
> Regenda sunt regna magis clementia :
> Plus valet amor quam timor.

Il parait que Venise s'était endormie. Arrive un messager divin qui l'interpelle, lui annonce l'occupation de la mer de Neupacte par les Turcs, lui prédit la trahison, et la loue de s'être alliée avec le roi.

Il l'excite chaudement, lui montre la silhouette des Turcs menaçants, vante la gloire du roi de France devant qui tout fuit :

> Insubrumque
> Jam imperio potitur.

Venise se réveille, ne rêvant que la paix (fol. 30-31 v°). On termine par une prière du chœur et par un long acte de foi et de contrition.

Dans l'acte cinquième et dernier (fol. 33), l'Italie chante la gloire de Louis XII et son entrée à Milan ; nous donnons plus loin ce morceau.

Elle entonne ensuite un chant lyrique en l'honneur du roi :

> Ad te soror misit mea : ad te confidens
> Venio, pacemque peto et libertatem.

Elle se voit reprenant son ancienne force et sa splendeur, reconquérant l'univers jusqu'aux sources du Nil. Au fol. 36 v°, le roi lui-même paraît enfin. Il engage l'Italie à la confiance; il ne veut rien que ce qui est juste. L'Italie trouvera en lui un citoyen et un père. Il espère que le Mède et l'Arabe obéiront à ses lois.

> Depone cetera, Italia, et mecum animum
> Dirige : Christi pro fide pugnemus omnes.

Un messager divin vient clore la tragédie : il souhaite au roi bon courage :

> Vinces in hoc signo, fidem labentem
> Reges et orbis vitia abscides.
> Turcorum honores perde et omne quod negat
> Verum deum abluas aqua.....

Le Christ est là, entrez dans son temple !
Le chœur se déclare enchanté.

> *Explicit. Deo gratias.* (Fol. 38.)

Bien que cette œuvre se maintienne dans un ordre d'idées supérieur et ne vise aucun fait réel, bien que la suite de ses tableaux se déroule dans un cadre abstrait, les allusions à Venise, au Turc, au royaume de Naples semblent autoriser à en fixer l'apparition vers l'année 1504.

Voici en quels termes l'*Italie* dépeint, au cinquième acte (fol. 33), l'entrée de Louis XII à Milan[1] :

> *Italia.*
>
> Ni per altum vidimus triumphum,
> Postquam mea sorore[2] discessimus hinc,

---

1. « Quam tibi, sacratissime Rex, » ajoute l'auteur, « dedicare ex fide volui; cui si tuum adesse numen sensero, majora mecum tuo auspitio sperabo. »
2. Rome.

Ivimus ut soror jussit michi mea ;
Sensim ferebar sola iter; dum prope sum
Mediolanum, omnia circumspitio
Florere festis : Hocce quidnam est, rogito.
Hic patrie clamant venisse regem.
At sorte gaudebam mea. Dum illico sum,
Jam video passim legiones incedere ;
Arma micant, dilustrantque galli ensiferi.
Hinc proceres auri lacessunt fulgore
Et, spolia induti hostium, qualiter olim
Nostros Jovis tectum duces exceperit,
Vel lacrymante Perseo nobilem Paulum
Vel Marium Jugurta adhuc constanciorem.
Mirata rerum copia, steti : et reflexi.
  Obstupuere visus.
Ipse triumphali ferebatur pompa,
Indutus auro et gemma et austro,
Et bijugis devectus albis.
Sexenti erant hinc pedites, quibus arma
Fulgent, juventa foret et ferox adest Mars.
Prope pedes terdeni erant principes,
Et totidem legum arbitri, vitæque judices,
Justiciam qui mox regant, pellant nephanda,
Qui castigent mores, probentque rectum.
Post hunc, patres cardinei tres,
Et reguli, atque erant centum oratores,
Innumeri milites martesque fulgidi.
Procedit ordo mediam per urbem.
Undique plausus erat, undique alta
Limina virebant potentum floribus,
Et cumulis turis calent altaria.
Templaque messem undique suspirant sabeam
Et pleno pueri favore frequantant
Gaudia; successus novos mirantur veneres.
Jam proceres veniunt obviam sanctusque senatus
Miratur aspectum et sacra ora principis,
Cum stetit et coram dedit dona tria,.
Et baculum sceptrumque et ensem fulgidum.
Ille manu complexus omnes risuque decoro
Excepit hec dona libens ; post sacra verba,
Jam baculum Trivulso dedit,
Sceptrum suo gallo, sibi ensem retinuit.

Chorus.

Mira quidem, Italia, recitas
Novumque narras jam triumphum
Quo rex abit.

XXVII.

CHANTS DU POÈTE ROMAIN LAURÉAT MICHEL NAGONIUS, EN L'HONNEUR DE LOUIS XII.

(1498.)

Le poète italien Nagonius, à l'occasion de l'avènement de Louis XII, de son couronnement et de son projet de mariage avec Anne de Bretagne, adressa de Rome au roi un volume de vers que nous possédons encore (ms. lat. 8132). L'exemplaire d'envoi renferme trois admirables miniatures, doubles. La première, pour le feuillet de dédicace, représente un médaillon de Louis XII et un sujet (Mars offrant au roi un bouclier, sur lequel est peint l'univers); la seconde, le couronnement de Louis XII, Jérusalem, les médaillons des rois de France; la troisième, le triomphe de Louis XII seulement, mais elle se complète par une magnifique page de manuscrit.

Après une dédicace en vers, une dédicace en prose, et un poème *De laudibus Galliæ et rebus gestis per Francos*, le poète italien aborde l'œuvre maîtresse, qu'il a divisée en six chants ou livres : *Ludovici panagiricon pronostichonque*. La première partie (c'est-à-dire les trois premiers livres) se compose d'un seul et unique poème héroïque sur cette donnée, qui s'étend du fol. 9 au fol. 98 du manuscrit. Les trois derniers livres, au contraire (fol. 98-118), comprennent une suite de chants lyriques, sans ordre, tous en vers. latins comme les autres poèmes. L'avant-dernier de ces chants nous donne la date de l'œuvre : 1498, car il contient des vœux pour le futur mariage du roi. Cette œuvre si volumineuse a donc été conçue, composée, exécutée et envoyée entre le couronnement du roi et son mariage, c'est-à-dire dans le second semestre de 1498. Elle se termine par la signature de l'auteur :

   E. V. S. R. Majestatis,
    Devotus servulus Johannes Michail Nagonius,
    civis Romanus, et poeta laureatus.

 Tous ces vers sont ultra-louangeurs. Nous devons confesser toutefois un détail qui en affaiblit un peu l'effet, et qui explique le tour de force exécuté par l'auteur. Ces poésies avaient déjà servi, en France même. L'auteur avait adressé déjà des louanges à peu près pareilles, et souvent identiques, au duc Pierre de Bourbon. Les noms seuls sont changés. Par exemple, l'ode où le poète représente *Louis XII à cheval* se trouvait, par une heureuse fortune, avoir déjà pu représenter *Pierre de Bourbon à cheval*. Les demandes d'argent, adroitement encadrées dans les fleurs d'une rhétorique pompeuse, sont également les mêmes. Mais l'exemplaire de Louis XII dépasse de beaucoup en beauté celui de Pierre de Bourbon (ms. lat. 8133, in-4°, de 228 fol.).

 Il suffira de citer quelques-unes de ces pièces. Assurément, on ne peut pas prétendre y trouver le type du langage de tous les Italiens de cette époque. Moins fier qu'*Harmonius*, qui prétendait faire parler l'Italie, *Nagonius*, en définitive, parle pour son propre compte. Néanmoins, elles fournissent le spécimen des louanges qui s'élevèrent autour du conquérant de Naples et de la Lombardie : langage tout nouveau pour nos rois, fort peu habitués, chez eux, à de pareilles douceurs de compliments, à un tel enivrement d'encens [1].

 1. Voici la liste des odes de Nagonius, suivant l'ordre du manuscrit, à partir du livre IV (les titres en italiques sont ceux des pièces que nous reproduisons ci-après) :

     Livre IV. Odes.
Fol. 98. A Louis XII.
Fol. 100. Id.
Fol. 102. Id.
Fol. 106. Id. sur son couronnement triomphal.
Fol. 107. Que les dieux favorisent Louis XII, s'il navigue chez les Turcs !
Fol. 111. A Louis XII.
Fol. 112. Louis XII, nouveau César.

Chaque pièce est dédiée : « Ad eundem divum Ludovicum XII, Francorum regem illustrissimum, pium, fœlicem, et semper invictum triumphatoremque maximum......, » etc., etc.

Fol. 113. A Louis XII, protecteur des poètes et des muses.
Fol. 114. Que le poète n'ose se présenter à Louis XII.
Fol. 117. A Louis XII, sur les victoires remportées à Jérusalem par les rois de France.
Fol. 124. Id., sur son avènement.
Fol. 128. Id., Constantinople lui demande sa délivrance.

Livre V. Élégies, épigrammes.

Fol. 130. Dédicace.
Fol. 130 v°. Jérusalem sollicite sa délivrance.
Fol. 131. A Louis XII, sur la joie de son couronnement et son entrée à Paris.
Fol. 132. Id.
Fol. 132 v°. Id., pour qu'il fasse la guerre aux Turcs.
Fol. 133. Louis XII à cheval.
Fol. 133 v°. Sur les ornements du cheval du roi, au couronnement.
Fol. 134. Les titres de Louis XII devraient être écrits dans les temples.
Fol. 135. Que les dieux préservent Louis XII de tout mal!
Fol. 135 v°. Sur le banquet donné en l'honneur de la paix intérieure.
Fol. 136. Les titres de Louis XII devraient être inscrits dans un palais doré, avec ceux des chefs les plus célèbres.
Fol. 136 v°. Culte dû à Louis XII lorsqu'il aura vaincu les Maures.
Fol. 137. Sur le courage de Louis XII.
Fol. 137-137 v°. Sur la renommée de Louis XII.
Fol. 137 v°. *Triomphe de la France sous le règne de Louis XII.*
Fol. 138. Sur la grandeur d'âme de Louis XII.
Fol. 138. Sur le patriotisme de Louis XII.
Fol. 138 v°. Sur les victoires de Louis XII et la paix donnée à la France.
Fol. 139. Sur son courage contre les ennemis.
Fol. 139. Sur la renommée universelle de Louis XII.
Fol. 139 v°. Souhaits de longue vie à Louis XII.
Fol. 140 v°. *Qu'il faut construire en son honneur un temple à la Fortune, sur la colline de Romulus.*

PIÈCES ANNEXES.

L'auteur appelle encore le roi « Aureliane » (faisant l'*e* bref dans *re*).

Fol. 140 v°. Louis XII, le plus grand des hommes.
Fol. 141 v°. Sur la richesse et la libéralité de Louis XII.
Fol. 142. A Louis XII, s'il veut naviguer au loin.
Fol. 142 v°. Sur son étonnante puissance et sa divinité (*numine*, mot habituel).
Fol. 143. *Louis XII, aigle et lion.*
Fol. 143 v°. Sur ses ancêtres.
Fol. 144. Sur sa renommée à Rome et dans tout l'univers.
Fol. 144 v°. Sur son antique lignée.
Fol. 145. Que dès ses plus jeunes années son caractère a donné les plus grandes espérances.
Fol. 146. Des temples et des monuments à élever à Louis XII.
Fol. 146 v°. *Louis XII, deuxième César-Auguste.*
Fol. 147. Le poète offre d'écrire sa généalogie et ses hauts faits.
Fol. 147 v°. *Sur sa renommée qui croît à Rome et partout.*
Fol. 148. Louis XII considéré par le monde entier, et surtout à Rome, comme un nouveau César qui efface tous les anciens rois.
Fol. 148. Sur son renom de puissance et de prudence.
Fol. 149. A Louis XII : Qu'il méprise la richesse et ne recherche que les monuments des lettres !
Fol. 149 v°. Que le roi, après le sacre, tarde à venir à Paris et que Paris se plaint de ne pas le voir.
Fol. 150 v°. Du banquet donné à Paris lors du sacre.
Fol. 151. A Louis XII, ami des Muses et qui aime les poètes.
Fol. 151. Puisse Louis XII aimer la poésie !
Fol. 151 v°. Louis XII grand général; qu'il effraie les Turcs !
Fol. 152. Louis XII, roi de France incomparable.
Fol. 153. Le poète rendra Louis XII immortel.
Fol. 153. *Sur le portrait de la* numen *de Louis XII.*
Fol. 153 v°. Le nom de Louis XII ne périra pas.
Fol. 153 v°. Rome engage Louis XII à venir y prendre la couronne impériale.
Fol. 154. Sur la splendeur qu'il a rendue à la toge du magistrat.
Fol. 154 v°. Sur l'illustre origine de Louis XII.
Fol. 154 v°. Sur sa noblesse.
Fol. 155. Sur son banquet et ses festins.
Fol. 155. Qu'il aime les vertus.

Livre VI. Épigrammes et élégies.

Fol. 156. Qu'il délivre Jérusalem, qu'Apollon le reçoive au retour! *(Cette pièce, la suivante et plusieurs autres sont des invitations à la croisade.)*

Fol. 156. Que la Vénus de Chypre reçoive bien le roi à Paphos, à son retour de Jérusalem.

Fol. 157 v°. Que le roi soit continent et méprise la volupté.

Fol. 158. Sur le gouvernement des rois envers les peuples.

Fol. 159. Sur la beauté du palais de Louis XII.

Fol. 160. *Numen* et grâce du roi pour les poètes.

Fol. 160 v°. Exhortation au roi à chasser.

Fol. 161. Expérience et habileté militaire de Louis XII.

Fol. 161 v°. Qu'un prince ne doit pas être avare.

Fol. 162. Qu'un prince ne doit pas être orgueilleux.

Fol. 162 v°. Qu'un prince doit être généreux.

Fol. 164. Qu'un prince doit être humain et clément.

Fol. 168. Qu'un prince doit être reconnaissant des services.

Fol. 170. Puisse Louis XII inspirer le poète!

Fol. 171. La religion doit être observée par les princes, surtout par Louis XII, le plus grand de tous.

Fol. 172. Triomphe à la Romaine, promis à Louis XII, s'il délivre la Terre Sainte et Constantinople.

Fol. 173. Louis XII force l'amour et l'affection.

Fol. 175. Exhortation à Louis XII au courage contre ses ennemis.

Fol. 177. Exhortation à Louis XII contre les barbares, surtout lorsqu'il aura ouvert la guerre contre les tyrans.

Fol. 178. Exhortation à Louis XII à la continence dans les camps, et à garder les lois du mariage.

Fol. 178 v°. Exhortation à Louis XII à la clémence envers ses ennemis.

Fol. 179. Exhortation à Louis XII à l'amour pour la patrie.

Fol. 180. Exhortation à Louis XII à la douceur envers ses proches et les princes.

Fol. 180 v°. *Exhortation à Louis XII à la sévérité contre les rebelles.*

Fol. 181. Exhortation à Louis XII à veiller sur sa vie.

Fol. 182. Louis XII a la force d'Hercule et doit avoir une statue pareille au Forum.

Fol. 183. Que les provinces soumises envoient à Louis XII des bêtes féroces.

Fol. 183. Bienfaits des Muses.

Fol. 183 v°. Que Calliope salue le prince qui lui sourit!

Triomphe de la France sous Louis XII [1].

Ad eundem divum Ludovicum duodecimum, Francie Regem, excellentissimumque, sub cujus regno tota Galia coruscat, triumphat.

> Aurea regna fovent, isto sub principe, Galli
> Et preciosa sui secula regis habent.
> Emicat oceanus, nullo turbatus ab hoste,
> Carpere nec merces gens inimica potest.
> Tendit in hispanos tutus cum remige portus
> Navita, ad extremos haud timet ire locos.
> Jamque vagum pelagus pacavit belliger heros :
> Et maris hostili sanguine tinxit aquas.
> Jam Perse Medusque suas nunc sponte sagittas
> Ponit et in volucri fractus adorat equo.
> Impia gens paret ; populus tibi templa dicabit,
> Thura, Ludovico, vota precesque dabit.

Qu'il faut ériger, en l'honneur de Louis XII, un temple sur la colline de Romulus [2].

Ad eundem divum Ludovicum Francie Regem, illustrissimum, pium et fœlicem, de Templo Fortune sibi construendo in monte Romuli, ob ejus merita.

> Illa dies iterum sacranda est colle Quirini,
> Fortune tulerat que nova festa dee.
> Cesar a genoreis victor quum venit ab arvis
> Regnaque fallacis contudit usta Jube.
> Publica tecta dedit, ludos ut sepe frequentent,
> Sintque quirinali festa novanda jugo.

Fol. 184. Les Muses doivent glorifier le roi.

Fol. 184. Contre les envieux et les détracteurs du roi et de son poète.

Fol. 184 v°. Beauté du roi, avec le pallium et la toge.

Fol. 185 v°. Que Louis XII a mérité le nom de roi.

Fol. 185 v°. Du prochain mariage de Louis XII, épithalame improvisé.

Fol. 188. Que les Muses aillent voir son prince et le saluent en son nom.

1. Ms. lat. 8132, fol. 137 v°.
2. Fol. 140 v°.

Nunc delubra vides etiam venerata sabeis
  Nubibus : Idei dant quoque thura patres.
Ipse hac militia fidei submitte rebelles :
  Vincantur dextra magnanimique duces.
Jura feres Mauris : stabit gens barbara sceptro
  Juncta tuo, leges ponet et arma toga.
Glorior armipotens repetant quod festa subacti,
  Letor et ex armis hec meruisse tuis.

Louis XII aigle et lion [1].

Ad eundem divum Ludovicum, Francie regem, potentissimum, pium, fœlicem et semper augustum, epigramma, quo poeta comparat eum aquile et leoni, qui nisi in nobiles sæviunt greges.

  Inter qualis aves volucrum regina veretur,
    Fulmina que superis apta ministra geri,
  Ira, reluctantes, aquile, nisi, sæva, dracones,
    Infurit, et viles impetus odit aves;
  Quadrupedum, fulve matris, rex qualis, ademptus
    Ubere, degeneres effugit ore greges;
  Sic tu, belligere rex invictissime gentis,
    Non facis inbelles fortis ad arma duces,
  Non nisi nobilitas, claros habitura triumphos,
    Sævit et in fortes non nisi, castra, viros
  Indignos vilesque duces regesque nephandos,
    Perdomita Latium sustinuisse piget.
  Carta viam monstrat laudes et picta perhennes
    Que decorant currum regis et ora ducum.

Louis XII César-Auguste [2].

Ad eundem divum Ludovicum duodecimum Francie regem, illustrissimum, potentissimum, pium, fœlicem et semper invictum, epigramma quo poeta indicat ipsum esse alium Cesarem Augustum.

  Alter Cesar, ave, quo non illustrior extat
    Temporibus nostris, nec fuit ante, reor.

1. Fol. 143.
2. Fol. 146 v°.

Scripta laborate nunquam peritura Thalie
   Et sparsum nitidis sume volumen aquis.
Nam scio, nec fallor, possunt tibi serta placere
   Phocidos, et nostre dicta latina lyre.
Hoc si perpetua stabis sub imagine vatis;
   Et per te vivet carmen ad usque meum.
Nam famam vitamque dabis, nostroque labori
   Nomen, et aonium turba requiret opus.
Illa frequentabit, fructus decerpet adultos,
   Numen et aligeri noscere discet equi.

De la renommée de Louis XII[1] :

Ad eundem divum Ludovicum duodecimum, Francie regem, invictissimum, de ejus fama, quomodo creverit Rome et per universam Italiam.

   Magna per Ausonias tua fama increbuit oras :
      De te jam loquitur Martia Roma duce,
   Expectatque tuos aliis renovanda triumphos
      Moribus et vita, religione, focis.
   Terruit et clausos crescens magis illa Britannos :
      Orchades admote non minus ora timent.
   Quid tibi fama potest terris, nihil ipsa reliquit
      Prodere; jam superos restat adire deos.

Portrait de Louis XII[2].

Ad eundem divum Ludovicum XII, Francie regem, magnanimum liberalissimumque, de miro ejus in effigie numine contemplando.

   Principis effigiem vultu qua mente superbit
      Conspice : regalles terruit illa patres.
   Adde, precor, jaceant sublimia Cesaris ora,
      Tuque superbifico Roma supercilio.
   Cede, triumphata dux o Carthagine grandis
      Scipio, cum titulis, Emiliane, tuis.
   Hic tota effigies regum spectata renidet.
      Quid loquor? hic princeps ora superna tenet.
   O fœlix princeps, sublimes nactus honores,
      Tu patris et regum flosque decusque manes.

1. Fol. 147 v°.
2. Fol. 153.

Nécessité de la sévérité à l'égard des rebelles[1].

Ad eundem divum Ludovicum XII, Francie regem, fortissimum, pium, fœlicem et semper invictum, epigramma, quo poeta monet ipsum fore severum contra rebelles.

> Armet duritia pectus corpusque superbus
>   Princeps et gladio, quumque rebellis adest.
> Exemplum dat Roma tibi monitusque recenset
>   Antiquos, donat consiliumque grave.
> Ob scelus indignum Tarpeia Manlius arce
>   Obruitur. Civis seditiosus erat.
> Hic fuit affecti damnatus crimine regni,
>   Qui capitolino ceperat arma jove.
> Gallica depulerat quondam de ruppe Tonantis
>   Tela; foret melius si cecidisset eques.
> Æde sua propria non starent templa monete,
>   Tradita Junoni nec bona thura forent.
> Spurius et consul ter, magnificusque triumphis,
>   Culpatus simili suspitione, stetit.
> Ædem telluris fabricavit postea Roma
>   Et tali pœna Manlius inde fuit.
> Nobilitas viguit Gracchorum summa parentum,
>   Deffuit in paucis ille diebus honor.
> Timagoram gentes, legati munere functum,
>   Mittunt Mopsopie dantque ferenda viro.
> Hic Darium regem priscorum more salutat;
>   Rege salutato fila severa tulit.
> Cambysem Cyri Persarum in templa prophanum
>   Crimine pro tanto molis harena premit.
> Tu quoque sub rigido mulctabis jure rebelles,
>   Et semper pravos, Aureliane, viros.

1. Fol. 180 v°.

TABLE DES MATIÈRES

	Pages
Introduction	j
La Conqueste de Milan (1499)	1
I. — La prinse de La Roque	16
II. — Comment Non fut prinse	22
III. — La prinse d'Alexandrie	38
IV. — La mort de l'argentier	74
V. — La fuite de Ludovic	76
VI. — L'entrée de Millan	91
La cronicque du Roy tres chrestien, Louys doziesme de ce nom, de l'an mille cinc cens, avecques le remanant de l'année précedente, contenant les ultransmontaines gestes des Françoys (1499-1500)	113
I. — De la conqueste de la conté d'Ymolle	119
II. — Comment le chasteau d'Ymolle fut prins	126
III. — Du siege de Fourly	128
IV. — Commant dame Katherine Sforce fut prize	133
V. — Du commancement de la rebellion de Millan	138
VI. — Comment le seigneur Ludovic se mist aux champs	141
VII. — Comment le Roy transmist dela les mons le seigneur de la Trimoille, avecques cinq cens hommes d'armes	143
VIII. — Comment le conte de Ligny fut a Comme, au devant de l'armée du seigneur Ludovic	149
IX. — De la rebellyon de Millan	153
X. — Comment les vivres du chateau se cuyderent perdre	159
XI. — Comment l'armée du seigneur Ludovic fut a Comme	160
XII. — Comment Comme fut rendu au seigneur Ludovic	161
XIII. — Comment le conte de Ligny et le seigneur Jehan Jacques sortirent du chasteau de Millan et se misrent aux champs	165

TABLE DES MATIÈRES.

Pages

XIV. — Comment le capitaine Louys d'Ars, avecques quarante hommes d'armes et quatre vingts archiers, passa tout le travers de Lombardye . . 171
XV. — Comment le seigneur Ludovic fut de Comme a Millan 177
XVI. — Du retour de l'armée qui estoit allé a Fourly. 180
XVII. — Comment Tourtonne fut pillée par les Françoys 184
XVIII. — Comment les Françoys coururent devant Vigeve, en laquelle estoit le seigneur Ludovic avecques son armée 187
XIX. — Comment le Roy transmist le cardinal d'Amboise dela les mons 198
XX. — Du conseil qui entre les lieutenans du Roy et les capitaines de l'armée fut tenu a Morterre, et de l'oppinion d'aucuns d'iceulx. . 199
XXI. — De l'oppinion du baillif de Disjon sur le faict de la guerre 200
XXII. — Comment le conte de Ligny fist responce sur ce que avoit oppiné le baillif de Disjon . . 202
XXIII. — Du rainfort de Novarre et du siege d'icelle . 205
XXIV. — De l'assault que l'armée du seigneur Ludovic donna a Novarre, et commant plusieurs Bourguignons et Allemans y demeurerent . 207
XXV. — Une oraison que, sur le point de l'assault, le seigneur d'Allegre eut aux Françoys. . . 207
XXVI. — Comment les Françoys rendirent Novarre au seigneur Ludovic par composition. . . . 216
XXVII. — Comment six cens Allemans de ceulx du seigneur Ludovic, entre Morterre et Vigeve, par les Françoys furent deffaictz 217
XXVIII. — Comment le seigneur Ludovic, apres que les Françoys eurent rendue Novarre, fist son entrée a Millan 224
XXIX. — Comment le sire de la Trimoille, avecques son armée, arriva a Morterre en Lombardye, et du rainfort qu'il donna aux Françoys qui la estoyent 227
XXX. — Une oraison que dedans la ville de Novarre le seigneur Ludovic eut a ses capitaines, sur le trecté de son affaire 232
XXXI. — Comment grant nonbre de gentilzhommes de la maison du Roy partirent de Lyon en poste, pour vouloir estre a la bataille 236

TABLE DES MATIÈRES.

Pages

XXXII. — Comment l'armée de France saillit de Morterre pour aller donner la bataille a l'armée du seigneur Ludovic 241

XXXIII. — Comment les seigneurs des Ligues voulurent empescher la bataille 246

XXXIV. — Comment l'armée de France aprocha l'armée du seigneur Ludovic 249

XXXV. — Comment les Allemans et Bourguignons vuyderent Novarre, et de la prise du seigneur Ludovic, avecques la deffaicte des Lombars et Estradiotz 256

XXXVI. — De la prise du cardinal Ascaigne. . . . 262

XXXVII. — Comment le cardinal d'Amboise, apres la prise du seigneur Ludovic, partit de Verceil pour aller a Millan. 268

XXXVIII. — Comment le cardinal d'Amboise receut l'amende honnorable pour le Roy, que ceulx de la ville de Millan firent pour satisfaire a leur rebellion 270

XXXIX. — Comment une grosse armée fut mise sus pour envoyer soubmectre la cyté de Pize a la seigneurie de Florence 275

XL. — Comment l'armée, qui estoit ordonnée pour aller a Pize, se mist aux champs 277

XLI. — Comment le seigneur Ludovic et le cardinal Ascaigne furent amenez prisonniers en France. 278

XLII. — Comment la Royne fut en voyage a Sainct Glaude, et d'un tournay qui fut faict a Lyon a sa venue. 284

XLIII. — Comment la tempeste cheut dedans la salle du palays du pape 295

XLIV. — Comment Pize fut par les Françoys assiegée . 297

XLV. — Du siege de Pize, et de l'assault que les Françoys y donnerent 307

Pièces annexes.

I. — Mentions d'objets rapportés de Milan par Louis XII, en 1499. 320

II. — Ascanio Sforza à Ludovic le More 324

III. — Ascanio Sforza à Ludovic le More 325

IV. — Ascanio Sforza à Ludovic le More 326

V. — Philibert Naturel, ambassadeur de l'Empereur, à Maximilien. 328

		Pages
VI.	— César Guascus, ambassadeur de Milan, à Ludovic le More	329
VII.	— Ascanio Sforza à Ludovic le More	333
VIII.	— César Guascus, ambassadeur de Milan, à Ludovic le More	334
IX.	— César Guascus, ambassadeur de Milan, à Ludovic le More	336
X.	— César Guascus, ambassadeur de Milan, à Ludovic le More	338
XI.	— Rapport d'un envoyé de Louis XII près des Ligues suisses	346
XII.	— Les capitaines de l'armée royale aux lieutenants du Roi.	349
XIII.	— Le cardinal d'Amboise à Louis de la Trémoille.	350
XIV.	— Le contrôleur François Doulcet à Louis de la Trémoille	350
XV.	— Ludovic le More aux habitants de Milan	352
XVI.	— Louis de la Trémoille au Roi	354
XVII.	— Discours aux Milanais, préparé par Jean Lascaris.	359
XVIII.	— Discours de Michele Tonso, selon la traduction de Lascaris	361
XIX.	— Réponse aux délégués du peuple de Milan, préparée par Jean Lascaris	370
XX.	— Mémoire présenté au nom de Galeazzo di San Severino	378
XXI.	— Jean-Jacques Trivulzio à L. de la Trémoille	380
XXII.	— Louis de la Trémoille au Roi	381
XXIII.	— Etat des compagnies laissées en Milanais	383
XXIV.	— Etat des prisonniers	383
XXV.	— Eleuterio Ruscha, comte de Val Lugano, à son frère Galeazzo	384
XXVI.	— L'entrée de Louis XII à Milan, suivant la tragédie *De rebus italicis*	387
XXVII.	— Chants du poète romain lauréat Michel Nagonius, en l'honneur de Louis XII	396

Nogent-le-Rotrou, imprimerie DAUPELEY-GOUVERNEUR.

www.ingramcontent.com/pod-product-compliance
Lightning Source LLC
Chambersburg PA
CBHW052135230426
43671CB00009B/1254